Clarence
Irving
Lewis

现代西方
价值哲学经典

The Classic Works
of Modern Western
Value Philosophy

北京师范大学价值与文化研究中心　组编

冯　平　总主编

刘易斯 卷

江传月　主编

江传月　等译

冯　平　校

北京师范大学出版集团
BEIJING NORMAL UNIVERSITY PUBLISHING GROUP
北京师范大学出版社

致 谢

2018 年北京师范大学价值与文化中心正式立项组织《现代西方价值哲学经典》(第一辑)的编辑和出版。《现代西方价值哲学经典》(第一辑)共八本。《尼采卷》由孙周兴主编,《布伦塔诺与迈农卷》由郝亿春主编,《舍勒卷》由倪梁康和张任之主编,《哈特曼卷》由邓安庆、杨俊英主编,《闵斯特伯格卷》由刘冰主编,《杜威卷》由冯平主编,《史蒂文森卷》由姚新中、张燕主编,《刘易斯卷》由江传月主编。

在本套丛书出版之际,特别感谢北京师范大学杨耕教授,感谢北京师范大学价值与文化中心,感谢中心主任吴向东教授,感谢中心的工作人员陈乐、张永芝,感谢北京师范大学出版社饶涛副总编辑和本套丛书的策划编辑祁传华编审,感谢孙周兴、倪梁康、张任之、邓安庆、姚新中、郝亿春、刘冰、江传月、杨俊英和张燕的鼎力相助。

诞生于 19 世纪中叶的现代西方价值哲学,是西方现代化运动之子。它直面现代人的困境,直面生活的巨大不确定性和信念的极度虚无主义,为我们提供了宝贵的思想资源。相信本套丛书一定能为中国的价值哲学研究做出贡献。

《现代西方价值哲学经典》(第一辑)总主编　冯平
2022 年 11 月 6 日于复旦大学 杜威研究中心

目录

导　言

克拉伦斯·艾尔文·刘易斯（Clarence Irving Lewis）于 1883 年生于美国马萨诸塞州司通海姆郡，1964 年于坎布里奇去世。他求学于哈佛大学，师从美国实用主义大师罗伊斯（J. Royce）、培里（Ralph Barton Perry）、桑塔亚那（G. Santaya）和帕默尔（Gary Palmer）等人，于 1906 年和 1910 年分别获得学士和博士学位，并曾在加利福尼亚大学和哈佛大学任教。

刘易斯是美国实用主义哲学家，是现代西方著名的逻辑学家，也是自然主义价值哲学流派的代表人物之一。其哲学研究主题按时间顺序明显可以分为三个阶段，这三个阶段的研究主题是逻辑学、认识论、价值哲学与伦理学；其哲学影响集中在这三个方面。

刘易斯最开始研究的是逻辑学。他通过著作《符号逻辑概论》（1918）和《符号逻辑》（*Symbolic Logic*，与朗福尔德合著，1932），批评了现代形式逻辑体系，区分了严格蕴涵与实质蕴涵，开拓了模态逻辑的研究领域，在现代逻辑学史上产生了重要影响。

对认识论的研究是他的哲学研究的第二个阶

段，在这个阶段，他的主要著作有《心灵与世界秩序》(1929)。刘易斯对实用主义进行了改造，用康德的先验论改造实用主义，提出他自称为"概念论的实用主义"的理论。刘易斯指出，知识是先验概念解释经验所予的结果，是心灵运用先验概念整理感觉材料的结果。刘易斯在哲学上对美国的实用主义产生了重要影响。

刘易斯晚年的研究主要集中在伦理学和价值哲学方面。其代表作除了《对知识和评价的分析》(*An Analysis of Knowledge and Valuation*，1946)外，还有论文集《价值与命令》(1969 年由 John Lange 编辑出版)。他主张价值和评价是经验的而不是先验的，价值是一种经验事实，评价是一种经验知识，评价具有真假特性，正确的评价是可能达到的，评价的真理性是确定的，由此他成为自然主义价值哲学的代表人物之一。同时，他在实用主义和自然主义价值论的基础上，试图将逻辑实证主义和实用主义结合起来，这对他之后的价值理论，特别是自然主义价值理论产生了深远影响。而且，他的价值理论在现代西方价值哲学中很有代表性。美国当代伦理学家 W. K. 富兰克纳为《哲学百科全书》写的"价值与评价"词条中多次提到刘易斯，并认为，刘易斯的价值理论代表着"一种接近快乐的理论"，是几类价值哲学的代表之一。

本书是刘易斯价值哲学的经典选译，考虑到既然是选译价值哲学主题，而且李国山的《刘易斯文选》(社会科学文献出版社，2007)中关于形而上学、认识论的内容比较多，本书想减少与《刘易斯文选》的重复，所以，关于逻辑学的著作没有选译，形而上学、认识论甚至伦理学也尽可能少选。因先前所译的《对知识和评价的分析》的部分章节收录在冯平教授的《现代西方价值哲学经典·经验主义路向(下册)》(北京师范大学出版社，2009)中，《对知识和评价的分析》则于 2012 年由社会科学文献出版社出版了，于是本次选译时除了将《对知识和评价的分析》的部分章节纳入外，还从刘易斯的其他著作和后人编辑的论文集中选译了一些代表性的篇章。

笔者将《刘易斯文选》中李国山老师翻译的《经验中的所予要素》纳入本书。还将关其侗先生翻译的《对知识和评价的分析》的第一章译文《知识、行动和评价》(载《资产阶级哲学资料》第十八辑，上海人民出版社，1966)，洪潜、熊伟老师翻译的译文《价值和事实》，纳入本书，以飨读者。

中括号[ ]是英文编者加的注，小括号( )里保留的英文单词是中译者所加；小括号（ ）里的中文是中译者对原著作者用括号括起来的英文的翻译。

刘易斯所著价值哲学方面的著作、后人整理的论文集主要有：

1. C. I. Lewis，*Mind and the World Order：Outline of a Theory of Knowledge*（《心灵与世界秩序》），Dover，1929.

2. C. I. Lewis，*An Analysis of Knowledge and Valuation*（《对知识和评价的分析》），Open Court，1946.

3. C. I. Lewis，*Values and Imperatives：Studies in Ethics*（《价值与命令》），John Lange ed.，Stanford Univ. Press，1969.

4. C. I. Lewis，*Collected Papers of Clarence Irving Lewis*（《刘易斯论文集》）. J. D. Goheen，and J. L. Mothershead Jr. eds.，Stanford Univ. Press，1970.

5. C. I. Lewis，*Essays on the Foundations of Ethics*（《伦理学基础论文集》），John Lange ed.，State University of New York Press. 2017.

本书选译内容的出处及译者如下：

经验中的所予要素（《心灵与世界秩序》，1929），李国山译；

经验与秩序（《心灵与世界秩序》，1929），江传月译；

知识、行动和评价（《对知识和评价的分析》，1946），关其侗译；

经验知识的基础（《对知识和评价的分析》，1946），江盛、江传月译；

终结性判断和客观信念（《对知识和评价的分析》，1946），江盛、江传月译；

经验中的好与坏（《伦理学基础论文集》，2017），江传月译；

正确的行为和好的行为（《伦理学基础论文集》，2017），江传月译；

认知、行动和赋值（《对知识和评价的分析》，1946），黄涛译；

当下有价值的（《对知识和评价的分析》，1946），江传月译；

道德感和贡献价值（《对知识和评价的分析》，1946），江传月译；

物体中的价值（《对知识和评价的分析》，1946），江传月译；

价值和事实（《价值与命令》，1969），洪潜译、熊伟校；

实用主义与道德根源（《价值与命令》，1969），江传英、江雪译；

价值判断和事实判断（《刘易斯论文集》，1970），江传月译；

价值判断的客观性（《刘易斯论文集》，1970），江传月译；

价值判断的经验基础(《刘易斯论文集》，1970)，江雪、江传英译。

本书吸收、借鉴了一些理论工作者的研究成果，在此表示感谢！由于我们水平有限，书中难免存在疏漏和不足，敬请各位专家、学者批评指正！

中译者
2022 年 12 月于暨南大学

经验中的所予要素

　　我们是从这个假定出发的：哲学的任务是对我们的日常经验进行分析和阐释，并通过反思将那些由于被心灵本身带入经验而隐晦不明的原则令人信服地彰显出来。哲学是对先天的东西的研究。它旨在揭示心灵应用于呈现给它的东西之上的那些范畴标准，并通过正确地描述这些标准来界定善、正当、有效性及真实性。

　　然而，如此探讨哲学问题，势必会马上面对知识的本性问题，必须先把这一问题解决才好。于是，先天的东西与非先天的东西之间的区分便被假定了下来。同时被假定下来的还有与之相关的、在心灵或由心灵带入经验的东西与另外一个要素之间的区分，后者被假定为独立于心灵的活动而存在，并对经验的其余部分和方面负责。我们有没有权利做出这些区分呢？我们做出这些区分的理由何在？知识和经验是如何由这些项构成的？本书以下要探讨的就是这样一些问题。

　　这一部分的主要论题有：（1）知识中须区分开的两个要素分别是作为思想活动的产物的概念和独立于这种活动的感性所予物（the sensuously given）。（2）概念引出了先天之物；所有先天真理都是由概念来界定或说明的。(3)纯概念和所予物的内容是相互独立的;它们井水不犯河水。(4)经验真理或关于客观对象的知识源自对所予物的概念性解释。(5)由一概念指谓的经验对象绝不是一个瞬时所予物,而毋宁是实际的及可能的经验的某种历时延展的形态(temporally-extended pattern)。(6)因此,将任何一个概念赋予瞬时所予物的过程(这是知觉知识所特有的)在本质上都是论断式的并且只能获得部分证实,仅凭直接意识而获得的知识是不存在的。(7)实际的经验绝对无法穷尽对构成真实对象的所予物的解释中投射(project)出来的那种形态,因此,所有经验知识都仅仅是或然的。(8)概念与所予物的相互独立及经验真理仅仅具备的或然性特征,同认识的有效性是完全一致的。无须任何对独立于心灵而存在的事物的范畴次序的、先定服从的形而上学进行假定,"范畴的推演"问题便可得到处理。(9)说得更明白些,任何可设想的经验都是可归属于概念之下的,而且真正或然性的判断也适合它。

这里一方面要对经验中的这两个要素间的区分进行探讨,另一方面还要针对各种常见的误解所做出的区分进行辩护。

我们的认知经验中存在着两种要素:一种是直接的材料,如感觉材料,它们是被呈现给或被赋予心灵的东西;另一种则是表现思想活动的某种形式、某种构造或某种解释。对这一事实的认识乃是最古老、最普遍的哲学洞见之一。然而,设想这些要素及其相互关系的方式可谓千差万别,而就此所产生的意见分歧则表明了各种知识论间的主要区别。因此,即使最一般地甄别这两种要素的企图——就像借助上述术语所做的那样——也会遭到反对。尽管如此,随便以哪些术语做出的这种区分几乎在每一种哲学中都是可以见到的。想要完全抑制它,无疑是对经验所表现出来的明显而带根本性的特征的背离。要是没有赋予心灵的感觉材料的话,知识必然是无内容的、任意的,也就将没有任何必须与之相配的东西了。而假如没有心灵自身所予的解释或构造的话,思想就成了肤浅表面的,错误出现的可能性就是无法理喻的,而真与假的区分恐怕要变得毫无意义了。如果知识的意义只在于未经解释的感觉材料的话,那么这种意义就仅仅由这些材料在心灵中的呈现来保证了。而每一种认知经验都必定是真实可靠的了。

当然,只重其中的一个要素而几乎完全排斥另一要素的理论也是有的。这样一些理论兼有两种类型——只重所予物的和只重能动的心灵的。神秘主义者、柏格森以及美国新实在论者——只略举读者心中马上会想到的例子——强调直接性。相反，唯心主义者(贝克莱这样的经验唯心主义者除外)似乎会把知识的形式或内容纳入由思想活动创造出的东西中。然而在通常情况下，一旦对这两类理论进行更为仔细的考察，我们便会发现，这种区分也是被事先假定下来的；只是由于过多关注其他方面的问题，我们才难以弄清其真实面目。

在上述第一种类型的诸理论——它们将知识等同于某种纯粹直接性的状态——中，对认知经验的描述或分析是从属于这样一种企图的：确立某一类型的经验相对于其他类型的经验的优越价值。例如，神秘主义者把他最为看重的那种经验解释为由他所寻求的那个超验对象直接呈现给他的心灵并与他的心灵融为一体的东西。但是，他也欣然接受日常非神秘经验中概念解释的存在及其所具备的决定性特征的说法。只不过他把这种经验的对象斥为幻觉或纯粹的表象。在他看来，日常世界不是终极真实的；或者，至少其真实本性并不是在日常经验中被揭示出来的。真实的洞见发生在这样的时刻：由散漫无居的思想所创造出的那些区分和关系被一扫而光，实在如其所是地闪亮登场。此时，所有人都将"知识"一词限定在对实在的领悟上。因此，神秘主义者所持的那种导致他以不同的方式使用"真实的"一词的形而上学构想，也同样促使他把"知识"一词限定为"实在"在其中被领悟的那种独特的经验。他充分肯定乃至坚持认为，在被其他人信以为真的认知性的日常经验中解释的因素是存在的，他也承认这种概念因素表现了由心灵本身的构造或态度所导致的某种东西。

柏格森同样本着形而上学理论，而非对日常经验的任意读解，才把最真实的知识等同于"直觉"。在他看来，终极的实在乃是生命，或者是被内在地把握的"真实的绵延"。对于每一个心灵来说，这种东西本身就是某种直接性的东西，而要在它的其他呈现形式中领悟它，则只有借助移情才行。柏格森把科学和常识世界看作由心灵赋予直接性材料基础上的构造或解释。他同样也明白，这种构造是由行动及社会合作方面的旨趣所主导的。但是，他认为导源于这种解释的空间世界并不是终极实在，因此，包含这种解释因素的认知经验就不成为理论上充分的知识。总之，正如在神秘主义者那里一样，在柏格森这里，将知识等同于对直接所予物的直觉领悟所反映出的并不是在日常经验分析方面的根本差异，而毋宁是由否认科学和常识所认知的，是由终极实在的一种形而上学理论所引起的，在被赋予"真实知识"这一短语的指谓方面的差异。

在当今所有这些仅仅依据感受性（receptivity）来描述知识的理论中，恐怕只有在新实在主义那里，这种对所予物的偏好才没有反映出形而上学方面的偏好。在这里，思想（或关注）活动只是被描述为有选择性的；它可能会决定什么东西要被纳入知觉中，什么东西要被排除在知觉之外，可它并不对所予材料进行增补或修改。就心灵此刻便是对此对象的认知活动（knowing），而对象此时正被这一心灵认知而言，二者被描述成是符合一致的。

任何这样的理论都必定会因为无法令人满意地解释错误所出现的可能性而显出自身的不完备性。就知识是纯粹的感受性而言，心灵在认知中与之符合一致的那种东西无论在哪种情况下都必定具备同样的客观性。或者至少可以说，这里没有为真实的与虚幻的领悟之间的区分提供任何根据。于是，我们便面临着这样的问题：镜像真的处在它们被归于其中的那个空间中吗？或者面临这样的困难：我们现在所看到的恒星很可能在 1000 年之前就不再从那一点上发出光线了。类似的问题数不胜数。新实在主义者可能会像霍尔特先生那样走得更远，主张矛盾的和不相容的东西也可以是客观真实的。或者，新实在主义者会像蒙太古先生所做的那样，引入关于产生同一种大脑状态的多重原因理论，从而借助所引入的这种模糊性来对错误进行解释。但是，恐怕得这么说：除了将大脑状态等同于知觉所可能引起的问题，或者将再现主义因素引入否则便是纯粹"表象"的知识论中是否合适的问题之外，根据这种解释，似乎不可避免地要承认认知中的解释因素。只要知识的内容仅仅同所呈现的东西是一致的，知识就必定永远是真实的，因为大脑状态（或知觉）在所有符合一致的情形下都将只包含恰好那样一种原因的多重性。大脑状态只能等同于在原因多重性方面与之相同的东西——除非我们想要放弃这样的原则：等同于一个东西的那些东西是相互等同的。假如某个大脑状态或知觉意识的某种改变所意味的东西被张冠李戴了，那么，超出这种给定状态本身的内容之外的某种解释便成了错误的唯一可设想的基础。

而且，还存在着这样一个无法回避的事实：知识或多或少都具有某种**预言**的意义。就像贝克莱所指出的，一个观念或表象乃是另一个被预期的观念或表象的记号。若真是这样的话，则认知经验可

归属于感觉材料，但又不能仅仅与这些给予的材料符合一致。所谓认知便是发现所呈现的东西相对于当下没有如此呈现的东西是有意义的。正因为贝克莱未能将其理论意蕴贯彻到底，未能对所予物与并未如此直接呈现的东西之间的关系的有效性进行审视，所以才让休谟的怀疑论钻了空子。

任何一种知识论都会因为未能甄别并考察这种由心灵赋予的构造或解释因素而受到损坏。认识不到这一因素的存在，便不可能为错误提供解释。而如果寻求不到其有效性的根据，那么这必然会导致怀疑论。这如果不会导致通常所称的那种怀疑论，也至少会导致像神秘主义这样的直接性理论所包含的那种关于日常认知的怀疑论。

强调建构性的心灵并将任何类似感觉材料的独立所予物排除在外的相反类型的理论所给出的解释，也同样是带有形而上学偏好的。柏拉图的理论明显就是这样的。在他看来，感觉材料是与真知识不相干的，原因是只有超验理念才是完全真实的。不过，他也认为，在外部物理世界借以被把握的那种混合型的领悟中，感觉材料所占据的地位是显而易见的。

康德以后的唯心主义似乎也竭力主张把知识等同于仅仅由思想活动所产生的东西。可是，很难说唯心主义想否认如下的事实："我此刻看见的是一张白色的纸而不是一棵绿色的树"乃是一种无法被我的思想力量所改变的感觉材料。也很难说唯心主义想否认任何意义上的所予物。事实上，康德以后的唯心主义者很少直接论及这样的问题："思维活动创造了通常被称作感觉材料的东西吗?"这一问题对他们而言似乎并不重要，因为他们的形而上学观点并不依赖于它，而依赖于两个颇为不同的问题："缺了心灵的主动构造，还能不能有关于**真实对象**的任何领悟呢?""如此这般的感觉材料的存在是否构成独立于心灵而存在的实在的证据呢?"[①]

要是可以表明真实物的**客观性**永远都需要心灵的构造的话，那么第一个问题就会有一个令他们满意的答案了。这一论点并不意味着否认：所予物在上述意义上是独立于思想活动的。它只要求否认：感觉材料的呈现本身可以构成有效的知识。我之所以赋予这种呈现以客观性，乃是下了一个判断，从而也是展现了一种思想行为。(把这种呈现看作仅仅是主观的，也同样是一种解释)这种解释性的许可

① 格林：《伦理学导论》，第一章第十二、第十三节，牛津，1883。

经验中的所予要素

就是费希特作为"非我"的设定而着力强调的东西。除了作为这种设定之外，感觉材料既不是外在实在也不是显明的自我，它在直接性中是没有主体与客体之分的。直接材料的所予性**不是实在**的所予性，不是知识。因此，唯心主义者会坚持认为，没有思想的创造性活动，便没有（真实的）对象。不过，这一点也没有否认存在着先于其被设定为真实物的感觉材料，存在着被赋予判断的被判断内容。然而，唯心主义者由于急于把通常可从他的形而上学论点中抽绎出的相反寓意蒙混过去，经常会对此置之不理。

而且，对于唯心主义者来说，指出所予材料业已**在心灵之中**，远比探讨这些材料是否由思想创造出来显得更重要。如果被解释的材料和被赋予的解释都属于心灵，那么，被认知的客体就可描述为从两个方面来说都是依赖于心灵的；而从对知识的分析中是得不到关于独立实在的论证的。因此，唯心主义者可能不会承认，甚至不能清晰地认识到，存在着既不能被思想所创造也不能被思想所改变的，并且既不作为客观实在也不作为非实在而仅仅作为其自身的所予经验材料。

唯心主义者的典型做法还有：指出纯粹所予性的瞬间乃是一种幻象，其材料乃是一种"非真实的抽象"。他会坚持说，没有构造就没有领悟；从而主体与客体、行为与所予物之间的区分必定是存在于思想**之内**的，而不是存在于思想与某个被思想的独立存在的东西之间的。这种考虑对我们具有更为重要的意义，后文将就此展开讨论，但它并不意味着否认感觉材料的所予性。它只是主张纯粹感受性的、同所予物符合一致的精神状态乃是一种幻象——认为难以接受这种看法的只有神秘主义者和其他倡导纯粹直觉的哲学家。至于在将"思想"这一术语加以扩展以涵盖整个认知经验时所遵循的错误推理过程是否有一个开端，我们没有必要再多费心思了。至少，对于唯心主义的任何一个有代表性的论点而言，对所予物的否定都不是必不可少的。事实上，对日常认识中的这种因素的全盘否定足以让任何一套理论变得不可信。

既然如此，我们就有充分的理由把下述看法当作人们所公认的：经验中存在着这样两种要素：所予物及附加其上的解释或构造。不过，由于对这种看法的认可既过于空泛又由来已久，所以对待这种区分须格外小心。不管是在历史上还是在当代思潮中，这种区分都被赋予了不同的意义。而且，成堆的形而上学问题随之而生：所予物与真实物之间是何种关系？心灵如何进行构造或解释？可进行解释的这种心灵为何物？它是超越经验的吗？如果是，它怎么可能被知晓呢？如果不是，它又怎么可能凭借其所做的解释来限制经验呢？面对这样一堆问题，要是能抓住关键，我们便有望做出最好的回答。假如能弄清要探讨的究竟是什么东西，那只须摆出事实，便可逐步澄清问题。

在所有经验中都存在着我们能意识到的，不是我们通过思维创造出来的，也不能一般地加以改变的因素，我们姑且称之为"可感物"（the sensuous）。

此时此刻，我手中握着一支钢笔。在描述我当下经验到的这一物项时，我使用的是已学会的关于其意义的一些词。我把这一物项从我当下意识的总体中抽离出来，并以我所掌握的且反映着我所习得的行为模式的那些方式把它同当下并未呈现的东西联系起来。或许我记起了关于这样一件东西的第一次经验。如果这样的话，我便会发现，这样一种呈现当时对我来说并不意味着"钢笔"。我把我当时并未带着的某种东西带入了当下这一时刻。我所带入的还有这一经验同其他实际的或可能的经验之间的一种关系，以及把当下呈现的东西与我当时并未将其包含于同一类中的那些事物归在一起的一种归类方法。当下这种归类法的依据是这种经验与其他可能经验，以及我的行为之间的那种被习得的关系，而这一对象的形状、大小等在当时还不是这种关系的一个标志。住在新几内亚的一名土著人并不会把"钢笔"这样归类，因为他不拥有属于我的某些旨趣和行为习惯。在作为感觉性质的组合的这一事物的特征中肯定存在着某种东西，对我而言，这种东西乃是导向这种归类或意义的线索。但是，恰恰这种性质复合体应被认为，该对象所呈现的"钢笔"的特征这一事实乃是某种被习得的东西。尽管如此，即便我是一名婴儿或一个土著，我所当作的经验中的所予物的东西在性质上也不会有多大的区别。

设想我的当下旨趣发生了一点变化。我把手中的这个东西描述为"一个圆筒"或"一块硬橡胶"，或"一件便宜货"。在每一种情形下，这种东西在我的心灵中都是以颇为不同的方式被联系起来的，而我的可能行为所能同它相联系的那些潜在模式与我对它的进一步经验都是不同的。被称作"所予物"的某种东西维持不变，但作为其标记的特征，其归类方法以及它同其他事物与行为的关系则各有不同。

无论我以什么样的词语描述我经验到的这一物项，我都**不只是**把它当作所予物来转达，而是借助同一些关系，尤其是与其他我认为是可能的但当下并非实际经验的关系有关的一种意义对它进行增补。进行这种增补所用的方式反映了我的习惯性旨趣及行动模式，即我的心灵的本性。婴儿可能像我一样看见它，但它对他并不意味任何我把它描述成的那样一些东西，而只意味着"玩具"或"可咬在嘴里的滑溜溜的东西"。但是，不管对哪一种心灵来说，它都不只是所予的那种东西。它的某种意义也将被包含在经验中。所有被归于"意义"这个含义宽泛的术语之下的东西（除非直接性价值或感觉性质的特点也被包括进来）都是由心灵带入经验中的，正如以下事实所表明的，经验是可以随我的旨趣和意志而改变的。

被加于所予物之上的这种意义、解释或构造在两个相关而又不同的方面是有意义的：一是这种直接呈现的东西同进一步的、实际的及可能的经验之间的关系；二是它同我的旨趣及行为之间的关系。它同其他经验的关系乃是某种由有选择的记忆带入当下经验的。然而，在被应用于当下所予物时，它所表示的不是过去，而是与当下时刻相连续的一种实际的或可能的未来。因此，这种所予物便被置入了一种同被给予的或可被给予的东西的关系中，而这种置入是对它的一种可被瞬时的经验过程所证实或证伪的解释。另一种关系，即所予物与当下旨趣或态度的关系，指的是进一步的可能经验的瞬时过程与我本人的目的和行为之间的相互作用。由于我不仅进行着思考，而且还做出身体上的行为，所以我便作为一个部分决定着将要呈现的东西的因素进入了将来的瞬时过程。因此，我的解释便预示着我本人的由当下态度所决定的身体行为，以及受这种行为影响的进一步的经验。在所有那些我的解释可借以被当作并不预示着实际的未来而只预示着**可能的**经验的方式中，这种解释很可能同我知道我可以随意采纳的那些行为方式以及我当时**会**期待的将来经验有关。

我称这种东西为"钢笔"，反映的是我要用它来写字这样一个目的；我称之为"圆筒"，反映了我想用几何学或力学来说明一个问题的愿望；我称之为"便宜货"，则表明了我决心以后在开销方面要更加小心。这些各不相同的目的预示着未来某些不同的事件将会发生，而无论在哪一种情况下，这类事件都部分的是我本人的行为的结果。

解释因素与所予物之间的区分被下述事实进一步强调了：不管我们的旨趣如何，也不管我们如何进行思考或想象，所予物是不会被改变的。我可以把这件东西理解为钢笔、橡胶或圆筒，但我无论如何也不可能发觉它是纸做的，是软的或者是立方体的。

一方面，我们可以凭借其不可改变性、其作为可感性质的特征等标准来把所予要素析离出来；另一方面，我们又不能**如此**描述任何特定的所予物。因为无论以何种方式对它加以描述，我们都是通过将它归于某一范畴来刻画它的。我们有选择地强调它的某些方面，并以特定的并非不可替代的方式讲述它。要说真的有不受思想限制的、存在于激情或伟大艺术品中的纯粹审美状态的话，那么，也只有它们在经由思想而变得清晰可辨时，才可以被传达给别人——甚至才可以被保留在记忆里。因此，从某种意义上说，所予物是永远无法言表的。无论思想如何对它进行构造，它都依然是未被触及、未经改变的。尽管如此，也只有哲学家才会暂且否认这种在关于任何思想活动都无法创造或改变的东西的意识中的直接呈现。

　　如果说我们现在已经把关注的目光投向了我们把希望作为其中的所予因素加以探讨的关于经验的事实的话，那么接下来就该着手澄清这一概念并应对各种可能的误解了。

　　最初的困难源自"所予"一词的模糊性。在哲学中，这一术语大都是在至少接近于这里所指的意义上使用的。但是，它偶尔也被赋予了远为不同的意思：指称哲学一般在一开始时便发现或视为当然的那些材料。而且那些在第二种意义上使用这一术语的人有时还让它带上了某种方法论之争的色彩，这种争论的矛头所指是这样一类观念："直接所予物"或"感觉材料"乃是认识论中所允许的解释范畴。

　　我这里不得不说的东西至少部分地已在以前的著作里澄清了。事实上，构成哲学思考的材料的乃是关于世界的深厚经验（the thick experience），而不是浅薄的（thin）直接所予物。我们所看见的不是颜色斑块，而是树木和房屋；我们所听到的不是不可描述的声响，而是说话声和小提琴声。我们最确切地知道的乃是对象以及有关它们的重要事实，这些均可在命题中被陈述出来。这样一些关于对象及事实的初始材料把哲学问题提了出来，并在某种意义上构成了判定其解答的标准。因为任何一种哲学理论要是不符合或者无法解释这种广义上的经验的话，就理应被当作不准确的或不充分的而被拒斥。

　　可是，如果坚持把这种前分析的材料当作一种终极的认识论范畴接受下来的话，便会终结所有关于知识的性质的有价值的探讨——或者会终结任何别的理智事业。只有在没有任何问题要加以解释的情况下，浮在表面上的东西才能被当成终极的，否则的话，要找出任何一种解决办法都是不可能的。没有分析，就不可能在理解方面取得进展。

这里所理解的所予物肯定是一种抽象。除非存在着纯粹的审美状态(我赞同对此表示质疑的评论家的意见),否则在任何经验或意识状态中的所予物都绝不可能孤立地存在。任何一种作为心理材料或经验瞬间的康德意义上的"杂多"都可能是一种幻象,而将它如此假定下来乃是一个方法论上的错误。所予物是在经验之内的,而不是在经验之前的。但是,责难抽象过程便是责难思想本身。思想所能包含的不外乎就是某种无法孤立存在的抽象过程。除了具体共相之外,任何可提及的东西都是一种抽象;而具体共相乃是一种神话。思想只能做两件事:它可以借助分析把在其时间或空间存在中浑然未分的实体分开;还可以借助综合把分立存在的实体结合起来。只有神秘主义者或者设想要是没有大脑会更好的那些人才有理由反对分析和抽象。唯一重要的问题是:"所予物"这种经过抽象而来的要素是否真的要在经验中寻找呢?在这一点上,我当然只好求助于读者了。我希望读者已暂且认同这个词所要表达的意思了。以下我就在假定这一点的基础上继续下去。

不过,假定这种暂时的认同之后,仍须避免语用方面的模糊性。我到现在为止一直把"所予物"与"感觉材料"二词当作大致同义的来使用,但后者略带有一些不那么适当的寓意。首先,作为一个心理学范畴的"感觉材料"可依据它们与传入神经中所发生的过程的伴随关系而同其他精神内容区别开来。借助于这种同神经过程的伴随关系的标准而做出的区分在认识论上可能导致两种反对意见。第一,这种东西或精神状态本身必须在这种伴随关系得以确定之前首先成为可被准确辨别的。假如它可以如此被辨认,则这种伴随关系就不再是本质性的了,从而在借反思和分析的方法所进行的认识论探讨中便成了肤浅的。第二,存在着这样一种更为一般的反对意见:把知识论这样一个根本性的课题建立在得益于具体科学的区分之上是不合适的。涉及知识这个范畴及其一般性的那些基本问题是先于特殊科学的,因此不能建基于它们的具体发现。对于心理学而言,这一点尤为重要。因为如何为它寻求到一种有效的方法乃是一个切近而又严肃的问题。如下这些问题本身至少在某一方面是要涉及认识论的:我本人的身体为我所知的方式问题,愉悦或情感状态的主观性或客观性问题,以及我只能自己知觉的心灵状态与我可以在其他生命体上观察到的神经过程之间的伴随关系的有效性问题。

其次,心理学家在对心灵状态进行分析时所制定的那些具体目标,在认识论中可能是不合适的。"感觉材料"可能会意指同具体的感官的关系(就如同在味觉和味道之间做区分时所表现出来的一样)，从而指示一种不能由直接知觉做出的区分。其他一些并非严格可感的性质也是可被真实地给予的；一事物的让人愉悦或让人恐惧的特征也可能像它的明亮或响亮特征一样是直接呈现的——对于这样的问题，我们至少不能抱有成见。因此，根据同神经过程的伴随关系加以定义的"感觉材料"在我们的研究计划中不应占据什么地位。我们意欲探讨的乃是知觉、幻象及梦中的纯事实因素(不假定任何在先的区分)。

然而，如果以上可以理解为心理学范畴的方法寓意在这里是不切题的话，这也不会导致什么混乱。我仍旧可以提到所予物的"可感"特征：所意指的这种经验因素很难用除了这些抢先占据地盘且含有歧义的术语之外的其他术语来指代。即便要冒含义模糊的风险，我觉得还是用熟悉的辞藻要好一些，因为生造出来的专业行话在其准确含义可从其使用中找寻到之前也同样是模糊不清的。

还必须避免另外一种与此不同的模糊性。我们显然必须把所予物同被给予的那个对象区分开来。所予物至少在通常的情形下，乃是某种真实的东西的呈现：而被给予的(部分地被给予的)东西就是这一真实的对象。但是这一对象的不管什么性质(whatness)都包含着对其范畴的解释；被知晓的这种真实对象乃是加在关于它的经验之上的一种构造，并且包含着很多此刻没有被呈现出来的东西。

由于当前还存在着一些以不同的方式探讨直接性的内容的理论，所以进一步的评论仍然是需要的。①

一旦想到，连对我们所感兴趣的东西的区分以及把我们所面对的对象的呈现从其余伴随着它的意识中抽离出来的活动，也至少部分的是心灵做出的删减或抽象工作，我们就会被诱使做出这样的判断：严格地说，只存在着一种所予物，即柏格森意义上的真实绵延或意识流。我觉得，这种说法至少是接近正确的。绝对的所予物乃是一种似是而非的呈现，它了无痕迹地消退为过去又无痕迹地成长为将来。把这种绵延分割成事物的呈现业已表明有一个带有成见的心灵在活动了。此外，我们也应对将所予物设想为一种平滑无间的流的做法保持警惕，这可能完全是虚幻的。经验一出现便包含着某些断裂(disjunctions)，它们在经我们的注意明晰化后便标志着事

---

① 对这些理论的进一步探讨不能放在这里进行。这里所做的探讨只不过是为了澄清所采用的术语和程序。尽管以下仍要提出一些批评，但我深知这种讨论无法完全深入下去。

件、"经验"和事物的界限。一个视觉呈现或一种绵延借以被分割为部分的方式反映了我们带有偏向性的态度，但是，注意是不可能在一个平滑无间的区域内标示出断裂的。

构成事件及事物的界限的断点和差别既是给予的又是由解释构造而成的。小地毯铺在地板上或者雷鸣随闪电而来这样的情况也像小地毯的色彩或云团碰击的响声一样是给予的。但是，我发觉小地毯与地板的这种断裂具有一种小地毯上的皱褶所不具有的意义，这一事实所反映出的乃是我过去对掀起和铺上小地毯的经验。这块小地毯具有认知意义的在地板上的性质（on-the-floorness），既需要视域中给定的断裂，又需要把它当成对可移动的对象与坚固的支撑物之间的界限的解释。

即便所予物总是一个整体，我们在对知识进行分析时也没有必要对其整体耗费过多的心思。我们所感兴趣的毋宁是我们出于平常的理由区分出的"一种经验"或"一个对象"中的所予性因素。关于一对象的某种经验中的所予因素乃是"一种呈现"。这种呈现显然是一个独一无二的历史性事件。但是，就分析知识所要达到的大部分目的而言，视线所及范围内的一枚 50 美分硬币的一次呈现同其另一次呈现并没有多大差别。故此，要是我论及此物或彼物的"**这种**呈现"的话，那一定是建立在这样的假定之上的：读者可以提出他本人的描述。这里并没有想到要把这一事件本身和其可重复的内容等同起来。

在任何一种呈现中，这种内容要么是一种特定的可感特性（如红或响亮的直接性），要么是某种可分析为这样一种复合体的东西。一事件的呈现当然是独一无二的，可构成它的那些可感特性则不是，它们在不同的经验中是各不相同的。时下有人把这样一些特定的可感特性及由它们所构成的可重复的复合体指定为"本质"。这里将避免使用被赋予这一术语，只有这样才不至于把这些可感特性与普遍概念混为一谈。

正是"批判实在论"的似真性及其所犯下的根本错误共同导致了把逻辑共相和所予感觉的特性都命名为"本质"，从而在这两者之间产生了混淆。正如下文将指出的，任何概念——或者任何像"红色的"或"圆的"这样的形容词——所指谓的都是某种比一个可分辨的感觉特性更复杂的东西。尤其是概念所指谓的对象必须永远具备一种超出当下呈现的时间跨度，这对于概念的认知意义是至关重要的。作为所予物的感觉特性，就其本性而言，是不具备这种时间跨度的。而且，这些特性尽管在经验中是可重复的，而且在本质上是可识别的，但却是没有名称的。它们同逻辑学及传统哲学问题所涉及的"共相"是根本不同的。对于这一点的阐释将在后文展开。

对于"感知物"（sensa）和"感觉材料"（sense-data）的颇为类似的使用也可能会被证明是有害的。尤其值得一提的是，布洛德先生以一种赋予了它们所指谓的东西以可疑的形而上学地位的方式来使用这两个术语。例如，他认为，如果它们（感知物）是心灵状态的话，就必定是呈现物。可是，我们找不到什么理由认定它们乃是心灵状态；我们看不出有什么根本性的原因导致了色斑或声音无法在未被感知的情况下存在。在另外一处他认为，我们亲知的一个感觉材料完全可能具有我没有亲知到的组成部分。因此，如果我说一种给定的感觉材料只具有我们注意并提到的那些部分的话，那么我很可能是搞错了。同样，很可能也存在着我无法辨识的性质上的各种差异。如果我说：我们亲知的这种感觉材料是整个儿由一块红幕罩着的，那么这一陈述就可能是错的。

到此已十分清楚了：我可能会对所予物做出错误的报告，因为我只有通过使用语言才能做出报告，而语言的使用则引入了并非被给予的概念。像本质理论一样，感觉材料理论也未能足够地深入下去，从而未能将真正给予的东西同由解释引入的东西区分开来。把一枚硬币称作"圆形的"要进行解释，同样，把一个感觉材料称作"椭圆形的"也要进行解释。以下情形当然也是真的：如果我把所予物报告为"红色的"，那么我可能由于对颜色意义漫不经心而传达出一种错误的印象，另一个对此具有本质上并无不同的经验的人可能会报告说它是"橘红色的"或"紫色的"。同样，当一个艺术家说某物是"椭圆形的"时，我可能说它是"圆形的"，因为我不习惯于把物体投射到平面上去。心理学家在处理关于内省的报告时遇到的那些困难，可能就是导致关于所予物的报告发生错误的原因。要对一种所予经验做出充分而正确的说明，就必须进行仔细的自我发问或者接受他人的诘难。但是，布洛德先生这里所指出的似乎是导致错误发生的一种完全不同的原因。他似乎是想表明，对于呈现于我眼前的同一个感知物，我可能在某一时刻把它看成红色的，而在随后的一个时刻又把它看成杂色的或者中间部分是更深的颜色的，如此等等。

如果我盯着一张卡片，一开始看见它是统一颜色的，随后又看见它是杂色的，那么我将很可能十分正确地报告说：这一表面的颜色具有一种我一开始没有看到的性质。但是，这一陈述的主词是这张**真实的**卡片的**真实的**颜色，而这一陈述本身却并不是关于这种感觉的内容的报告，而是加在我的感觉经验序列上的一种解释。它引入了主体与客体间的一种区分，而这种区分是同所予性无关的。当然存在着像一枚硬币的形状或一张卡片的颜色这样一种在我看着它——或者没看着它——时不被注意着而存在着的东西。这是因为这枚硬币的形状具有像这枚硬币所具有的同样一种持存的实在性，而且这种实在性是完全不同于这枚硬币在我的意识中的那种断断续续的呈现的。不过，我认为感觉材料理论的起始点便是为相对于我所看的**东西**的我所**看到的**东西，即相对于硬币的真实的圆形的表象的椭圆形提供一个名称——如果不是一个居所的话。如此一来，被感知对于感知物而言便是本质性的；一个既不是真实的硬币的真实形状又不是它在一个心灵中的表象的感知物就不伦不类了。一个未被感知的感知物，或者一种在关于它的意识发生变化了的情况下依然保持不变的感觉材料，只不过是一类新的物体，它们并不会因为旨在表明其现象学特征的不恰当命名而更好把握些。

被给予的东西可存在于心灵之外——不应当对那样一个问题存有成见。但是，为了能有意义地断言这种存在，关键要保证对下述问题有一种回答：假如被给予的东西具有这种独立的存在，这意味着什么？假如经验一般不具有这种独立的实在，就哪一点而言它是不同的？对于一个未被感知的感知物来说，很难看出对这样的问题能有什么样的回答。对感知物理论的主要反对意见是：它不仅舍弃了经验分析的基础，而且陷入了形而上学。它用本质上不可证实的并且极为可疑的东西来说明直接的、无可置疑的东西。

对于这里将用"所予物"来意指的东西而言，具有本质性的一点是，它应当被给予。我们不消说，被给予的东西是一种"精神状态"，甚至不需要在任何比寓于这种所予性之中的意义更明确的意义上说它是"在心灵中的"。也不应该假定，以这种方式存在于心灵中的东西只是精神的。我们借以知晓对象的那种解释或建构的性质表明，所予物必定在某种意义上也是客观实在的一个组成部分。所有这些问题都是后来的问题。假如说应当有关于"在心灵中"的东西所可能具有的那种实在的形而上学问题的话，也不必在超出可在这样的发现即经验内容的某些方面满足了所予性的标准中加以证实的东西的范围之外去期待对这些问题的解答。这些标准首先是指它的特定的感性特征，其次是指思维模式既不能创生它也不能改变它，即它不受心灵态度或兴趣的变化的影响。第二项标准是决定性的。单有第一项标准是不够的，个中原因将在后文中交代。

这种所予要素想必永远也无法被孤立地发现。假如这种知觉内容是先被给予随后才被解释的，那么我们便没有任何关于这种不受思想限制的先在直觉状态的意识，尽管我们确实观察到了把所予内容作为一种瞬时的心理学过程的解释的变化和延展（alteration and extension）。完全不受制于思想的直觉状态乃是形而上学想象的虚构物，只有那些想以一种可疑的假设取代对如我们所发现的知识的分析的人才钟情于它。这种所予物当然是一种经过取舍的要素，或者说是一种抽象；这里要说的只是，它并不是一种"非真实的"抽象，而是经验中的一个可分辨的组成部分。

经验与秩序

　　由于经验知识完全是或然性的知识，因此它的有效性一般取决于归纳和或然性判断的有效性。以前提及过，似乎这种推理的某些原则可以被认为是有效的。然而，这种推定需要说明理由，特别是因为它经常被认为应该依赖的理由在这里被否定了。让我们尽可能尖锐地说出这个问题：概念是心灵的产物。所有知识都是概念，它的可能性取决于它们对经验的适用性。概念的应用总是需要经验中的某种有序秩序。但是经验的内容与心灵无关；在可能的经历中，该秩序是可被发现的，不能由智者决定。如果归纳是可能的——如果概念适用于可区分的案例类别，并且如果这些归纳中的概念的联系是为了在现实中找到它的应用——那么某些质料的给定性或其复杂性必须是预期序列的线索，并且过去这些序列的出现必须是它们对未来有效预测的基础。

　　但是，这种期望和预测不一定是必然的。对特定物体的了解永远不会超出错误理解的可能性；从理论上讲，经验归纳从来都不是非常可能的。那么，为了使经验知识有效，必要的是，所予质料与预期序列的这种联系，以及一个概念规定的序列与其他概念所必需的序列之间的联系，应该是真实可能的。一般来说，必须有从过去到未来争论的可能性——不确定，但有可能。

关于或然性判断，首先指出，它们的有效性并不要求被判断为可能的事情是真实的，即使特定归纳应该适用于任何可指定比例的实际案例。其次，或然性判断是相对于做出判断的人的相关知识；而这种相对性并不妨碍它的有效性。最后，或然性判断与其前提的相对性意味着它的有效性，在特定情况下，意味着结论与其基础之间的某种关系；并且意味着如果它是有效的，它就是真实的、绝对的和永恒的。或然性判断的这三个特征依赖于明显的事实，这些事实在不破坏或然性和确定性之间的区别的情况下是不可否认的。它们的直接后果是，如果一个特定的经验判断代表从其理由中恰当地得出或然性推理，那么它就是绝对真实的知识。剩下的一个问题是，是否存在任何有效的推理原则，根据这些原则可以恰当地得出特定的经验判断。如果或然性判断一般可能是有效的，那么就没有进一步的理由怀疑理性的经验判断是否正确。

为了理论上完成论证，我们将有序地对或然性推理和归纳原理以及我们的归纳概念进行介绍和详细检查。但读者不会在本书中要求这一点——这至少需要另一个相同篇幅的论述。可能产生怀疑的具体原因是显而易见的：概念的适用性和从过去到未来的论证要求存在一些秩序和一致性。在一种内容独立于心灵的经验中，可以认为这种秩序可能是缺乏的，因此，它的推定是教条的、没有根据的。指出概率的有效性在于结论与其基础之间的关系，并且判断概率的真实性并不直接相关，没有任何东西可以满足这一点。确切地说，问题在于，这种意义上的主观判断，面对独立的经验，是否与现实的构成有意义上的相关性。

由于概念的适用性（或通过外观识别事物）以及归纳的有效性是有问题的，因此问题涉及经验的可理解性以及经验知识的可能性。在大多数情况下，这两个转向基于相同的考虑。

我希望使读者相信的结论是，不能假设任何可能被认为是虚假的东西；任何一种经验，即使是最大胆的想象，也不能为可理解性和可能的判断提供基础。相反的假设经常来自错误的概念，即理解的确定性和必须提供的归纳的确定性。我们在之前的问题中也发现了同样的困惑。

我认识到在这件事上的举证责任是沉重的。我认为，对"自然的一致性"所指的某些事物的信念，对于我们来说，就像对绝对上下的信念一样自然，并且受到许多基本和普遍的思想习惯的支持。据我所知，除了那些心甘情愿地面对持怀疑态度的人之外，它从来没有被置疑过。从某种意义上说，这种信念在这里不值得置疑，问题是它是否有任何替代品；或许，确切的问题就在于必要的"一致性"所涉及的问题。在这种困难的情况下，我希望从各种更为外围的考虑开始，而不是直接进入问题的中心。也许如果移除了足够数量的外部支撑物，这种错误的观念就会自然灭亡。

可以从以前的情况中提出与现实中的秩序问题直接相关的两点。首先，那个现实和经验的内容并不是直接的同义词。其次，我们的类别是如此不同，以至于我们总是玩一种"动物，植物或矿物"的游戏。必须有秩序的是现实，而不是经验。某种类型的秩序的失败是将现实（某种秩序）排除在外的标准。因此，就任何一个类别而言，我们理解经验的方法是将所有部分按要求的方式分离为"现实"；其余的被理解为、被称为"不真实的"。考虑到这一点，我们对现实应当做出井然有序的理性要求，这多少让人想起了我们小时候讲过的一个愚蠢的老故事：一个人列出了他可以鞭打的人，当一个被列在单子上的邻居挑衅地、肯定地说"您不能鞭打我"时，名单的制造者回答说："好吧，那我就把您的名字擦掉。"经验没有多少机会阻止我们对秩序进行要求，因为如果在某些方面，不守秩序只会使它从所要求的东西的清单上被擦去，于是它将是有序的。

可以肯定的是，如果要使某一范畴所排除的东西具有可理解性，就必须把它归入另一范畴。但是任何一组相同的类别都只是一种穷尽可能性的方法。"不真实的"是一个临时的鸽笼式分类架，用来存放需要进一步排序或分析的内容。这种废纸篓类别的不令人满意的情况仅仅反映了对其内容的进一步理解的期望。能够将所呈现的内容归类为"不真实"或"错觉"，尽管它可能只代表肤浅的理解，但这意味着一种非常重要的理解，正是因为它意味着这种经验内容与目前的联系无关，所以它不能算作经验归纳的负面实例，等等。到目前为止，在经验中，表象给我们的现实肯定是可理解和有序的，因为未能产生某种意义只会导致其被降级到我们为圆周率保留的盒子里。唯一的问题是，有多少经验将成为现实，或是幻觉。很明显，这至少部分取决于知识分子的聪明才智——当一些预期的秩序失败时，他的力量会发现一些其他确定的相似度。更清楚的是，对于"有多少所予经验将是虚幻的"这个问题，没有先验的回答。

在这方面，值得注意的是，我们对所予的理解总是程序问题，而现实所要求的秩序或多或少是具体的。如果任何意义上的真实必须是"彻底"有序的，至少这种贯通秩序是与"完全理解"的理想相关的，除了绝对的心灵之外，这种理解是不可能的。而且一定有其他意义，在这种意义上，可预测的秩序是不需要真实的。究其原因，需进行一番调查。

我今天早上在书房窗台发现了一些明显随机的灰色污迹。对此我很快就想到这样一个解释：小孩子昨天在这里玩。只是这种污迹的模式可能从未发生过，也永远不会再发生。但是，这种没有表现出的任何明确可预见的安排并不令人兴奋，这仅仅是人们对孩子们嬉戏的猜测。我们对秩序的需求的这种肤浅表现反映了部分缺乏进一步认知的问题。如果今天早上我最喜欢的物品丢失了，我应该寻求更多帮助。侦探将介入，并且从一个以穷尽指纹可能性的系统开始，寻求建立识别小偷的相关性。但即便如此，这些手指痕迹仍然无法在某些方面与其他任何东西保持一致，这些方式可能存在并且可能是预期内的。"彻底的"一词用来形容现实所要求的一致性或秩序是相当模糊的。

它还表明，在我们学习真实的本质的过程中，我们所做的是寻找某种一般类型的秩序，如果我们没有找到它，则继续寻找其他的。一致性的第一次尝试可能是，例如，火花向天上飞，水向山下流，"一切都在寻求它的自然水平"。在此，第二次尝试是，"身体下降速度与它们的重量成比例"。最后我们得到 $v=gt$。这里的重点不仅仅是一个尝试归纳的失败导致我们寻求另一个尝试。首先要寻找的引力行为和物理性质之间的相关性中的那种统一性并不存在，与体重也没有任何关系。速度和时间之间的相关性是完全不同的。不是"彻底的"秩序，而是某些秩序是可理解性所必需的。根据我们学习过程的本质，"在现实的任何特定领域必须有一些秩序"的格言具有规范性原则的特征，与"如果一开始您没有成功，就再试一次"的意义并无特殊差别。更明确和准确地说，情况可以这样陈述：某种最小的秩序是在认识真实时被先验地规定的。为了寻求进一步统一的理性的规范性准则，它最终将在最大限度的全面性和简单性的原则中说明。但是，为了达到进一步的可理解性，既没有也不可能要求任何特定类型的一致性或相关性的规定。此外，在真实的某一部分中所发现的特定的秩序，在另一部分中肯定是不存在的，而在另一部分中，人们可能同样合理地期待着它的出现。

　　如果我们从归纳所需的统一性转变为对物体的识别所必需的统一性，情况就完全可比了。范畴分类把某种最小的统一性规定为某种类型的实在。为了进一步分类，可以寻求进一步的统一性。但是，找到这种进一步统一的方式是不可确定的——除非是通过某种从属类别的安排，以一种特殊的方式，在熟悉所讨论的现实领域之前，用尽各种可能性。也不能理性地"要求"任何特定程度或类型的统一性总是以可理解的经验表现出来。对物体的识别需要的是所予外观与具有进一步经验的序列之间的某种相关性，这是识别和辨别真实与错误理解的必要条件。但是，对于经验的可理解性而言，不能要求在所予范围内必须存在能够提供这种统一的相关性的基础的经验。如果在每个经验内容中仅仅给出的与正确理解所必需的进一步序列具有绝对统一相关性的内容，则只有缺乏经验的人和傻瓜才能产生幻觉和错误。确实，只有非理性的需要，在最严格的意义上，才会被表象所欺骗；但这是因为理性必须意识到错误的理解总是可能的，并且一般来说识别是可能的。在经验丰富且聪明的观察者发现错误理解的最轻微可能性的任何地方，表象和进一步体验之间的秩序的可能性必须至少是双重的。显然情况并非如此，每一个所予质料或其中的每一个复合物与其他东西有某种统一的相关性，足以使它以知识所寻求的方式具有可理解性，否则我们所有人都应被认为愚蠢到令人难以置信的程度。

　　还有另一种方式可以证明，我们不能要求经验，为了易于理解，必须使任何经验的所予内容中的某些东西被一致地跟随在其他经验中。如果是这种情况，那么在每一次经历中，只有给定的东西才是绝对决定可以从中预测的进一步经验的东西。反过来，这种进一步的经验也会决定未来的经验，等等。因此，任何所予经验只能确定未来经验的过程，或者至少确定一些无穷无尽的进一步经验链。这似乎正是知识和预测所需要的。但事实并非如此：在一个如此构成的世界里，任何可以学到的东西都不值得被知道，因为没有什么可以做。值得了解的是，热炉的燃烧恰恰是因为辐射热的感觉并不能不可避免地决定我们首先要付出的代价，而只能在我们注意不允许的某些其他条件下确定它。现实中存在一致性——热的东西燃烧——可以定义为可能的经验的一致性。但是，由此确定的后果，即被烧毁的前提，比在所予的热辐射经验中所限制的要复杂得多。否则，每次感受到它的时候，我们就会像刚开始那样被烧死。现在，一些可预测的事物无疑是经验中不可避免的。但即使在这些情况下，它并不一定表明它们是由所予经验决定的。有可能——而且更有可能的是——在这里它们先行性的统一结果是比任何先前所予经验更大和更复杂的东西。通常我们无法避免它们，是由于我们对这些结果所遵循的超出我们经验的进一步条件的无知。如果我们知道的话，我们仍然可以避免它们，这就是我们处境的痛苦。并且通常——如果不是普遍的话——未来的经验是我们无法避免的，并且即使我们的知识更多，未来的经验仍然会超出我们的能力，但是确定前因并不完全符合我们的经验，而是包含除它之外的条件，但也超出了我们改变的能力。如果不是因为这些进一步的条件，我们可能仍然有这种经验，但却逃脱了结局。很明显，知识不需要那种统一性，这意味着经验中给出的某些东西一致地被经验中的某些东西所遵循。如果是这样的话，那么我们可以知道和理解的生活将只是对不可避免的事物的致命展开，而我们的知识将是对这种命运毫无价值的启示。即使那些根据这种不可避免的展开而理解生活和现实的人，也不要谴责我们只是通过对所予经验的智能检查来逐步预见它。正如已经指出的那样，那些作为对我们有用的自然知识的主要组成部分的预测具有以下形式：由于给出了 X，如果应该提供条件 Y，那么 Z 将会累积。如果 F 是我自己实现或不履行的条件，我的知识可以指导我的行动达到预期的目的。苹果的甜味，炉子的热度等，都是通过假设命题的真来了解的：苹果圆圆的，有点红润，如果我咬它，会尝到甜味；火这种视觉表象和温暖的感觉让我知道，如果我触摸，应该会被烧伤。正如已经指出的那样，如果我对经验无能为力，既然这样的假设毫无意义，那么现实就不会比不可避免的意识流更浓厚，也就是说，我不应该面对现实，而最多只能面对一种决定命运的生活。对现实的了解有助于控制经验：没有控制的可能性，知识就毫无价值，对我们来说，也没有现实可以被知晓。知识的有用性和现实的意义都要求知识有能被理解的统一性，不应使决定性的先行词完全包含在现在被给予而固定下来的经验中。为了知识的重要性和真实性，就可能的经验而言，统一必须是可描述的——至少是可能的。但是，在可能和实际经验之间，可以将现实与仅仅是直觉到的区分开来。无论知识所需的现实的一致性是什么意思，它都不能意味着一个固定而统一的序列，其中所予经验是一个完整的术语。

更进一步的是，智力的整体努力和那些可能是其遗传前因的行为习惯，都倾向于理解所予的东西，这可能构成一个区别标记，并有助于预测的目的。对于体验的即刻心理反应，我们接近它的方式，以及我们从中抽象出物体的呈现方式，反映了大自然千百年来的工作，是最后达到可理解性所要求的某种一致性。所予事物的这些特征会吸引人们的注意力，并代表某种东西，而那些没有意义的东西会从心灵的表面滑落；它需要逆转一切自然而习惯性的东西才能抓住它，而且没有任何一个词可以被抓住。因此，几乎不可避免的是，对于我们偶然的观察来说，实际所予经验的一致性或包含着一致的线索的程度应该被夸大。

还应该加入另一个考虑因素。这是一种理性的要求，至少与统一性的要求一样好，每个物体都应该是独一无二的。这种独特性不能存在于物体的特定外观中：我们可以区分的感官质料的数量是有限的，并且在单一体验的心理领域可能的组合和排列的数量虽然很大，但完全不足以实现独特性。这种独特性只能存在于物体的进一步可指定性中，并且可能与其外观持续相关；也就是说，在物体的真实情况下，虽然目前还不明显，但是通过适当的指导调查，我们可以学习。因此，这种对唯一性的需求，要求每一个可识别的外观必须与对象的某个可进一步验证的规范相关联，其方式至少在某个方面彼此不同。因此很明显，当考虑实际的和能想到的多个物体时，要求经验不统一的程度是无限大的。

我不是在这里捍卫这种独特概念的理论一致性，并不指责任何人以这种形式坚持它；除非我彻底地将统一理论归于任何人之外。我的目标是让一个人与另一个人争论，最终某些模糊和未经审查的思维模式可能被拖入光明之中，某些迷信和同样模糊的经验信念可能会被摧毁。我们最能合理地相信的是，当经验被我们的范畴所束缚时，它总能提供一些线索，使我们知道某种形式的实际存在的进一步的一致性。可辨别或可识别的外观，在其与进一步的经验的连续性中，必须至少与统一一样不统一。

再举一个简单的例子，说明非一致性是如何被注意到的，但对知识却没有意义，这可能是有用的。有一种流行的说法，没有两个雪的晶体表现出完全相同的模式。我不知道这一说法有什么依据，也许读者也没有依据。我们可以看到，这种晶体形式的可能数量无限大，但在尺寸和最小可辨识元素的范围内，它将是有限的。假设不应获得一般统一性和唯一性。这一切都不会妨碍我们对雪的认识，也不会妨碍我们对雪的了解。无论这幅图是否真的有用，至少大自然充满了这样的霜花图案、树木的叶子、植物生长的结构等。然而，以那些相对轻微和肤浅的方式，我们发现，其中两片橡树叶或两片霜花是相似的，这足以让我们认识到它们以及我们对它们的归纳。对知识具有重要意义的非统一性必须非常具体——必须是我们预测性识别或尝试归纳的负面实例。即使我们被挫败，我们也只是放弃以前持有的特定标记或规律，并以其他方式继续理解这种物体。

很多时候，必须在某个层面上寻求可理解性和规律所要求的命令，并在其他层面上逃避我们。一般性说明是科学认可的那些现象的整体，其中宏观统一性叠加在微观的多种多样性上。在宏观层面上的那个定律甚至可以基于微观的假设随机性来展开，例如，气体动力学理论。众所周知，规律通常被认为具有这种特征。无论这一规律理论作为随机分布在某一较低层次上的统计归纳是否站得住，至少重要的是，被称为"机会"的可观察秩序的缺失本身能够成为一种统一性，并可能产生规律。

在我看来，这种考虑是对我们处理现象而不是对自然或经验的模式的观察。还有其他类型的说明，即在没有直接可观察的情况下规定某种秩序。当然，突出的例子是算术秩序，它只假定某种可识别性。我这里没有提到计算集合数；虽然可能是重要的，但它仍然不如强烈（定性）差异所强加的连续安排那么重要。至少我相信这是由我们的类别的检查所揭示的。这种"安排"的多种类型，无论是在性质上还是在经验之前都没有任何意义上的安排——不需要评论；这种强加的命令通常也不能提供表达其他类型秩序的基础。

我谨提请注意这种强加的秩序的两个特点，这样做的危险是，如果不详细审查这种类别，它就会超出可以让人清楚地理解的范围。[①] 首先，它允许无限多重性被置于有限的规则之下。10 个字符加 1 的规则可以得到无穷大的值，这似乎是微不足道的，但是如果没有这个，或者类似的东西，就没有计算的意义——尽管可能存在连续排列。其次，数字秩序与强加的质料连续排列之间的相关性将这种类型的秩序的力量扩展到在任何意义上都不可数的东西上。除了可识别字符的持久性之外，这种强加的秩序要求不具有任何一种自然的一致性，至少不具有可理解性的主要组成部分，虽然它与那种意味着可确定的经验序列的顺序之间没有某种相关性，但它不具备所具有的意义。

这种类型的相关性可以通过颜色的情况来说明。可辨别的颜色质料不是数量不限，而是容易混淆，而且它们也会受到不可分辨的

---

① 读者会想到，根据卡西尔的说法，这种维度和序列排列是概念顺序的普遍类型。

差异的影响；尽管 A 和 C 被认为是不同的，但 B 可能与 A 和 C 都无法区分。我们通过将质料 A—B—C 翻译为连续系列来克服这一困难。在色彩金字塔中系统地执行该程序的方式在此不需要说明。应该注意的是，这种布置将允许代数处理，完全独立于所发现的不同类型的颜色和谐波运动之间的任何相关性，这是另一种秩序。

颜色还说明了另一种实现起来简单的常用方法；也就是说，通过使用具有定性外延范围的名称将整个质料划分成类。"红色"或"蓝色"代表的不是单一的质料，而是相当多的类型的质料。如果没有这种装置，心灵很难开始将秩序带入所予的体验，这一点应该是显而易见。无论在何种情况下都可以使用它，没有任何可以想象的实例能够完全包含或说明概念的基本含义，就像没有一般的三角形图像或一般的狗的图像一样。这种对一系列外延名称的指派应该与基本的抽象和忽略其他字符的指派区分开来，这些字符被许多理论表示为通用名称的普遍基础。当然，这些理论在几个方面是不充分的。①

在或然性判断方面，基于相似性的简单分类替代不确定的大量特殊质料，具有相当重要的意义。例如，这本书用红色装订的概率是有限的，因为如果装订的话，它必须以红色、橙色、黄色、绿色、蓝色、紫色、黑色、白色或灰色装订。可确定的概率是通过（在其他情况下）事实产生的，即在所讨论的话语范围内，可能性被一定数量的类别所穷尽。

很明显，最后几页在表面上涉及与类别相关的各种主题，每个主题都值得进一步研究。但正如前述，这些问题对主要问题并不重要。我希望建议的观点，如果没有建立，则参照如下：现实比经验更有序，因为现实是经验分类。缺乏某些类型的预期秩序会导致对所予内容被否定为"不真实"。"不真实"必须能够以某种其他方式被理解——但理解总是程序问题，而且"不真实"的称号通常标志着那种肤浅的理解，这种理解是一种情况的特征，在这种情况下，重要的是将某一特定的经验排除在该领域之外，或排除与现有问题有关

---

① 当然，这种分类的真正基础是相似性。相似性有两种类型：部分同一性和适当相似性。空间或时间整体，如轮廓或旋律，可以被分成在质量上相同的部分。但类似的颜色质量是另一种类型的实例。相似性意味着混淆的可能性。它是通过有意识或无意识地认识到这种可能性来理解的。一个人"看起来像"我的兄弟，如果快速一瞥或在远处，我可能会误以为他是我的兄弟。事情或多或少相似，因为最佳条件必须或多或少地接近以便进行区分。部分同一性也可能包含在此标题下。应该注意的是，相似性的识别是一种潜在的归纳。

的经验。所有归纳都是基于现实的，而不是基于未分类的经验的。无论是现实、自然，还是经验都不是有序的，因为所呈现的内容可以以我们喜欢的任何方式进行，并且发现与其他实例表现出一致性。可理解性不需要这种"彻底"统一性，而只需要一些统一性。这种统一性应该是什么，我们并没有要求有经验，只要求特定的种类必须包含在特定的类别中。除此之外，对统一性的理性要求，在一定程度上具有规律性理想或调查行为准则的表象。可理解性和理解力与不可减少的多样性并不相容；这种缺乏统一性可能与特定的认知模式无关。此外，我们似乎对无限多样性有理论上的兴趣，正如我们对个体事物的独特性要求所证明的那样。同样，各种经验领域的大部分基本统一性都没有被发现，而是由分类程序强加，这些程序并不认为所予事物在本质上是有序的。突出的例子是定性变化的序列和维度排序，以及基于相似性的示意性分类，通过这种秩序，它们在绝对有限数量的替代品中有无限大范围的可能变化。

如果现在，我可能会认为这种不充分的检查足以防止普通人对"自然的统一性"的误解，我想继续考虑那些我认为对我们的问题至关重要的考虑因素。如果经验是可理解的，而知识可能只是应该包含可理解的事物和客观事实，那么在秩序的方式中需要什么——对此，我们不能设想任何别的选择，除非它是不存在的一切。

正如现在应该明白的那样，仅仅由经验所予并不能保证可理解事物的存在，尽管如果没有东西给我们，那么显然就没有经验。由于某些可能的经验序列存在于我们的理解中，因此所予表象可能是指引。为此，唯一的必要性是，在给出某些表象时，进一步经验的可能性不应是无限的；也就是说，不应该是每个可识别的外观都与其他外观同等相关，或紧随其后。让我们给出知识形式陈述的基本要求：经验中每一个可识别的实体都是彼此平等地联系在一起的，这肯定是错误的。这个原则是凯恩斯先生所说的"独立变种的限制"，但在这里，它适用于经验中可识别的组成部分，特别是参照它们的顺序，而不是参照它们在现实中的相关性而适用于物体的质料。

我想指出的是，首先，这一单一要求，以经验或现实的秩序，满足了经验归纳的有效性所必需的一切，这种经验归纳是建立在过去经验的基础上，适用于未来的；其次，虽然这似乎限制了经验的可能性，但它最终是无可替代的。把它置于悖论之中，每一种可能的经验实际上都是经验的可能性，但不可能所有可能性都是实际的。任何可能性都是可能的现实，但不可能所有可能性都同时存在。所有可能性同时并存的现实性是不可能的。因此，要求现实性是一切可能的限制，本身并不是可能性的限制。相反，这是不可能的事情，没有替代。

让我们首先要求应该有可理解的事物和客观事实。正如已经指出的那样，事物的存在和我们认识它们的可能性——在我们能够认识它们的唯一意义上——并不要求我们在每一个案例中都应该将事物视为客观现实。所予的外表只不过是这种特定现实存在的可能指引。此外，任何具体的实体概念，即使它应该存在一千年，最终也可能被证明不是客观事物，而是一种错误的具体化。实际上，概念的适用性所需的经验串联可能不会被获得。可能没有独角兽，可能没有疾病实体，可能没有灵魂这样的东西。如果知识的现实要求我们通过概念的发明来寻求的每一个统一性都存在于可能的经验中，或者如果它要求每个所予的外观是某些统一性的指引，而这种统一性可以被肯定地预测，那么知识这样的东西就是不存在的。所需要的只是，所予的外观应该是由概念指定的统一性的可能指引。这反过来意味着来自过去的经验序列的统计归纳必须在某种程度上确定它们未来的可能性。而且，如上所述，这又取决于所予的外观与经验的进一步可能性之间的相关性的独立变化的限制。

这个观点可以通过一个类比来表明，正如读者应该注意的那样，这个类比是不完整的，但可能仍然有用。假设我们观察扑克牌中的某个序列，从一副扑克牌中发出，重复几次。这是否会确定其未来重复的可能性？如果我们可以假设存在某些可能性的限制，例如，在发牌过程中粘牌或欺骗，那么这可能会确定（会重复或有限制）。但是，如果我们认为没有这样的限制，那些扑克牌及其改组的理想条件是近似的，那么即使是观察到的运行的多次重复也不会增加其未来发生的在先的概率。那么，如果我们可以将可识别的质料和这些(可识别的外观)复合物与扑克牌进行比较，并且在理想条件下对理想的一副牌的一般经验进行比较，那么过去经验序列的统计归纳不能确定将来这样的序列像其他序列一样是可能的，其中所予的外观应该是相同的。也就是说，没有外观可能是进一步可能的经验的指引。由于任何实质性概念在经验中表示的是一些明确的序列或一组这样的序列，所以在没有受到对所予表象的所有可能序列的限制的经验中，可能甚至不能通过事物的外表来识别事物。

但是——继续我们的类比——如果我们可以假设扑克牌的包装有缺陷或出牌中受到欺骗，那么对过去出牌的统计归纳将确定未来的真实概率，并继续验证这种归纳将不断增加其概率。仍然会出现这种情况，即任何特定归纳在过去可能代表"仅仅是巧合"，而在未来可能会失败。但是，特别重要的观点是，如果假设序列的某些统一性可能反映出一些局限性，这是一个有保证的假设，那么这个事实本身就足以证明论证的有效性，在任何特定情况下，从过去的统一性到未来的可能性。但是，如果肯定地知道扑克牌的出牌是理想的，并且不受这种限制，那么就没有这种可能性。这里的特殊观点是，从任何过去的巧合到未来的概率的论证的有效性并不取决于我们对这种特定统一性给出的任何特定理由（除了过去的发生），而是取决于我们的知识——如同最不可能的———一般来说，取决于这种统一性的基础。

到目前为止，我们的类比点是，从所予表象与特定概念所表示的特定类型的物体的进一步经验之间的相关性进行论证的有效性，并不要求我们知道任何特定原因来解释这种特定的相关性或者仅仅是这种事物的存在（除了过去的经验本身）。它要求我们至少知道——这种相关性，一般来说，是存在的。如果该假设是有效的，那么对未来经验的预测（如果可能的话）意味着从过去与进一步经验相关联的所予表象中验证对应于特定概念的物体的存在和有效性；事实上，过去的结合只是一种"仅仅是巧合"，而未来的经验将被证明不具有归纳作用，那么概率同样是真实的。也就是说，错误理解，作为可能的判断，如果在判断中没有逻辑错误，那么将会和那些被未来实际验证的判断一样有效。

还应注意，如果假设一般存在的事物是有效的，则随着该相关性的每次连续验证，将增加所予表象与某些进一步经验之间的相关性的未来概率。这里所依据的概率的特定原则不需要在这里加以考察；① 通过考虑类比，读者可能会对这一点感到满意：如果我们有理由假设不良的改组、干扰或某种这样的限制存在，那么重复的特定运行的未来概率将随着每次重复而增加。如果我们假设条件不变，那么在经过一定数量的重复之后其结果至少会这样。

这种对事物存在的假设，即在可能的经验序列中存在某种重复的相关性，是经验归纳或"定律"的有效性（如有可能），以及从过去到未来关于这些规律的论证所需要的全部条件。从前面的章节中可以明显看出，客观属性的存在是以经验中恰好相同类型的统一序列

---

① 在这一点上，请参见凯恩斯的关于概率的博士论文。

为条件的。对这些属性的验证需要在所予表象和进一步可能的经验之间实现完全相同的连接，并且仅需要它。显然，客观属性的假设涉及事物的假设。此外，如果存在可识别的事物，那么就存在可能概念化的物体，从而显然必须有规律。规律规定或描述了这种统一的序列。事实上，虽然规律或经验归纳形成物体的关系或物体的属性，这些物体是非必要的而不是必要的，但这种差异与知识的可能性无关。在一件事物中至关重要的是由它应用于我们感兴趣的特定概念决定的，而不是由任何其他东西决定的。"石头"所必需的属性不包括"自由落体"，"自由落体"的基本属性不包括它是一块石头。但某些规律或归纳必须包含一个物体，以便它成为一块石头；而另一些规律或归纳必须适用于某一物体，使其成为自由落体。在某些情况下，表征或构成自由坠落物体基本属性的规律是非必要的或仅仅是关于石头的经验归纳。此外，不仅所有基本属性都能够表示为规律，而且每个经验归纳都是这样的，即某些实质性概念能够被构造为要求将其作为特定事物的区别或基本属性。科学概念尤其明确具有这一特征；他们根据物体的某些规律来定义物体或给物体分类，规定行为模式。实际上，任何客观事实——这意味着在概念上可描述的任何事态——都是物体的属性，并且可以用标记为必要的实质概念来表示。事实上，除非最后两部分的全部内容已经丢失，否则很明显，必要和非基本属性之间的区别，以及规范性规律和经验性归纳之间的区别，是由对特定利益的实际考虑决定的。知识是服务于决定特定分析模式的，而不是由于这些分析所针对的客观事态的任何差异决定的。什么规律有效，取决于存在的东西；存在某种事物（某种形式）的一般假设，包括假设存在对规律类型的有效归纳。如果没有事物存在所必需的经验的统一性，就不可能有世界，就不可能有规律类型的统一性。

与事物的情况一样，对于规律而言，过去所持有的特定归纳在未来同样存在，其预测的有效性取决于有规律的一般假设。如果存在如规律所描述的统一序列，那么过去一个这样序列的出现确定了将来的概率，并且每个连续的验证都增加了该概率。而且，在这里，或然性判断，可以在逻辑上得出，即使未来的经验将证明过去的实例仅仅是"巧合"，在归纳为假的特定情况下也是有效的。

因此，当经验知识的性质被正确地解释为可能的判断时，事物存在的假设——存在（一些）实体概念需要其被应用的循环序列——足以确保知识的有效性。正如前面已经提到的那样，怀疑主义经常采取的形式，是怀疑所有经验归纳的有效性，而不怀疑可理解的事物的存在，而这种可疑的归纳至少可以被理解，这代表了一个完全不可能的立场。在假设知识的有效性需要经验归纳和预测的确定性的情况下，它似乎只能是自洽的。既然任何合理的知识检验必须得出这样的结论——尽管可以肯定，这种确定性的借口是没有根据的，而且它的归属是对科学的实际本质和常识态度的误读，那么这种怀疑论所毁灭的是一个稻草人，但正是这个稻草人在相当长的一段时间内把哲学家吓得魂不附体。

在继续之前，我们应该再次提醒自己，可理解事物存在的假设并不意味着经验是统一的，即某些确定的序列普遍遵循所予的第一项（表象）。如果它意味着经验是统一的，那么除非所予陈述使得错误的理解完全不可能，否则对某件事物的理解是没有效的。由于理解的错误是可能的并且物体的识别是可能的，因此，事物存在所必需的规定序列是可预测的，只是根据一些比单个表象所能包含的更大的整体经验而存在。我们的实际预测——我们对事物的实际知识，以所予表象为基础——是指一系列的经验，如承认错误和幻觉等例外。因此，作为关于实际经验的归纳，可理解事物的存在仅意味着存在统计类型的归纳所能表达的统一性，而统计类型的归纳允许例外。对于事物的存在或规律的客观特征，不需要绝对统一的实际经验。当然，规律也不因对事物或客观事实的错误理解而被证明是错误的。

对"事物""事件""财产""关系""规律"等范畴的考察，是一个最困难和最复杂的问题。我甚至没有为其中任何一个问题的根本考虑而装腔作势。特别是，我似乎不想断言，事物的本质和规律的客观性之间没有区别。这种尝试只是表明，没有一个可理解的事物世界，其中经验归纳没有根据；如果有事物，那么经验归纳试图掌握的那种类型的规律必须成立；因此，这种归纳可能是真正存在的，经验知识作为唯一可以理所当然存在的事物，是真实可能的。

如果这一点得以确立，那么对于我们通常的知识是有效的观点，其唯一的替代方案是认为没有事物；没有什么东西是已知的，也没有心灵知道它。我们可以对这样一个概念进行的最接近的近似可能是，可能存在仅仅是无意义的表象的经验。但是对于这样的经历，如果我们能够设想它，"真实"和"不真实"的区别可能毫无意义。就是这样，当我们试图构建这样一个概念时，我们想要自己谈论的内容有点模糊不清；这也许是一只牡蛎被遗漏的经历。

我并不是要利用这样一个事实，即怀疑主义只会使自己自相矛盾。这是事实，也是最重要的事实。也许有人会说——虽然我不知道曾经有过——怀疑论只是想从关于心灵的明确假设等开始，证明这些假设是无效的，来证明对知识的伪装是荒谬的。

怀疑主义的这种可能意图似乎更为重要，因为在上文中，如果给出的知识说明只能通过具有可想到的替代方案的假设来避免怀疑，那么这种意图似乎更为重要。并且这种替代方案恰恰缺乏所有类型的经验，这意味着重要性和可理解性是必要的。在这种情况下，可以这样说："人们不可能剥夺自己的假设——例如，存在绝对可以想象的东西——没有合理的基础，仍然可以说话或思考，但有可能是充分的自我—批判性地认识到这种不可避免的假设是非理性的，仅仅是'动物的信仰'。"

我认为这显然是错误的，并试图明确这一事实。但在接近这个话题之前，有两点相关怀疑论，有上述含义，我们最好观察一下。

从历史上看，怀疑论有两种主要理由，即感觉感知的相对性和经验中缺乏"必然联系"。通常这些混淆在一起，只适合第一个的结果被添加到第二个。只有这些中的第一个才使这一观念具有合理性，即存在一种我们无法知道的现实，因为我们通过我们的理解方式与它分离。我希望，这种怀疑主义的观点已被前面的考虑所消除。它忽略了"真实"是系统模糊的事实；"表象"本身必须构成一种现实。它也忽略了进一步的事实，即任何形式的现实只有在某些经验、实际或假设方面才是可定义和有意义的，并且无论感知的相对性如何，对于理性的理解，表象不可避免地具有真正的知识基础。即使知识是不完整的，现实也会出现。因此，不可能将"现实"视为完全不可知的；而且，由于在实际或可实现的条件下，我们可以完全了解现实，"不可知"的意义逐渐缩小到一个普遍的事实，即人类并非无所不知。从感知的相对性开始的思路中没有任何东西能够以任何方式破坏我们已经拥有或似乎拥有的知识。这种怀疑论的基础是作为表象的错误的知识概念。

还有一种怀疑主义将正确的知识概念作为预测判断。它的特殊理由是缺乏"事实的必要联系"。这可能等同于假设的虚假性，这些假设在这里已被证明是可理解事物存在的必要条件。实际上，当然，休谟认为必要的联系必须意味着经验中的铁定的统一性能够确定预测的确定性，而实际上只有必要的真实概率。但我希望大家明白，如果这是怀疑论的基础，那么通过一种现实的概念来补充这种观念是完全没有根据的，这种现实的概念被经验的混乱特性不知何故地对我们隐藏起来。合乎逻辑的结论将是高尔吉亚的"什么都没有"，或者至少承认我们没有理由断言任何形式的现实。如果我们不能人为地避免这种情况，那么就只是观察我们"动物信仰"的根本非理性特征，以及所有坚持信念的尝试的荒谬。

在我们继续讨论之前要观察的第二点是，我们不能将这种非理性的"动物信仰"与人的完全理性态度混淆在一起，在可能的判断基础上，面对预测的未来，认识到自己失望的可能性是真实的。在这两种情况下，人们都会面对未来，其态度取决于过去的经验，但在某种情况下，过去的经验在未来可能会证明是无效的。但在这种情况下，这种态度没有理性基础，也没有包含真理；同时，它代表了一种或然性知识——这不仅是理性的，而且绝对是真的，无论结果如何。如果有人问："在实际上，差异是什么?"那么这一点我们很快就会讲到。

我们现在来谈要点。不可能想象任何类型的经验都不会呈现出能够验证可能预测的统计上的稳定性，并且能够代表事物的经验。在这一点上，我们将经验类比为对扑克牌进行使用是非常不利的，因为扑克牌的组合和它们的操作是被巧妙地引导的，目的是将决定游戏结果的那些方面的预测的可能性降到最低。但值得一提的是，除了儿童之外，扑克牌游戏的目的是让我们的智慧与最大的不确定性相提并论，并确定一个有利于我们自己的长期结果。如果经验序列应该像扑克牌序列一样独立且缺乏"必要的联系"，那么就不会阻碍预测或破坏或然性判断的实用价值。事实上，如果在类比中，扑克牌应该代表这些陈述中可识别的特性或综合体，那么我们应该注意这样一个事实，即在这一点上，类比比可能设想的要好。经验中没有序列可以通过所予表象单独确定。真实的东西代表了一种类型的稳定性，它极大地超越了任何一种体验中可以给出的东西。如果事物的真实性需要由第一术语绝对确定的序列在经验中的存在来确定，那么我们就没有理由相信它们的存在。正如已经经常指出的那样，所需要的只是所予表象确定未来可能经历的概率。

原则 A，对经验可能性没有实际限制的原因可以在第二个格言中提出；原则 B，在任何情况下（如果充分扩展），其中有可识别的实体不能满足原则 A，即其关联是"随机的"。① 其他实体，系统地与

---

① 句子中的"第二个格言"等，不在选译部分进行解释。

前者相关或可以根据它们指定，这些实体确实满足原则 A。我们用"随机"一词来确定经验的"有序"成分的主要方法是，通过分析，把主要成分组织成更大的整体，或者把注意力集中在抽象的元素上，进而转向更简单的元素，并且将所予的其余部分作为无关的加以忽略。

回到我们的类比，如果扑克牌的序列是纯粹随机的或者不受任何法则的约束，那么扑克牌游戏的稳定实体，与事物相比，将是诸如诡计或套装之类的东西，或者各种各样的手牌，如满牌、直牌等。或者它们将是较低级别的实体，例如，扑克牌上的点数。很明显，处理扑克牌序列中的机会特征并没有阻碍统计归纳的尝试，这为统一的游戏提供了指导。即使有意设计的实体在某种程度上接近纯粹的机会，也有某些整体忽略了"非本质"，这引起了归纳。事实上，没有什么比已知的事实有更好的统计归纳基础，即情况的某些成分以真正"随机"的方式分布。由于任何偏离"纯粹机会"的行为本身都会受某种归纳的影响，因此我们可能无法提供判断的统计基础。①

对于经验或现实，我们无法规定能够找到特定的稳定性和类型。现实中可发现的特定秩序，其范围以及概念的简单程度当然属于绝对材料。假设我们总是可以根据我们喜欢的任何实验实体找到规律，并且预先确定要找到的统一性的类型，那么这是完全没有根据的，并且对于知识的有效性是不必要的。我们的概念的设计目的是捕捉重要的、有意义的归纳主题，无论在什么级别或以什么方式。当特定的概念失败时，我们只是放弃它们——通过分析、组织或抽象等——支持纠正的概念，它们认识到我们之前的失败并包含其基础。这个概念一般应该是无效的、不可能的。试图设想一种经验或事态，试图发现稳定性的每一次尝试都必须失败，试图设想不可思议的东西——设想它不是事物或客观事实，也不受任何归纳的影响，这些归纳使得所表达的内容符合概念。与概念不相容的经验或现实，事实上是无法想象的。

看来这个问题还有一个方面尚未被涉及，即从过去到未来的论证的有效性。似乎，对过去的特定预测作为对未来的预期——它们的性质可能允许——但是，一般来说，根据过去对未来的预测是没有理论根据的。这一点确实被原则 A 所涵盖。当我们记得，经验中

---

① 在这方面，如果我们根据过去的运行(可能是)来考虑我们关于扑克牌运行的预测，而不是基于扑克牌组合的预先知识，那么类比将得到改善。

的成分之间的关联对于人们对事物的理解是必不可少的，这是可能的经验中的秩序。但是，当我们记得只有必要的可能预测的有效性时，可以更明确地说明问题，并且非常简单：原则C，从过去对未来的统计预测通常不会是无效的，因为任何所予的过去的未来都是过去的某种未来。也就是说，无论是谁，通过连续观察到的验证和失败来不断修改对统计归纳概率的判断，都不能做出比他在未来预期中忽视过去更成功的预测。这可能被称为"统计积累原则"。很明显，即使仅仅依靠"纯粹的机会"决定的东西也是如此——唯一的意义是我们可以设想任何这样的东西。这就是说，概率或机会是通过"从长远来看"的近似的分数来衡量的。

试图毁坏概念和知识的东西，在事件的性质上是徒劳的，从这个角度来看，通过一个有点奇妙的例子来构思最糟糕的经历可能是值得的。让我们把经验看作按秩序来到我们身边的复杂关系或模式所构成的，假设这种体验是给予我们的，而不是给予贝克莱的上帝的，他的善良保留了某些统一的序列，以便我们可以根据自然法来预测经验，但是可以通过一个反常的证明预测经验，其唯一的目的是误导我们并使知识变得不可能。如果可区分的感觉质料在数量上是有限的，就像它们在实际经验中一样，这个证明必须重复，但人们可能会以尽可能小的程度重复可识别复合体和先前的序列。然而，如果由于这些表象的模式没有提供足够好的基础概念，我们应该将它们分析成子模式或其他成分，这些成分会更频繁地出现，或者应该根据一些基于相似的简化图式对它们进行分类，或给予它们近似于理想连续体的维度或连续排列，或者以某种其他方式通过抽象、重组或两者的组合来规避所予的各种变化。对于其他人来说，它的特征将被归为"非必要"，仅仅标志着特定经历时刻的相对独特性；这将是非重要的，如霜花和雪晶的特殊特征。我们应该不会特别注意所予的这些非重要特征；如果所有人把注意力集中在它们的比较频率上，我们可能会认为观察是对明显但不重要的愚蠢的评论。如果证明应该尽量减少重复特定序列的程度，人们可能会在一定程度上使知识变得困难。但至少我们应该得到一个非常重要的归纳，即可以充满信心地预期新奇事物。我们应该按照闪电在同一个地方很少发生两次"和历史永不重复"的原则组织我们所有的行为，从而有利于我们自己。然而，作为一个事实，我们应该在这一点上规避证明，同时获得相对简单的识别，并且应该参照序列执行类似的程序。

我们应该分析、抽象，并将我们无法发现的有意义的东西归为"重要'因果'序列中不相关的伴随物"。通过忽略经验给我们带来的足够比例的特征，我们应该达到足够的简单，以至于就其而言，即使是最不利的主要组成部分——如"随机"次序——的顺序也必须提供一些重复和一致性。知识可能会变得困难，但不会变得不可能。

这就好像我们被要求用我们从未见过的包装中发出的扑克牌来玩游戏，并且只能从我们的手中推断，好像这些扑克牌是用诡计和恶意打出的一样——这比一场好的、体面的碰运气游戏还要糟糕。即使在这种情况下，统计积累的原则也会起作用。如果被要求在这场比赛中下注，我们可能在任何程度上都比不上我们的恶魔对手；我们可能非常无知，也会获得相应的失败和损失。但是，如果我们聪明地观察过去的交易并不断根据积累的经验修改我们的投注，那么任何谎言都无法设计让我们损失更多的钱。

事实上，我们只需要激发我们的想象力，就可以指出，我们的这种实际经历比人们想象的更适合于说明：我们经验的大多数模式和秩序都是不重要的；通过我们的实际态度，我们挑出并评论和预测的那些人物与所呈现的可区分的模式和质料序列的总和相比微不足道。大多数经验都是不重要的，就像我一直在凝视地毯上错综复杂的图案一样。除了一些足以识别的细节之外，这种复杂性甚至不会引起注意，如果加以注意，它几乎不能作为知识发挥作用。它既不会验证任何事情也不会阻碍知识，因为它不会引起任何预期的态度。面对任何所予经验，智能认知的第一个行为是丢弃除了少数几项之外的所有被认为是多余的精神包袱的东西，这些东西与我们的预测目的无关。相对微薄的余量构成了预期统一性的线索。

若假设的证明具有无限的质料和复杂性，而不是具有有限的数字，那么我们是否应该变得更糟，这是值得怀疑的。我们应该抛弃更多的经验，标记每个时刻的独特性及与知识无关的每一件事；我们应该构建我们的概念，并根据其余部分和其他此类强加的简化来进行预测。关于可以构思经验的假设，无论多么有悖常理，我认为，很显然，类似的事情也可以成立，否则，这种幻想是无法想象的，而只意味着消除现实、意义、所有问题和心灵本身。

在任何经验中，即使在最坏的情况下，假设我们自己也是如此，概念将是有效的，知识将是可能的。已经陈述的三个原则将成立，并且归纳将受到真实概率的影响。不需要进一步且可避免的形而上学的假设。心灵总是能够发现知识所必需的秩序，因为像我们这样的心灵，被置于任何能够被唤起的混乱之中，会继续通过抽象、分析和组织来引出重要性，通过概念分类和真实的分类划分，通过学习积累的经验，以越来越满足人们实际意图的方式预测未来。

知识、行动和评价

1. 知识、行动和评价本质上是互相关联的。知识的首要的、贯通全部的含义就在于它对行动的指导：知是为了行，而行动显然是植根于评价中的。对于一个毫不区分高低价值的生物来说，深思熟虑的行动就会是不得要领的；对于一个没有认识能力的生物来说，深思熟虑的行动是不可能的。反过来说，只有一个能行动的生物才能具有知识，而且只有那样一种生物才能够对超出它自己的感觉以外的任何东西赋予种种价值。一个不能进入实在界，以便部分改变实在界的将来内容的生物，只能在直观的或审美的静观的意义下领会一个世界；那样一种静观不会具有认识的意义，而只能具有享乐和受苦的意义。

行动的兴趣，并不是对摆在眼前的事物并为它本身而产生的一种兴趣，而是对于将来有的或可能有的事物的一种兴趣。对于指导我们行动的那种有关世界的知识的兴趣也是这样。对于从事认识的心灵来说，直接呈现出的某种东西——直接经验中的某一项目——是其他某种东西的标记，这个其他某种东西不是直接呈现出来的，而是在进一步的经验中似乎会实现的，或能够实现的。

只有这样，所谓被认识的东西才是能够被证实的某种东西。因为显而易见，所谓证实就是要把某种成问题的东西置于某种经验的检验之下。在我们要求证实时，这种经验尚未被给予，不过它是能够被给予的。不但如此，一种经验的认识所预言的能够证实的东西，在典型的情形下，即使可以不是在一切情形下，也将部分依靠我们的行动。证实本身虽然并不必然暗含着行动，可是至少可以说，只有当所领会的东西是受行动制约的时候，知识才不至于成为徒劳无益的。一个继直接所予的东西之后注定要发生的将来，纵然能被预言出来，那种预言也是无意义的。因为依据假设，人们对于它已无能为力了。凡可以指导行为的知识，必然预测将来，不过这个将来是，行动自身可能把知识变成另外一个样子。

那种行动是否能够实施，将依所做的评价而转移。在决定时，要参照预料到的可能的经验，是作为应希求的东西或还是作为应避免的东西。行动企图尽力控制将来的经验，借以谋求我们自己的利益。它的出发点在所予的情境中；它的终点则在某一种经验中，对那种经验，人是给予一种积极的价值的（或者是与其他事物相比较之下的一种相对的价值）。经验知识的主要作用是一种工具的作用。那种工具使人由出发点过渡到终点，由现实的现在过渡到一个被欲求的将来。而且人们相信，现在就是预示这个将来可能实现的信号。所谓认识，就是把握**那种**可以被行动实现的价值所限定其性质的将来；经验的知识本质上是功利性的、实用性的。

如果知识似乎有另外一种含义，而且这种含义和这些说法不相符合，那么那种现象本身就应当引起我们的注意。因为我们显然不会否认，知识的旨趣对于我们的选择行为是重要的。人们可以说，例如科学所预言的是将来的事情，这些事情正因为是可以预言的，所以是不受我们控制的；而且这样一种定言式的预言正是最理想的知识的本质所在。不过这样，出现的困难只不过是表面的罢了，让我们承认：科学所预言的事实（或许是一次爆炸）是无可更改的未来的事实。不过这话仍然不是必然地含有关于任何经验的定言式的预言。这个报告的功用恰好就在于那个事实。问题是，当爆炸发生时，我们可以躲到别处，或者事先预防，缩小它的作用范围。所预言的事情对我们经验的影响仍然是受我们的可能行动制约的。一般来说也是如此。知识的功用就在于它使我们通过恰当的行动控制我们将来经验的性质。实施这样的控制是为了我们选择珍贵的事情和阻止（或避免）拂意的事情。这样一些考虑足以用来强调我们所寻求的有关客观事实的知识，我们所希望的在经验中实现的价值，以及由前者所指示并趋向后者的那些行动之间有本质关系。

2. 这里所提到的知识、行动和评价之间的联系分明是被一般的经验性质所指出的联系，而且就其大体轮廓来说或许是明显的。如果这种联系能够被人忽略，或能够被人怀疑，那或许是因为"知识""行动"和"评价"三者都是有时用于广义，有时用于狭义的名词，而那一类含混的用法就模糊了问题的要点。

"行动"特别是这样的情形。在道德问题和伦理学问题以及许多平常的谈论中，"行动"（act）一词首先用于牵涉预料的结果并把这些结果作为所欲求的或所向往的加以接受。"行动"在法律方面的根本意义也是这样。而当问题涉及所谓"责任"的时候，也是同样情形。不过那些大概不能有确定预见和明白评价的动物也可以说在行动；甚至无生物也被人说是这样行动或那样行动，并且互相作用（行动）。还有一层，认为我们必须对其负责的自己的行为，有很多也难说是被明白地预见和评价所指使的。深思熟虑的行动在一个方向可以逐渐变为代表本能倾向和自动反应的行动，在另一个方向又可以逐渐变为习惯性的，并且不再伴有任何明确预见或预测结果的行动。

在这里的某处必须画一条线——或许是一条以上的线。我们自己经过仔细判断的行为属于一边，那些无生命的物体和无意识的有机体的称为行动或动作的过程，显然属于另一边。但是介乎两者之间，还留下一个模糊的中间地带——我们凭习惯而不经考虑地行事——常以"行为"（behavior）这一广泛的名词来加以概括。常识上的行动（action）这个范畴扩充到包括这个中间地带的一大部分。例如，人们被当作负有法律责任的大部分事情都不能认为是根据预见结果和评价结果而采取的行动。

要说这一类动作只是物理学或生物学含义下的行为，那是不中肯的。不过我们完全可以顺便说一句，我们能容易地让那一类名词变为含糊的词（weasel words），并且名词含糊，使人们不明问题的究竟。应用于无生物中的所进行的事情上的"行为"（behavior）、"动作"（doing）、"行动"（act）这几个名词原来之所以如此应用，无疑是由于按照万物有灵论的信仰，我们把在自身发现的那种冲动归于无意识的事物。不过这一类名词现在已获得了这样一种意义，并将其作为第二义，这个意义已可以照字面意义应用在物理事物上，而不再带有原始的任何迷信的含义了。不过正是这种可以在我们自身观察到，而不能归于一般物理事物的原始意义的事实，需要我们在这里特别注意。而有目的的行为也是物理的事物这个事实，并不能证明用专属物理的范畴来描写它是妥当可行的，因为所论及的那个特征并不是有目的的行为和一般的物理事物所共有的。任何心理学家对"目的"这类词所下的驱逐咒，都不能把作为某种有意识的动作方式的特异的、可观察的特征的原始意义驱逐。它仍然是心理学家必须竭尽所能、用尽智慧，并用所喜欢的术语加以处理的某种东西。如果使用"行为"一词足以混淆这种差别，那么，我们这里又有了一个蒙蔽事实的双关意义。虽然，现代人的错误正和原始人所犯的错误方向相反，并且作为自觉动作的"行为"的原始意义，现在已到了被归结为隐喻性的第二义的地步了。

不过关于心理学方法的任何问题都会把我们带到我们所想处理的问题的范围以外，我们只想提醒读者，在伦理学和法学中所盛行的"行动"（act，action）一词的用法（这种用法在平常谈话中还是那一类字眼的第一个意义），是符合我们自己的动作的、可以观察到的特质的一种用法，而这种特质在一般物理事物的任何动作中是不能被观察到的。正是"行动"的这个意义对于知识的分析才是重要的，对于观察那些认识和旨在实现利益的人类动作之间的联系才是重要的。毫无疑问，不用评论或批评，就该承认这种共同意义。不过我们当前所关心的一点是：那样一些人类行动的实例虽然似乎是从深思熟虑的决断的事例中选择出来的（这些决断伴有对结果的明白预见和对这些结果的评价），但这个名词往往被扩充于那些事例以外，虽然它与一般物理的动作和无意识的行为仍然有所区别。

如果在散步时，我在某个路口转向右边，而不转向左边，您会把我身体的那个动作作为我的行动归于我；我也是这样。虽然我们彼此可能都不能发现任何征兆，但这表明在实施这种行为时，我们有深思熟虑的决断，有明白的预见或任何明确的评价。如果您问我，我为什么这样转弯，我无疑会指出这个方向中的一个目标来回答您："走这条路，可以回家。"我认为我采取这个途径是由于我所做的一种事情；而且我是为了所列举的那个理由才那样行事的。纵然，从我转弯时起到您询问时止，我根本没有想到那回事。我取此而舍彼，并不曾踌躇过，没有各种相反意向的紧张情形，没有什么努力之感，也没有特别的魅力决定。我不会想到要做两条相反途径的选择，也没有下过判断；那个过程很可能是通过自己完成的。不过它仍然被当作我的行动；如果您和我发现我走错了路，我们双方都会觉得我应当负责。

我们之所以那样解释这种行为，而把它与心跳或膝的颤动区别开来，显然是因为：我虽然不会明白地想到任何要决断的事物，但是我仍然觉察到所进行的事情，并且觉察到它是可以用我的愿望和意志来改变的。我觉察到这一点，正如觉察到我出了门一样，虽然没有发生什么事情来加强那种感觉，但已经把那种觉察的内容带到注意的焦点上。由于这种情形，我就把那种行为归于我自己。这种行为属于我，与我身体中的生理过程属于我的意义不同。生理过程是不受控制的。我们能够照法学上所谓"共同过失"（contributory negligence）那个范畴所暗示的一般方式来解释那样一种责任。人们自然能够说，这种特殊行为虽是依靠习惯自行完成的，但是在这个习惯发展的时间轨道上，自我曾经会有明确的判断和深思熟虑的决断，而没有这些，行为是不会发展的。不过似乎不必要这样说，而且这句话也很难说符合那样透过的根据。更符合事实的是，应当承认，我们如果觉察到任何身体的动作是我们可以改正的行为，是倾向于受欲望或利益影响的一个目的的行为，那么那种动作就应当被认为是一种负责任的行动。人们觉察不到的动作，或虽然觉察到而不能随我们的意愿改正的动作，就不被认为是一种行动。而一种动作，人们如果觉察不到它是被对可欲望事物的感觉所影响的，如果把它认为是一种行动，则至少可以说，它不被认为是一种有意义的行动。

提出"子弹为什么那样运动"，并不是提出将来可能性的问题，也并非提出有关可欲望的事情的争论。事实上，恰当的答复是把这一类考虑排除出去；那种答复只能用在先的事实来措辞，并且不参照价值。但是如果您问"**您**为什么那样做"，那么就完全是另一种问题：它并不要求一个因果的、历史的或有来历的说明，而只要求一种辩解理由。或许更精确地说，只有在所做的事情无法改正，且以没注意或被强迫为理由（它不是一种责任行动，只是不经自己实施的身体的行为）要求人原谅的情形下，它才要求一个因果的说明。人类行为的一个显著的特质就是，人们可以有意义地要求它的辩解理由。辩解理由只能用那种动作的将来的可能性来说明，而关于这些可能性的辩解理由只能以某种推测的可欲性加以说明。

不过问题不在于，那种行为是否通过明白的评价和决断有意实施，而在于如果先提出结果和其可欲性的问题，那种行为是否可能发生或应当发生。那个问题就是：在实施这种行为时，关于那个预示的目标的感觉是否曾经参与其中，并且参与的方式使得那种行为遵照所感到的那种结果中的可欲性来改正。当行为从那样一种感受到的利益出发，而且它离了那种利益就不会发生时，我们就认为那个目标被特别指出来了，就答复了"您为什么这样行事"的问题，不论这个目标是否成为明白判断和决断的对象。在衡量和接受时所做的深思熟虑在这里并不是本质所在；可改正性**才是**本质所在，而与某种价值感的关系也是本质所在。

人们之所以把含有明白预见和审慎决断的事例，选为表示行动的特征的例子，是可理解的，并且也是合法的。不过要把先见和决断这些特质归于全部行动，无疑有虚构意味，这是应当避免的。不过这一类事例却是一般行动的正当范式，因为它们只是在明白的形式中显示出那些暗自决定一切可称为行动（有别于单纯的物理动作）的行为特征。用这种说法来表述行动，纵然并不在一切情形下都是准确的，可是行动的态度在受到盘问时，却还是会做出这种说明；当人们要求说明自己所行之事和行事的原因时，我们自己所做的正是这样一种说明。

3. 和"行动"这个名词一样，"知识"这个名词也是有时用于狭义，有时用于广义。关于知识的例子是从符合于狭义用法的那些例子中选来用作典型的。虽然把知识这个名词限于这些例子，并不符合人们归结于知识的实际重要性，并且也不符合普通的假设，即人类在大部分醒着的时候都进行着不同的认识。我们对所谓知识的要求，在同我们毫不踌躇地说我们所知道的那些事物相比较之下，能够在寻常人注意不到的层次上很容易带来这样一个结果——知识的大多数属性是借助一种虚构形成的。

首先，知识必须是一种被肯定的心理状态。它必须在心理状态本身中体现的东西以外还臆想着、指点着或意味着另一种东西。其次，这个信仰的态度还要求真实。它要参照它所臆想的某种东西而被评价为正确的或不正确的。知识的身份，依照那样一种意味来说，不是可以借助考察那个心理状态本身来确定的，而是借助它和其他某种东西的关系来确定的。最后，任何信仰的心理状态，除非有某种根据或理由，否则都不能算在知识之列。它不但必须和虚妄的信念有所区别，而且必须和无根据的说法有所区别，必须和单纯的、幸而言中的说法有所区别。知识是这样一种信念，这种信念不但是真实的，而且它的信仰态度也是正当的和合理的。

凡有所知或自称有所知的人，都不得不承认"**您怎样**"知道，什么保证"**您的信仰**"这种质问是恰当的。他还必须对以下更基本的质询提供答案："您的意思是什么？您指的是什么事实或事态？您所指出的东西怎样能够显露自己？"这就暗含着，他同意如果他不能答复这两种质询中的任何一种，他就应当抛弃他的肯定态度。可是如果只有明白包含着对这些问题的答案的那样一些心理状态才算是知识，那么，认识就不是人生的一种普遍现象，而是一种极其例外的现象了。而尤其是当人们要求这一类答案必须是明白而完全的时候，知识或许就不存在了。

知识，一方面逐渐变为由过去经验所引起的那些行动态度，那些态度在动物生活中与知识相对应，并且大概代表着人类的知识类型所由以发生的那种原始现象。另一方面，它又消失于不经考虑而发生的反应中。那些反应原来是伴有明白的考虑和判断的，不过现在已因为它们导致满意的结果而变成习惯性的和半自动的。在这类情形下，对于所臆想的东西的感觉就模糊了，或者只被那种行动态度自身指示出来了，而且任何用以辩解的理由都是被暗示出来的，而非明白地表示出来的。如果一个儿童问我们，哪一只手是他的右手，我们就会毫不迟疑地告诉他。但是他如果问，**为什么**那一只手是右手——这是要我们说明那个陈述成立的一种要求，我们就会恼火，因为想出正确的答案不容易。如果他过分不相信，还要问什么使我们认为这是他的右手，我们就会勃然大怒。我们成年人的自尊被伤害了，我们原是那样舒适地确信许多事物，只是我们一时想不出来那些事物的理由。我们几乎能够说，我们越是确信我们所知的，就越不明白我们所指的是什么，就越不明白我们是怎样知道它的。知识作为已完成的东西，是由我们那样富有特征地、舒适地排列在各自小格中的那些项目组成的。甚至在最可靠和最明白的知识的实例（就如那些容易被人举为例子的知识）中，我们对于意义的感觉和对于信仰基础的感觉，也将是不完全的。我们对于这些只能稍做一点说明，不过越往前进，就会越感到困难。我们所能要求的最大限度就是：一个可以真正说是有所知的人在真正需要那种说明的时候，应当能在反省以后提出那种说明，并能说明到一定程度，即我们达到已知的事情或可能共同认可的事情的那种程度。

可是在分析知识时，我们如果从特征方面着眼，拿一个对知识的理想说明来代替那种相对含糊的、不明确的信仰态度，那么，这个程序是合理的。知识不是一个描述性的范畴，而是一个规范性的范畴，它要求正确性。心理状态之所以被归为纯粹的知识，只是依据这样一种正确性的假设。认识论不是对那样一些心理状态所做的心理学的描述，而是对它们的认识要求的批判，是对它们的真实性和有效性的评价，是对可以检验那种要求的那些标准的说明。可是我们如果承认，认识论分析的旨趣（在它远离心理学的分析时）是使心理状态成为非描述性的，好像它并不真实描述实际的认识状态的本性似的，那么，这就没有必要，并且不正当。真实性要求（truthclaim）和辩解的权利要求如其他特征一样，是认识状态的真正特征，并且比那些较狭义的"描述性的"特性，可以更好地表示那些状态的重要作用。认识和确信的态度是一种信仰态度，它表示要评价它自己，而对知识所做的分析也在同样方式下评价这种态度。这样的考察只不过把真正包含在认识现象中的那种东西（不论怎样含糊和不完全）弄明白罢了，这种东西对于人类生活是有本质意义的。

不过这也是一个事实，即在企图分析知识时往往需要把只不过是暗含的东西加以明白表述。在那种意义下，认识论的研究程序——正如常识对各种知识例证所做的考察那样——往往可以用一种更为明白的东西（这可以认为就是认识状态所暗含的内容）来代替认识状态的实际内容。如果注意不到对心理状态所做的这种有特征的"说明"（这种说明方式对评价它的认识的意义和正确性有重大关系），往往就会招致各种困难，并使人提出无法回答的问题。为了考察知识的特征，即知识的真实性和它作为信仰的辩解理由所依靠的那些特征，我们处于一种危险之中，就是先描绘一种没有任何心理状态能够达到有效认识的理想图画，随后再诽谤实际的人类现象——因为它只能贴近我们的描写，或者只能够暗含着我们要求其成为明白表示的那种东西。这个考虑在分析知识时的各个不同点上都是重要的，而且以后将唤起我们的注意。

4. 一个引人思考的事实就是：环绕人类的最好的知识现象的那些较为含糊的状态——知识发展出的动物反应和它所逐渐陷入的那种习惯性反应——都是那样一些状态，以致那种可以归于它的认识性的标记意义和那种行动的态度自身合二为一，难以分辨了。这里的"根据"或者"理由"表现为对过去经验的某种沉淀，这种沉淀在人的感觉看来，不过是标记知觉—倾向的那种复合心理内容的一种稳妥熟悉的色调而已。而且关于所指示的、所信仰的事情的感觉，也被融合于这种行动的倾向之中，并且可以说，这只是对这种倾向所感觉到的一种方向而已。

把认识看作与动物行为和习惯相连续的一个生命功能而加以考察，既足以加强它和行为本质的联系，又指出了我们在认识论分析中所必须注意的方向，以便说明一种认识状态的意义作用，并评价它所暗含地提出的真实性要求。

有机体的态度、感情或其他有意识的心理形态，若非是对环境中或有机体自身中某种特性或项目（即对情境中某种永久的、无处不在的特征，或对暂时的、局部的特征）的反应，我们就不能认为它有经验认识的意义。凡可以称为反应的任何状态或态度都表现出一种适切性或不适切性、有用性或无用性，那些性质在进化路程上就演变成为知识的正确性或不正确性。下列的事实是过分明显而无须讨论的：被认识所指导的行为只能适应反应的最远所及的范围；而且离了对行动所做的这种适当指导作用，我们的复杂的知识方式就不会出现。

斯宾塞曾经表示，比感觉更高的意识方式的出现，有赖于远距离感受器（眼、耳和嗅觉器官）的发展。由于具有这样一些器官，动物才能对空间中和时间中遥远的事物（时间中的遥远是就事物冲击有机体的时间而言的）做出适应性反应。斯宾塞主要是由于这种考虑，才发现刺激作为标记的意义。那就是说，拥有那些器官的生物有时不是对那种刺激本身的直接感觉性质，或对它作为一种愉快的或不愉快的感觉的特性做出反应，而是在合于另一种事物（辽远的对象或预示出的事情）的性质的方式下实施反应的，而那种事物已和刺激的既定特性联系起来了。对于只有触觉的有机体，那些由刺激对象自身的有害或有益的性质所决定的单纯反射，一般来说是那种有机体所能做出的唯一具有适应价值的反应。具有远距离感受器的动物使用着更复杂的反应方式，具有对作为标记的刺激实施反应的能力，而不只是对直接呈现的特质性做出反应；因为隔着距离被知觉的东西，在当时还没有对有机体产生有益的或有害的影响，而且它在后来或有利或有害，是有赖于所采取的行动方式的。远处的敌人对于藏起来或逃脱了的生物并不能构成危害；而相距较远的食物，也不能供给营养，除非您接近它、突袭它或追捕它。

显而易见，把握住空间中远隔的事物的意义在于：在有机体的经验中，空间方面的距离意味着所把握的对象对于有机体所可能有的作用是间隔一段时间才发生的。这个时间的间距就是可能的有效行动的间距。间距越久，则越显露出预兆的事物，便越有可能被行动的一个"假如"或"假如不"所制约；可能的各种反应方式范围越广，那些复杂的、需要时间的反应方式便越有可能发生。由此可见，斯宾塞想在远距离感受器与高级神经组织及随之而起的智力之间追溯出的那种联系，归根到底是依靠(1)可能有用的各种行为方式中的复杂性和变化范围，以及(2)时间—间距(在对刺激的把握和那个刺激作为标记所预示的那种东西对有机体产生的冲击之间的时间—间距)之间的联系的。斯宾塞想把一般的人类预见纳入这个公式。他暗示道，对于时间中远隔的事物进行适应反应的能力是智力的一个标准，而借着间接的和表象的把握来控制直接的、直观的感受，则是另一个相关的标准。

斯宾塞的生物学也许是好的，也许是坏的，也许是不好不坏的。就所说的这一点而论，他的生物学似乎大部分是先验的，并且毋宁说反映出了一种锐利的想象，而并没有更多的事实可以证实其说法，除非是可用以提出这种假设的、人所共知的那些生物学事实。不论高级的、复杂的心理功能事实上与远距离感受器的发展，还是与进化中的神经系统的其他特征是否互相关联，至少说，那些使这个假设显得有道理的考虑原是一些不大被人怀疑的问题。因为我们一考察认识经验的一般特性，就能够把它加以证实。

感觉的把握是其他经验认识形式的不可或缺的基础，并且是基本的。知觉的认识包含着一种标记作用，这种作用附着于所予的刺激或呈现上——只就它的直接的、表示性质的特性而言。借着这种标记作用，一个意义才能附着于一种觉察的内容之上；具有这种意味下的意义一事，才把知觉性的经验标记为有认识作用的，并使它有别于单纯的享乐或受苦。这样一种意义就标示着觉察的所予内容和有预兆的某种东西之间的一种联系，不过后面这种预兆的方式是这样的，即将来会发生的事情能够被某种行动方式所影响。知觉性认识的如此标示的将来的可能经验的特性(这种经验是依行动为转移的)，也揭露出它和一般动物行为的适应方式之间的联系，并且指出了它的进化历程。它也可用以证实原可以借助直接考察认识经验而得到证明的一种解释。

对于远隔对象的把握可以作为一个简单的范例。知觉性的认识的一个特征在于给所予的意义内容添上一种异乎这种觉察内容本身的某种东西，这种特征往往称为它的"中介性"或它的"表象作用"。这样"被中介"或"被表象"的东西就是"认识的对象"——在我们所举的例子中就是所知觉的、在外面空间中的东西。一种特殊种类的、视觉的、具有性质的所予材料在这里向我们标示出，具有某些特性的对象在视线中距我们那么遥远。认识论由于对觉察内容和它所标示的对象做出的这样的想法，曾在几个世纪中对这个中介作用的真实性或非真实性大为不解，而且现在还在继续不解。它提出这样一些问题，即觉察内容的所予性质是否可以确实归于对象；这种直接把握到的性质是否"在对象以内，正如它在我们关于它的知觉之内"，或者正相反，只是一个单纯主观的现象；这个所予的内容是不是一种"本质"，只表示那个对象的特征，而非真正寓于它以内，如此等等。关于认识的中介作用的真实性这个问题有多种形式，在此不必列举了。

人们会想到，如果注意知觉性的知识在人生中所起的作用，那么就可以更好地解释它的这种特征——人作为一个生物，也和其他动物一样，有生有死，有苦有乐。满足他的兴趣，或不能满足它们，而这些事情有一部分是依照人对周围环境的行事方式为转移的。人类的认识性的把握作用就反映了那个事实，并且至少主要地和基本地对他有指导行动的意义。这种把握作用可以标示合意的和不合意的经验结果，如果某些行动方式，在某些特殊场合下被采取了的话。在这样思考之下，标记－作用或中介作用（即附着于知觉的所予内容上并把它标明为有认识作用的）的真实性就只取决于下面这个问题，即当那种行为方式被采取时，那些被标示的经验上的结果是否真正随之而来。所谓意义（meaning）经这样解释就成了对那种与表象的内容联系着的进一步的经验的预测；而意义的真实性就只有关于所希冀的行动结果的可证实性或不可证实性。

这样把意义和所意指的东西，看作限于可以在直接的本义下在经验上证实的东西，就直截了当地把上述那种认识论问题解决了。这样就使意义只有关于认识的严格经验上的真实性；至于前面这些问题则关涉所谓（我希望没有偏见）认识的形而上学的真实性，并无关于任何对经验上可以证实的事物的标记作用。正如洛克所说，所知觉到的颜色、声音和其他第二性质，不论确实是在对象中，还是只在我们的知觉中，它们仍然表示我们的期望和我们的行为的可靠信号，它们是植根于所观察的事物的其他某种原始的（形而上学的真纯的）特性中的。并且正如贝克莱所设想的那样，我们事实上并不是与在一个独立的知觉对象中知觉内容的**任何**根据打交道的，而是只要具有特殊内容的事件就可以作为"行将发生的事情的可靠标记"产生作用。并且正如康德所设想的那样，知觉纵然只限于在我们心灵中存在的现象，而且我们也不知道它们的独立存在的根据，科学和一般知识也可以安全无虞，只要我们能够确信，在我们经验中的各个特殊现象之间有"依据规则的联系"。

到此，我认为再来为这样提出的对意义所做的实用主义的解释进行**论证**，已经是不恰当的了。而且要在这个绪论中企图解决阐明对意义的这种看法时所必然遇到的细节问题，也是不恰当的。附着于知觉(暗含地附着于由知觉派生出的其他知识形式上)的这种实用主义的含义，就是"意义"的意义所在。而且"意义"的其他解释是否合法，是在最后不能凭辩论来解决的问题。因为人们可以在"意义"上，正如在其他字眼上一样附加自己所选的任何可以自圆其说的含义。这至少可以说是"意义"一词的一种恰当的解释，这种意义是真正可以在认识性的经验中发现的一种意义，而且它的重要性是难以否认的。我们这样说就够了，即在分析知识时如果考虑到这样所解释的意义中所包含着的东西，是特别能够说明种种问题的。

我们的知觉性的把握作用不论具有或缺乏什么样的最后的和独立的实在的形而上学含义，把握作用在指导我们行为和预测它们的结果方面所具有的这种含义总指出一种认识作用，且一离开这种认识作用，我们便不能生活。唯一可认真辩论的问题就是：关于实在的这种形而上学的断言是否具有不由这种实用主义的含义派生出的**其他**含义。这样看来，关于知觉性知识的一般公式就是：有了这种条件，我如果那样行事，那么结局的经验就会包含有这种或那种(特定的)结果。当在既定的环境下采取了所说的那种行动方式，而且所希冀的结果也确实随之而来的时候，知觉性的把握作用的实用主义含义就被证实了，而且它所中介的那个对象或对象的特性，就被认为存在或被发现为实在的。若是换个更精确的说法(因为单单一个检验毕竟很少是定而不易的)就是，这样的存在或实在因此就有几分保证了。

5. 我们已经说过，只有一个能行动的存在物可能具有关于客观实在性的知识——这种知识认为这种实在性是一种有别于其享乐或受苦的内容的东西。我们只要停下来观察一下这个提法，那么它就会成为明显的；而且这种想法，只要您加以领会，它就会强调知识的实践的或实用的含义。我们可以用另一些说法来表示这个思想：只有一个行动着的生物才能产生认识，因为只有一个能行动的存在物才能赋予他的经验内容以任何意义，才能认为它除了直观上**呈现**出的东西以外还标记着另一种东西。这样标示自身以外的东西，是认识性经验的一个重要标志。只有一个能行动的存在物才能在什么是自我、什么不是自我之间画一条界线；才能标志出"主观的"和"客观的"之间的对立（在应用于经验的内容上时）所包含的任何区别。离开活动，则每样所予的东西都是同样可有可无的，而且一切都处在同一个事实的平面上。昼梦、回忆、预想、镜中的影像、幻觉或强烈感觉到的接触，都会同样成为未经加工的材料，只不过有性质上的差异罢了。它们全都会同样成为现在所发现的那些项目，并且只是它们所被发现的那样。或者再换一个说法就是：只有对一个能行动的生物，才能在现实的事物和现实地被给予的事物之外还有任何**可能的**事物；才能有虽未证实却**可以证实**的任何**事物**；才能有未被感觉到而被承认为实在的任何东西，或者说，是那种不仅仅是感觉内容本身的东西。对于我们来说，存在着若干**事物**，那些事物有时在经验中被给予，有时并不被给予。而且它们在被给予时，比我们关于它们的经验更厚一层（如它有另一面）。这一点是和我们对虽未证实而却可以证实的事物的感觉是相关联的。只有这样，我们才能有一个比意识内容更广阔，而绝非仅仅片段地呈现出的世界存在。经验上可能而现在还不是经验上现实的事物的感觉，只能植根于对可以实现的其他可能性的感觉上。后面这种感觉才使我们认为自己是能行动的。不能行动的存在物不会有一个客观实在性的感觉，因为现实的事物只会与意识流中所呈现的内容合二为一；而且这个所予的内容甚至也不会被视为一个占有时间的流动的东西，因为所记忆的、所预想的、所感觉的，都会同时同样在那里，否则便都不在那里。凡所呈现于那里的东西，都不能加以排斥，都不能被认为"只是现象"，被认为"主观的""不如它所表现的"，因为没有任何进一步的可实现而未实现的事物的感觉会附着于任何表象上。也不会有任何期望遭到挫折，并因为那种挫折而被称为"错误的"或"幻觉的"。由于相同的理由，任何所予的东西都不会成为其他某种东西的现象，即比这种单纯现象还多一些的某种东西的现象。对于经验上可能而现实上尚未经验到的事物的感觉，既是对我们自己（作为行动者）的感觉，同时又是我们对那个表象所标记的一种客观实在的感觉。

由此可见，从认识论来说，可能的事物是先于实在的事物的；可证实的或经验上可能的事物是客观事实的认识根据（ratio cognoscendi）。"A 是实在的"这样一种陈述的认识论上的含义是和下面这种陈述相关联的，即"a1，a2，a3……经验（如呈现于视觉的那个对象所没有看到的各边和它的内部）是现在尚未被给予的可能的经验，虽然它们是由所予的事物标示出来的"。只有一个在有需要时能够借其所选择的行动途径实现或不实现经验 a1，a2，a3……的生物，才能够持有那样一个认识性观念，才能认为一个对象是实在的。

或者让我们暂时假设，一个不曾行动的生物，也能呈现出一个内容和我们的经验相似的时间上连续不断的经验；并且能够觉察它是那样占据时间的，而非单纯地在每一个所予的刹那发现呈现出的一团零碎项目——有的生动，有的含糊，有的伴有亲切回忆的性质，有的伴有一种新奇震惊的感觉，有的伴有延伸的特性。对于这样一个生物来说，声、色、香、味等感觉的活动图景可以涌入他的认识范围，随后再涌出来，正如在我们那方面一样。我们还可以进一步假设，某些性质相同的内容项目（桑塔亚那的"本质"）在复现时也会被他认识到，正如在我们那方面一样。我们甚至可以承认，借助被动地静观那个活动画片，可以**熟悉**某些重复的次序；而且如果 a、b、c 充分且经常地在那个秩序中重复出现，a 就可以变为 b 和 c 将被给予的先行标记。在那样解释之下，一个没有行动的认识性的意义也可以显得是可设想的。不过对于那样一个心灵来说，除了不可避免的事情以外，仍然没有任何东西是可能的；而在那种情形下，那些原可附于所呈现的项目上的任何预期性的标记作用也不会尽情发挥，并因而它没有什么好处。它顶多只不过是意识流本身的一种令人产生美感的特征，或令人厌烦的特征，或令人惊骇的特征。而且人们会问，一个只能被动地认识重复事物的存在物，是否并如何借它的经验实际发展出这种能力。无论如何，对这样一个心灵来说，除了不可避免的东西以外，既然没有东西是可能的，所以显而易见，对它来说就没有和它相对的对象世界，因为所把握的东西都没有比意识流本身在其标记能力方面更宽或更深的了。很难说它是一个呈现出的实在，它只是一种不能避免或不能改变的老一套罢了。

不但如此，如前所说，我们在假设一个不能行动的存在物的经验能够获得预测的标记作用时，已经让步过多了。把现实的经验本身看成是一个时间上前后相承的连续体，这种看法本身就赋予了所给予的事物以标示未被给予的作用，因而成为虚构的。标示过去性一事就是添加在现在的所予上的一种意义，不过这种意义带有模糊性和被涂抹性（rubbed-out-ness）。标示将来就是附加在现在的所予上的一种意义，它具有预测性和预兆性。把时间的经过看成是现实的，那就是添加现在的所予的一种预示作用，它带有瞬间跳动性或急促性。所附加的有关实在时间的这些标示作用是和我们对于自己的潜在行动的感觉关联着的：过去是行动所无法触动的；将来则是牵引行动的冲动的一种东西，因为它不是无条件地被确定了的。一个不能行动的心灵的意识内容难以被任何一类实在的时间性所渲染，而毋宁是被感觉为没有时间性的现在，纵然这个现在还被穗子似的各端所影响，并且弥漫着变化的性质。这样一个心灵或许处在时间之中——它自己不知道这种时间，不过在它以内却不能有时间，而且对它的内容也不能用真正的时间性的谓语来说。

不过这里更重要的是，上面提到的另一种考虑，那个不活动的心灵纵然能够以日期系在所予的记忆的内容和预测的内容上，那些不活动地被把握的事情，仍然不能构成一个世界，因为它们全都会摆在表面上，而且除了包含在经验之流自身中的东西，就再没有别的东西了。对我们来说，所呈现的事物的这个表面是和"其余实在事物"的无限深广和弥漫的背景相衬托的，而那个背景却不是当时所经验到的，并且多半也不会被经验到。它之所以有那种衬托，是因为我们的经验是活动的，所以能够从此地此时起在各种途径下向前进行，而那些途径同样是真正的可供选择的途径。世界不但包含着**已被**感觉到的东西和**将**在经验事实上被给予的东西，而且还包括一切**能够被**给予的东西。对我们的活动的态度，所有那一类经验的可能性都被设定为同时在那里存在着。

我们可以把常被引证的康德的例证借来，作为一种范例。房屋的四面对我们来说是同时存在的（虽然不能同时被观察到），因为东、西、南、北四种视觉表象中任何一种都能够被随意唤回。对于不活动的存在物来说，虽然北面现在被观察到，而且东、南、西三面也照次序正确地被关照到，可是这种把握作用仍然属于不可改变的经验事项的系列。在这个系列中，随着后来的事情的出现，先前的事情就消逝了。它只有直观的表面的特质，只像观察者面前的一个电影活动。这种接续过程纵然重复下去，也丝毫不能带来一所房屋的厚度的改变。对我们来说，当东、南、西三面在我们的经验中相继出现时，北面仍然是在客观上存在的，因为假如我们竟然愚蠢地怀疑起北面是否仍然在那里，我们还能够返回去，重新发现它。一种东西，我们如果能够随意恢复关于它的经验，那么它就是继续存在的，纵然关于它的经验是有间断的。

有些哲学怀疑论者主张，对于我们所观察的那些对象，当我们停止观察它们时，或许就消逝了，而当它们再度被观察时，就又返回来了，这是胡说。当我们愿意采取适当行动时就能在经验中实现的那种东西，虽不被观察到，仍然是可被证实地存在着的。照常识的应付方式，就可以正确地应付这种挑战。您只要告诉我们，**什么时候**房屋的北面不存在了，我们就一定可以在什么时候向您指出它仍然在那里。客观事实性的这个特性，可以用常识的宇宙论的说法加以表示：经验是能够恢复的，因为一个事物就存在于那里，任人观察。它也可以从认识论上加以表述：一个对象在一段时间中的存在，在经验上**意味着**证实它的继续存在的可能性（如果遵循着适当的行动常规程序）。不论怎样表示，这两种说法所表示的都是所观察到的事物的客观实在性的同样特性。不过一个不能选择观察时间，也不能决定证实活动常规程序的生物，并不能应付怀疑论者所提出的这种挑战。对怀疑论者来说，观察不到的事物的存在不能有任何意义，而且客观实在性和他自己的经验之流的区别也不存在。

我们对于客观事物——作为可能证实的事物——的感觉，自然是极其复杂的。这种感觉可以说有若干层次，即一种经验的可能性是建立在其他经验的假设上面的。但是这种感觉的基础是行动的感觉：归根到底，所谓客观现实的东西就是可证实的东西；而所谓可证实的东西就是关于它的经验的预言是能够实现（如果采取了适当的证实活动的常规程序）的那种东西。如果没有这种行动的感觉，则对于超乎经验以外的事物世界便不会产生感觉。

6. 现在环绕我的世界，在无数复杂途径下，比我的感官印象的细流更为深厚丰富，这些途径就反映出我所相信的能够借助行动的某种**如果**（if）和在经验上实现的无数复杂的**那么**（then's）。我在一个时候，虽然只能选择那样一个行动途径，可是我却因为我有能力随意决定所选的行动方式而感觉到自己处于一个世界中，而且所有这些经验的潜能同时都融入这个世界中。不过一个不能行动的存在物则将在直接性的范围以内过它的生活。它不能发现它的感觉内容和实在之间的差异。它不能有自我，因为不能有非自我。那种差别是不能发生的。对于那样一个被动的心灵来说，除了所予的东西以外，没有东西能够是实在的；而且所予的东西也只能是作为被给予那样的东西。意识的任何所予材料都不能意味着或标示着它以外的任何事物；它也不能把握那样被意味的或被标示的东西。

人们如果想寻根究底我们各种意义的逻辑建筑层次，或有关实在界的现象学的构造，就必须遵循下面这样一条道路。起点是在所予的材料中的。从那样一种材料中，我们了解到某种被意指着的东西，作为继行动的如果而来的**那么**——或者继所设想的非此即彼的行动而来的许多那样的那么。在那样一个**那么**上，我们可以借着另一个**如果**，进行进一步的建构，如此反复下去。那种被意味的或被相信为可以证实的某种东西，之所以使人相信，是因为人们相信某些**如果—那么**的陈述是真实的，即便前件的**如果**子句是虚假的。不但我们**事实**上证实的东西对我们来说是真的，而且凡**能够被**证实的东西对我们来说也是真实的。关于事实，关于实在事物的定言陈述是由表示我们的可能行动方式及其被信仰的结果的假言陈述所构成的。

本书的任务不是对实在事物做那一类现象学的解释或构造。毋宁说，它是一种认识论的企图，就是要把我们所发现的实在看作已经在我们的常识意义中揭露出来、传达出来，而借着分析来发现知识中有效性的标准的一种企图。不过这两种不同的任务却有一个共同的汇合点，那就是都要求考察认识性的经验的特性，即它们都标示着或表象着一种不在它以内的东西，以及并非在它以内确实被给予的东西。

在经验意义的这个**如果—那么**的特性中（这个特性就是被所予事项所标示的行动方式和经验中可预言的结果之间的一种联系），我们可以发现下面这个谜的解决方法。这个谜就是：实在虽然被固定了，而且它的将来事实——我们可以假设——已经被预定了，但认识始终还有一种价值。如果关于那样一个不可避免的实在的事实的预知只是关于不可避免的将来**经验**的一种预言，那么纵然知道了它，也是得不到任何价值或好处的。对于根本不能改变的经验，纵然预先知道了，也无用处——除非因为它偶尔对其他某种不是那样被预定和不可变更的经验有某种影响。知识的显著作用在于它可以改善我们人类的命运，也就是在于在经验中实现善的事情，并避免恶的事情。不过预言一种不可更改的将来的实在事实，能有什么用处呢？因为预言的唯一作用就在于，我们可以实现原本不可实现的东西，或避免原本会降临于我们的灾祸。如前面所指出的，答案应当在下面这个事实中来寻找，即关于实在的将来客观性的预言并不是有关不可更改的任何将来经验的预言，而只是关于将来经验的各种可能性的预见，只是关于那些可能性所不能逃出的界限的预见。有关将来实在的预言，是有关将来经验的**如果**的预见——不过那个**如果**是一种行动的**如果**。我们有能力使那个如果成为真的或假的。表达所论及的客观实在性的**如果—那么**的陈述永远是真的，不论作为前件的行动的**如果**是真的还是假的，关于实在的这个陈述仍是定言的、肯定的了。不过关于客观事实的这个定言的陈述只是关于一个有证实作用的经验的假言的陈述，这种假言陈述是依靠采取某种证实活动的假设的。将来的经验仍然依赖我们选择实现这个行动的**如果**。举例来说，这堵墙是坚硬的，如果我把头撞上去，墙会使我受伤。这就证实它的坚硬性质，而我是定言地肯定这一点的。不过说墙是坚硬的，并且继续是坚硬的这个定言的说法丝毫不预言我的头必然受损伤，而只是揭露出它是将来经验的一种偶然的可能性。它只预言头破是一种行动方式的结果，这的确是对这种坚硬性的一种证实，不过我不愿意做这种证实，我宁愿它始终只具有可能性。认识墙的固定不变的坚硬性的目的在于，我可以在我的将来经验中避免这种证实它的方式；这种经验同样不是固定的，而是可以受行动改变的。说我的头如果撞在墙上，它就会碰伤的这个假言的真理，正如它所要传达的那个客观的事实一样，是不能更改的。不过关于我的将来经验的作为后件的子句，并不是不可更改的、真实的，因为它是以假设的行动为转移的。认识关于墙的不可变的定言真理的目的在于，通过这样的认识，我就可以依照我的价值感，在限定的范围以内决定将来的经验，并且实现善的事，而不实现恶的事。所实现了的东西就是经验；**能实现**的东西就是客观的实在事实。而**所要**实现的东西在**能够**实现的各种可能之中，是被评价所决定的——至少对于任何可感觉到的行动来说是这样。

经验知识的基础

1. 如果前面讨论的结论能被接受，那么所有知识都有一个最终的经验意味，因为可知的甚或有特殊意义可思的必须是对可描绘意义的参照。但是这个观点，即分析真知和先验可知的命题通过参照感觉意义被确信，当然不取消独立于感觉所予材料而可被知道和不能被知道二者之间的区别。分析陈述句和判断意义之间有一些关系，非分析陈述句要求一个意义与在特殊场合被发现的经验间有关系。可表达经验知识的只是后一类。它们与事先可想象的事物的错误相符。

除非最终通过感觉表象，否则经验真理不能被知道。大多经验知识的断言，将通过已被接受和相信的其他断言直接辩解和证明：这种辩明包括依赖于逻辑真理的一个措施或一些措施。作为经验的总类仍将是正确的，然而，如果这些陈述中要求归纳地或演绎地支持被讨论的断言，那么这里有一些断言不能通过逻辑或意义的分析而只能通过参照所予经验的内容得以确信。我们的经验知识作为一个很复杂的结构出现，它们的大部分通过相互支持是非常稳定的。但根本上它们依赖于感觉的直接表象。除非这里有一些陈述，或可了解和可陈述的事物，它们的真假取决于所予经验且通过其他方法是不能被决定的，否则非分析断言的真假不能被决定，并且没有作为经验知识的这类事物。但是如果这里没有无须依靠特殊场合就能被考虑的意义，那么这里也不可能有经验知识。没有经验将决定一个陈述句或一个信念为真，除非在这些经验之前，我们知道我们意指什么，知道什么经验将证实我们的断言或假定，以及什么经验将怀疑它。对我们意欲认识的事物的标准的理解，必须先于任何证实或证伪。

　　然而，我们将发现，大多经验陈述——所有通常做出的——事实上是这样的：没有单一经验能决定性地证明它们是真的；任何经验结论性地证明它们是假的，这一点是可疑的。我们**的确**坚持认为，有一种**能**被判定为特有的或不特有的可断定的意义；但是，有这种意思的陈述不被平常地表达，这既因为很少有场合表达它们，又因为没有语言能清楚地表达它们。它存在于能被清楚地说明的经验结构的底层或接近底层，要求支持整个经验信念，没有被暗示真正属于其意义，它便难以表达。于是，一个普通经验判断的分析（像可能在所予经验中表示其基础的判断一样），最初将碰到用公式表达的困难。如果我们不是陷入某种误解，且该误解一般说来对于经验知识的理解是致命的，那么，其原因一开始必须被理解和了解。

　　2. 我们现在转到最简单的经验认识上来，即直接理解的知识。在此举两个例子。

　　我正顺着爱默德大楼的台阶往下走，并且眼睛引导我的脚。这是一个习惯的和通常自发的行为。但在这种场合，为了能清楚地构成一个理论知识而代替未经考虑的行为例证，我充分注意行为的主要特点变成清楚意识的过程。这里有一个呈现给我的固定的视觉方式，一个在我的脚跟上有压力的感觉，一定的肌肉触动、平衡和行动的感觉。并且，以上提到的这些，分别被（它们在移动的表象整体内，能真正发生但不单独存在）合并在一起。我发现难以用语言表达许多这些表象的内容。因为，如果我试图用客观的清晰的方式表达它，我应详述与下楼这一行动有关的肌肉和它们的运动，以及这类事情；并且，事实上，我不知道用哪些肌肉以及如何使用肌肉来表达。但是，一个人不必为了走下楼梯而研究哲学。通过感觉，我知道什么时候走得正确，或我认为我能知道。并且，把您放在我的位置，您就能知道我的感觉，或您会认为能知道。这是完全有必要的，因为我们在这里谈论的是直接经验。您将用自己的想象通过这个例子赞同我，并根据自己的经验——或**您**用相同语言意指的内容——理解我的意思。

当我走近楼梯并向下看时，我所有的经验是人所共知的：它是决定性的、明确的，并无疑为我的行动提供了线索。例如，如果我闭着眼睛走近楼梯，那么为了避免跌落下来，我被迫采取不同的行动。出于特殊考虑，我们指出表象的可见部分。通常我们没有机会表达这种内容：它执行引导我行动的职责并因此失去意识。但是，如果我试图表达它，我可以说："在我面前，我看到一个看上去像一段宽 15 英寸①、高 7 英寸的花岗岩台阶。"惯用语"看上去像"表示我试图突出这个事实，即我不打算断定台阶**是**花岗岩的，或判断上面提到的尺寸大小，甚或从绝对的肯定的事实出发来说这里根本没有台阶。语言多半是被客观事实和事件所取代的。如果我希望（正如我现在希望的），要将其局限于一个表象的表达式，我很可能最好表达认为是客观事实的事物，并使用像"看起来像""尝起来像""感觉像"一类惯用语或一些别的上下文的暗示来指出在这个场合限制的意图（限制我对表象本身的事实所说的为陈述的余下部分更通常地指称的对比的客观事态）。

这个行为表象——在我面前看上去像一段花岗岩台阶的东西——导致一个断言："如果我向下走，我将安全地到达下面的台阶。"通常这个断言不是表达甚至不能被清晰地思考。一旦这样简单地表达，它就会显得过于迂腐，并且恐怕不太合乎我们有意识的态度中简单地向前看的能力。但是，除非我准备同意它，否则为了防止我的注意力被这些问题牵制，我现在不应继续前进。再者我使用的语言，通常指在表达我的身体和一个物质环境中的客观活动。但是，在现在这种场合，我试图只表达我经验中的直接的和无疑的内容，尤其试图引出这个有意识的程序作为认知模范。像我短暂站立的姿态和我注视前面一样，目前的视觉方式将引导我断定：一定方式的行为——向下走——伴随更进一步的经验内容，是同样明显和可认识的，但却是同样难以表达的（如果没有比我现在意指的——在台阶上保持平衡的感觉经验——更多的建议）。

我接受建议式的行为方式，并切实地伴随有预计的经验结果。我的断言已被证实，并发现作为暗示生效的视觉表象的认知意谓是站得住脚的。它的这个功能是真正的经验知识的例子。

---

① 1 英寸＝2.54 厘米。

让我们举另一个不同的例子，不是有关情形特点不同，而是我们考虑它的方式不同。

我相信面前有一张白纸。我相信这一状况的理由是我看到了它：一定的视觉表象已给出，但是我的信念包括这个期待，即只要我继续向同一方向看，这个表象及其本质上的决定性的特点将不变；如果我将眼睛移向右边，它在视觉区域内将脱离原来位置而移到左边；如果我闭上眼睛，将看不见它；等等。如果这些断言经过试验被反驳，那么我应放弃现在在我面前有一张纸的信念，宁愿相信一些特别的令人迷惑的反应或令人不安的幻觉。

我向同一方向看一眼然后转过头去并闭上眼，就产生了预期的结果。至此，我的信念被证实。并且，这些证实使我更确信在此基础上的任何进一步断言，但是，它不是完全理论地和理想地被证实，因为我面前有一张真实的白纸这个信念还有未被检验的进一步含义：我看到的这个东西能无裂缝地折叠，但比不上赛璐珞；这个经验将伴随着不同环境而被唤醒；还包括太多而且未被提到的其他含义。如果现在我面前是一张真实的纸，那么我将期望明天在这里发现它：因为在我的信念中，我认为是真实的属性和特征，这暗示着明天或以后有大量可能的证实，或不完全的证实。

回过头来看看我刚写过的内容，我说过，我已彻底地屈服于已提及的详细表达的困难。我在这里已谈及：我现在未实施的进一步检验的可预测的结果，折叠纸并试着撕开它等。在任何情况下发现这些被证实的预测，只是我相信的对一张纸在理论上不完全的检验。但是，我的意图是提出这些预测：尽管它们只是我相信的客观事实的不完全的证实，但它们本身能被决定性地检验。我的意图已失败。纸试验性地、事实地被撕碎，这将和现在在我面前的一张纸一样不能用正确的确定的事情证明。假如它发生，它将是关于我的临时经验理论上能欺骗我的一个真实的客观事件。我打算谈及的是确定的被期待的经验——纸被折叠的**外观和感觉的**经验，**好像**被撕碎的经验。对这些**经验**的预测，如果我们去证明的话，就将决定性地毫无疑问地对它们证实或否证。但在这点上，读者很可能已理解了我的意图并完善我已做出的陈述。

3. 让我们转到讨论的论题上来。我已说过：即使是实施已提及的有关纸的经验信念的检验，结果也不是在一个理论上的完全的证实，因为存在着仍未被检验的信念的进一步和相似的含义。在下面的事例中，像是一个行为或一个展望的重要文件，或像对《仲夏夜之梦》是莎士比亚写的还是培根写的这样一个重要问题的争论，这些可能要经受多年甚至数世纪的检验。并且，一个否定性的结果可能合理地导致对一张特殊的纸在一个特定时间放在一张特定的桌子上的怀疑。我举的例子，除了其重要性外，没有不同：我现在相信的事，有着在将来无限地可证实的可能。

进一步说，我的信念必须扩展到我应将失败作为对信念的否证而接受的断言，无论将来持续多久，它们关心的可能是时间。并且我的信念必须尽可能暗含我应接受令人失望的事情的失败，它作为一件事倾向于怀疑这个信念。

同样如此的情况是，信念所暗含的这些将来的偶发事件，并不是能被先前的经验证伪的事件。无论多么不可能，事后检验可能有一个否定结果，这仍是可想象的。尽管信念自身的真暗含一个事后检验的肯定结果——纵使这个可能性与理论的必然的区别应该很小，以至于在这个问题上犹豫不决是愚蠢的。我们不能太贬低这个区别：如果审问经验，将发现当时许多特殊场合都很确信一个被觉察的客观事实，但后来环境超乎我们信念甚至令我们吃惊，它迫使我们收回或调整我们的信念。

如果我们现在问自己，如此被暗示的信念的后果多么广泛，那么很清楚，像假设现在人们面前有一张白纸这么简单的例子一样，它们的数量是无穷尽的。对于一个事情，在时间上它可能永无终点，因为永远不会有一个时间，在这个时间里，放在桌上的这张纸的事实或非事实将无细微差别。如果不是这种情况，那么将来一定有个时间，在实际和理论上都可能有少许证据支持或反对现在所假定的事实。每个人想起这类证据的某物（如果出现在恰当的时间），是不可能的，甚至最不重要的真实事件在一定时间后将无法想象地区分，这是不合理的。如果是这样，那么属于过去的超出一定时间范围的事件，可能是比它本身中的一个不可知的事件更坏的事件，可能是，它的这个假设对任何人的合理行为都没有可想象的区别；并且，任何在其真或假中被提出的兴趣可能都被显示为虚构的或无目标的，或被限制为让别人断言或同意某种形式的词。在这个意义上，这个信念变得无意义，没有它的真或假的可想象的推论，这个真假便是可检验的或依赖合理的兴趣。

读者最好在这个问题上做出自己明确的决定，无论是不是一个客观经验信念的真，都有一些不可穷尽的推论，这些推论没有数量限制，对它的决定在理论上无条件地先于进一步检验的消极结果，从而**推断地**指出所有进一步未检验的推论。之所以最好弄清楚，是因为这个论点对于经验知识的性质是决定性的。这些推论令人不安：那些与理论相比对事实更感兴趣的人，一定会否认这个观点，无论他们承认这种否认还是只勉强地接受。

事实上，我们很可能会立即接收到此观点的一个反对意见，并很快使我们怀疑我们坚信的信念，这个信念的推论——通过暗示，我们对它必须相信——不是有限的可数的。但是这个反对意见不会带来严重问题，因为它反映的首先是对"相信"和"知道"的必要评论；它不可能比"我们根本不能知道任何事"这个观点更不合理。这个困难影响某个意思，在这个意思中，一个信念的"推论"——那些被证明是假后将使这个信念显得可疑的陈述——是"包括在"信念中的。这将提醒我们，**每个**命题有无数个通过逻辑规则可以推导的推论，如果不是这样，逻辑学家通过提供给我们一些公式（通过这些公式，只要我们能想起一些新词来在一定地方用这些公式书写，我们就能够从喜欢的任何给定前提中推导出无限不同的结论）使之清楚。这些公式给出的命题的这种可推导的结论，与我们这里思考的这种，即被讨论的推论的性质将被要求进一步检验，它们不是完全可比较的；并且别的重要问题已讨论过，尽管我们最好不要在这里停留。但是，对于被讨论的论点的比较，我们认为，对**任一**命题的信念使我们有无数推论，任何一个推论的否证将合理地要求信念被收回，无论我们是否清楚地思考并证实信念的推论。无疑，被假设或断定为经验事实的东西，不能不顾将来与它有关的证据，不能不顾进一步可能检验（该检验的失败将使我们的假设或断定显得可疑）的假设和断定。我们肯定的信念的这些推论无数，这个事实不能作为对这个观点的有效反对意见。

4. 现在关注两个例子，特别要考虑它们的不同方式。它们都代表通过感觉说明知识的事例。并且，在两个事例中，对这些知识的感觉的揭示通过所予表象提供，认知意义似乎不在于这些感觉所提出的所予，而基于它们的预测。在两个事例中，它是这种预测，其证实将表示所做出的或真或假的判断。

第一个事例，即用眼睛指导我们下楼梯，在这个事例中，所做的预测是单一的。或者，如果所做的预测不止一个，那么其他的可能如同被顾及的一个而被当作典型的一个。这个判断是这种形式："如果我以方式 A 行动，经验的事件将包括 E。"我们发现，用语言（该语言除了说意欲的事物外不说别的）表达以感觉揭示被虚构的表象的内容是有困难的。对于表达行为 A 的方式，我们遇到同样的困难，正如我们根据感觉经验设想一样，正如一旦辨认出它一样，正如我们意欲的行为一样。在试图表达期望的表象的可能事件 E（E 的发生在我们的预测中已被预料到）时，我们又一次遇到这个困难。

当我们考虑第一个例子时，意图是将其描绘成一个事例，在这个事例中，一个可认出的事物的直接可理解的表象被虚构成对单一预测的揭示。其预测是：一定的直接可认出的行为将导致特殊的和直接可认出的结果。我们打算真正地描绘这三种认识的情形——被设想的行为、被期望的结果和必须用语言描绘（该语言将直接指被表象的和直接地可呈现的经验内容）。我们打算澄清"看起来像""感觉像"等惯用语所使用的语言的意图；于是这个意图的限制在于：在经验检验内完全降临的事物，这个经验检验能完全和直接决定它为真的事物。例如，如果说，"我面前有一段台阶"，这不仅仅是报告我的经验，还断言需要大量的进一步经验才能充分证实的东西。的确，超出一个合理怀疑的所有可能性，是否任何数量的进一步经验都能在理论上支持这个断言，是可疑的。但是，我说，"我看到我面前有一些**看起来**像台阶的东西"，这就是我们将自己限制在所予的东西内了；而且，我通过这话所要说的是我不能怀疑的一些事情。并且，**您**对它可能存在唯一可能的怀疑——因为它与我现在的经验有关——是怀疑您是否正确掌握了我打算报告的内容，或者是怀疑我是在讲真话还是在撒谎。

语言的这种明确地表达一个直接地呈现或可能呈现的经验内容的用法被称为它的**表达用法**。与之相对照的是语言的更一般的内容，例如，"我看到（事实上的东西）有一段台阶在我面前"，可称为"**客观用法**"。表达语言的特点，或语言的表达用法，是指称为**现象**的语言，在这样的参照现象或肯定什么会出现中，这种表达用法**既不断言也不否认出现**的任何客观现实。它仅限于对表象本身内容的描述。

在这种表达语中，认知判断——"如果我按方式 A 行动，经验的事件将包括 E"——通过检验是能被证实的，假定我事实上能检验它，能按方式 A 行动。一旦这个假言判断的假设被我取为真，那么结论便通过推理成为真或假，并且这个证实是决定性的和完全的，因为在判断中没指出超过经验所检验内容的任何事。

我们考虑的第二个例子"现在我面前有一张白纸"，被判断的是一个**客观事实**。如果表象是错误的，如果我看到的并非纸，如果它不真的是白的而只是看起来是白的，那么这个判断就是假的。这个客观的判断也是能被证实的。正如在另一个例子中也是如此：判断的任何检验真正涉及一些行动方法——通过连续地看、眨眼或折着撕等来**做出**检验——并且通过在经验中发现或不能发现一些预期结果来决定。但是，在这个例子中，如果任何单个检验的结果像预期一样，它只构成判断的部分的证实；那么永远没有单个检验是绝对地决定性的和理论上彻底的。这是因为就它是有意义的而言，判断不包括不能被检验的事物，它仍有一个超过任何单个检验或任何有限的系列检验的意义。无论我怎么完全地调查这个客观事实，仍有一些理论上错误的可能性；如果判断是真的，并且不是所有这些被决定，那么这里将有进一步的推论。进一步的检验如果被做出，可能有一个消极的后果，这个可能性不能一起被作为前提的；它表示被讨论的判断不完全被证实并且不能被绝对地肯定。回避这种可能的怀疑，在大多事例中，将不是常识。但是，我们不试图权衡理论上的怀疑的程度（这个怀疑是常识中的事实应考虑的），只是试图得出知识的一个准确分析。能进一步进行事实检验却在理论上不太肯定的这个特性，经常用来标示参观事实的每一个判断；如此一个真事物存在或有一定客观事实的性质，或者一定的客观事件会实际地发生，或者某客观事态在实际上是这个情况。

第一个例子是这种判断中的一个——一个特殊经验经过预测可用语言描述——可被称为**终结性判断**。第二个例子是这种判断中的另一个——客观事实的判断，这个客观事实总是可进一步证实并且永远不能彻底地证实——可被称为**非终结性判断**。

然而，如果被提出的解释是正确的，那么客观事实判断将暗示理论上能证实的任何事物。并且，因为任何证实，甚至不完全的证实，只能通过在**一些**经验或经历中被揭示的事物来做出，所以，客观非终结性的判断必须能转化成终结性判断。只有这样，其证实性才能产生。如果特殊经验不适合作为它的证实证据，那么它根本就不能被证实，一般经验与其真假无关，并且它必定要么是分析的要么是无意义的。非终结性判断反映的事实，不是陈述句所暗示的不能在终结性判断中表达的任何事物，而是这种无限的终结性判断对于其经验的意义可能是充分的。

可以肯定，符合假设和可证实的对客观事实的陈述有意义这个原理中的"可证实"的意思，是要进一步考虑的。"可证实的"像大多"可……的"一样，是一个高度含糊的表述方式，意味着被暗示而未表达的情况。例如，这张纸的另一面有线，这是可证实的，月亮的那边有山，这是可证实的，但在两者中可证实的意义不同。使用"可证实的"意义的这么多种情况中，关键在于证实经验是"可能性"这种情况中的意义，而不是构成证实的经验的性质。并且，一般我们可安全地说，对于在客观事实是充满意义的陈述句中的**任何**意义，在"可证实的"中，有一个同等的和指示的意义。

也可能是这种情况，至少对于某些判断——那些被称为"事实上地确定"的——其证实可达到这种程度：在场判断的事物比片刻之后对事物的证实更具有确定性。这依靠我们还没准备检验的考虑。但是将出现的这些被悬搁的考虑会进一步支持而不是怀疑这个结论，即所有客观陈述都不是理论上的和彻底地确定的。对于这个结论（它是现在的论点），提及的根据似乎是充分的。

5. 这里有三类经验的陈述。第一，对当前经验所予的表达。这在陈述事实上不经常被做出，因为很少需要表达直接地和不可怀疑地呈现的事物。它们是困难的——或更合理地说——它不能用普通语言陈述，就我们通常的理解来说，普通语言具有可进一步证实但事实上不是所予的一些事物的含义。但是，精确表达的困难只是经验所予的内容，这对于知识的分析是一个相对不重要的考虑。我们如此试图表达的内容扮演着同一角色，无论它是否能被表达或能否精确表达。没有对这些直接的和不可怀疑的经验内容的理解，就可能没有任何经验的基础，且没有对它的证实。

对此别无选择，即使某人希望假设**所有**经验的陈述是受不可知的事物影响的，他不能——除了荒唐的怀疑主义外——假设它们在同一程度上（即如果没有经验，它们就是可疑的）是可疑的。并且如果有一些经验陈述不是如此完全的可疑，那么一定有某物告知它们这个比完全的可疑有更好的地位。并且，该物一定是被了解的事实或经验的事实，如果这种事实不可能用语言清楚地表达，它们明显是所有经验知识的绝对不可少的基础。

那些从语言领域分析所有问题的思想家，对经验地所予的观点提出了无数挑战。我们将不断地澄清所有关于已被如此包围的论点的争论。这个论点很简单：这里有像经验一样的事情，它的内容是我们不能发明的，是我们愿意也得不到的，是只能被发现的；这个所予是感觉的一个元素而不是整个感觉认识。在我们说的内容中，除了我们看到、听到或从直接经验中学到的东西，除了**所有可想象的可能是错误的内容**，剩下的是归纳这个信念的经验的所予内容。

66 如果经验中没有这种坚实的核心——例如，当我们以为看到一只鹿但这里没有鹿时，我们所**看到**的事物——那么，"经验"这个词就没有任何事物可参照。

在所予的陈述和表达中（如果试图表达），一个人用语言**传达**这个内容，但是，**被断言的**内容是语言被意欲传达的内容，而不是对语言的正确使用，在任何情况下记住这一点是很重要的。例如，如果一个人说"我看到一个红色的圆形事物"，他是以假定词而**不是**以断言词"红色的"和"圆形的"正确地应用于现在所予的某物的。最后一个不是当前经验的所予事实，而是对过去经验的归纳，它指示英语词的传统用法。但是一个人不必为了看到红色而知道英语，并且，词"红色的"应用于这个当下所予的现象，这不是那个经验中所予的事实。

没有当下所予的表达，知识本身不可以进步，因为如此直接呈现的事物不需要被言语表达。但是几乎不能对知识进行**讨论**，因为它必须多少参照这种基本的经验现实。如果没理解讲述所予事物的语言的方式，知识的分析就不得不发明一个，只要通过说话的武断形象就好。但是，我们的情形几乎不是这么坏的：这种表达能用一种方式被做出，至少，它的内容可以通过我们所称作的语言的表达用法被认出，其中，它的参照被限于现象，限于所予的东西等。

这种表达陈述的理解不是判断；并且，它们在这里不被看作知识，因为它们不遭受任何错误。然而，这种理解的陈述，可能是真或假的，因为关于当时所予的经验的表象内容没有怀疑，但是撒谎是可能的。①

第二，终结性判断和它们的陈述。这些表示对进一步可能的经验的预测。它们在所予中发现提示，但是它们陈述的事是，被认为通过包括行动在内的一些检验是可证实的。因此终结性判断的一般形式是，"如果 A 那么 E"，或"对所予 S，如果 A 那么 E"，这里"A"代表被认为可能的行动的一些方式，"E"代表经验中的一些预期结

---

① 这是可能的，即将所予的陈述看作包括所予本身的性质与词的一个固定的（表达的）意义之间的相应的判断。但是，一个判断——所予的东西是"—"表达的东西——不是所予的表达式，而是它与词的一定形式之间关系的表达式。在任何可陈述的事实那里，有这么一个"表达判断"。假设"P"是一个关于语言什么也没说的经验陈述句。那么，"这个事实是'P'正确地陈述的"，是一个不同的陈述句，它陈述"P"断言的事实与字母表达"P"之间的一种关系。相应地，总可能犯表达的错误，甚至在关于被表达的内容没有可能错误的地方（在第一篇中，在我们经常涉及逻辑的地方，我们遵照当前逻辑用法，用小写字母 p、q 等代表陈述句）。但是从这里开始，如果我们用大写字母 P、Q 等代表陈述句，将更易阅读。

果，"S"代表感觉提示。假设"A"在这里必须表达一些将是**不可怀疑的**真实的事物（如果它通过采取行动而成为真），而不像我的肌肉对于环境的一种反应情况，客观事态只部分地被证实而不能当时彻底地被确定。结论"E"代表**经验**的可能发生的事件，这一旦发生便直接地和确定地可以被认出；不是客观事件的结果，这个事件的事实可能要求进一步的证实。因此，这个判断"如果 A 那么 E"的前件和后件需要用表达语言来表达，尽管我们不称之为表达的陈述句，同时所予的表达保留分句。不像所予的陈述，这种终结性判断所表达的内容被归为知识，因为被讨论的预测要求证实，并遭遇可能的错误。

第三，非终结性判断，它断言客观现实和现实的事态。之所以这样称呼它，是因为一旦这种客观的陈述句（它是内在地不可证实的）的含义不包含任何事物，那么，它们不包括任何事物，它们通过一些终结性判断是不可表达的，然而，对经验的可能发生的事实的无限特殊预测，能彻底地穷尽这么一个客观陈述的意义。这在最简单的和最不重要的与最重要的事情中，一样是真的。例如，某物是蓝色的或方形的这个陈述，与仅仅看起来是蓝色的和显得是方形的比较，总有进一步可能的经验的含义，超过任何特殊时间已被发现是真的内容。一个客观判断在理论上完全或绝对的证实是一个无终点的任务，因为它们的任何事实的证实只是部分的，并且我们对它们的信心在理论上总是不太肯定的。

非终结性判断代表一个极广的类，它们在事实上包括几乎所有我们习惯做出的经验的陈述。从最简单的感觉事实的断言，如"现在我面前有一张白纸"，到给人深刻印象的科学归纳"宇宙在膨胀"。一般说来，对经验的客观事实的断言越重要，它离最终根据越远。例如，科学定律通过若干次客观归纳才能得出。但是，它们是非终结性判断，是只有所予经验材料而无别的最终基础。

6. 区分经验所予材料的表达陈述与终结性判断的可证实的陈述，以及两者与客观事实的陈述（它代表非终结性判断）的要点是：没有这种区分，几乎不可能分析经验知识，不能在经验中发现它的基础以及它从这些基础中派生出来的方式。

所有经验的知识最终依靠这种证据，并需要由表象事实组成证实。被觉察的事实的任何陈述性的揭示是在这种表象中呈现的；并且，如果有这种陈述的任何进一步证实，那么它只通过进一步的表象便能发生。但是，如果表象本身的事实不是其揭示或证实的客观事实，我们将永不能理解或表达客观信念接受它的保证的方式，或解释看似正确但后来却被证明是错误的信念。

例如，一个人说"我看到一张白纸"，"我听到一声钟响"，"我闻到金银花香"，这是一些感觉材料引起表达的信念。但是，所相信的内容不符合感觉的事实，因为被表达的信念可能是错误的，如我们所说的，经验是"虚幻的"；然而，这种所予材料的实在的性质，是毋庸置疑的。如果被表达的信念通过进一步调查被证实，那么这又存在感觉材料。但是，这些添加的证实材料将不是被相信和证实的客观事实的整体；并且，证实经验事件的表达式将与客观事实的表达式不一致。

再者，如果客观事实的陈述（无论在什么程度上，它可能已成为确信的）更重要——如果它指出什么可能是进一步地和经验地决定的但不是严格地从过去和现在的发现可推导出的——那么，它总是指称可证实的但还未证实的，并且本身相应比例地遭遇一些理论上的不确定的事物。我们已得出结论：所有客观事实的陈述都有这个特点。这个结论被假定，将所予和当下确定的陈述，以及以后经验可促进确定的终结性判断的陈述，与这种客观事实的陈述区分开来，这个结论是必要的。否则，确信客观真理，甚至确信这是或然的，将成为不可能的。如果肯定客观信念并因此显示它是或然的东西本身是一个客观信念并因此只是或然的，那么将被肯定的客观信念只可能被促成或然。因此，除非我们区分经验出的可促成或然的客观信念与提供这个保证的那些表象或经验经过，任何对有关客观现实的陈述的证据的引述，以及任何可提及的证实，将与仅仅或然的无限退步相关联——否则它将绕一个圈运行——并且概率将不是真实的。如果某物是或然的，那么一些事物必定是确定的。最终支持一个真正概率的材料，必须确定在推动信念的感觉材料和以后能肯定它的经验经过中，我们没有这种绝对的确定性。但是，这种开始的材料和后来证实的经验经过，都不能用客观陈述句的语言表达——因为能被如此表达的东西永远不多于或然的东西。我们的感觉确定性只能通过语言的表达用法被表达，在其中，被指称的东西是一个经验的内容，并且被断言的东西是这个内容的所予。

这里当然不打算否认，一个客观陈述能通过别的陈述被证实，或坚持所有信念的被证实是直接参照当下经验的。一些客观信念可从别的信念演绎得出；并且，许多——甚或大多数——客观信念是被别的信念和更好地支持的客观信念归纳支持的。在一个客观信念是被别的信念支持或证实的情况下，只会主张：（1）这种证实只是暂时性的或假定的；（2）必须有对直接经验的证实的最终参考，它单独是决定性的并提供任何确信的基础；如果一个客观陈述句"Q"被另一陈述句"P"支持，那么"Q"的真的保证几乎只是"P"的证据；（3）这种证据必须反过来支持确定的信念——或者如我们已说过的，绕一个圈运行和循环。有**先前的**概率的两个命题，在特定情境下，可因其相互一致而成为**更**可信的。但是，**没有**客观判断能通过在经验中直接证实达到或然性，客观判断不依靠"真理融贯论"的方式互相反对来获得支持。没有经验陈述能不参照经验而成为可信的。

在我们面前，有一些表象，我们能确信其所予；同时能通过或依靠这个表象，知道一些客观事物或事件，这不是被否认而是被肯定。然而，直接的和确定的事物，不是客观事件，或已知的事态，而是证明它的经验的内容——作为具有一些概率，它可以是"实际的确定性"①。至少在理论上，任何这种信念的内容是完全可以在经验中得到证实的，也是可以肯定的，但是，信念的这种完全证实，是立即地完整地给出的。

7. 感觉知识有两个相：被给出的某物的所予，和我们根据过去的经验加上的解释。在感觉白纸的例子中，被给出的是感觉和特质的特定复合——桑塔亚那称之为"本质"。② 这是通过使用颜色、形状、大小等形容词来表达的：语言是可描述的。然而，如果我们的理解止于此，那么这里将没有知识；表象将不对我们**意指**任何事物。没有过去经验的心灵参与就没有知识：对于这样的心灵，在表象的易接受性中理解将被穷尽，因为没有被建议或强加的解释。

如果有人选择把"知识"这个词放在当下来理解——并且，许多人事实上是这么做的——那么将不存在对那种用法的抱怨。所予的

---

① 这个陈述不含在认识中对心灵与现实的关系论的或现实主义的解释。根据这里提出的观点，它仍是可能的，即肯定呈现的内容是一个可信的部分或方面，该部分或方面是已知客观现实的成分。一旦违反"部分"的通常意义或客观事物的"成分"的通常意义，这种语言将是比喻的。但是，如此比喻地表达的观点可能一贯的和在字面上正确——倘使一个人准备接受这个含义：一个椭圆形可以是一个圆形硬币的真实成分，水中弯曲的棍棒可以是真正笔直棍棒的一个成分，一个人的噩梦可以是晚餐中的肉馅饼的一个成分。据这里提出的观点，直接感觉呈现与如此被证明的客观现实之间的脱节，不是否认呈现的内容或可以是与客观现实的一部分或一方面"数量上相等"的，而是否认它曾是被相信的客观现实的整体，或它清楚地确定地曾是对一个客观性质或一个特定客观事物或事件的存在的陈述。一直是感觉呈现的这种"成分"，是在这样每个不同事物和客观事态中的"成分"！同时，这里没有说物理的材料是意识材料，或者说心灵和物质都由中性物组成的含义。这里根本没有关于这个形而上学观点的含义。

② 尽管桑塔亚那将一些别的事物也称为本质。

这种理解的特点是确定，纵使我们如此肯定的东西是清晰和精确地表达一旦脱离加于其上的解释便难于说清的事物。并且，没有这种感觉确定，这里不可能有感觉知识或根本没有任何经验知识。我们已选择不用这种方式使用"知识"这个词；并且，如果它被给出包括当下理解的这个较广的意义，那么它一定记得：一个人不能同时要求一般知识拥有超过认知经验本身的某物的意义，或者，它应代表与一些可能错误的差别。所予的理解依靠自身将不满足这两个要求中的任何一个。

构成一些客观事实的信念或断言的是加于这个表象的解释。这个解释是根据过去的经验强加的。因为我们以前曾用纸写过字，所以，这个当前给出的白色长方形的东西导致我相信面前有一张白纸。这个解释有几分是被表象事实本身证实的：信念有一定程度的可信性仅仅因为给出了这个表象——如果我面前**不是**一张白纸，一定程度的可信性与这个表象的**不**可能性相当。至于其他，我的信念对其他经验有重要意义，被看成是可能的而不是现在给出的。归因于表象事实并通过产生的信念表达的这个意义，等同于作为它的完全证实**将被**接受的意义。这种设想的证实的**实际**概率，或它的任何部分，在这里不重要：这里讨论的是意义。一旦我坚持所予经验的这个解释，这个对客观事实的信念，就必须知道所设想的经验意指什么（如果意义是真正的），否则它的真甚至不是理论上可决定的。

将诠释所予经验的这个解释——这个对出现的客观事实的信念——解释成可证实的和其意义能根据它的可能证实被设计的某物，这指示这个客观事实的信念可转化成预测的终结性判断的陈述。如果我们包括所相信的客观陈述句的整个范围，那么，许多这种漫无边际的预测将包含它的意义。这是与下列事实有关的，即无论什么程度上、任何时候客观信念被证实，它的真仍将影响进一步可能的经验；并且它是与以下进一步事实相关的，即在任何时候，这个客观断言是我现在能用多种方式进行证实的事物。我选择做的检验，不否定或排除信念的客观内容，以及参照我选取的**不投入检验的其他**可证实的事物。至此，做出一个客观信念或陈述的所有可能的证实和它的完全证实，是不可能的（这与一个人永远不能数完所有能被数的数字一样不矛盾）。

意义和经验信念的证实两者都影响被其真暗含的进一步可能证实的预测，这个事实使终结性判断成为是如此可转换的，这对于理解经验知识的性质是十分重要的。我们在以后将转到这个主题上。

这里的余下部分将是关于客观经验陈述的意义的观点的进一步细究，这个观点是以上叙述中暗含的。

8. 客观经验事实的一个陈述可转化成一些叙述性陈述，其中每个表达式在直接经验中可能证实，整个这种陈述群（在数量上不可穷尽）将在一定方式中显得令人迷惑不解，并提出一定的反对意见。由于没有对大量伴随现象做出预测，即将出现的大多数这样的问题将得不到满意的解答；当我们面对后面章节的讨论时，我们希望给出的答案是很明确的。但是，似乎我们在这里开始关注它们会更好。

首先，一个客观陈述的认知意义是与一些叙述性陈述群（每个对应一个理论的可能的证实）相关的，这个陈述并不准确。正如之前所指出的：所予经验中的当前感觉提示，已是一个不全面的证实，并且在产生信念的认知意义中肯定有它的位置。正如之前所指出的：当前材料所予可构成一个不完全的证实，这个证实导致由它产生的信念有很高的概率，因为任何事实材料 D，证明判断"P"是或然的，无论在什么程度上，如果"P"是假的，那么 D 本身就是不大可能的。例如，我现在的经验在某种程度上证明我相信我面前有一张白纸是或然的，在这个程度上，如果这里没有这样一张白纸，那么我刚有的这个当前所予的经验内容是不大可能的。并且，我可以说，这相当于实际的确定性。它不完全是靠它们自己来保证当前确信的感觉材料的：一个幼儿看到我现在看到的东西，会不相信我所相信的信念，或者不会发现，如果他能理解它并合理地评估它，我的信念对于他是可辨明的。感觉材料与我感到确信的一定的进一步信念都是重要的——这是后来让我们混淆的原因。但是，也许在产生的信念的证实里注意当前所予经验的意义，将足够排除可能阻碍我们的误解。

有一点困难是关于完全证实的无终止的特点。难以否认，考虑到每个客观事实总有一些进一步的经验意义和后续可证实性，客观事实的证实是如此无终止的，我们希望不对其进行更多讨论，读者也能感到这个考虑的重要性。但是，如果困难存在于完全证实是无终止的，我们将不能**更接近于**我们信念的完全证实，并且证实好像要滑入被芝诺的自相矛盾影响的情形，那么这个困难能被排除。证实的非终结性——假定所有进一步可能的证实可从已经做出的经验的事实中推导——可能会真正地提高客观信念对理论地确定性的证实的概率。但它不来源于增加先前概率的新证实。除非怀疑主义是唯一可能的经验知识的公正检验的结果——并且这里没有事物可合理地建议这个——否则，情况必定是：一个客观信念的每一个新证实必须是信念的前件概率，除非这个新证实是可据过去的证实**演绎地**和确定地被预测的；并且由于同样原因，必须增加一个进一步可能的但还未被证实的信念的前件概率。① 因此，尽管经验信念的概率永不能达到理论的确定性，但这里没有事物处在当前观点（即否认无限增加的概率）中，并且没有事物先验的是与它缺乏确定性但可增加的概率不相容的。

然而，也许我们会碰到另一类困难：一个客观陈述句的意义应存在于无数可能进一步证实的预测中（与现在所予一起），这个困难疯狂地打击着我们。这种可能的反对意义有许多不同的形态。

一个是关于像"现在我面前有一张白纸"这样一个用符号表示的简单客观陈述句与无数它的可能证实的预测的可能逻辑相等。读者将观察到，无论怎么惊奇，它可能是：一个简单陈述句"P"应等同于无限其他陈述句系列，最难的是这么一个无限陈述句系列不能被整体地表达。已说过：每个陈述句"P"有无限含义"Q_1""Q_2""Q_3"……并且几乎没有人反对，在一个陈述句的意义中，没有什么超过包含于它的一些含义之外的东西。

读者观察到在第一篇中有关感觉意义的内容与现在经验客观陈述的分析之间有一个联系。也许他难以决定先前的观点和现在给出的观点是不是相容的。在那里，我们将感觉意义定义为就感觉而言的标准（通过它，表达式的含义被决定）。并且，我们通过先前的参照已指出这个问题（即一个意义的含义是否靠理论的确定性来决定）的进一步考虑的必要性。但是我们没有观察这种可能的怀疑的原因。我们现在看到，断言一个事物是方形的还是白色的或硬的，其感觉意义必须是根据包含这些性质的终结性判断的。只有这种终结性判断才能根据感觉直接地表达客观属性的意义。并且靠相同证据，一个感觉意义必须有一种事先注意的复杂性。例如，客观方形的标准，不能通过对可能带来完全地决定性的结果的单个检验的详述，而被表达成一个感觉决定的标准。因为没有现实的检验是这样理论地决定性的，更精确地说，一个感觉意义是一个可能的**证实**的标准，并且通过包含于要被检验的性质的客观属性中的终结性判断的总体来表示。

---

① 通过另外的确证支配这些前件概率的增加的原则，是已提及的"逆概率"的一般原则：在确证事件 V1，V2……Vn 后，一个新的确证 V_{n+1} 在量度上增加"P"的概率，因为如果 V1，V2……Vn 是这种情况而"P"是假的，那么事件 V_{n+1} 的前件是不可能的。

　　然而，感觉意义代表证实的标准而非可能的任何决定性的证实的标准，这个事实不损害比较中的感觉意义与决定性的一个结果的可能性。（这是重点）在这些例子中，例如，正方形和矩形，或正方形和圆形，能够经比较而得出肯定的结果；因为我们也许不能决定一个事物是绝对的正方形或矩形，但我们能先验地决定**假如**它是正方形，那么它是矩形。我们能够决定这点，将这些作为证实标准的比较：通过论述无论什么证实正方形，它必须在事实上在同等程度上证实三角形；通过论述无论什么能否定矩形的证据，它必须在同等程度上证伪正方形。同样，我们可以从对可能证实的标准的检查中，论述无论什么能证实"正方形"的含义，它都将否证"圆形"的含义，并且因此先验地决定没有东西既是正方形又是圆形。

　　这里进一步引起混乱的考虑必须在后面论述。但是，我们可论述：一系列可能的证实（其证实一起构成一个客观陈述的证实）散漫地显示这个客观经验陈述所具有的感觉意义——这么一个陈述的感觉意义与它意指的内容相符并根据经验完全地决定它是真的。也许，指示"感觉意义"的意味，与适用于客观经验事实的陈述一样是明确的。这么一个重塑的感觉意义与它的意思相吻合，根据经验，完全决定这是真的。在这些词里，任何客观的陈述意义不能详述，都很可能遇到反对意见：详尽列举所有暗含根据可能的经验不能确定完成的例子。但那不完全是事实吗？我不能精确地和完全地以及将所有细节即它指称这桌子上有一张白纸的细节告诉您。如果我不知道刚才这些词意味着什么，就不能发现是否它属于这种情况——不能证实它。为了所有实际的目的，我能很充分地告诉您：我能指出少数要紧的检验，它的肯定结果，对于实际的确证是充分的。但是，如果用客观信念的所有力量和含义代替被限定的"实际的"意义，实际的心灵不久将指出一个客观经验意义的"实际的"界定的不足。说被"理论地"包含的疏远的和优美的推论不是真实地包括在做通常经验判断时所意指的内容中，这是很合理的。事实就是这样。我们的通常意义或多或少是粗糙和仓促的，并且相应地被限制在它们的实际暗含的和可检验的推论中。因此——它可能是——它们是根据感觉证实来有限地陈述的。但是，这种"实际的"意义在哪里？什么时候停止？它们精确地停止在它们的意义这点上，在这点上我们能够说"超过这些，经验能提供给我们的东西不能影响我**意指**什么的真"。一旦真能这么说，那么这种意义的限定将是被真正接受的。但是明显的，一个人冒险对经验意义安排这么一个限制：可能的陈述是"粗糙的和仓促的""不准确的""粗心的",谨慎地反对在任何时候和在一些联系中被客观经验事实的陈述所要求的东西。明显地,我们应将**所有**客观陈述看作这种限定意义的陈述:对经验知识的一个充分考虑必须至少要为超过任何可能被安排的这种限制的意义留下空间。如果将意义作为不能彻底陈述的感觉术语来接受,是令人不舒适的,它似乎是一个我们尽可能去忍受的不适点。归纳似乎有进一步的成为假的缺点,这同样是令人不舒适的。

然而,像这里被想象的一样,如果它成为一个困难,一个客观陈述句根据经验意指的内容不是有限地被陈述的,那么,别忘记,"我的桌子上有一张白纸",正是被要求的根据感觉陈述所有这些它的非终结性推论的简单符号所表示的方法。这个陈述句,有关它的感觉意义的详细解说,根据它暗含的所有终结性判断,是像三个全称命题有关它归类的所有特殊事实一样的;像这些陈述句,例如,"所有人有鼻子"意指"苏格拉底有鼻子,柏拉图有鼻子,并且这个人有鼻子,那个人有鼻子——并且我不能告诉您有多少其他已活过或正活着或将来活着的人,他们每个人一定有鼻子"(或像"所有自然数能被数一数"与"1能数""2能数""3能数"……)。当我说"所有人有鼻子"时,我意指有关每个人的一些事;并且我现在知道这些,我知道我关于每个人意指什么。我不能将它们告诉您,不能命名每一个,这不应被认为是一个困难;我通过说"所有人有鼻子"告诉您了。并且一旦我告诉您(或自己)"我桌子上有一张白纸",我便告诉了比我能穷尽地详述或清晰地提醒更多的通过可能的证实经验可检验的推论细节;特别因为它们的大多数,也许所有都依赖难想起的证实的**情形**。但是,我现在通过我的陈述句意指它们所有;并且,如果检验任何一个被特别指出的对我所说的检验,那么我能明显地提醒我自己——如果它真的包括我现在打算断言的内容。对这个难题的回答是,它不是一个难题而是一个事实。这似乎是我们持有的这种经验的意义,并且我们似乎有持有它们的心灵的能力。

如果这里要遵守一个规则,它也许是:我们最好不要混淆意义分析和形式逻辑分析。通过一个客观事实的、说明其特殊可证实的一个陈述可看出,含义不是一个能由逻辑规则推导出的形式含义(用"形式"的老式意思)。它像"今天是星期五"是通过"昨天是星期四"得出的含义或一个人通过查字典发现的含义一样——只能靠知道一个**意义而被**决定的、没有这些就不能通过任何逻辑规则的应用发现的含义。

9. 我们会遇到同一问题，即客观事实的陈述句在其可检验的结论中是不是非终结性的的另一种反对意见，是一个通过参照意义的操作概念可能产生的意见。那个概念可据证实详细地解说意义，但不是决定性和完全的证实。然而，关于检验，与当前观点不同的区别将被证明是不真实的，否则是可疑的有效的。如果操作主义者，例如，以"如果一定的指定工具从高度 h 落到 A 上，它将造成一个深为 n 的坑"定义"A 有硬度 m"，这不意指建立在被检验的客观事实的经验中的检验结论是单一的，或是有限的可背诵的。

首先，尽管硬度 m 在这里被一个"标准测定"定义，但它不是被单个试验与理论终点一起建立的任何事物定义的。这个检验本身，如前所述，是根据其他客观事实进行的，即检验工具是正常工作并且它穿入被检验材料的深度确实是这么多。这样定义检验工作是被细心地调节的，是为了使之尽可能容易地和确定地在单一试验中可被决定的。但是，物理学家将不会坚持：任何观察者对检验条件和结果的单一检验观察，在理论上超过了所有像被检验的客观事实的决定一样的问题。为了满意地定义讨论中的事物，"标准测定"也必须是一个可重复的操作。并且，如果重复给出一个不同结果，那么较早的决定将遭到校正。它不像被一个试验决定的结果，它不是理论上确定的。因此，如果操作的定义不是根据像客观事实一样的检验结果而是根据**被观察到的**检验结果来表达，那么任何这种单一检验的结果不是决定性的证实而仅仅是证实——尽管它也许在许多例子中对于"实际的确定性"是充分的。

其次，纵使客观性质通过一定种类的检验操作定义，但这个性质将有**其他含义**，并因此有除了在其操作性定义中提到的以外的**其他证实**。例如，已提到的硬度的检验将有检验材料在比检验状态更多的其他状态下的行为的含义。并且，如果没有这种情况，它的这个决定性的检验将对完成相对无用。操作主义者仅仅指出一种检验，这类检验的结果是相对简单地决定一个相当高的程度的确信，并且**宽泛地表示其他可检验的推论**，作为科学家，他需要有被检验的性质的事物。操作主义者带有一定程度的武断，仅仅选择一定的**客观的**检验结果，并**只**说例如"硬度 m"将意指什么。但事实上，他不只通过被检验的客观性质的预测来意指。他**仅仅**是通过少数无害的独断的强硬手段解决意义疑难的问题。

因此，一旦意义的操作性概念被仔细检验，它就不会根据我们提供的意见形成不同的推断。

10. 已产生的反对这个意见的另一种不同观点是：客观陈述的解释像意指证实它们的事物一样，不违背我们关于过去的知识。客观陈述像在将来可能经验中证实它的东西为全部一样描绘"恺撒死了"的意义，这个概念可能负责将过去的事物转化成将来独有的事物上。这个反对观点的力量存在于感觉明显的事物上。但这个明显的观点是，大约有一些难题将被引出。事实上，产生问题的人使他自己面对同样的"明显"的反对。他坚持问出：在过去事实中真正重要的东西是独立于所有可能的证实的吗？如果是这样，他或其他人知道它的兴趣是什么吗？它仅仅是事物的不可决定的性质的伤感的附件吗？

然而，反对的真正观点是明显的。"恺撒死了"意指的内容，应根据您或我通过展开历史调查可能发现的情况来解释，这感觉是一个不可接受的悖论。因为当说"恺撒死了"时，我们是往回指出一个不可挽回的过去事件。过去的事不能等同于现在、将来或任何人能经验的事。但是，这里已提出的这么一个经验意义的解释的人，将没有——如果他知道他在谈论什么——这种目的。困难是，反对者——也许很失望地——理解我们是在肯定：恺撒的死的过去事件是以零碎的方式属于将来的，像确定的证实的事件一样。但是我们不意欲这种明显的荒唐事：我们是在内涵的意义上谈意义的，为此，如果每一个可从另一个推导，那么两个经验陈述就有相同的意义。例如，如果任何人问我们"昨天是星期一这意指什么"，我们可能答复说"它意指明天是星期三"。这不是对意义的一个好的解释，因为它不大可能澄清还未理解的某事：那些不能理解陈述句"昨天是星期一"的人大概也不能理解"明天将是星期三"意指什么。然而，真正提供解释的陈述句与被解释的陈述句有相同的内涵，这满足要求。并且说"昨天是星期一"和"明天将是星期三"有相同的意思——有相同逻辑推断且是相互可推导的——的人不是在断言昨天是明天，或者星期一与星期三是同一天，或昨天碰巧是星期一这个事件与明天碰巧是星期三是同一件事。

实际上这里有比见到的更多的这种反对；并且，它的进一步检验将揭示一次或同时涉及几个不同争论。只有其中的一些通过上面提供的例子能得到很好的说明。但先让我们将注意集中在那些问题上，这对于它们将是充分的。

可以设想，这里可能有人反对认定"昨天是星期一"和"明天将是星期三"在意义上是真正相等的。但是，如果这样，可能讨论中的观点已经在前面讨论过。它们两者之一可从另一个推导。对于一个以形式逻辑为规则的推理，"星期一"和"星期三"，"昨天"和"明天"的定义是必需的，但这些定义将被接受，并且它们也是在说明陈述句，它像分析陈述句一样，当像"昨天是星期一"这样的任何前提是假设的时，它是明显地给出的。

既然这些陈述句的每一个可从另一个推理出，并且它们有相同的内涵意义，那么，除了分析意义外，它们在每种意义样式上都有相同意义。然而，关于分析意义，它们是不同的。这个陈述句之一将昨天作为主语说起并断言它是星期一的类中的一个成员；另一个说起明天并断言它是星期三的类中的一个成员；并且在一个句子中的成分"昨天"和"星期一"没有在另一个句子中找到等值词。在这个分析的意义上，它们谈及不同事或事件；一个谈及昨天而另一个谈及明天，但是作为整个陈述句来看，每个通过含义也能断言另一个为真。

它们既然有相同的逻辑推断和相同内涵，那么必须也指称**相同事态**。也许是在这里，反对者不可接受的、打击反对者的情况开始出现。他也许将提出异议：昨天是星期一与明天是星期三**不是**同一事实或事件。但我们已经承认反对者可能会准确地断定可证明的每件事，如昨天不是明天，星期一不是星期三；并且我们已达成共识："明天将是星期三"没谈及"昨天是星期一"所谈及的事情。但是这两个陈述句中的任何一个都含有对方所谈及的事情。它们中的每一个都这样指称**同一事态**：为了真，一个所要求的情况准确地和完全地是另一个所要求的；决定性地证实一个陈述句的任何事也决定性地证实另一个，并且，确证一个的任何事也同样确证另一个陈述句。但我们也指出：被一个陈述句指称的事态就现实物而言不是一个事件。就现实物而言，如果一个人将被陈述句断言的事态等同于一个事件，他将干出怀特海已称为简单定位的谬论的事。

根据这些观点，似乎我们能表达的只有一点，这点是存在于任何反对者在辩解时的心中的。例如，昨天是星期一与明天将是星期三是不同的事件，一个人将昨天是星期一这个过去事件转化成明天是星期三这个将来事件将不对一些事或另一些事施暴。被"昨天"和"星期一"指谓的现实事物不同于"明天"和"星期三"指谓的现实事物。但反对者将不得不承认：明天是星期三的任何证实等于昨天是星期一的证实；并且，如果他未能观察到他相信的东西所交付给他的或暗示的一些事物，那么任何不知道明天是星期三的人也就不能知道昨天是星期一。如果他仍感到这里有与这种分析有关的未被注意的更多事实是有缺陷的，那么为了提问，将会出现：他引出争论的主要问题比现在所做的将更尖锐地标明被提出的缺陷。

有关经验知识的一个重要考虑是：**不希望对过去事实有理论上的充分的证实**。我们上面的例子——或我们对它的讨论——不能得出一个中肯的论点。不仅恺撒的死不同于任何属于将来的事件，而且，在任何人将来能用理论的确定性能决定的事中，没有一件事刚好等同于恺撒死于一个确定的过去时间这个事实。说"恺撒死了"（在这么一个时间）意指什么将证实它，我们也承认：这种理论上知识证据充分，与时间倒回去和发现我们自己同恺撒的死一起呈现在经验中一样是不可能的。过去的事实可能证实"相等"，或一个"转化"成另一个，表达一个极限或永远不能完全实现的经验知识的理想。

11. 这同一论题关联着在这里推进的经验知识视野中经常做出的另一类批评，也就是，攻击它是主观主义的或现象主义的。① 可怕的是，那些坚持一个实用主义的或意义的"证实"观念的人，永远没有充分地解释为什么这个特别的批评没有使他们动心——尽管他们不承认一个唯心主义思辨哲学。对那些提出这个反对的人，现在的观点与贝克莱经验主义属于同一家族，它可能被认为是，断言我面前有一棵树这个事实或事件意指我心中现在有一个确定的感觉内容。对知识的任何考虑，似乎说一个令人确信的事态所意指的东西**根据经验**是如此这般，它**将**这些反对者作为主观主义者进行批判。讨论中的意义的意思认为，证明被相信的事物的经验内容与存在物和被接受为证据的内在现实的特点是同一的，这就是主观主义。这种反对失败了，因为没有意义的意思像在这里被意欲的一样。

贝克莱是一个唯心主义者，因为他**意欲**通过说"'这里有一棵树'与陈述句'我有一个一棵树的观念'谈及同一事件或现实物"，并提出可能建议的东西。如果他打算只断言树的存在是可从观念中推断的，并且一定条件下的观念可以从树的事实推断，那么这两种陈述句有相同的内涵，那么，他将不会把自己交付给唯理论或实在论。在他的经验主义的知识考虑之上，还剩下另外一个问题。的确，对我们已经论述过的进一步论点，贝克莱不能做出公正的判断，即没有单个感觉经验可以足够保险，从而超过对在它基础上相信的客观存在

---

① 这个反对意见已被塞那斯（R. W. Sellars）收录其书中，参见普拉特（J. B. Pratt）：《逻辑实证主义与刘易斯教授》（Logical Positivism and Professor Lewis，Journal of Philosophy），载《哲学杂志》，Vol. XXXL。

的可能的怀疑。幻觉和感觉的错误的可能性，靠它本身能充分阻止两个陈述句"我有如此一个给出的感觉内容"和"现实物的客观事实如此"之间内涵意义的真正的相等来达到。但是，通过这点，应论述：两个陈述句可以有这种内涵意义的相等，尽管在其中它们表达的词可能有不同的提及。被断定的相等只是被暗含的推断的相等。并且，如果它们是真的——像它们是真的一样——"我有如此一个感觉"对于相同的推断，像"如此客观地存在"一样，是一个充分的前提，这里仍不表示无论什么包括于那个事实——"一棵树的观念"指谓的与被"树"指谓的是同一事物，其含义不比下面含义多："昨天是星期一"与"明天是星期三"的逻辑相等暗含被"昨天"命名的存在物与被"明天"命名的存在物是同一的。这种内涵的相同，可能证实一个陈述句的事物与另一个陈述句的事物相符。在一个陈述句中与在另一个陈述句中被提到的项目之间的任何东西没有共同点，这些可能在其他方面是多样的和不能比较的，像很不相同的种类的事件一样，在这些事件中，我们依然发现相同事实的证据，或者从这些事件中，我们能得出相同的结论。

这里有严重的困难，先前提出的经验知识的分析将不得不遭遇（如果它能）这些困难。但是，上面提到的反对观点不属于这些，因为这种反对产生于错误的假设。这个假设是：陈述句的逻辑的相等坚持认为在它们中谈及的事物的存在是同一的，并且证明一个客观现实或证实它的事物必须以某种方式包含它形而上学的性质。我们将在下一章看到，这里提出的观点会影响实在论反对唯理论的形而上学问题。但是，这些批评家已错误地定位了很中肯的论点。

终结性判断和客观信念

    1. 一个事物的存在，或一个客观事物的发生过程，或任何其他客观事态，是可知的，只因它是可证实的或可被确证的。并且，这种客观事实只通过感觉表象就能作为或然的以被证实或被确证。因此，所有经验知识最终在所予内容的觉察中和被给出或可能给出的进一步经验的一定经过的预测中被给予。我们称为终结性判断的是这种对可能的直接经验的预测；并且它们对于所有经验知识的重要性将是明显的。

    终结性判断的一般特点在前面的讨论中已经指出过了。它根据直接经验，而不是根据这种经验可突出或确定的客观事实来判断；并且因为这个原因，它只有在表达语言中才是可以陈述的，它的词指谓这般的现象。对于这种表达的用法，除了在其更通常意义中谈及客观事情或事态的语言外，很可能没有语言是供我们可用的。因此，陈述句"如果我向下走，我将安全地达到下面的台阶"在其通常意义中，预测一个包括我的身体和环境的物理事件。这个物理事件，如果发生，就成为世界历史的一个成分，因此到时间的最后可被确证。在我走的那一刻，它没成为一个完全的理论上确定的事；相反，它不比花岗岩台阶的现实更确定，台阶的存在的真实性被认定是可以证实的。在我的终结性判断中，我打算预测的不是物理事件，而只是经验本身的经过。并且，经验的这个预知在下楼那一刻将成为完全为真实的或确定为假的事情。在做出这个判断时，我没有断言客观现实的任何事物，只是断言，例如，如果我产生一个瘫痪者在走的错觉，那么这仍可能被检验；并且如果错觉是充分的系统的，就可以用确定的结果检验。只通过将陈述句限定成一个可用表达词表达的意图，任何事就能被单个经验结论性地证明；并且只有其根据**经验**结论性地判断为真，任何存在物或现实事实才能被促成或然的。如果一个特殊经验是不真实的——如果客观信念（它是加于经验之上的解释）是无效的——那么它本身，如果能证明则只能通过其他**经验**证明。

如果否认如此局限于经验过程的这种预测是能够被表达的——这是一个似乎合理的否认——那么，在这种经验过程中，无论是否能用语言表达的一些事物将成为完全确定的，这一点仍是真的；并且只有这种感觉的确定性，才能提供哪怕是客观信念上的不完全的证实。如果没有真正的表达语言，这里仍有感觉的直接理解和只能如此表达的终结性判断；并且任何对知识的考虑都需要论述它们。用语言准确地表达它的不可能性，仅仅构成对一些错误的评论，这些错误在于用语言分析代替经验检验。

这里还有其他问题，即假定的表达终结性判断的方式将在读者的心目中出现：为什么将来可能经验的这种预测需要行动的一个假设；如果任何这种假设是必要的，是否这里没有其他条件；在这种终结性判断中被"如果—那么"表达的是什么关系；一个终结性判断，关于被假定证实或确证的一个客观事实的判断，如何精确地保持原状；最后一个问题是最重要也是最麻烦的一个，即终结性判断与仅仅同一个行动方式提供的条件不同的其他条件的问题有关联。我们将在最后讨论这两个问题。

关于行动的假设和这种条件与期待的结果的关系，对于超越知识本身的分析的论题有重要意义。两个问题中的第一个与指导行动的认知的实际意义有关，与那些评价问题或隐含在这种实际意义中的道德问题有关。另一个问题，相关于终结性判断例证的"如果—那么"这种陈述句的精确含义，与包括最后的形而上学争论有本质联系。事实上，它精确地关联着从休谟以来常见于认识论和形而上学的那些基本问题。然而，在对终结性判断的这两个特点给予关注时，我们将不转移对知识的分析的主要目的：在任何事例中，对它们的检验将直接地摆在我们面前。

2. 已提出：终结性判断是"如果 A 那么 E"或"S 被给出，如果 A 那么 E"这种形式的判断。这里"A"指一些可能的行动方式，"E"指一个预期的经验结果。

为什么这种预测必须是有条件的而不是无条件的，其主要原因很简单：总体地说，人类经验中所有事物都须参照行动来提供，并且可能改变的条件是完全可预知的。

这容易导致陷入混乱并引起一种无意义的反驳，每个存在事物是内在地可预测的，我们都是在科学的传统或物质决定论中长大的。并且，纵使科学现在发现这个决定论不像先前认为的那样，不是科学知识的可能性的一个必不可少的预先假定，我们仍将不易被说服；现在必须承认的这种无条件可预测的便是影响现实的事情，它不是物理的不确定原理应用的亚原子现象，而只是影响普通经验和我们的行动的决定的分子现象。即使宏观世界的规律仅仅基于微观领域中的机会分布的统计学的归纳，这个事实对于预测实际关心的事没有多大重要性。那些经验知识必须首先处理的现象仍是无条件可预测的。

这些关于物质决定论的深奥的问题根本不会影响我们。要点是：这种对物质世界假定的无条件的可预测性与客观事实相关，而终结性判断的预测与直接经验相关。例如，抛出去的球无条件地将画出一个弧形轨道并以一定的终点速度在一个确定的点落下。但是什么**经验**伴随着它？确定的有限的经验，假定某地方一个人的手刚好在适当的位置，或一个人的头在球飞行的线上。球的行为的无条件的可预测性自身不包括某人经验的任何无条件的预测。一般说来，可能从它得出的经验的预测，是在一定的经验条件上并可被一些行动方式改变。

事实上，科学知识的有用性依赖于这个论述。预见不可避免地将要发生的事物的实际价值，是为了确信它不发生在**我们**身上，或发生在我们身上；为了根据发生的事而意指一个痛苦的或令人满意的经验。对**客观事实**进行**无条件的**预测的作用是为了将这个事实转化成**假设**的**经验**预测，或讨论中的假设关心行为的一些可能方式。

应该看到的是：假如科学决定论问题的关键，是我们的行动和客观事实是先前决定的和内在地可预测的，那么我们能避免这个古老而高尚的问题，将它当作一个与我们无关的问题。它事实上是一个虚假的问题，因为它谈及一个情形，在这个情形中，忙于知道对它有可想象作用的事情的人不能发现他自己。没有人曾忙于决定一个对于他是可预见的行动和行动态度。因为可预见是确定事物的行动已经被决定；做或不做的问题完全是虚构的；并且，对于我们是如此确定地可预测的行为就适应意义而言不是一个行动而是强行发生在我们身上的事。如果任何人发现自己曾预见过一个可以完全避免的经验——并且将简单地提出这个问题——至少得承认预测这种绝对不可避免的经验是无用的，因为不能对它做什么。

许多事情是——在实际的限度内说——无条件地可预测的：月亮将出现月食，天将下雨，抛射物的路线将是这样的，等等。并且实际上，我们能做的任何事情都不会影响和改变如此无条件地可决定的事物。但是，在这里，知识的功能是通过指导行动来改善我们的经验，这一点仍是真的。通过预见下雨，我们可带伞并避免淋湿的不愉快。不可避免的将来事实的知识的价值刚好在于考虑，即预知在我们经验上被预见事物的发生，可改变我们的决定。

3. 这里与我们特别有关的一点是：如此无条件地预知的事物是一个客观事态。并且它仍是这种情况，即这种客观事实的绝对决定，不强行无条件地决定任何人的**经验**，宣布有条件地依赖一些行为决定的经验的选择余地是可能的。无条件地预测的任何事对于经验有其意义，例如，它暗含所有那些能像事实一样被证实和揭露的经验。但是它不暗含像无条件的将来事实一样的这些经验：可预测的客观事实能被转化成的**经验**预测是**假设的**；是视证实者的行动方式而定的。**如果**他做了适当的检验，一定经验的发现就会被揭露出来，而且应该如假定的一样。一个不可改变的客观事实或不可避免的将来事件，**不暗含**任何不可改变或不可避免的经验；它根据经验暗含的是一定的视行动而可能发生的事件；**如果**我们如此这般行动，那么我们将不可避免地在经验中发现事物也如此呈现。

无须说太多与读者对客观现实的普通感觉或与他表达的习惯方式无关的东西。但有必要注意两个一般考虑，它们对我们的知识是最基本、最重要的。第一，就明显的意义而言，一个假定的客观事实，一旦离开证明它的经验中的所有显露来考虑，便是事例的性质，缺乏人的意义，根据我们的可能经验对它所做的表达，包括每个事物，这些事物借我们在实际生活中现实地赋予它的这种意义给予它观念。第二，没有根据经验指定的意义是真正实际的，对生活事实是真的。如果它是一个不可避免的经验的意义，没有行动能影响。根据可能的经验，客观事实转化为终结性判断，可表现出它的事实的和不可缺少的认知意义。并且，这些表示客观事实的可能证实的终结性判断，不是经验的无条件的预测，而是其实现依赖于一些选择的行动方式的可能性预测。只有这样，我们的客观事实的知识才能有一些实际价值，或如此意指它很可能对我们有益。知识的理论的和道德的意义都能通过"一个客观事实**意指**的东西是经过我们的行动而实现的一定的经验的可能性"来表达。或者如果这意味着主观，那么换个说法：被对我们的行动开放的经验的可能性所指称的事物，是客观事实世界，它的存在和性质一般是超出我们的影响或改变的能力的。但是，知识不是要胜利的事物，或一旦占有便有价值。如果客观事实无条件地暗含经验，那么在这个经验中它可被证实或确证。

诚然，在经验方面，离开行为态度提供的一些条件，似乎没有事情是可预测的。或更确切地说，任何经验都不会被看作一个整体，并且出现在事物的多个部分或各个方面，这是不可避免的。所谓不可避免的经验并不完全是这样的，而是代表了一种经验的某些组成部分，或者是我们所能选择的一些有限的可能性。"可预见但不能避免的经验"的一些典型例子，很可能通过反对这个陈述句引证，甚至不是这种情况：无条件可预测的客观事态是特殊的并排斥选择余地的。例如，可以说死是确定可预测的，并且，这确实是一个人将来经验的事。但是"我的死"是一个高度抽象的表达：它的确定性忽略了在其无条件的可预测性中仍未被决定的时间地点和方式的所有选择余地。甚至，当预测有一个影响我们的高度特殊事态时，它仍是这种情况：将被期望的特殊经验有依赖于我们的决定的特点。被称为"不可避免的经验"不是同时出现的，这可以被我们有一个关于预测或不预测的选择权的事实证明。一些人只希望知道什么时候牙齿被拔掉，但一些人确实不希望知道。这里仍有关于"不可避免的经验"一直能做的事，它是"为它做准备"。"做准备"稍稍改变当它降临时经验依然具有的性质。并且如果有人倾向于不管我们的态度而使之不重要，我们可提醒他斯多葛主义和斯宾诺莎的伦理学：生活的适应方式的整个信条可能建立在此点上。

无论是关于物理的事物还是客观事态的可能出现的情况，可预测的**经验**都遵守非决定原则。预知本身和我们的行动态度能改变它的性质。这是老式的唯意志论或决定论论战与根据现实生活判断是虚构的观点而引起争论的问题的一个原因。没有一件事是可以预料的，人们知道预测可能是没有用的：无论预见什么，都是可以想象得到的，因为我们仍然可以对它采取行动；可能影响我们的经验，通过我们自己仍然向有资格的人开放。虽然这种考虑可能被认为是细微的，但它仍指出我们经验知识的普遍特点：关于我们的知识是直接的，无论事实可能是什么，如果我们根据它的证据之经验提出事实的意义，那么我们将发现，如此预示的皆是**值得**知道的一些事，因为在一些部分或方面已是它们有条件地依赖于我们的行动的决定。

我承认，一些经验——更准确地说，一些经验的一般特点——可能会预测带有实际确定性而没有逃避的可能性。当看到闪电，我们知道将听到雷声，我们可能会或不会绷紧肌肉，捂上耳朵或者不捂耳朵；并且，这些行为有点影响性质，有了这些性质，被预测的事情将是被经验到的；但是听到雷声的一般特点可能是无条件地不可避免的。这种例子是例外的并且代表一种限定的情况，这一点将被承认。但是，这里行为的选择余地不是完全被剔除的；它们只是严重地被限制的。并且，在这个意义上，这里被例证的事情只在一定程度上区别于更一般的例子。事实上，它可精确地引导我们进行理由充分的和深思熟虑的归纳：**任何**无条件地可预测的客观事件和可知的客观事态，一旦能翻译成确证经验的词语，将意指对视行为而定的可能性的限制。但**永远**不意指将这些选择余地减为一个限制。甚至在那里——像在更一般的例子中——对我们开放的选择余地，鉴于被讨论中的客观事实，太多而不能提到，被相信或被断言的事态将反映在同样多的经验的**其他**选择余地的剔除中，这些选择余地视行动的选定方式而定，如果这个客观事实**不是**多种情况，这些选择余地可能向我们开放。这是客观事实的一般特点，就可核实或证实的经验而言：它意指，确定的经验不能依赖任何事，这对于我们是可能的；但是这里有经验的其他选择余地，如果一个合适的行为被采取，它们中的任何一个便可随之发生。一张白纸现在在我面前，这不仅意指我现在没有可能的途径直接指向我面前的绿色的和圆形的某物的表象，也意指一定的其他表象是可预测的，并且是视恰当的行动的决定而定的。可能经验的选择余地可被限制到多窄，或可能性范围开放到多宽，依赖于讨论中的特殊客观事实或事件。但无论如何，它能剔除貌似以不同方式获得的经验的一定可能性；并且无论如何它能排除可能性并留下视我们的行动的决定而定的一件事。产生经验知识的一个实际价值的可能性是这种事实：凡能被知道的事物，其知识可能使我们避免无收获的努力，能使我们改进很多，并通过选择对我们开放的行动来提高影响我们的将来的经验的性质。

如果是这样，我们将看到，终结性判断的一般公式对于被讨论的论点是正确的，并且普遍适用。客观事实的任何可证实的陈述的感觉意义，是可用一系列终结性判断表达的，每个终结性判断在形式上都是假设的；如果采取一定的行动方式，一定的经验事件将因此发生，这是一个判断。通过采取讨论中的行动方式并把它们投入经验，可能会决定性地证实或发现这种判断是假的。并且，通过终结性判断的这种结论性的证实，在它的意义中的成分——客观信念即非终结性判断中，或多或少会得到高概率的证实。

4. 已提出：我们必须考虑终结性判断和在客观事实判断中的结论，直到我们获得已被延搁并将在这一部分的结论中被考虑的两个问题。但至少我们会发现它们在形式上是假设的。但是，它的断定的假设与预期结果之间的如果—那么关系是什么，这个一般问题肯定要被涉及。关于相信"如果 A 那么 E"中的行动方式 A 与预期结果 E 之间的**这种关系**的问题，将依靠检验证明：存在于主观主义或现象主义与现实主义之间，怀疑主义与坚信可知的独立现实的可能性之间的争论要有相应的态度。

这个事件难以解决之处在于：假设"A"是假的，即当行动方式 A **没被采取**，被相信的事物的检验没有被做出，这时对于一个"如果 A 那么 E"这种形式的陈述句将是真的，这意指什么？

如果没人问，我们就很清楚地知道这类问题的答案；而一旦被问起，我们就不知如何表述。它确实是要被决定的事情，而非通过震撼世界的理论来说明，只是简单地通过一个意义的仔细检验，在做这种断言时，我们都隐含地希望获得并理解这个意义。但是，引出这个意义是特别麻烦的。不幸的是，它将需要密切的关注和较为复杂和冗长的讨论。我们也将发现，现代逻辑的研究对我们可能自然地向假设陈述句进行详细说明和精确表达，事实上不提供所需要的答案。确实，除了剔除可能被认为是被讨论中的"如果—那么"的多种意义外，它们不对它提供什么。这种逻辑研究提供给我们的，像假设陈述句的可能解释一样，正好是那些它们**不**是终结性判断的所欲意义的可能解释，或对行动的假设与它的结果之间的、能被断言的任何关系的可能解释。在"如果 A 那么 E"中"A"到"E"的关系，**不是**准确地解释为被许多当前逻辑的发展视为根本的实质蕴涵；**不是**在《数学原理》中被称为形式含义的东西；并且**不像**"E"是肯定地从"A"推演的严格蕴涵或推演。一般地，它**是**休谟在说"事实的必然联系"时心中所想的那种关系。我们记得，休谟确信不能建立这样的关系，尽管（我们也记得）他不怀疑这样一种关系经常被断定，像一个客观事实或超越感觉表象的任何事被看作经验地知道一样经常。并且，无论反对派提出任何在其他论点上的分析来反对休谟，在意义这点上他都确实是正确的。

5. 在终结性判断"如果 A 那么 E"中被意欲的如果—那么关系不是"E"从"A"推演的一个关系——不是严格蕴涵或逻辑推演——而是从这个考虑，即这个判断本身是一个**经验的**事实，不能仅仅通过逻辑被充分地证明。证明它是假的，这种情况是逻辑地可想象的；相反的陈述句"A 但不 E"不是自相矛盾的，尽管这被认为是假的。这里我们必须小心不要将确实是在争论中的问题与相关的其他问题混淆。像我们已经想象这个事一样，终结性判断本身**是**可以从客观判断（在其中，它是一个成分）中推演的：从"我面前有一张白纸"可推演出"如果我的眼睛向右转，看到的现象将换位到左边"。这种推演关系成立，因为终结性包括在客观陈述句的意义之中。但是，我们现在的问题不是关于客观信念和终结性判断的这种关系：它是关于在终结性判断本身中前件"A"与后件"E"的关系。问题不是："如果一张白纸在我面前是真的，那么可推演如果我的眼睛向右转，看到的现象将换位到左边吗？"问题是："当我断言'如果我的眼睛向右转，这个看到的……吗'时我意指什么"，并且，现在的要点是：我**不打**算断言"看到的现象将换位到左边"是可从假想"我的眼睛向右转"**逻辑地推演**的。我能断言：只有它是在逻辑上完全不可想象的，所予表象应是虚假的，或我的客观事实的判断有误。并且，情况不是这样；我也不认为它是这样，除非我未加思考或在客观事实的经验知识的分析中犯一些粗制滥造的错误。

终结性判断表达的行动方式与它的结果之间的关系，不是逻辑推演关系，这一点也可用另一种方式证明：它是一种只能从过去经验中学到的关系。当我看到一个看起来像一张白纸的东西，我预测经验（这个经验是我转动眼睛的结果）的能力是先前类似场合已教给我的某种东西。但是如果"E"可从"A"推演，我不需要这样学到它；"如果 A 那么 E"的真在这种情况下可以无须参照经验，可以仅仅通过思考被决定。①

6. 在一个终结性判断中假设到结果的关系，不是被称为"实质蕴涵"的这种关系，这一点等待被证明。通过事实"如果 A 那么 E"意欲做一个断言，该断言的真或假不受假设"A"的真或假的影响。

实质蕴涵"如果 P 那么 Q"一般用符号表示为 P⊃Q，用这种略语将会很方便。这个关系"P⊃Q"成立，当且仅当"P 是假"和"Q 是真"且两者中有一个是真陈述句时。现在，终结性判断"如果 A 那么 E"不蕴涵至少"A 是假"和"E 是真"中有一个是或将是真的。如果"A"是真（如果行动方式 A 被采取）和"E"是假（预期结果未能出现），这个判断被看作其证明是假的。因此，终结性判断"如果 A 那么 E"的真包括和要求实质蕴涵"A⊃E"为真。但它也意欲和要求更重要的一些事，这些事是"A⊃E"的真所不要求的。假设"A"在事实上**是假**的，它仍要求如果"A"**是或应是**真的，那么 E **将是**真的。例如，在相信一张真实的纸在我面前时，我相信如果我眼睛向右转，看到的纸将换位到左边。但现在我的眼睛不向右转，我不检验我的客观信念。然而我**仍**相信如果我的眼睛向右转，预期结果**将**伴随而来，并且，**我的信念被看成对客观事实有意义，只是因为我相信这种未被检验的预测的有效性**。

这点难以用符号表达：需要花很多笔墨才能讲清它，因为它是很重要的。我的信息，即如果我的眼睛向右转（尽管我目前没这样做），看到的东西将换位到左边，这是我看到的东西的客观现实信息的一部分。我相信，当我不按方式 A 行动时，终结性判断"如果 A 那么 E"将是真的，正如当我不去看时，我仍相信一个真实的东西在那儿。这一点对"客观现实"和"主观经验"是非常重要的。并且，我们可求助于假设语气（Should—would—）表达这种"如果—那么"关系，**不能**根据实质蕴涵来表达。因为，当假设"A"与实际相反时，

---

① 这点可能被反对："我的眼睛向右转"的感觉意义包括后承"这个被看到的东西向左边去了"；这被这里所给予的考点所暗示：一旦前件和后承的感觉意义被恰当地纳入考虑，谈论的如果—那么类型的命题将被发现存在一个可演绎的关系。这是合理的，如果行动的假设和"我的眼睛向右转"在这里是一个客观事实的假设：一个确证我的眼睛向右转的句法是这个被看到的东西向左边去了。但我们不能混淆客观陈述句，"我的眼睛向右转"相应地属于一个终结性的假设：在这个终结性判断中，行动的假设和被预期的后承经验必须采用表达词。它们不应谈及我的身体的客观排列等，而应谈及一个直接的感觉经验的内容。如此难以表达的，是"我的眼睛向右转"的表达内容的经验，与表达为"这个被看到的东西向左边去了"的呈现，两者之间联系的可信度已从经验中学到且没有经验是不能学到的。

终结性判断和客观信念

"A⊃E"成立，不管"E"为真或为假，也不管如果"A"**是**真"E"**是否就是真这个问题**。① 例如，若我目前不向右转动眼睛，"我现在转动眼睛"实质地蕴涵"看到东西被换位"是成立的。但也因相同原因——关系中的前件是假——"我转动眼睛"实质地蕴涵"看到的东西**不是**现实地被换位"；并且也实质地蕴涵"听到了很大的爆炸声"或您高兴提到的任何别的事作为后件。**不管陈述句"X"是什么，当"A"为假**时，实质蕴涵"A⊃X"成立。因此，一个与事实相反的陈述句的推断——**在任何意义上，一些事物是根据这些内容推断的，一些不是**——不能根据实质蕴涵来表达。

让我们用另一种方式论证，这种方式不参照特殊形式，在这种形式中，我们已经分析了经验的客观判断，而只参照这个事实，即重要的客观信念就一些意义或其他意义而言是可检验的。一个客观信念的经验的检验只能通过建立或找出适当的条件和观察结果来做出。经常，我们做出客观事实的断言，没有完成那些检验，那些检验的结果应作为它们的证实或部分地证实被接受。事实上，很明显，我们对实在的感觉是一种对无数客观事实的连续的信念。这些客观事实，在任何既定的时候，根本不需要检验。或者我们可以说，一个真实界的信念，是对无数可能的行动方式的无数特定后果的相信。对于这些行为方式，我们发现在任何既定的时候都没有理由去采用它们。这个对客观现实的信念只如同相关的信念，即尽管一定的假设现在是假，但它们仍有一定的结果（如果做出检验，就会发现这个结果是真的），**而不是其他**。

顺便说一下，正如休谟所想，对于这个的可选择性不是理想主义而是怀疑主义。一个唯物主义者相信：所予表象是其他物的"符号"；并且他几乎不能将这些意义限制于那些可检验的事物之内。争论的问题不是相信物质的实体与精神实体和心灵方式之间的问题；它相信可知现实，并超越所予表象（无论用什么词）与相信虚无之间的问题。

如果做出的这种检验证实或确证了所相信的客观事实，但在检验被执行时，我们不应关注做出的这种检验，并且它们没有认知的

---

① 这里可能的反对意见是：当 A 为假且被知道是假时，判断"如果 A 那么 E"的真值，如果它所意指的多于"A⊃E"，那么它是无意义的，因为不可检验。这个反对意义会求助争论的这个要点；但其无效性可从混淆了"不可检验"与"未被检验"这个事实中被观察到；若"A"是假，则终结性判断"如果 A 那么 E"的真是未被检验的，但是"A"能够是或可以是真，故它不是不可检验的。

含义，这一论点也是切题的。这种证实的要点是：它们确信当下被检验的事物或多或少依赖于任何**不被**检验的事物。如果做出这种检验的时间和场合不能证实事物的真或所导致的可能性，那么我们应不会对经验产生认识的兴趣，也不会认为它是事物的一个检验或它的结果是对事物的一个证实。如果我们不相信一些事物**被**检验，有时事实上它**未被**检验，那么确定的可详述的结果**将**发生并且不是别的，我们不应相信客观现实或事实。没有详细地可陈述的事物是**可**证实的(尽管**未被**证实)，就没有知识且没有知识可掌握的事物和事件的世界。无须过分分析，简单的事实是：若没有认识到与事实相反的假设有有意义的结果，那么不可能有现实或知识的观念。因此，这种"如果—那么"的关系式是不可以通过实质蕴涵来表述的，对这种实质蕴涵，以及任何事实上假的假设，有可想象(和不可想象)的结果。

前面已经说过，这一点不依赖于以下观念：客观信念的证实必须是根据直接经验的终结性判断，并只能用表达语言来表达。它对于任何合理的理论都成立——任何将经验知识看作可被经验和观察检验的理论。但是，如果我们关于终结性判断的性质的观念和通过发现这些是真的而被证实的客观判断的观念是正确的，那么很明显，上面的考虑适用。实质蕴涵"A⊃E"是终结性判断"如果 A 那么 E"意欲断言的事物的一个有逻辑的**必要**条件：当"如果 A 那么 E"是真的时，"A⊃E"必须是真。但它不是一个逻辑的**充分**条件；终结性判断的意义也要求：如果"A"为假，它仍成立，如果"A"为真，"E"**将**为真，并且一定的其他命题(例如，"E"是矛盾命题)**不是**真的。这个进一步意欲的意义不能根据实质蕴涵来陈述，因为如果"A"是假，那么"A⊃E""A⊃E－假""A⊃X"(无论陈述句"X"可能是什么)都同样成立。

7. 然而，尽管终结性判断的如果—那么关系不能根据实质蕴涵来表达，但它被认为是可根据现代逻辑所熟悉的其他如果—那么关系表达的。这种关系在《数学原理》中被称为形式蕴涵。在我们讨论这些可能性之前，最好用这种关系来解释，并且它将有必要检验一个有关它的正确解释的问题。用这种方式，它可能被要求应用于必须考虑的终结性判断。

形式蕴涵通常用符号表达式表达，如"(x). φx⊃ψx"，它可读作"对于'x'的所有值，φx(实质地)蕴涵 ψx"。如果在"φx"和"ψx"中，变动"x"的值是"x_1""x_2""x_3"等，那么"(x). φx⊃ψx"将是真的，当且仅当**不是**"φx_1"为真而"ψx_1"为假，也**不是**"φx_2"为真而"ψx_2"为假时；**不是**这种情况，即对于任何（一些）"x"的值"x_n"，"φx_n"为真而"ψx_n"为假。也就是说，"φx"形式地蕴涵"ψx"，当且仅当，无论"x"的什么值"x_n"被选择时，"φx_n"形式地蕴涵"ψx_n"，并且不存在"φx_n"为真而"ψx_n"为假的情况。

然而，在形式"$(x).\varphi x \supset \psi x$"的表达式的两个可能解释中，哪一个被看作正确的，仍是可疑的。在原理和更近的逻辑研究中，这一点已被许多理论混乱地包围，但是，尽管这么混乱，该存在必须继续存在的这个问题是一个简单的问题，它允许通过相似的例子说明，它是不可避免的。① 它旨在说明一件事："有性质 φ（或 φ 有确实可预测的性质）的每个**存在物**也有性质 ψ。"而"有性质 φ（或 φ 有确实可预测的性质）的每个**可想象的**事物也有性质 ψ"意指不同的事物。这第二个成立，当且仅当性质 φ 逻辑地推演性质 ψ 时。当"ψx"可从"φx"**推演**时，"x 是一个动物"可以从"x 是一个人"来推演。然而，这第一个不仅在这种情况中成立，即一个性质或特性逻辑地推演另一个，而且在所有情况即**存在物**中，一个性质或特性是**完全**地被另一个**伴随**的。因此，就上面的第一个而言，以下这些成立："x 笑"形式地蕴涵"x 是人"；"x 有角和分开的蹄"形式地蕴涵"x 反刍"；并且（因为没有半人半马的怪物存在）"x 是一个半人半马的怪物"形式地蕴涵"x 有蓝色翅膀"。

这里我们当然不涉及《数学原理》中正确解释的一些问题，或它的作者的意图，也不从事于更近发展的一些相似的问题研究。我们只需述及我们关心的问题，用这两个方法中的一个或另一个论及形式蕴涵的结论。如果"$(x).\varphi x \supset \psi x$"被解释为意指"对于所有**可想象的**事物，如果 φx 那么 ψx"，那么当且仅当"ψx"是逻辑地从"φx"推演时，这种关系才成立。为什么"A"与"E"的关系不能通过终结性判断"如果 A 那么 E"来表达，它不能被解释为逻辑推演关系的理由已经

---

① 在被谈及的复杂问题中，问题有：（1）什么将 X 作为一个命题函数中的一个"变量"；它是一个人约翰还是一个词"约翰"，这个词是"X 住在大街上"中"X"的一个值？（2）是否非存在的个体能被"命名"，作为对比被"描述"？（3）是否当描述一个非存在物时，每个带有作为主词的描述的单称陈述句是假的？（4）是否关于教学类型的实体的每个陈述句能被分成一个或几个分子那样的"最低类型""个体"的陈述句？按我的观点，这些问题都没有认识结论上的意义。对于（1）（2）或（3）的任何回答都是一个语言约定，且对任何逻辑的或经验的事实没有影响，而只对我们表达这些的方式有影响。对（4）的回答是肯定的；但那个事实缺少它可能被认定所具有的重要性，因为"个体"本身有不同"类型"。

提出。无须进一步讨论。很清楚：如果形式蕴涵表达这种逻辑推演关系，那么在终结性判断中，被断定的如果—那么关系不能根据形式蕴涵来表达。只是关于其他解释，对于这些解释"(x).φx⊃ψx"的成立，当且仅当**没有存在物**，它具有性质 φ 却缺少性质 ψ 时，终结性判断是否可根据形式蕴涵表达这个问题才要求进一步的检验。因此，我们将进一步注意限制于形式蕴涵的这个解释，并且作为确定正确的一个来谈及。①

8. 终结性判断可根据形式蕴涵来表达，这是合理的，其理由是：终结性判断是绝对一般的。在一个所予了表象的场合，我们做出的是"如果 A 那么 E"这种断言，这使我们相信它，只因为我们对行动方式 A 与结果的经验 E 这种场合的关系有一个更普遍的相信。就像被应用于这个或一些别的单个场合一样，这种断言是决定性地可证实的，并且被严格地称为一个终结性判断。但为了方便，我们可参照作为这个终结性判断的"一般形式"的基本信念。为了使这点更加清楚，我们继续用已用的简单例子。我坚持客观信念即一张真实的纸在我面前并非一个虚幻的表象，因为这个表象的一定特点，也因为它看起来是真实的并感觉是真实的。但是，如果问及信念的理由，在我的辨明中，我不得不参照比这个单个场合更多的场合，我不得不覆盖这个事实，即看起来和感觉着的东西，在适当方面，正如现在所做，被证明一般的(尽管不是全体的)是一种真实的物体。至此，我们只涉及所予表象 S 和客观信念——我们称之为 R——这是对其关系的解释。但是，我们在过程中可观察到，尽管这种判断只可明显地参照当下场合，因其根据，它是绝对一般。为了实现它，我所有的理由，同样应用于与 S 的特点相关的一个表象所应给出的任何场合。也就是说，我相信"R"，因为我断定，对于**任何**场合 o，如果So(如果 S 是在 o 场合被给出的)，那么可能 Ro(可能在场合 o，一定的真实事物被呈现)。

在相信"R"(一种真实事物在我面前)时，我做出了终结性判断"如果 A 那么 E"(如果我转动眼睛，视觉的表象将被换位)。并且在检验的基础上发现其真，这构成"R"的进一步的证实。但是，这个终结性是绝对一般；它表示一个证实，这个证实被视为可能的，不仅命题 R 在当前为真，而且一直为真。或更准确地说，"R"为真且被所予表象突出的检验的基本条件是令人满意的。也就是说，如果我

① 事实上，这里有一个重要怀疑，在那些掌握区别的人中，这是普通被采取的解释——尽管一些是逻辑学家带着不惜冒险的机敏的，尝试回避所有这些争议。

希望（正如我现在希望的一样），表达一般形式的终结性判断是成立的，只要它证实的客观信念是真的，那么我必须重新提出，像假设一样，对一些所予表象的参照应指出检验的可应用性①（例如，我不能对一个黑暗中的真实事物做出建议的视觉上的检验）。因此，我判断的是："对于每个场合 o，当 Ro 时，如果 So 和 Ao，那么 Eo。"（在任何场合，当一定的真实物体在我面前时，如果我对这样一个表象物转移了我的眼球，那么视觉的表象物将被换位）视客观信念为前提，我推断一般形式的终结性判断——成立，客观信念"对于每个场合 o，如果 So 且 Ao，那么 Eo"成立。

9. 我们现在能检验与我们有关的论点，这种终结性判断是否表示如果—那么关系可根据形式蕴涵来表达？并且问题是，这样一个判断"（假定客观判断是被证实的）对于任何场合 o，如果 So 和 Ao，那么 Eo"的真实目的是不是令人满意的？如果对于每个**存在的物或实际的场合**，当 So 和 Ao 成立时，Eo 也成立。前面说过，对终结性判断的绝对一般特质的这种有依据的合理看法，变得清晰了。然而，这个最初是合理的看法在进一步的检验中消失了；并且，同样的原因，我们已在实质蕴涵的情况中注意过了。其意义限于**实际事例**的一个不能覆盖终结性判断的意欲意义，因为当它与事实相反时，这个意义要求假设仍得出重要的结果（并且不是每个都可想象的结果）。

再说，这个论点可通过许多方法说明，这些方法不依靠这里被采用的终结性判断的概念，而是依靠相关任何合理的经验知识的观念和它的检验。例如，一个实际重要的真理是，如果我从二楼窗户上往下跳，我会伤着自己。当我站在窗户前，所予表象和我关于身体动作讲的客观事实的信念导致我做出一个新的预测："对于任何场合 o，如果 C. I. 刘易斯在这样的场合 o 从窗户跳出，C. I. 刘易斯将在场合 o 受伤。"是否一个人将这看作关于我的身体和环境的一个客观陈述句，或看作意欲用表达语言的一个终结性判断，并只参照这样一个场合的当下经验的经过，这些将对当前论点没有重大影响。将这个陈述句看作一个形式蕴涵，它满足于提供每个实际场合，何时 C. I. 刘易斯从二楼窗户往下跳是一个场合，何时 C. I. 刘易斯受伤，不能表达它的重要认知和实际目的。之所以不能这样，因为如果我向下跳，**将**发生的任何事，它不指称这个或任何其他场合。并且，这个意义是本质的。事实上，我永远不会从二楼窗户往下跳。

---

① 这个考虑要求在这里被介绍，只为了避免不准确。我们必须在后面再回到它；现在，它从例子中暂时消失了。

并且这个事实本身让人确信，讨论中的形式蕴涵只说"没有 C. I. 刘易斯从二楼窗户跳下来而没受伤的实际场合"。我不跳的重要**理由**——它不得不对付与事实相反的假设，"如果我跳"的假定后果——是在这里，它们一起被省略了并且不能根据这种形式蕴涵来表达。

因同样的理由——我不从二楼窗户往下跳的理由——下面的形式蕴涵同样是满足的："对于每个场合 o，'C. I. 刘易斯在场合 o 从二楼窗户跳下来'蕴涵在场合 o 发生月食。""对于每个场合 o，'C. I. 刘易斯在场合 o 从二楼窗户跳下来'蕴涵在场合 o 所有水往山上流。"它也是一个事实，即我永不在衣袖里带手绢，并且因为这样，同样的形式蕴涵成立："对于每个场合 o，C. I. 刘易斯在场合 o 在衣袖里放一个手绢"蕴含"C. I. 刘易斯在场合 o 受伤"。然而，就关于终结性判断或关于从客观信念推导的任何行为结果的"如果—那么"而言，我不相信在衣袖里带手绢的实际后果更严重；并且，我不相信跳出窗户对月亮的月食和河流的流向有任何影响。表示我的客观事实的知识和管理我的行为的预测不可表达为形式蕴涵。如此表达它们的企图，忽略了真正是整个核心的东西。

我在这个例子中没有恰当地陈述认知和实际情形，这可能会招致一定的反对意见。我的信念的基础——可以说——**不是**关于事例的一个空类：如果没有人曾从二楼窗户跳下去，并且没有类似的体重从一个类似的高度以可测量的终端快速落下，那么我就没有理由相信我所做的。我的预测是基于一个不同的和更宽的假设，它在许多例子中是真的，并且在所有被观察的例子中，它有一定的相关后果。还有，这个更宽的假设和结果之间的关系——可以说——**是**可作为形式蕴涵陈述中的一个的。

这个反对的一部分是正确的。但是从有关形式蕴涵和这个例子——或从我们的知识预测的任何例子——得出的结论是不作为必然结果的且是假的一个结论。我实际判断的根据是，确信如果一个重 150 磅①的东西从 25 英尺②的高空落下，它带着充分的力量击伤一个人的身体，这一点是真的。并且，这个确信基于实际事例，这一点也是真的。但是更精确地说，是什么使这个实际信念成为实际的，使其不可能将**意义限制**于实际情况，并且因此阻止它可作为一个形式蕴涵准确地表达？"'x 重 150 磅并从 25 英尺的高空落下'形式

---

① 1 磅≈0.45 千克。
② 1 英尺＝0.3048 米。

地蕴涵'x得到一个足够砸伤一个人的身体的动量'"。除了说如果我（重150磅）从二楼窗户跳下来（大约离地25英尺）将发生什么，其他什么也没有说。它说的只是：重150磅的东西从25英尺的高空落下的**实际情况**的类，包含获得足够砸伤一个人身体的动量这种实际情况的类。形式蕴涵不说关于假设与事实相反而任何结论成立的任何事。或者更确切地说，它在这种情况下说的是：**每个**可想象的和不可想象的结论成立，并因此没有什么是有意义的。**如果**一个重物从高空落下来（在任何例文中，重物实际没下落）**将**发生什么，它没有告诉我们；就像形式蕴涵"'x笑'蕴涵'x是人'"没告诉我们，如果进化产生了事实不存在的某些动物，情况将是什么。

至少反对者承认，在**这些**场合，没有150磅的重物——无论是我们的身体还是其他任何事物——从25英尺的高度落下来。如果是这样，那么形式蕴涵"如果x，重150磅，从25英尺的高度落下，它获得砸伤一个人的身体的足够力量"**仍然**是真的，即使我现在从这个窗户跳出会伤着自己这是**假的**。同样的理由，形式蕴涵"如果x笑，x是人"是真，尽管"如果叫战争将军的这匹马能笑，它就是人"是假，也是这种情况。容易被思考的一个混乱认定是，**如果**我们知道形式蕴含"在所有'A'真的实际情况中，'E'也真"，通过知道它也知道在A**必须**为真的任何情况下，"E"**也会**为真。但是最后，例子指出，这样解释形式蕴涵，是简单地误解了它事实断言了什么，并且自以为是地加上了形式蕴涵未曾陈述的更重要的一些事。

10. 我们已经用较长时间讲述了这件事，这不是因为渴望调查逻辑的精确，或坚持解释符号的准确，而是因为这里的论题是难定位的且是基本的。任何对客观现实或事实的断言、知识或信念，如果不了解它的实际意义和可检验的结果，就不能理解它具有下列特征的假言命题：（1）在这个假设陈述句中的后件不是可逻辑地从前件推演的。（2）虽然如此，假设陈述句本身的真——像陈述一个逻辑推演关系的陈述句的真一样——是独立于前件或假设的真或假的，对于假设陈述句断言其为什么成立的如果—那么关系，这个假设有相同的结论，无论它是真或是假。（3）因此，一旦已知的假设是与事实相反并被知道是相反的，那么这个假设陈述句可被有意义地断言。

让我们着手讨论这类例子，它用一些对知识理论而言很重要的形式作为这些论题的例证。休谟在一开始便提出真实世界的常识假设(当这个假设的意义被有效地解释时)与总结陈述句即在一定时间内我们有一定的明确的感觉印象之间没有区别。事物的"顺序"和"关系"的所有意义，**直到证实的或事实上将会证实的事**构成事件的这种秩序，将被包括在经验实际感觉内容的这个总结陈述句之内。常人认为休谟主义假设等同于假设的客观现实在未被观察时可以"消逝"，但一旦被观察总是"回来"，并且认为这是一种无害的哲学的玩笑。很可能他不能清楚地说明他对它的天生否认。但是可给出一个说明：这种狂热的主观主义者与我们相信世界是可知的和不依赖于被观察而存在之间的区别是这样的：一方面，假设被证明的经验归纳不具有超过形式蕴涵的意义；另一方面，假设这种经验来自归纳的可证实性，包括对可能经验的假言陈述句的参照，并且这些假言陈述句具有在前面一段里总结的那些特点。

例如，我相信隔壁有一间房子，里面有桌子和黑板，尽管没有人在观察它，而且甚至有时没有人会想起它。我对这个客观现实的信念不同于主观主义的观念，即已存在只能被感觉到时，需依靠我主观相信下列项目的事实存在：

(1)如果在任何时间(这个属于继续存在期间)，一个正常观察者A. B. 亲自到这个地点观察这个房子，那么A. B. 会有被"观察一个有桌子和黑板的房子"意指的这种经验。

(2)若"A. B. 现在亲自在这个地点观察这个房子"是假，则现在没有人观察它。

(3)"A. B. 观察一张桌子和一块黑板"不是从"A. B. 亲自在这个地方观察在讨论中的这个房子"逻辑地推演出的。

(4)"如果 A. B. 现在在这个地点观察这个房子，A. B. 将看到一头粉红色大象"是假。

在理解这些陈述句的明显意图时，可注意下面一些问题。上面的陈述句(1)将被解释成一个一般假言陈述句；对于任何正常观察者和任何时间(只要被证实的现实继续存在)都成立。陈述句(2)断言：对于任何观察者和一些时候，或事实对于任何观察者和特定时间(现在)，假言陈述句(1)是假。陈述句(3)表达这个事实：假言陈述句中的后件不是可从前件或假设逻辑地推演的。陈述句(2)和(4)一起指出：这个假定判断的意欲意义——断言的如果—那么关系——对于一些观察者和特定时间(A. B. ，现在)，若它的假设是假，则它的结果为真；但是，这个与事实相反的假设具有任何可能的每个结论，则它**不**为真——例如，它得出结论，"A. B. 将看到一头粉红色大象"

不为真。

总体来说，这些特点标明了对一个可证实但不依赖于被证实或被经验检验的客观现实的信念的意义。它们同样指出了在关于经验知识的可能证实的陈述句中的"如果—那么"关系的熟悉和意欲的意义。

如果这是我们对未被观察的事物的现实信念的一个较好说明，那么表达这种信念的方法是用一个正常观察者（他应用在整体检验条件下适合于检验在讨论中的事物的方式行动）的经验的假言陈述句的形式。但是，在这种假定陈述句中，被"如果—那么"意欲的意义是事情的本质并必须被仔细对待。它不能根据逻辑的推演来表达，也不能根据实质蕴涵式的形式蕴涵来表达，假设逻辑地可推演出结论的如果—那么关系，是能被单独反映证实的且不需要被经验证实，那么实质蕴涵的如果—那么，即一个与事实相反的假设将具有任何结论：当事物未被观察，实质蕴涵"如果这个事物被观察，那么——"将是真，这里的空白可被填充。形式蕴涵（假设这不用于逻辑推演的蕴涵）的如果—那么，是这样的；如果每个**实际做出的**观察有一个确定的结果，陈述句"对于任何正常观察者在任何时候，如果观察者按适合于这个事物的实证来行动，那么会有一个确定的论证经验的结果"根据它将是满足的，并且在事实上没有企图证实的情况下，结果没有任何假设。①

整个事情可总结如下：对于认为现实是可知的和可证实的等任何观点，相信这或那是真实的，意味着相信"如果做出这样的实验，那么这样那样种种将经验到"这种形式的陈述句。并且，这里进一步的和关系重大的问题关心着这种假设陈述句中如果—那么关系的解释。将这看作表达前提与逻辑地可推演的结论的关系，是有问题的：那将提出一个难以认同历史上的任何理论的观点，且几乎不值得讨论。将这个如果—那么关系看作据实质或形式蕴涵可表达的观点，将精确地等同于下面的极端主观主义（易变成怀疑主义），它坚持认

---

① 这一点不仅关注主观主义与实在论之间的争论，而且关注现在开始出现的一个问题，即是否这种形而上的争论是充满意义的。但是太普遍的是，在当前的讨论中，这些争论的真实情况被未能正确地用逻辑词表达它们所损害。也许这总起来不是一个意外：那些认为形而上学没有意义而加以拒斥的人，也打算否认超出据实质式形式蕴涵可表达的东西之外的假设陈述句的任何意义。（然而，这里有一些归纳的例外）表面上严格但实际上似是而非的逻辑分析，是乞求正在讨论的问题的一种方法。它会把这个问题辩解过去，通过拒绝陈述它，通过拒绝逻辑的警戒"如果—那么"的意义，单独占据该意义，客观信念的常识断言的实际意义才能被表达。

为存在即感知；它坚持认为，被相信的现实的存在，与在一定场合、一定的实际感知者实际地具有的一定感知之间没有有效的区分。信念和可证实的现实是不依赖于如此被知道或经验的存在的，这个实在论观点必须将如果—那么关系解释为一种关系，对于这种关系，这个假言陈述句的真假不依赖于它们的前件从句的真假；对于这种关系，假设具有**相同**的后承，无论经观察被假设为真还是被观察假设有悖事实。因此，这是用形式"如果如此做出这样的观察，那么就**会**经验到如此"可更清楚地表达的一个关系。

11. 刚才最后提到的、对于表达任何客观事实的实在论观点是必需的这个"如果—那么"的意义，还没有名称，且被大多逻辑分析忽略了。但是它被普通思想和论述所熟知。我们可以参照表达为"实际的联系"或"自然的联系"，或"真实的联系"。并且，存在一个假设的后承，在这个"后承"的意义上，可被称为它的"自然的后承"或"真实的后承"。这些名称是合适的，因为"如果—那么"的意思包含对任意关系的断言或依自身规律联系的断言。它是这种联系，即一旦我们因"现实是"或因自然事实是这样或那样，从而相信任何假设的后承如此，那么我们就会相信它。它是这种联系，即一旦我们预测到一定条件下一定行动的后果将如此这般而不能是别的，那么我们就会信赖并清晰地断言它。因为相信行动的后果是，可以预测的人都坚信：尽管我们做出自己的决定，但是一旦我们亲自做，那么伴随着发生的事情将是固定的且难以控制的。只有通过独立于决定本身的这个联系的"现实"，这里才能有像行动的"可预见的后果"这样的事情。设想行动的一种可能方式但认为其不聪明而将其抛弃，这些人都相信"如果我如此这般做，结果将是这样"，且相信这个联系不依赖决定本身而成立，并且懊悔做出决定的任何人都相信，"如果我那样做，结果就发生"。于是他不会仅仅因为假设是错从而相信这是对的；如果他相信了，那么懊悔就是伪装的。

如果没有不依赖于证实的决心而被决定的某物，那么对于证实经验，这里没有任何事物可被揭示——除了它本身：它不证实任何事物，因为这里没有独立事实要被证明。相信独立现实的任何人，都相信在经验中可被揭示的这些真实联系，并且，相信在经验中可证实的这些联系的任何人，都相信可知但独立的现实。并且，不相信这些真实联系的任何人——如果他不只是糊涂和不一致——都不只是相信经验知识的可能性；他不相信这里有可陈述的将被如此认知的任何事物。

很明显，这些联系是被休谟作为"事实的必然联系"而参照的一类东西。这些将有别于"意识的必然联系"——区别于逻辑的联系。关于"可能的经验"这个常见短语，一个相关的术语学观点将被注意。（客观的）事态的可证实的含意是：一定的经验是可能的，而一定的其他经验是不可能的。但是，"不可能"所意指的事物，可以仍是——且多半将是——完全可想象的。这个经验的"可能性"和这个真实的"必然的"联系两者都不是逻辑的；都不是可被反映、先验地决定的。它们是只通过习得经验知识的方式揭示的。①

休谟已正确地坚持认为，这个真实联系真正地获得的唯一可选择的许可，是怀疑论。并且，休谟本人最后承认，一贯的怀疑论令人不满的特点，对于已述及的行动是通过其含义表示的。没有"必然联系"，就没有任何行动态度的可预见后果；并且，没有这些可决定的后果，行动就不可能是真实的——其意识是落空的。像古代犬儒主义者一样，怀疑论者拒绝倒空货车，而只是假装。他一贯不采取态度，甚至不采取行动的态度。并且，能放弃行动本性——且不做尝试——的任何人，如果不激起我们的羡慕的话，都必定引起我们的惊讶。至少，他将不看重怀疑论，也不希望我们看重，因为他**什么也不**看重。

然而，我们用"真实联系"意欲所表示的东西与休谟用"事实的必然联系"之间，有一个基本的区别。与他那个时代的哲学家一样，休谟打算将词"知识"看作只可严格地应用于可确定的东西，不能对概率问题予以充分的考虑。因此，对于他，可两者择一的是(1)这里应有普遍联系，该联系能在事实中建立和成立，或者(2)没有合理的事实，只有纯粹巧合。对于未曾着手讨论围绕这些事情的和以后必须被考虑的所有疑难问题，我们立即可说：真实联系这一意识不要求A被给出，B肯定能预测两者 100% 的关联。这也是令人满意的，如果 A 的发生真正地影响 B 的发生，如果 B 的概率在 A 出现时明显不同于在 A 没出现时，那么 A 的出现是 B 出现的一个概率－指标。如果这种关联能建立，那么一旦 A 被给予，那么这里会出现一个有效的 B 的概率。例如，如果一个人从二楼窗户跳下，他或许会受伤。

---

① 康德也在这个意义上用必然的(notllendig)这个词，特别在他关于经验类似(Analogies of Experienle)的讨论中。并且，在他关于形式的范畴的讨论中，他指"可能"的相关意义。他也使用短语"根据一个规则"(nach einey，Regel)，其作用等同于这个意义上的"必然的"。根据他们的观点，联系的特殊规则就先验而言不是必然的，但他相信这点被确信，即这里必定有这么些规则，如果事实的参观次序被区别于仅是意识联合的主要联系，那么区别于所予经验的只是临时的次序。

这么一个或然联系不适宜称为"必然的",但它具有上面论及的本质特点；一旦假设与事实相反，并且如果在此处假设的事实未被决定，那么它将有可被断言的重要意义。关于概率的这个观点的重要性不久将出现。

前面已论述，实用主义批评经常攻击这种观点：在认为经验陈述句的意义与证实它的东西两者等同这方面，一个人将被相信的客观事实的意义降到只是经验的一个意谓；且因此这么一个意义的"证实理论"是真实的"唯心主义的""主现主义的"或"现象主义的"。但是我们现在有能力精确、清晰地提出这个观点与任何主观主义的观点的区别。

这里坚持的观点是：客观信念和超出理论上可证实可表达的东西的任何客观事实的陈述句，都没有意义。但是，此观点没有主观主义的含义。它蕴含着否认这里有任何内在地不可知的客观事物或事实——该事情或事实对于任何实际的甚或任何假想的观察者不可能是经验地被证实的。批评者错误地理解了主观主义与实在的确证之间争论的问题，该实在的确证是不依赖于事实检验的，且犯了做出**不相干的结论**的错误。

对不可知现实的否认，我们希望并不意指所有的一切都是可认知和可证实的。主观主义者断言，不可能有**实际**经验之外的现实。然而，这里不坚持认为，对**实际**证实经验(证实实际地已做出或将来实际会被做出)的整体的参照，可穷尽客观事实的意义。相反，这是被否认的。客观信念已被指出不只蕴含着将付诸检验的终结性判断，而且蕴含着不被检验的那些断言。这些我们已强调；这种终结性判断断言如果—那么关系，在假设是假且指定的证实没做出时仍必须成立；并因此用"如果做出如此的观察，那么将会观察到这样的结果"这种形式更清楚地表达。

在例子的本性中，必须有仍未检验而被看作真的这种终结性判断。不可能做出所有可能检验，同理，不可能用所有可能方式行动或做出所有可能的决定。对终结性判断的承诺突出显示了不依赖经验的客观现实的承诺——清晰地确证它们蕴含着什么——该终结性判断在任何客观信念的例子中仍未被检验；在对未被观察的事物的观察和未被证实的事物的可证实性的断言中，该终结性判断永不会成为现实的经验。

通过这些与主观主义的分歧，我们发现，有必要坚持认为，可发现客观经验断言的可证实意义的终结性判断必须表达一个在行动方式与一系列经验事件之间的真实联系——不依赖于被发现而被实际检验所支持。具有这种意义的陈述句如何被确信的问题，是客观实在经验知识如何可能的问题。

12. 我们现在可以转到较早提及但被延搁的两个问题上来。一旦一个终结性判断表达对相信的客观陈述句的可能的检验，那么，找到这个终结性判断，经过试验，其决定性的真不决定性地证实这个客观信念，只认可它并显示它是或然的。假设经过试验，终结性判断被发现是错的：采取一定行动，但所预测的经验事件没有接着出现。恰当检验的客观信念因此决定性地证明是错的吗？第二个问题：我们已经看到，客观陈述句在直接经验中的任何检验，要求行动的假设；被预测的经验事件是以检验的执行为条件的。但是这里没有其他条件吗？如果预测的经验事件的自然或非自然的产生与客观信念有关，并且组成它的一个检验，那么该条件是必须要满足的。这两个问题是相互关联的。

至此，我们已说，如果表达客观信念的可能证实的多种终结性判断只蕴含在那个信念的陈述中，并且如果这一点绝对正确，那么，这么一个终结性判断不能通过试验而为真，这是对蕴含它的客观陈述句的决定性的否定。我们前面已注意到一个怀疑，即事实上是不是这种情况，但是，在那里我们没有继续追究这个问题。

客观的陈述句不是通过任何单个检验可决定性地证实的，这一点相当自然地建议：同样，它将不是决定性地可否证的。但那仅仅是一个容易的意识集合且无说服力。如果陈述句"P"有许多含义"Q₁""Q₂""Q₃"等，但这些中没有一个等同于"P"本身，那么，这些蕴含的陈述句中的任何一个"Qₙ"是真，这将只提供"P"为真的证实。但是，找到它们中的任何一个"Qₙ"是假，这将决定性地证明"P"为假。并且，这个考虑在此很合适，因为没有任何终结性判断能等同于任何客观陈述句：如果是这样，那么，客观陈述句能被同一确定程度证明，该确定程度被检验与终结性判断相关联。

因此，怀疑客观陈述句是决定性地可否证的，其根据不是关于证实和证伪中期待的调和的根据。毋宁说，它是认知的经验本身的直接检查，该检查将提出这个怀疑。例如，我看到的东西引起我相信，在我面前的一个确定的地方有一个真实的门把手。并且当我伸手抓住它，预期触觉的发生将构成有效概率的信念的一个证实。但是，假设我未能找到并用手转动门把手：我似乎看到了，我将立即信服这一信念是假的吗？事实上不。如果这种失败发生，我将迷惑不解；但是也许我同等倾向于怀疑我的触觉与视觉，且我愿意怀疑我的触觉与视觉的协调，甚至两者中的任一个。正在谈论的检验是最经常和实际的且最具决定性的一个，它欣然接受检验讨论中的信念。并且，大略估计，相对于判定它为真而言，我们认为，它的失败是该信念的证据。其他例子可能揭示一个不同的比较，谈论中的客观信念的证实程度是将一些中肯的终结性判断投入检验所给出的肯定结果与一个否定结果所指出的确信程度之间。并且，我们将发现许多例子，在这些例子中，终结性判断的决定性否证将使我们实际地确定这样被检验的客观信念是错的。但是，我们应找到在其中失败会引起确信一个人会不假思索地冒生命危险和对未来幸福生活的希望的一些例子吗？这几乎不受欢迎：我们不确定**任何**感觉中的确信程度，即太多其他解释的可能性——不同于客观信念的真假——将使自己想起所有单个检验的结果。随便举例，一个人愿意认为，如果通过直接经验选择最接近地确定的可能检验，那么肯定结果是接近确定的真，如同否定结果将是确定的否证。并且，我们不能较好地假定：直接经验中的**任何**检验会绝对确定性地证明或反驳一个客观信念。

这个结果好像令人不安，因为它通常要求对真和假的经验所决定的考虑有复杂的限制条件，且因此，它复杂地限制客观陈述句和信念的意义，根据这个意义，它与应用性和真的标准相符合。

除非客观经验关于经验的陈述有所言说，否则它们是无意义的。我们可以承认：分析陈述句不依赖经验检验的任何事物，具有意义。但经验陈述句肯定不能这样。除非它们说了一些经验所直接或间接决定的事，否则，它们根本什么也没说。并且，除非至少暗示它对实际的或可能的特定经验有所言说，否则，陈述句不能对经验说任何事。但是，如果我们问自己，当对客观事实做出陈述所意指的东西时，是不是任何单个经验能绝对地最终地显示为真或假的东西，因此，直率迫使我们做出否定的回答。在一些例子中，有实际的确定，但是没有完全的理论上的确定。通常，我们最能宣称的是：客观信念或它们的大多数，在直接经验中有检验，这些检验的肯定的结果将指示高程度的概率，同样，这些检验的否定的结果将指示否证的高概率。通常，同一检验将符合这两个要求：它的肯定结果将保证信念的高概率，否定的结果将指示极度的不可能性。有这种情况的地方，我们可称谈论的检验为**支配的检验**（ruling test）。但是对于一些客观信念——特别是那些综合性的信念，像一个科学归纳——一些单个经验可以给出几乎决定性的否证，但没有任何单个经验可提供同等可信的确证。并且，也许对于一些客观信念来说，实际的确信可能通过一些决定性的检验来保证，但在任何单个经验中不能找到同等确定的否证。当令人满意的检验条件难以达到时，就可能出现这种情况。

13. 接着，我们将被迫限制先前关于客观信念的非终结性判断与构成它的一个检验的任何终结性判断之间的关系所做的陈述。如果终结性判断被决定性地发现为真，那么客观信念因此被证实为或然的。并且，如果终结性判断被发现为假，那么客观陈述句因此被证明不可能或不确实。要求限制的是后一个考虑；前一个已被明确地公认了。我们再也不能说：**如果**客观信念是真的，那么终结性判断将肯定是真的；我们只能说它将是或然的——在大多情况下，在较高程度上，也许在与实际的确定等同上。

然而，在这样一种接近方式的范围内，通过采用科学操作主义者可能用于他的科学意义的公式，例如，通过说，长度和硬度的概念是通过一些决定性的检验来定义的，我们能够回避现在这种困难吗？我们可以说"x 有 m 硬度"意指"标准条件下被操作的校准检验器械将在 x 上打出一个 k 深的坑"。这提供了一个真正的等式，该等式可简单地表达和直陈我们研究的事物的真实性的检验。如果说不同意这里有其他合适的检验和其他证实方式的话，那么，这个要点也可用这类词处理。**最终做出**检验，但根据一些明显的原因，我们将承认一个事实，也许这个检验结果与其他检验结果之间 100％协调。这些其他检验将**证实**硬度 m；但作为决定性的证据而被接受的检验是特种检验。

已指出，这类操作主义概念的问题仅仅是它未能解决有效性和真实性的一般和最后问题；因为如此用公式表示的标准不真正根据感觉来衡量——纵然它可以欣然建议公式进一步要求的事情。它不是根据直接经验，这一点已被事实证明。这个事实是：一个情况良好的标准器械是否已经适当地被操作，是否精确地进入物质的 k 深处，这是并经常是一个问题。错误经常发生是一个复杂的事情，它属于提出相同普遍种类的确信问题的客观事实，如同有关被检验物质的硬度的最初问题。因此，同样，我们被要求说：**检验**的检验是什么，并且被报告的结果怎样被确信为可值得相信的。

物理学家、生物学家或心理学家可以很恰当地觉得，他不被要求进一步追究这种问题；也恰如他不被要求考虑较低下的和较普遍的知识种类，如一个人确信在他面前某一确定位置有一个门把手的问题。一个普通种类的操作的定义满足了他的要求——只要他在自己的科学方法论上不陷入认识论的陷阱。但是，在这点上（这里可能有一些话要说，但我们在这里暂不去讨论它）对于那些关心认识论问题的人，这个定义表达的是开端而不是解答。它留给我们三个问题：一个检验器械在确定的被称为"情况良好"的状态下的决定标准是什么？我们怎样确信一个规定的检查常规被恰当地执行？物质被带入一个特定深度这个事实是怎样使人确信的？从认识论观点看，这些问题都不比最初的问题"我们怎样可知道谈论的物质有一定程度的硬度"简单，它们也不是本质上不同种类的问题。

我们必须进一步推进在**任何**客观事实和直接从感觉角度说的事物之间的联系，只有在这里，我们才能找到经验信念的真或有效性的**终极**决定因素。只根据感觉经验中可被给予的事物来说，只根据出现什么来说，我们能进行这种直接接触。感觉表象可能是难以甚至是不可能表达的，但它们是我们可确定的东西。除非据经验来说是确定的，否则没有哪怕是或然的经验意义的事物。再者，我们好像有必要抛弃任何可选择的观点，而仅仅追随问题和事实的强迫。

现在我们面临两个使问题复杂化的思考。第一，根据直接可证实感觉而可陈述的客观信念的后承，不会发现它们中任何一个为真，这将偶尔地证明信念的真；也不会发现它们中一个为假，这将是证明信念为假的决定性的证据。第二，我们还未考虑可能条件，它不同于行动的条件，确定的直接经验的发现应属于谈论的一个客观信念，它可能是必要的。

14. 我们先论述这两个问题的第一个。它的一部分后承已被充分讨论过：不能根据单个终结性判断被发现为真而确信客观信念，这一事实指客观信念不能决定性地证实而只可确证。一个决定性的或"支配的"（ruling）检验可给予达到实际的确知的保证，但客观事实的理论上的确知是不能到达的。并且，没有检验能保证确知的任何地方（为真），没有理由挑选任何一个这样的可能的确证，如同特别显示一个客观陈述句的感觉意义：根据直接经验，为了陈述句为真，所有证实它的这些发现，都是被认作清晰地存在于它意指的内容当中的后承。

下面这个观点可能遭到反对：一个被相信的客观陈述句与确证它的经验发现之间的联系，更应被看作从过去经验学到的东西，而不看作蕴含或包括在被相信的客观陈述句本身之中。下面一点很正确甚至很明显：没有从过去经验学到的东西，就不会理解和知道像终结性判断这样的联系。在后面的要点中，我们必须回到那个事实。但是，对它的认识不包含任何与"这种联系包括在客观信念本身中"这一观点相反的意思：我们从过去经验学着考虑和理解的正是**这些意义本身**。

这种历史地学习通过意识的联合和习惯的形成而产生。但是，如果在任何事例中，这样产生的信念受到挑战，唯一能为之提供证明的，是一些归纳地证实经验中的真实联系的多样事物。如果您移动眼睛，此前被看到的事物将移出视觉范围——除非幻觉。如果您伸手摸到了具有确定能认出但不能描述这些视觉特征的东西，您将用手感觉到它——如果理解是真实的。通过在经验中学习这种真实的联系，我们才能建立被看到事物的真实情况；才能知道具有一定的视觉的和其他线索突出显示的特点的真实存在物。这样归纳地建立真实联系的明确的公式，同时将我们的合乎习惯的信念的感觉意义（经验标准）给予我们，我们通过肯定客观事态表达该信念，该信念也将给予我们基本概率，通过这个概率，一个可经验的物体世界被认为存在。

仍须进一步重视的是，从下面事实可推断什么的事实是：发现一个客观陈述句可预测的后承为假，将否定它但并不能证明它一定是假。从实际观点看，在这个发现（即客观信念难以结论性地被否定，如同难以证明一样）中，没有令人不安的东西。我们将仅仅选取那些"支配的"检验，这些检验的结果将尽可能接近决定性的——如果结果是肯定的那么它是真，如果结果失败那么它是假。我们在此停顿一下考虑这样的事实，即我们再也不能将任何终结性判断"一旦 S 给出，如果 A 那么 E"看作被一个已被相信的客观陈述句"P"所严格蕴涵着。我们只能说，"如果 P，那么，一旦 S 被给出且行动 A 被执行，E 将随着被观察到，这多少是有较高可能性的"。因此，如果现在问，怎样理解客观信念的感觉意义，我们会发现，它被想象为许多蕴涵着的直接经验所发现的系列，如同恰当条件下的**可能**表象和行动。

然而，这对客观事实的确证或否证没有施加任何实际的或理论上的压力。下列两点仍是真的：这种确证或否证可在一些意义的确定中被发现，可将一些终结性判断付诸检验来决定；被检验的信念的相应概率可明确地被确信。对于任何客观陈述"P"，我们将有一系列可能的检验，每一个可通过一些终结性判断来表达，这些终结性判断有：

如果 P，那么，当 S_1 和 A_1 时，E_1 有一个概率 H；

如果 P，那么，当 S_2 和 A_2 时，E_2 有一个概率 K 等。

如果客观陈述句是假，一旦检验被做出，它的被预知的后承将不被发现，这里也将有一个能被判断的概率：

如果非 P，那么，当 S_1 和 A_1 时，非 E_1 有一个概率 M；

如果非 P，那么，当 S_2 和 A_2 时，非 E_2 有一个概率 N 等。

这些假定的概率不得不被直接地判定为：没有被影响的概率公式，且没有任何东西在认知的通常例子中（在这里，相关材料几乎不承认统计学的公式表示法）被允许有很精确的估计。再说，在一定程度上，客观陈述句被肯定的检验结果确证，或者一旦结果是否定的，它被发现是不可能的，这个程度是对它们的大小顺序的常识来适当地估计，而不是被计算出的。在这个联系中，有用的归纳仅仅是：一旦检验结果是肯定的，确证程度是较高的，其根据是，若陈述句为**假**，则这个肯定结果是更**不**可能的；一旦检验结果是否定的，被检验的陈述句是更不可能的，其根据是，若陈述句为假，则这个否定结果更是不可能的。一旦"P"为假"E"也为假的概率接近确定，那么，一旦"E"被发现为真，对"P"本身的确信度将接近确定。并且，一旦"P"为真且 E 的概率接近确定时，那么，"E"被发现为假时，"P"为假的确信度就接近确定。①

这里观察的是：一个客观信念的确证，在接近确定的程度上，是推导如果信念"P"实际上不为真且预期检验结果"E"将被发现为**假**

①　由测试建立的概率程度与"P"的先行概率相关，与测试前 P 的概率相关。上面的归纳依然是无条件正确的。被检验的"P"为真一旦被发现，便是"E"的一个"原因"或解释。我们可以将所有其他情况一起括起来，这些情况能在"非 P"名下解释这个发现。那么，逆概率的原理将适用如下：

证明"P"的前件概率＝W；

"非 P"的前件概率＝1－W；

证明如果"P"为真"E"的概率＝K；

证明如果"P"为真"非 E"的概率＝N；

证明如果"P"为假"E"的概率＝1－N。

那么当"E"通过检验被发现是真的，"P"的概率通过 WK/WK＋(1－W)(1－N) 被给出。这个分数将是接近 1 的人根据 W 是接近 1 的或 N 是接近 1 的得出。这样"P"将确信有相近的确定的概率，如果"E"不被发现，除非"P"为真的概率为 N。

一旦"E"被发现是假的，可通过"P"的否证度（"非 P"的概率）即 (1－W)N/(1－W)N＋W(1－K) 被给出。这个分数将接近 1，通过"P"的前件概率 W 接近空，或"E 如果 P"的概率 K 接近 1。这样，一旦"E"被发现是假的，"P"的否证将接近一定的假，如果 P 为真，则"E"的确信近似于确定。

这里，逆概率原理的应用不受从上面假设中遗漏下来的条件 S 和 A 的影响。因为当检验做出时，这些条件被认定为确定的，且它们的概率系数都是 1。

的概率，不是推导于用一个终结性判断形式"如果 P，那么（假定 S 和 A）E"陈述"P"与"E"的关系。因此，我们被迫放弃假设，即终结性判断表达从 P（和"S""A"）发现"E"的无限制的概率的缩减，这对"P"的确证接近确定的可能性没有重要意义。

关于客观信念与可服务于其确证或否证的检验结果之间的关系，这里有两个重要事实也应注意。第一，任何一个这种检验的肯定结果会增加仍未做出其他检验的肯定结果的前件概率；因为它增加客观信念本身的前件概率，并因此增加它的任何进一步的后承概率。这使人确信下列实际的要点：尽管根据直接经验，在客观信念为真的情况中，被保证的预测不带有理论上的确定而只带有或然，但是，确证此信念的任何东西增加了确信，与此同时，其感觉—可预测的后承能被预期存在于将来经验中。第二，我们应论述，一旦被相信的客观陈述句只给它的任何一个可预测的感觉后承以多少有点高度的概率，那么，它与整个这种后承系列的关系将颇为不同，该关系可通过相关的终结性判断表达或可对任何相当多的这种后承进行表达。如果"E_1""E_2""E_3"都是这样，即发现其为真会保证"P"的一些概率，那么，根据一个相当明显的原理，发现"E_1""E_2""E_3"的真将迅速保证一个高程度的概率。这种后承，如果"P"为假则每个或多或少不可能都是真的，这一点将显示出一个惊人的巧合，如果"P"事实上是假的则很不可能。谈论的原理可通过大量证人的例子来说明；每个证人不比个别的独立地讲详尽故事的报道者更值得信赖。如果他们一致，一个人必须迅速相信他们讲的是实际地确定的。用同样方式，一个客观信念的概率，和仍未检验的相关终结性判断，可达到一个高概率，但根据分别得到的证实的基础，不能保证特别高的确信度。

我们在这里不能解释上面被指定为"概率"的精确意义：它必须是一个单独的、后面的论题。但是，恰当的意思与平常表达式即某物被预期为 99%（或一些别的分数）所暗示的东西一样。这个说明更恰当，因为提到的分数属于比喻表达式：在估计所谈论的概率时，它没有被认为真正可能的那样精确，但它依然试图精确。

让我们将这个讨论的结果应用于下一事例：看到门把手并试图通过握它来确证因此导致的信念。在我面前的某一确定位置，我似乎看到一个门把手。如果此处真有一个门把手，它一旦像我现在看到的这种视觉表象一样被给出，我着手确定不易描述的、但立即可认出的"握"这一动作，那么同样不可描述但可认出的接触这一感觉会被期望有99%的可能性。但是，如果这里**没有**门把手，一旦这种表象被给出，那么如果我着手握这一动作，被期望的接触这一感觉将99.9%不会发生（在这里，概率是否被似合理地甚至粗糙地估计，对于常规说明无关紧要；但请注意，被指定的两个概率——一个是客观信念为真的概率，另一个是客观信念为假的概率——是不同的）。我们应记住，当关于门把手的被相信的东西用客观事实的语言陈述时，呈现的内容、采取的行动、经验的结果，都是用表达语言来描述的，就像我们可立即确定的东西的项目一样。也就是：

让"P"="在我面前和左边，这里真有一个门把手"；

让"S"="我似乎看到这样一个门把手"；

让"A"="我似乎将亲自着手一个确定的握它的动作"；

让"E"="接触门把手的感觉随之发生"。

那么我们做出的两个判断是：（1）一旦P、S和A，那么E的概率是0.99；（2）一旦S且A，但P为假，那么E为假的概率是0.999。

作为（2）的一个结果，如果一旦现象被给出且行动已着手做，且预期结果实际地伴随发生，那么客观信念被确信也同样有0.999的概率。根据逆概率的普遍原则，一个假设的概率，因该假设通过发现假设是真的后承而被确信，将接近确定。当假设是**假**后承的**不可**能性且接近确定时，我们根据同一普遍原则，应用上面的（1）：如果关于门把手的信念被付诸检验于门把手，接触的感觉**没有**随着发生，那么这个信念将被否证，并且，信念为假的概率同样是0.99。

诸多问题在这里将浮现出来，其中一些将在这部分的结论中得到解决，其他的则必须等待属于概率问题的更详细的讨论来解决。但是，如果我们临时地问，根据感觉确定性，客观信念陈述句意指什么，那么，我们现在能从这个例证中得出答案。好像看到门把手的地方真有一个门把手，这意指，这个信念的无尽数量的证实将是可能的，其中一个例子是，伸出手去握门把手并像预期那样用手找到门把手。然而，不得不承认，这样一个检验的成功将不能达到对被相信的事实的100%的证明；并且同样，单个失败将不构成信念的100%的否证。如果我们通过参照这种可预测的信念的感觉后承做出大量检验——不管是"相同"检验的重复，还是不同后承的检验——那么，符合成功的累积结果将决定信念的一个概率，该概率比任何单个确证建立的概率在量上会更高。① 用这种方法，信念的确证，

---

① 由于归纳的老生常谈，根据概率论的陈述，"不同"检验的成功结果给出的符合，比被同一检验重复给出的符合，保证有更高的确信度。

在有帮助的例子中，在有限数量的检验的基础上，将接近确定。然而，信念不要求尝试确证的完美的成功（如果**所有**证人都精确地讲细节上无不同的相同故事，那么其确证将是"太好而不是真的"）。在尝试确证时，我们合理地预期：最后，甚至在假设信念为真时，一些失败可能发生；这些预期"有一些别的解释"。例如，因协调的失败，我们有时不能抓到在我好像看到门把手的地方确实存在的门把手。与此一致的是，为了理论上的精确，人们要求被相信的客观事实的后承的终结性判断用概率来陈述：如果在我好像看到一个门把手的地方真有一个门把手，那么，如果我试图抓住它，我将感觉到它在我手边的概率约为 0.99。

然而，也许问题属于另一个种类；我们怎样知道信念或其陈述拥有一些确定的终结性判断作为其后承而不是别的？唯一能给出的回答是：我们在知道客观事实的确信意指什么的过程中知道这点，就知道信念包括什么而言，我们必须通过经验能给出信念为真的任何证据的方式知道这点。因为这些终结性判断是表达客观事实（该客观事实是经验能提供的）的唯一可能的决定性表述，并因此构成唯一可用的属于经验的客观真理的标准。像科学操作主义者通常所做的那样，我们可以用公式表示下列东西，即我们根据一些真理的**决定性**的检验，用客观语言来表达这些东西。但是，如果事实是这样，那么就只有用这个相同的确证形式和概率形式，我们才能相信这个事实，即这个被详述的**客观的**检验是实际地令人满意的。我们根据在经验中能直接发现的东西，并因此根据单独是经验地可决定为确定的东西，来证实它对于一个客观信念只是可能的。

15. 出于对前面部分的考虑，与调查的两个问题中的另一个有直接关系——对于客观信念的检验的任何预期结果，除了着手行动这一条件外，还有其他条件吗？如果是这样（有），如果它将被完全地和准确地表达，这些进一步的条件不必被引进到任何终结性判断的假设中。

用标准检验器械决定强度的例子能够说明，这里时常有属于任何检验的进一步条件。并且，它显示，在这个方面，这个例子相对于一个客观信念或陈述的大多数而言是可能证实中的典型。我们必须确信器械处于良好状态；我们必须确信它实际地符合公认的标准；我们必须确信给器械和物体定位的方式是与规定一样的。如果这些条件被忽视，检验结果与被相信和被检验的客观事实之间的相关性将是可疑的。因此它显示，用公式表达客观事实的一个可能确证的正确方式是："如果 C_1、C_2 和 C_3，以及 A，那么 E"；或者，将几个条件合并在一个大写字母"C"下，并将事情更精练地陈述，可用"一旦 S 给出，如果 C 且 A，那么 E 的概率为 K"来表达。

然而，我们已经看到，为什么"A"和"E"在这里表示的内容必须用逻辑语言来表达，它将立即可决定的某物当作经验的特定内容来陈述。我们还看到了，这些相同的考虑迫使对可预测的事件"E"的概率进行限制。像有关被"C"表示的任何进一步的条件一样，相似的问题必须立即被论述。这些条件将根据客观事实来陈述——例如，器械的确处于良好状态——或者，它们是可根据某物（所予经验本身可决定性地确信该物）陈述的条件吗？任何物理学家准会遵从的，准会用客观词表达整个事情的，是常识程序：条件，实验的活动，寻求的结果，都根据物理事实进行表达。他将分别写到为了减少检验和其结果因可能被实验的或因观察的错误而损坏的概率所采取的保护措施。但是，在检验本身的陈述中，因为这些可能的错误，他可能不会合并成任何保证。所有这些也许像它应该是的那样。但是在被客观词如此表达中，检验过程和结果的陈述将省略一些问题，这些问题对于我们关于客观物理事实的可能确信的认识论问题是极重要的。对于这类问题的任何解决，我们被迫询问：**任何物理事实的确信**——包括检验的执行和它的物理结果，以及令人意外的检验的任何其他物理条件——如何可以，以及有几分**可以从能根据经验完全确信的材料**中发生？

观察这些必要情况，我们会看到：为了使结果成为物理事实的真正确证，检验器械必须是标准的；且器械同样必须处于良好状态。下一个问题是："我们能**确信**这些检验条件吗?"回答明显必须是否定的：我们可能有合理的自信，甚或实际的肯定，但没有真正地被排除怀疑的可能。既然是这种情况，根据我们在检验时真正**能**相信的东西，检验结果将不得不被看重。并且，这将是我们通过一些直接观察能相信的东西，这些东西可根据能实际呈现的东西用公式表达。检验的恰当假设一旦实际完成，就**不是**器械的一个物理条件，而只是直接观察者能给出的这种确信。

因此，如果为了完成检验，这里存在属于客观事实的条件，那么其结果将确证或否证一个客观信念，那些应限制总结果的确证或否证的**可决定的**条件，不是属于客观事实的那些，而只是可被直接给予和确知的那些，以及可表示为客观的和"理想的"**检验**条件的那些。例如，我们完全可以决定的是：器械**显得是**处于良好状态的一部标准检验器械。

再说，用表达词而不用客观词表达任何检验条件，其必然性不妨碍任何确证的可能。如果在一定的**物理**事实条件下，由一定可观察的检验结果提供的确证或否证能被陈述，那么它也能根据在所予表象表示这些物理条件满足一个可决定的概率时直接可确知的东西来陈述。如果"就我们能看见而言"，这是一个处于良好状态的标准检验器械；并且，如果器械**不是**这么令人满意，我们应看到一些它不令人满意的证据，如果这里有一个可决定的概率；那么，根据表象，这里会有一个确证或否证的度，在其表象提供一些有存在概率的物理事实的条件下，这里会有可陈述的确证度或否证度。并且，如果在检验时，这里**没有**表示对检验是必要的任何客观条件，没有给予确定的确证度或否证度的表象，那么，永远不能决定这里有这种确证或否证，因为我们永远不知道甚至没有可能知道有这个结果的检验实际已完成了。

假设 C 是一个检验的条件的一些客观事实，并且 SC 是可直接作为 C 的证据观察的东西。更特别的，我们说，这里 SC 被给出，C 是客观事实，这里有一个概率 K。假设我们知道：

(1)如果客观信念"P"是真，那么当 S 被给出且 C 是充足的，且行动 A 被着手做，E 将被观察到这一点具有 M 程度的可能。

(2)如果"P"**不是**真的，那么当 S 被给出且条件 C 是充足的，且行动 A 被着手做，E 将**不**被观察到这一点具有 N 程度的可能。

那么，如果我们用"SC"代替"C"，这些公式表示法仍将成立，倘若(1)中的 M 和(2)中的 N 是被概率 K 限制的，当 SC 被观察到时，这个概率 K 是 C 的概率。[①] 也就是说，上面(1)和(2)，与这个考虑，即一旦 SC 被观察到，那么 C 是客观事实这一点有一个概率 K，它们一起带给我们下面这些推导：

(1′)如果客观信念"P"是真的，那么一旦 S 被给出且 SC 被观察到，且行动 A 被着手做，那么 E 将被观察这一点在 KM 程度上是可能的。

(2′)如果"P"**不是**真的，那么一旦 S 被给出且 SC 被观察到，且行动 A 被着手做，那么 E 将**不会**被观察到这一点在 KN 程度上是可能的。

---

① 因为通过概率的乘法规则，如果 C 的概率是 K，且如果 C 那么 E 的概率是 M，那么 C 和 E 的概率是 KM。并且，如果 S 的概率系数和 A 的概率系数是 1，那么它们在假设中的包含不改变这个规则的应用。

并且，在(1′)和(2′)中，用于标志"P"的真或假的这个单个检验，对于被决定的整个事来说，是独特地根据检验可以完全确定时的经验来陈述的。

因此，在一个终结性判断的假设中，永远没有必要包括蕴含着客观事实的、表达一个可证实的检验条件的任何条件。用客观词表达任何条件，自然不同于检验行为的表达。一旦我们在现在未获得的条件下或那些关于我们现在打算做出检验的条件下考虑可能的证实，情况就更是这样的。但是，可被任何检验决定的实际的认识的有效性，不能这样表达。一个检验在完成时发生的任何确证，有一个重担，该重担不依赖于属于客观检验条件的事实，我们在检验时不能确定其满足的事实，但依赖于我们对那些客观条件的**自信度**，这个自信度是由它们可直接观察的证据提供的。因此，直接与证实有关的并真正可确定的条件，不是客观事实但必须包括在检验时所予现象之中。它们必定是直接呈现的项目；并且我们可以认为它们包括在我们的变化例子"一旦 S 被给出，如果 A 那么 E 将有一个概率 M"中的"S"里。

16. 然而，如果我们因此认为对一个确证的条件的感觉表象包括**所有**直接可观察的相关证据，那么我们将注意到，这些表象的证据没有局限于现象将被确信的物体中，但它将包括多种其他表象情况。例如，看门把手并通过握检验，基于看到的信念，在这个例子中，一个相关的感觉条件不仅仅是门把手的现象：一个人的眼和手的协调应是正常的，如果这是影响有关证实的重要方面，那么一个人昏厥或晕的感觉也是相关的表象项目。并且，这符合我们的常识，即慎重考虑该事情，预防我们试图握门把手但未能达到预期结果。与一个客观事实的确证有关的表象项目可以是广泛的和多样的，这是在以后论战中吸引我们注意的事情。

因此，我们对于客观信念和对于它们为真的可能知识的普遍结论如下。这个信念的理论的和实际的意义，将在我们作为其证实而接受的事情之中，在可检验的后承中被认为蕴含于信念本身。无限数量的检验会完全详尽地阐述任何经验中的客观信念这个有意义的内容。并且，通过相同证据，没有完全的和决定性的证实，将我们的确信带到这么一个程度，即没有可想象的进一步证据能慎重地考虑它。它永不优于可能的存在概率，尽管能被确信的概率在有帮助的例子中可以达到一般地称为实际的确定。并且，甚至在由单个检验形成的确信度相对较低的地方，这种检验中的肯定结果的符合度可以迅速提高到一个很好的确信度上。进一步说，这里没有直接可观察的任何单个实验结果，如果信念为真，我们应要求一个绝对的确定，并且我们应将其失败看作是超出信念而否证所有可能的怀疑的。尽管在这里，由于这种不确定而产生的错误信念的概率有时可能等于实际的确定性。

然而，这仍允许：被一个或许多检验确证的信念的**概率**，可以被最终决定。因为任何这种检验的必要条件都根据立即可确定的东西来表达，且预期结果同样能根据感觉表象（该表象可以是一个完全确定的东西）来表达。终结性判断本身必须根据概率来表达，这个事实没有与之矛盾的后承了。客观事实的经验知识不能被理论地确定；但能确定的是，它是真正或然的，且在有些例子中它是高度可能的。的确，这里有进一步的复杂考虑，但至此未论及；特别的，对于真正可能的经验信念的建立是必要的材料，比一般所认识到的更复杂，比在这类问题的例子中通常所称为的"材料"更广泛。然而，在我们谈这个主题之前，我们必须先关注作为或然的经验知识的更一般和更基本的问题，并特别精确地关注在称为是或然的经验知识中被断言的东西。这个基本问题我们将在下面两章中讨论。

17. 鉴于这一章书写的方式，我们至此最好带有分析的逻辑方面而特别参照性地附加一种总结。我们从终结性判断的一个相对简单的描写开始，关于客观事实的非终结性判断紧随其后，然后发现有必要使这个开头的考虑更复杂。任何别的呈现方式会冒出，同时提出这么多危险的问题，这些问题中的任何一个的被理解程序已被损害。

现在让我们用公式表达所做出的陈述句，像它们最后会出现的那样，在此我用面前一张纸的例子作为我们的变化例子。且只此一次让我们利用符号，既为了简便，也为了提出一定的重要的属于分析的考虑。采取用符号表示的方式将不完全精确，但是参照随后的注释将会使之更加清楚。那些对符号的精确性感兴趣的人，将看到它们如何可能达到准确表达，但也将观察到许多更复杂的事情被涉及。

让 P＝一张真实的纸放在我面前；

S_1＝一个视觉的纸张表象被给出；

A_1＝我移动眼睛；

E_1＝代替这个表象的所见伴随而来；

S_2＝我好像用手指感觉到了纸；

A_2＝我拿起纸并撕它；

E_2＝一个被撕的纸的表象伴随而来。

作为符号的简写，让

$XY＝X$ 和 Y；

$\sim X＝X$ 是假的；

$X<Y＝X$ 蕴含 Y，X 有分析后承 Y；

$X \rightarrow Y＝$如果 X，那么结果 Y；

$(h)X＝X$ 的所有概率，

$Xo＝X$ 在场合 o 下；

$(o).Xo＝$对于任何场合 o，Xo。

所使用的圆点像通常在符号逻辑的公式中出现的那样。然而，下列不是公式且不能根据逻辑演算的一般规则来操纵。它们是陈述句的形式，这些陈述句支持所选例子，并且，一般地对于这类例子，它带有一定的被谈及的例外。

(1) $P.<：S_1 A_1.\rightarrow.(h)E_1$

(2) $P.<：S_1 A_2.\rightarrow.(h)E_2$

(3) $P.<S：S_2 A_1.\rightarrow.(h)E_1$

(4) $P.<：S_2 A_2.\rightarrow.(h)E_2$

(5) $(o)：.Po.<：S_1 o A_1 o.\rightarrow.(h)E_1 o$

(6) $\sim P.<：S_1 A_1.\rightarrow.(h)\sim E_1$

(7) $PS_1 A_1.<.(h)E_1$

(8) $\sim PS_1 A_1.<.(h)\sim E_1$

(9) $S_1 A_1 E_1.<.(h)P$

(10) $S_1 A_1 \sim E_1.<.(h)\sim P$

(11) $S_1 A_1 E_1.<：S_2 A_2.\rightarrow.(h)E_2$

注释 1：假设"S_1"或"S_2"不仅包括它超出说明的陈述的内容，而且包括依照 15 节中"C_1""C_2""SC"等的讨论，所有立即观察到的是谈论中的"P"的确证条件。

注释 2：在上面的陈述句(1)中将观察到，"如果—那么"的两个意义被涉及，分别用"C"或"$\rightarrow$"表示。这两个中的第一个是(1)断言成立于"P"与"$S_1 A_1.\rightarrow.(h)E_1$"之间的蕴含关系或分析后承。这个关系"$<$"不仅包括任何前提与根据演绎逻辑的规则可从它推导的一个结论之间的关系，而且也包括，例如，"T 是红色的"与"T 是有色的"之间的关系，这个关系不能单凭逻辑规则证明，但能通过知道"红色的"和"有色的"的意义来理解这两个意义的相互关系。因此

"Z<Y"一旦是真的，便是先验可证明的，或者通过参照逻辑规则，或者通过参照所涉及的意义，或者通过二者一起。（第一篇清楚地证明了，可被逻辑规则证明的任何东西，也是通过参照"逻辑常量"的意义和句法可证明的，因此我们能更简单地说，成立的任何"C"关系是通过参照意义可先验证明的。）

这里谈论的意义的特定方式是在第一篇中被称为"感觉意义"的那种。一个陈述句的感觉意义存在于它应用于现实的实验标准中。用意义的这种方式理解一个陈述句所意指的东西，将能知道什么使我确信其真。因此，"P"的意义包括确证其成为真的东西；并且，任何这类都能确证是"P"的一个分析后承。

注释3：在陈述句(1)中，我们说"P"有分析后承"$S_1A_1. \rightarrow. (h) E_1$"；"一旦一个视觉的纸张表象被给出且我移动眼睛，那么在所有概率中，一个被看见的表象的代替随之而来"。相信一张真实的纸放在我面前，我做出终结性判断：一旦这个表象被给出，我如果移动眼睛，一个看到的代替物将发生。并且，将这付诸检验的肯定结果，将确证我对纸的现实的信念。但是，我们已观察到，检验的否定结果不决定性地否证信念。因此我们不能用较简单的形式"$S_1A_1. \rightarrow. E_1$"表达这个"P"的分析后承；并且这个终结性判断在分析中不会无条件地发生。

这里"$\rightarrow$"表示的关系依赖于我们称为"真实联系"的东西；根据一个经验中可观察的项目归纳地建立的相关关系，是另一个的概率—指数。若没有这类真实的联系，任何客观事实的信念或陈述都会具有任何意义内容。"$\rightarrow$"连同加在前头的"(h)"表示的是根据真实联系而成立的一种关系。"P"为真的要求是，如果 S_1A_1，那么 E_1 具有所有概率。

读者可能立即会问这个"P"的分析后承是否不应写作"$(h)(S_1A_1. \rightarrow. E_1)$"，即"在所有概率上，如果一张纸的表象被说出且我移动眼睛，这个看到的代替物将伴随出现"。但是，这个困难将消除，如果我们观察到：它仅仅产生于合乎习惯的但不准确地表达的假想概率的方式。当我们说如果 A，那么 B 的一个概率为 h 时，我们意图指的是 B 的一个概率为 h，或 A 是这种情况。我们这里希望表达的"P"的分析后承不是"S_1A_1"与"E_1"之间的一个关系"$\rightarrow$"的概率，而是它们之间的**概率的关系**。

注释4：我们已提出"(h)X"读作"在所有概率上 X"，代替"X 是高度或然的"，为了排除某个困难，该困难在概率的进一步讨论中和我的信念的逻辑中不能令人满意地解决。然而，所涉及的一个要点在这里被提出来。例如，如果一个人看天空并预测要下雨，那么这个人不打算断言天空的现象与后来下雨的发生之间有一个概率关系：无论事实上下雨还是没有下雨，这个断言依然同等地为真。这个冒险的预测（作为或然的）是天**将下雨**，这是一个其结局将决定性地被证明为真或证明为假的断言。"在所有概率上，天将下雨"，这个表达式至少带有某种意义上如此决定性地可证实或证伪的预测。

这类考虑进一步强调，表达一个预测的终结性判断本身不作为一个将被确证的信念中的无限制的成分出现。

注释5：我们将(2)(3)(4)，还有(1)看作提醒我们，对于单个客观信念"P"，这里可以有不同的证实——比较(1)和(2)，或(3)和(4)——相同的感觉材料暗示相应地带有确证结果的不同的检验。并且——比较(1)和(3)，或(2)和(4)——不同的感觉材料可以暗示相同的检验和结果。

更明显的是，这里可以是一个重复的检验，即在不同场合参照相同的感觉材料、检验和结果来确证，这一点在(5)中通过(1)的归纳被暗示。在感觉材料和检验行为相同的地方，确证结果一般是相同的。大多数例外的出现要归于对例子的公式表示法的错误或未能观察到的用法，不同确证结果有一个独自是本质的公共部分。不常有的真实例外将通过两者择一的和不可观察的检验条件及其结果来解释；并且，这些检验一般不提供高确证度。

注释6：陈述句(5)用它的一般形式表达(1)，即"对于任何场合o，如果'P'成立，那么如果材料'S_1'被给出，且通过'A'的检验已完成，根据'E_1'的结果，所有概率将继而发生"。对于(1)本身，"S_1""A_1"和"E_1"是陈述句，由于被理解的对于一个特殊场合的参照，(5)表达这个事实，即这个场合下的所予材料、检验行为和确证结果，根据相应的陈述句对于任何场合都成立——只要"P"是真的，各自是可认识的材料、检验行为和确证结果。因此，在(5)中，"S_1""A_1"和"E_1"被允许表示为陈述句函数，在这些陈述句函数中，(1)中相应的成分是特殊的值。

可能有人反对(5)是错误的符号表示，因为"P"至少是陈述句而不是函数。这是真的，如果"P"本身包括对一个特殊场合或一些场合的参照，那么在这些场合，一张真实的纸放在我面前。但在这种情况下，"S_1""A_1"和"E_1"必须限制在同一场合或一些相同场合内，因为属于过去的检验或将来的事实一般必定不同于当前事实的检验。例如，我们不打算断言"如果在1945年5月16日10时，一张真实的纸放在我面前，那么在任何场合，一旦一个纸张表象被给出并且我移动眼睛，这个表象的一个被看见的代替物将在所有概率上伴随出现"。这是真的，但不是(5)打算断言的内容。谈论的概率在那种情况下仅仅是后件的前件概率；假设和真实性是不相关的；且一个肯定的检验结果不提供对现在已过去的场合的假设，即我面前有一张真实的纸的确证。就像所予，公式(5)因而是正确的。已做出关于任何场合的断言，这些场合在"Po""S_1""A_1o"和"E_1o"中是相同的，它不做任何断言，关于在一些陈述句"P"中没有含蓄地被参照的任何场合，这些场合是"Po"的一个值。

上列(1)至(11)的陈述句能同样地被归纳。

注释7：通过参照"S_1""A_1"和"E_1"对于"P"的确证，更直接地依赖(6)而非(1)，被一个已检验的肯定结果提供的确证度，是关于若"P"为假时"E_1"的逆概率，而不是关于"P"为真时"E_1"的概率。（见14节和本章第8个注释）

不能假定"h"在(6)中像在(1)中一样表示**相同程度**的概率：很少会有这种情况。在我们的例子中，"h"在(1)和(6)中都表示概率的一个高度——无论相同与否——谈论的检验属于我们称为"决定的检验"的那种。

注释8：(7)从(1)推导。是否它也等于(1)，这依赖于我们这里将不着手解决的问题。例如，它们的相关要求，对于下列也成立：

"$S_1. < PA_1. \to . (h)E_1$"

和"$S_1 A_1. < : P. \to . (h)E_1$"。

同样，(8)从(6)推导。

注释9：对"P"的确定，即直接的公式表示是(9)给出的；对"P"的否证的最直接公式表示法是(10)给出的，已注意到，"h"在(9)中的值与在(6)和(8)中的值相关；"h"在(10)中的值，与在(1)和(7)中的值相关。

注释10：我们认为(11)也使人记起客观陈述句"P"的确证，建立"P"本身的概率，导致或然的任何进一步检验的肯定结果。然而，不能假定——通过发现"$S_1 A_1 E_1$"建立的"P"的概率，同样是根据(11)为"E_1"如此建立的概率"h"。这也依赖于前件概率，且依赖于检验之间的关系。

经验中的好与坏

从根本上说，好和坏，都是经验赋予我们的品质。这些经验是好的还是坏的，根据它们已经或曾经，或将要（或将会）被已经或将会经历的人发现的好坏而定。我们可能会误解任何外部现实的好坏，即使在它存在的情况下也是如此。但是，感觉痛苦的人确实遭受了痛苦，对于一个有满足感的人来说，他的经验在事实上是能够令他满足的，无论他关于满足的理由或所享受的满足犯了什么错误。如果像某些人所设想的那样，所有身体疾病实际上是我们思考和相信的紊乱，治愈它们的方法可能会有所不同，但经验的不良仍然是它看起来的样子，否则就没有办法从这种幻想中解脱出来。关于经验的好坏特性，经历过的人不会出错，除非他只是在做语言表达而没有经历过。当前经验的好坏特性，没有外表和真实的区别。

然而，好与坏归于事物——归于各种各样的实体——以各种不同的模式，并且它们甚至用必须区分的不同方式，归于经验。例如——正如我们不久将要评论的那样——一个当下被经验为坏的经验，由于对后来经历的有益影响，可能成为一种本该拥有的好经验。在其自身的时间边界内令人满意的体验，可能是一种沉溺于其中的糟糕体验，因为后来沉溺于其中会证明是不好的。这样的口头悖论对于我们来说并不是一个实际的谜题，仅仅是熟悉事实的陈述，但是，我们如果没有在谈到其他事物的所有语言模式中预测价值的可能性，就无法说出这些显而易见的道理——过去时，未来时，假设（"如果"）和结果（"然后"），以及具有相同结果的假设，无论结果是与事实相符还是相反。

这方面，可以很好地说明经验是一种现实，即使不是存在于空间中的，也是暂时的：它们是发生着的意识事件。而且，它们也必定可以用预测模式表达，这种预测在一般事件发生的情况下是重要的，即使它们具有作为一种事件的特殊性，其具体特质也是一个事件，在所有预测模式中都必须能够说出它们。这对于我们来说很熟悉，但其中涉及长期的形而上学难题。这个形而上学的难题，我们不能在这里解决，但关于它，我们必须将自己限定于足以保证的对经验的熟悉程度上。

在这个根本意义上，任何实际经验的价值，都是当这种经验出现在他身上时，经验者实际发现的价值。但是，我们不能不对过去经验中发现的价值进行评估，因为这些是我们在未来类似经历中预测价值的唯一最终基础。在这个根本意义上，任何过去经历的实际好坏都是在其中发现的善或恶。但就价值观而言，就其他事项而言，我们的认知困境迫使我们要说这个过去的事实，正如它被记得的那样，或者目前它可能以其他方式间接地被保证。而且我们可能——并且经常这样做，也许有时必须——将这样的过去事实视为目前记忆的保证，而忽略回忆的可能错误。未来预测的经验就像他们后来会发现的那样——关于价值品质，就像其他方面一样。但是我们必须以我们期望的方式谈论它们，并以任何可能的措施和保证来表达我们的期望。我们不能做得比在"如果"的意义上衡量它们的价值更好，尽管未来经验可能存在不确定性，如用价值术语以外的术语所描述的，以及该经验，如另外所描述的，在应该实际发生时，所赋予的价值。此外，如果我们有同情心或有道德关怀，我们必须将好和坏归于他人的经验，无论这样做会遇到什么样的理论或实际危险。

另一个已经表明并且是最重要的一点，是我们不能避免评估在经验中发现的价值，因为这些经验将会或应该会被发现，尽管不知道所讨论的经验是否会实际发生。如果我们要将其视为合理的，那么这种必要性涉及任何有意识的行动决定。我们如果不考虑可供我们选择和必须做出选择的行动方案的价值后果，就不可能做出这样的决定。我们考虑所设想的作为替代方案的这种不同价值后果是必不可少的，也是选择做什么的唯一可能的、正当的理由。如果我们不能对"如果我应该做 A，结果（根据某人的经验，也许是我自己的经验）是好的，但是如果我应该做 B，那么它们会更好（或更坏）"做出合理的判断，那么我们根本无法做出任何理性的决定。而且，除非这种假设形式的判断能够具有与其中"如果从句"的真实性无关的真理，否则任何故意行为的决定都不会有不合理的理由。尽管有一个显而易见的令人信服的选择性的事实，但我们必须坚持这个观点，即只有一个这样的行动，一个选择的替代方案，才能成为我们这样做的事实。①

我们也许会遇到其他这样的问题，尽管这些问题不属于价值归属或其他规范性的断言，而属于认识论、形而上学或逻辑理论的一般性问题。我们关于过去的任何知识，或对未来任何事件的预测，或任何对其他思想的了解，都存在这样的问题。同样，我们可能对任何关于前提和后果的关系有疑问，并且对于一方面的经验事件与另一方面的外部事件之间的任何此类关系存在特殊怀疑。这些形而

---

① 那些讨论"违背事实的条件"的人往往忽略了这个主题的实际和极其重要的含义。对其有任何认知有效性的这种"如果……那么……"陈述的解释既简单又明显。它们通过演绎或归纳，或两者的结合来表达逻辑上合理的信念。"如果这是一根土豆，那么它就是一种蔬菜"，"如果这是一根状况良好的火柴，那么当它被擦到盒子上时，它就会亮起来"。这些都是一种分析性的陈述，通过概念的关系，通过"土豆"或"状况良好的火柴"的确切含义来表达。如果有人说，"这是一根状况良好的火柴，但是当击中盒子时它不会亮"，这意味着在称这个东西是状况良好的火柴时，存在一些误解。如果有人说，"这是一种土豆，但有毒"，那么，称这种东西是土豆，就会引起一些误解。同时，"如果这是土豆，它不会毒害您，但是会很好吃"和"如果这是一根状况良好的火柴，它不会被您口袋里的自然所点燃"是归纳保证的状态，在任何特定情况下它们都可能被过去的经验所证明。关于这些陈述的问题不是语义上的，虽然它们可能需要语义的准确性，并且"条件"如果以过时的主观形式陈述"如果是"，则可以获得。问题不过是归纳的有效性问题、自然科学和经验知识的问题。严格地说，所有这些经验归纳在理论上都不比概率好，尽管这种概率的程度可能等于"实际确定性"。

　　如果我们记住这一事实，那就是根据经验对其信仰保证的归纳，并非可能性更好，那么这个"经验知识类别的推论"很容易说明。用赖兴巴赫的话说："如果根据概率思考和行动对您没有任何好处，那么您不能做对您有好处的任何事。"实用主义的理由是完整的和最终的。如果您认为，对于智者学派和休谟来说，没有这种合理的认知信念，玩跳棋时除了效仿休谟之外没有什么可以做的，而且在做出您希望其他人可能同意和响应的一般性陈述时没有更好的选择。如果没有有效的概况，那么哲学就像任何其他无意义的消遣一样愚蠢。

上学和认识论问题的某些解决方案可能必须在规范性的讨论中推测，就像在任何其他研究分支中一样。

这些问题是一般的哲学问题，我们当然不能在这里承担这些问题。至多，我们只能考虑评价问题和规范问题所特有的或具有特殊影响的问题。也许我们到目前为止试图阐明的根本意义上的评价所特有的主要观点是关于经验内容的考虑，即在经历的时候，表象与现实之间没有区别：所谈论的经验就是所谈论的现实。

我们可能会更加高兴地辞去属于其他哲学分支的问题，如果我们发现这些问题至少在很大程度上是"我们怎么样"类型的谜题：我们怎样才能知道过去或未来；我们怎样才能通过思考来影响未来和外在的事实；我们怎样才能证明除了我们自己可以与之交流的意识之外的其他意识的推定，等等。而且大多数（如果不是全部）这些"我们该怎么做"的问题，即使不能得到满足，也可能被这样一种考虑所反驳，即否认我们能够用归谬法导致人类生活。除非我们能够，否则就没有什么可发现的，而且如果我们能够，就没有必要知道我们如何去做以锻炼这种能力。而且我们可以通过行动来解决任何疑问。更进一步，这些我们该怎么办的问题可能是这样的，如果他们不承认一些积极的解决方案，我们的辩论是没有意义的。没有那些属于我们人类常识的假设，我们行为的实际问题和我们认识的智力问题都会变成一种愚蠢，试图用既没有规则也没有任何其他证明标准的理由的方式，从我们所没有的前提中推断。关于终极问题的探究，我们可以把最初的问题当作"我们必须认识到什么是我们作为人类的常识，以便我们所问和将要决定的，将是有意义的，并且承认任何我们有一些理由并可以自觉和自我批判地接受的答案吗?"在哲学上，没有这个先例。也许，哲学在总体上必须是我们对自身的常识和对生活的共同经历进行渐进和自我批判的澄清，或相反，从一开始哲学就毫无根据，毫无意义，我们自责成徒劳和挫折。这种哲学上合理的标准所要求的，也许是足够困难和危险的，但至少我们可以这样摆脱那些哲学上的否定主义，否定主义认为争论它们是否为真是毫无意义的。

顺便说一下，在这些问题上，我们必须偶尔超越"常用的说话方式"，它们往往过于含糊不清，无法进行必要的精确区分；同时，我们仍打算依靠"我们自己和人类生活的常识"，并遵守可以证实的辨别力。

为了进一步说明好和坏一旦被经历便具有经验特质，我们必须弄清楚，什么东西可以与当下被发现的价值意义的好和坏相对照。除了经验的内容之外，其他被称为"好"和"坏"的事情，正如我们所建议的，可以通过这些事情对某些有意识生物的某些经验具有或被认为具有直接或间接的影响来解释。在我们自己的生活中，除了参照一些可能影响我们行动的经验之外，我们找不到任何理由采取特定的行动。为什么有经历过的好与坏的最终没有影响的事情，是一个完全无关紧要的问题：没有理由对它进行理性的关注。好与坏是有意识的生命"停止"和"走"的信号。

只有经验才在根本意义上是好的或坏的，这些词的所有其他用法都是从这些经验派生出来的，并且所有其他事物的任何价值或负价值只有通过它们与被经验为好与坏的最终关系来确定。这如同说，严格来说，除了经验的内容之外，没有任何东西是因自身的缘故而是好的或坏的，即内在的是好的或坏的。我们将接受这一格言。然而，我们坚持使用的这种"内在的好""内在的坏"和"内在的价值"的用法，在英语中并不常见。更常见的是，这种"内在的"限定被用在我们必须不同意的假设中，该假设认为，除了经验之外的其他事情也可以说"内在的好"或"靠自己而好"，如果不是"因自己的缘故是好的"。因此，"内在的好"可应用于某些物体，以及这些物体可能产生的令人满意的经验。那些将某些物体称为"内在的好"而将其他物体说成"只有外在的好"的人，区别的标准可能并不明显。关注这个问题将毫无疑问地清楚地表明，他们心中所想的区别在于，艺术品和满足某种食欲的东西等这些物体，好被归于它们自己，且被称为其内在的好是在经验中实现的，是以感觉的形式呈现给我们的，而不是通过这些物体可能对其他物体产生的影响呈现的。艺术品可以是好看的，好听的，就文学而言，我们在阅读它们时会发现好。好的食物味道很好："吃布丁就是证明。"这些好东西因为它们对经验质量的直接影响很好。物体中的这种好，与工具的好和其他"效用"，形成鲜明的对比，后者被渴望，因为它们有助于生产、拥有或获得其他物体，而这些物体的存在可能直接使我们满意。

当然，这是一个重要的区别，但我们将在这里用其他词语来标记它。我们将说，那些物体和其他客观实体，以及它们的客观属性，通过它们的存在而直接满足我们的，是固有的好，而不是"内在的好"，我们将说，那些它们的存在、拥有或可用性是值得期望的，因为它们有利于拥有或利用其他物体，而这些其他物体可以直接满足我们，因此它们是工具上的好。但是，正如其他人所做的那样，我们将认识到，许多物体既有一些固有的好，又有一些工具性的好，所以这种区别实际上是物体可能具有的两种不同类型的好，而不是值得期望的两种物体之间的区别。例如，食物可能吃起来是好的，并且这个好是食物固有的。但就食物而言，更重要的是它在工具方面是好的，即有益于保持我们的生命和健康。口感不佳的食物本身不好吃，但可能仍然是"美食"——具有工具性的好。同样，我们也会像其他人一样认识到，被认为具有某些工具价值、某种效用的物体，倾向于通过这一物体为我们获得一些内在价值，即倾向于仅仅通过它们的存在来满足我们。工具柜中的新锯往往会让我们高兴，因为当我们需要它来搭一个架子或装裱一幅画时，它会在那里。我们中的任何一个人都可能会因看到手头有大量现金而感到高兴，但是更重视现金而非它所购买的东西(它的效用)，则是吝啬鬼。

我们还应该顺便说一句，一个工具性好的东西达到一个本质上好的目的的工具性的东西可能是一种间接的或逐步的关系。在这种关系下，有利于钉木头的钉子，有利于建造舒适宜人的房子的钉子，就成为具有工具价值的好钉子。这个杰克建造的房子的故事可能只要您愿意就行，只要它以一些固有的好东西作为结尾，而不损害它开始时工具上的好。但是，一些固有的好的结果对于一个物体的任何真正的精神价值来说是必不可少的。①

我们以后不会使用"本身的善"这个短语，因为这个短语可能模棱两可，介于"为了自身的利益而善"和"通过它的存在而感觉直接满足"之间。因自身而是好的、内在好的，是经验本身，并且仅仅是经验性的。物体之所以好，只是因为它们具有促进经验的潜能，而这些经验在拥有它们时是很好的。物体只能是外在的好的。我们在这里称它们为固有的好，如果只要它们因存在而感到满足；如果只要它们对生产、拥有或获得其他和固有的好的物体是有益的，则称它们为工具上的好。

关于内在或外在的坏，以及内在或工具上的坏，这些相同的考虑不需要详细说明。

然而，我们必须进一步观察，经验本身在两种不同的意义上被称作好或坏，一种是经验时当下体验的好坏，另一种是由于其影响其他经验而被发现为好或坏。例如，有些经验在它们自己的时间边界内是令人满意的，但尽管如此，还是不希望沉迷其中，因为它们

---

① "效用"一词有时被用在"被认为有用"或"被某些人认为有用"这样一种贫乏而含糊的意义上。但在这个意义上，效用的归属显然并不意味着有任何真正的价值。

后来将被证明是不希望沉迷其中的，并且有一些经历在拥有时是令人不满意的，但是由于它们对于进一步的经历是有益的，因而它们仍然值得去经历。这种价值或负价值归因于短暂的经验，由于它们对其他经验的影响，我们称之为贡献价值。

让我们区分两种意义上说的一种经验可能对另一种经验的好坏有所贡献。

第一，由于我们可以标记为"一种经验"的东西可能包含在另一段或更大的整个经验中，所以一种经验可能对另一段经验具有"实质上的影响"，通过被包括在其中，可能影响这种更全面的经验的好坏，如良好的餐桌谈话可以提高出席晚宴的好感，或者一天的钓鱼有助于提升假期的好感。

第二，曾经有过一次经验可能有助于提高以后的、也许是暂时脱节的经验的价值质量，例如，为考试而学习可能有助于获得考试报告的快乐，或者规划的麻烦可能有助于体验计划的内容。在这种情况下，早期的经验可以说是对后来经验的好坏有"因果贡献"。①

在进一步讨论之前，我们最好先停顿一下，为程序提供一些解释和辩护，我们的程序是首先关注价值归因于经验的重要性，然后解释其他价值评估的衍生，自此从"好"和"坏"的根本含义开始，而不是从"好"和"坏"的一般含义开始，然后考虑其他更具体的价值归属，即由强加于该一般含义上的限制派生的归属。我们之所以在这里指出我们的方法，是因为我们注意到，一个事实有时被语言的习惯用语和使用的词语所遮蔽，这个事实就是：经验的品质，或者说具有这些品质的经验，本身就是有价值的，并且应该恰当地称为内在价值。而正是那些因自身而有价值的东西的好，才赋予了任何因别的东西而有价值的东西以价值。如果 A 为了 B 的缘故而有价值，那么 A 的价值就是从 B 的价值中派生的，它表示 A 被说成好的意思就是通过观察 B 是好的而被发现的。

当然，有"好"的一般含义，意思是说任何东西在任何意义上都是好的。"好"的意思是"可取"。"可取"并不意味着"被需要"或"能够被需要"；正如尤因所指出的，它意味着"值得渴望"，以及正如我们可以补充的，"符合欲望"。任何东西都是可取的，这种证明或确认

① 然而，我们不需要假设一种经历可以导致另一种经历——如果有反对的话。对于"经验 A 对经验 B 的价值质量有因果贡献"，我们所需要理解的是，A 的出现是 B 作为可能性的预测特征的有效前提，因此我们可以解释或部分解释 B 的特征，如果或一旦经验 B 后来实现了。

不是它的可取，而是它的满足，或有助于欲望的满足。更确切地说，因为即使没有人在揭示事物以提供经验之前想到它，人们也可能发现它是可取的，任何证明一件事物是好的的证据都要求在其中或借助于它找到满足感，基于此，对该事物的渴望是正当的，或将是正当的，如果任何人都会正确地思考和期望它。因为渴望可能是错误的，并且容易幻灭，所以渴望的东西并不能证明它是可取的，而没有渴望的东西并不能证明它是不可取的，因为同样的原因，在没有渴望它或渴望不拥有它时，它可能存在错误，以及另一个原因，即它是否可取的问题可能没有出现。我们刚才所说的既适用于经验，也适用于物体。一个从来没有从高山的顶峰眺望过，也无法充分想象它的人，也许会像熟悉这种经历并渴望这种经历的人一样深感欣慰。

从字面意义来说，满足和不满足是经验所独有的品质。而且，经验之外的合理渴望或不渴望的任何东西，是为了实现一种体验，并且避免那种体验。任何物体或外部事物的状态为了自身而变得最接近的事情就是仅仅通过它在经验中的呈现而得到满足。客观事物的这种特性，我们标注为它们固有的满足，它们固有的好，以便保持与出于自身目的需要的事物的内在满足的区别，并为此保留"内在的好"的称谓。

然而，有些人希望从一般意义开始，而不是从根源意义开始，这样局限于经验片段的内容，通过限定这种一般意义，进入"好"和"坏"的更具体的意义——一种程序中，当然，如果没有错误识别术语的精确意义，人们则给出相同的结果。但是，在这样做时，他们中的一些说什么"靠自身"为好，而不说因自身而好，在某种意义上，他们认为物体能够靠自身好，完全没有参考这些物体的任何实际或可能的经验。这种自身的好与物体的"好"形成对比，如同我们称为物体的固有好与客观实体的工具好。这样，好与坏就好像它们的一般意义只与事物（物体）有关，而因自身而好的问题就完全被遗忘了。以这种方式，"靠自身"为好的范畴取代了我们固有的"好"的范畴，我们考虑的，有意识的经验的特质，最终关注的是最后可能是好或坏的事情。①

我们的一个基本观点是，没有什么物体是好的或坏的，除非参照其对有意识的经验及其价值品质的一些实际或可能的影响。但是，

---

① 在我看来，G.E. 摩尔在他的《伦理学原理》中如此构想"自身的好"。我假装对这个短语的摩尔的含义没有把握，为了阐明自己的观念，我就抓住这个问题不放。我在此假定，"自身的好至少意味着好是由于自身的性质，并且不涉及任何超越此的考虑"。

正如已经指出的那样，应用于物体的"好"和"坏"的最一般含义只涉及它们所具有的特性，与它们影响有意识的经验的潜能是否实际上作用于有意识的经验无关。物体的这种独立性质，不管是否被经验，甚至不管是否被想到，都是常识赋予它们的东西，就像赋予它们的大小、形状、硬度或颜色一样；不需要经历就能保持原样，也不需要经历别的，尽管证明或确认这个特征只能通过它对某些经验产生某种影响来达到。在把价值或负价值归于物体的这种最普遍的模式中，物体的好或坏，就是经验将证明它所是的好或坏，不管事实上经验是否证明如此。也就是说，它存在于等待被发现的物体中，并且有充分的经验将证明它的存在，不管这种发现和证明的经验的现实性或非现实性。

但问题是，物体的这种好坏在于什么？这个问题的答案是：这个物体影响有意识地生活得更好或更坏的潜能。除此之外，任何客观实体都没有好坏之分。它对有意识的经验产生这种影响的潜能构成了它的价值或负价值，任何好或坏的唯一意义归于客观实体。这就是我们想说的，在一个没有意识的世界里，没有什么是好的或坏的。根据我们使用语言的共同意图，我们认为应该用常识来判断。这符合我们所说的任何客观实体是好或坏的意思。任何进一步的问题都是常识现实主义的形而上学的正确性问题。这个问题我们不在此讨论。但是我们可以把这种最普遍的评价物体价值的模式称为"形而上学模式"。

根据这种把价值和负价值归于物体的方式，我们说从未使用过的锯子仍然是"好锯子"，如同它如果被用于适当的目的就能被证明的那样好。在这种模式下，我们说，那些"黑暗的深不可测的海洋洞穴中的最纯净的光明宝石"，众所周知的但从未被发现或公开演奏的舒伯特的奏鸣曲，埋在南极冰川下的太深而无法找到的石油，就是美丽的宝石，好的奏鸣曲或好的石油，如果需要证明就能得到证明。这是一种将价值或负价值或仅仅无价值归于物体的正确方法。也就是说，它是一种正确的物体价值评估模式，并且经常是最重要的应用模式，尽管可能要用从未对人类生活产生过任何可发现的影响的事物在晚些时候和通过事先不可预见的方式来这样做，因而用我们隐喻"永远"的结果来解释。

然而，我们确实有另一种相反的模式，把价值、负价值或无价值，归于物体，在这种模式中，我们说，从未被使用过、证明对任何人都没有价值的生锈的锯子，注定永远不会取悦任何有视力的人的宝石，永远未被听见的奏鸣曲，无法发现的石油，没有实际价值。在实际情况下，这样的东西是毫无价值的。我们称之为评估客观事物价值的"实用的"或实际的模式：它是一种现实的价值评估方式——现实地考虑事物的所有相关事实。我们很可能称之为"现实的价值"。[①]

争论这两种表达物体价值的方式中哪一种是正确的，那将是愚蠢的。两者中的任何一个在被理解的意义上都是正确的，如果错误地理解两个意义，或混淆两者的意思，那么它们都是不正确的。可确定的问题是：这类物体——其性质具有改善受它们影响的经验的一些潜力，但没有受它们影响的经验——的存在是否有价值？假设这些事物对任何有意识的经验都没有影响，答案很明显，这些事物的存在是完全无关紧要的。它既没有价值，也没有负价值。在实际模式——事实或现实价值的模式——中，它们是无价值的，既不好也不坏。总之，我们可以断定，任何超出影响经验的可能性的物体都没有真正的价值。

但是，如果到目前为止，我们正确理解了经验的好坏及影响经验的好坏的一般意义，那么我们仍然有可能把这个问题与稍微不同的问题混为一谈。我们有一些满足，也有一些不满足，仅仅通过考

---

① 如果我们想进一步追寻这种思想，我们可能会发现，"X是值得渴望的"总是暗示"X的存在是值得的"，但是在许多情况下，这并不会穷尽或完全满足它的预期含义。这似乎常常意味着"X"是理想的。就实验A而言，A说"玩得开心"或"头疼"的意思很简单："体验A"就是指对于问题体验者来说，体验内容的直接性。但是，"有一个物体X"的意义更具变异性和微妙性。喝杯茶，呼吸点新鲜空气，在银行里存钱，还债，这些都意味着一些不同的东西。在研究它们的差异时，我们可以得出结论，当X是某种客观实体时，"拥有X"最一般的含义是，与所讨论的事物如此相关，以致处于从某些或所有对好的潜力中得到某种优势的境地，或者因其坏的潜力而处于某种劣势，或者两者兼而有之。（在"好"的情况下，"有"表示"占有、可获得或控制"，但在"坏"的情况下，它表示"被卡住"，这样说，是由于"好"和"坏"与我们的意志和目标的不同关系。）在某些情况下，X存在或具有X，例如，可裂变材料在一般情况中，不仅取决于它的好或坏的潜能，而且取决于可能的控制事项，以便其可以实现其好的潜能并排除其坏的潜能。但是，在任何情况下，除非X存在，否则没有人能拥有X。而且，上面讨论的问题的症结在于，对于任何存在前提假设的对象X，在这样一种明智的情况下，即没有人会因为其潜力而处于有利或不利的地位，"拥有它"将违背假设，并且"体验"它也会如此。有鉴于此，我们可以得出结论，通常评价事物的好坏，通过参照它们在经验中实现好坏的潜力，暗中假定它们的一些效果至少可以在经验中实现，并且当这个假设成立时，能力是先决条件，这种赋予物体价值的通用模式被默认为不适用。忽视这种隐性限制的倾向，可能与我们不愿为与事物经验有关的人类可能性设置经验限制有关，这显然是有充分理由的。

《对知识与评价的分析》的最后几章，更全面地讨论了赋予物体价值的各种含义。

虑那些没有实现、从未有过、也永远不会是真实的事物来实现。正是为了这种纯粹的幻想的满足，我们读小说，沉迷于白日梦和其他形式的不让人相信的想象中。

> 忽必烈汗在上都
> 曾下令造一座富丽堂皇的安乐殿堂：
> 这地方有圣河亚佛流奔，
> 穿过深不可测的洞穴，
> 直流入不见阳光的海洋。

这座安乐殿堂的奇异的东方特性，神圣的河流的异教内涵，对"深不可测的洞穴"和"不见阳光的海洋"的轻微的颤抖，这些只是增加了我们幻想的刺激——只要我们安全地远离任何实际的接触。

在孩子们不再相信童话之后，他们继续从童话中寻找乐趣，但这是不同的乐趣。我们可能喜欢或者根本不喜欢把不相信的事情想成是真实的。然而，如果我们认为它们是现实的话，那么它们就有区别了。不管人们相信它们是过去的现实，还是现在的现实，抑或是未来的现实，甚至不确定的未来的现实，都会有些不同，尤其是如果这些现实应该是人类可以做的事情。正是我们自己的沉思经验使我们如此享受或痛苦，这种沉思经验的性质和质量受到现实或或然性，甚至可能性的假定的影响，并且在没有任何这种假定的情况下是不同的。而且，不管它的内容被假定为过去，超越一切可能的影响，还是作为现在，或者属于某个可能仍然对其有影响的未来，它对我们的关注和这个沉思实验的情感品质也有所不同。我们认为关心和态度有差异是合理的。顺便说一下，我们在这里不争论。我们只想在这样的点上理解人性。在这里，我们不乞求一个关于"合理性"的问题，而只追问它。

鉴于这些多重的和复杂的考虑，我们很难提供任何与这里最后一点相关的例子：与这样一个问题有关，即一个物体是否具有影响任何经验品质的经验可能性，这个物体是否应该被认为有实际价值，这可能是理性关注的问题。但是，如果没有"带回家"的例子，这个问题可能看起来太深奥而不能决定，甚至可能看起来纯粹是口头的。因此，我们写一个例子，有点现实主义色彩，并服从我们的常识真正想要的。

让我们设想一下，在遥远的星球上可能有一个美丽的花园，任何眼睛都看不见，也永远不会根据它的实际情况对任何有意识的经验产生任何影响。这样的花园是有价值的、"靠自己"而是好的吗？

思考也许是一件好事，也就是说，思考这个事也许是好的。对它的思考，不管所思考的这个东西是否存在，人们都能够得到一些满足。然而，到目前为止，它都是忽必烈汗的安乐殿堂。但如果他们能够相信它，特别是如果他们有理由或认为有理由相信它确实存在的话，那么它可能给那些这样想的人提供更多的满足。这一问题似乎危险地接近于（如果不涉及）其他问题，例如，我们对后代、社会的未来或整个人类的未来的关切中所隐含的问题。对此我们无能为力，但在这一点上，就像在其他问题上一样，我们努力坚持"常识"的东西。

现在，兄弟，您愿意为遥远的星球上种植花园的协会捐十美分吗？当然是用火箭运载的。是的，十美分①，只是为了好玩。但是，如果你们协会愿意扩大计划，在稍后的轨道增加一些观测仪器，以证实这个花园正在开花，我会给它 25 美分。如果您能合理地保证我的孩子或孙子孙女能在电视上看到这个花园，我将乐意捐助 25 美元。但同时，如果您对这个项目没有信心，除了思考之外，没有人能从中得到任何东西，那么我就可以当它什么也不是。事实上，我不会被一个美丽花园的想象所启发，因为花园的存在永远不会对任何有意识的生命体验产生任何影响。我可以认同我的孙辈，甚至是尚未出生的曾孙。如果有任何理由相信的话，也许我可以认同另一个星球上某些奇怪的有意识的野兽。但我不是一个泛心理学家，不能认同一丛玫瑰花或一片海藻。如果是这样，我赞成让你们的协会成员用他们自己的资源去"想象"。事实上，我需要一些事实基础来相信这个花园的存在对某种意识的影响就像我自己的意识一样。没有这个，我要选世外桃源。有些人可以享受错觉，有的人不会。但我们大多数人都必须相信它们，才能享受它们。享受小说是不同的东西：它不是虚构的叙述所描述的享受，而是想象中自己体验的享受。你可能会问，"但是，这和您的孙子们在电视上看到的前景有什么不同呢？"对于我来说，是 25 美元的差价。我想这就是我们人类的方式。我不想再听到关于遥远星球上美丽花园的"自己好"的话。对于我来说，这只是废话：我说，有意识的体验会被这个事物的存在所影响，否则，它没有任何可取或不可取的东西，没有理由渴望，无论是现实的还是非现实的。至于谁喜欢或不喜欢它，区别于仅仅想到它，那将是一个矛盾的假设的框架。

---

① 1 美元＝100 美分。当下 1 美元＝7.18 元人民币，2023-11-20。

到目前为止，我们试图确立这样的观点，即只有经验的内容和片段是因它们自己而是好的或坏的，只有它们具有内在价值或无价值，事物、外部事件和事态只是外在的好或坏，它们具有促进经验发展的潜力，而这些经验会被发现是好的或是坏的。但这句话的后半部分似乎暗含着对自身的一种例外：即使是一个实际的客观实体，就其本身的本性或性质而言，具有为经验贡献好或坏的潜能，但这种对任何有意识生命的影响的潜能在没有发生贡献的情况下，仍然没有真正的价值。潜能是一种可能性，而排除它实现的可能性就是一种不可能的可能性——这是术语上的矛盾。我们认为，事实确实如此，并且符合我们常识地将其价值归于外部事物或拒绝将价值归于外部事物的方式。

然而，尽管它可能具有启发性，我们也许应该感到，迄今为止的讨论还不够有结论性。还有太多的其他和附带问题，同样或多或少地涉及这一点，在这些问题也得到澄清之前，我们可能希望保留判断。

这里可以加上两点。

在把价值看作一个物体对经验产生某种影响的潜能时，正如一个人可以把"颜色"看作一个物体对经验产生不同影响的潜能一样，常识是，在这两种情况下，观察者的经验还有另一个条件：在一种情况下，观看所讨论的颜色的能力，在另一种情况下，是欣赏所讨论的物体的能力。

同时，这是关于可取和好的话题。

人们有时说，"值得期望"是指"应该被期望"。这超越了说"值得期望"，因为"应该"意味着"未能"（被期望），因而是一个错误，这样的未能是不被认可的。很难正确地说任何美好的事物或令人向往的事情是因为没有实现愿望因而是错误的。这就意味着，我们从来没有想过的事情，也没有想到过谁的价值或无价值，或负价值，所以我们既不渴望拥有它，也不渴望不拥有它，要么是毫无价值，要么就是我们没有渴望它，这是我们的过错。这不符合事实。我们没有任何必要去评估每件事物的价值，因为对于我们来说，思考每一件事物是不可能的。

这里用以代替"应该"的正确单词有点难以确定。但是"应该"的理由，就像"好应该被渴望"一样，可能暗示着它本身相当容易被发现。我们倾向于从黑白的角度考虑"对"和"错"，也就是说，对于任何可以决定的事情，我们应该做出赞成或者反对的决定，每一个可能的决定，都可以决定应该是"是"或者应该是"否"。

但这是一个错误的假设。

每一个可批评的决定，都有对与错的规则，而"对与错"是绝对的二分法——可批评的一切要么是对的，要么是错的，但这并不意味着这些规则所适用的一切都是命令性的，即它必须采用或者被禁止，必须避免，必须被拒绝。任何游戏的规则，如国际象棋，都会说明这个问题；有些动作是"允许的"，有些是"禁止的"，但是在游戏的几乎每个阶段，都有允许的替代动作；否则就没有游戏，玩家就没有选择的自由。顺便说一句，在"逻辑游戏"中，有些非常相似的事情是真的。给定一个前提或一组前提，会暗示数量无限的结论，其中任何一个结论都可以从前提中正确地推断出来。这确实是真的，这就是波莱茨基后果定律的证明。但我们没有义务推断出任何结论。

正确的行为和好的行为[①]

正确的概念与好的概念是相互关联的，或者更确切地说，正确和好是其自身，并且它们的性质是相互关联的，这两个概念反映了这一事实。它们代表了一般评价的两个方面或两种方式：好的或坏的东西，在任何意义上，在同一意义上，被评价，待评价；正确的或错误的东西，在任何意义上，也是在同样的意义上被评价，被批评。好的东西吸引人，坏的东西我们不喜欢；正确的要约束，错误的是必须避免的。通常，正确和好被统一放在"规范性"下面，因为对其中任何一个的评估可能都是通过参考某些标准、某些规则或某种理想或范式来进行的。无论是好的还是正确的，无论是抽象的好的和正确的，还是具体的好的和正确的，都集中在一个指定的价值下。然而，这个过程会引起混乱。好与正确在本质上是相关的但是截然不同。在它们被清楚地区别开来之前，我们甚至不可能清楚地讨论它们之间的关系。

---

① 这里的原始标题似乎是"规范性的"，但有一些建议认为，这个标题可以用我在上面使用的标题，即"正确的行为和好的行为"。——编者注

通过以下事实，即通常来说无差别地应用"好"和"正确"往往是习惯用法，以此来区分好与坏更加困难。例如，"好的意图"是"正确的意图"，并且"正确的行为"是"好的行为"。我们很容易从中看出这样的谓词，如"好"和"正确"，在本质上是同义词，因此，好与正确之间的区别基本上是不重要的，它是肤浅的，它取决于成语的意外或类似的微不足道的事情。但这种表现不仅仅是欺骗，而且是欺骗性的，而且，如果"好"和"正确"这两个词语在任何情况下都被当作同义词来使用，那么这是对语言的一种不严谨的使用，并且能够以一种更敏锐、更精确的说话方式来取代，这种说话方式可能揭示出区别的必要性。例如，正确的行为也可能是一种好的行为——大部分正确的行为是好的行为——但是一些正确的行为并不好，而一些好的行为也是不正确的。即使一个行为既正确又好，但它的正确性不是它的好，它的好也不是它的正确性；即便一个行为既错误又坏，但它的错误不是它的坏，它的坏也不是它的错误。① 因此，虽然常见的用法往往是不加区别和不精确的，但这种惯用但不严谨的用法，可能表明"正确"和"好"，"错误"和"坏"是等值的，这些术语的更精确的含义是可以引出和阐明的，而不需要求助于任何超出辨别力的常识和更明智的常用术语用法之外的东西。

然而，我们不满足于仅受语义和句法考虑的支配，尽管有时提及这些语言考虑可能有所帮助。我们对有关概念的分析必须针对读者自己对所处理的问题的理解，而不是针对"普通语言"中更复杂且常常令人怀疑的问题。我们所能掌握的任何语言仍然会受到单词的含糊不清和句法结构的矛盾的影响。但是，这种含糊不清和矛盾遍及所有"自然"语言，这一事实说明了更为具体的含义，这些含义是常见的，并且通过最好的努力和好运，也许可以传达。我们的共同理解比我们的共同言论更清晰，更准确。这种共同理解也可以得到加强和澄清。我们必须呼吁这样的见解。

当然，我们的主要兴趣是正确：自愿行为的正确性或错误性是道德的主题。但它必须向任何解决这个问题的人表明，如果不是因为好与坏之间有区别，那么对与错之间就没有区别。在一个没有什么比其他任何东西更好、没有什么比其他任何东西都更糟糕的世界里，追求这个、避免那个是没有意义的，而谈论导致这个的正确与导致那个的错误，将是毫无意义的行话。它还将进一步表明，好与

---

① 当然，这些事实必须在稍后解释，但我们尚未做好准备。为了清楚起见，本说明之前的段落已经略微修改。——编者注

坏的区分必须是原始的和先决的，对与错的区分必须是次要的和派生的。在没有承认是非的情况下，我们可以披露好的和坏的；没有好坏的区别，就不可能有对与错的认识。动物生活——也许是所有有意识的生命——会受到好的和坏的影响，并且对它们有不同的反应。但是，对与错代表了一种区别，只有那些不仅能够感受到并做出反应，而且能够被认为是判断力和意识支配行为的生物才能识别出这种区别。我们可以说，在动物生活中已经存在区分对与错的基础：我们在观察时，可以观察到它们做我们称为对它们正确的事情，或偶尔做我们称为对它们错误的事情！但是它们做这些事情——我们猜想——是出于本能，或者是出于它们过去的经历对他们的感情和冲动的条件反射。换句话说，正如我们所设想的那样，动物的行为完全由它的感受所支配，这可能包括由于其过去的经历而产生的抑制或约束感受。但是，动物不能辨别是非，因为它不能通过深思熟虑而不是条件反射来自我引导。①

从这些基本的考虑来看，好与坏的区别似乎也是，从这些词的各种意义来看，最终根植于情感，并且与作为被动的经验特质有关，如某些事情遇到或强加于我们，发生在我们身上的事情，而且，在早期和字面意义上，是"受苦的"。相反，正确和错误与我们的活动以及与自我控制和可指导的活动有关。它也表明，在这样的基本术语中，行为和反应态度是对还是错，取决于它们是好还是坏，并因此参照所有有意识的生命的共同倾向来寻求好，避免或免除坏。可以肯定的是，识别和进一步探讨与此相关的复杂事实必须很快使我们相信，这种事情的表述过于简单，特别是，它将不准确地代表，并且不足以涵盖我们使用"好"和"坏"，以及"正确"和"错误"这两个术语的广泛不同的意义，尽管如此，我们如果不能认识到它的可信性是对问题的真相的一种初步近似，那么似乎会认为这对某些先行偏见有些不敏感。这些基本建议存在于问题的表面。

这种好坏在先的信念，以及通过好坏来解释对与错的信念，是道德理论中被称为"自然主义"的普遍信念的特征。而与此相反的倾向，称为"完美主义"，其特征是把对与错作为规范性的支配范畴，

① 在这种假设中，我们是否误判了一些高等动物的行为，这是一个动物心理学的问题，在这里没有任何区别；这一点完全与我们有关。我们应该通过对我们自己的经验的一般观察——包括记忆中的童年经历——意识到，经验中的好与坏，可以独立于对与错的任何区分，并且是在对与错的任何区分之前。正如我们也应该能够观察到的，这仍然是正确的，即使我们对正确和错误的理解有时会改变我们的理解，甚至改变我们对好和坏的感觉。

把好与坏视为没有参照对与错而不能做出正确的决定，这被理解为先行的，反映了其他一些独立的基础。有时，这两派之间的问题被表述为是否要根据好和坏来定义是非，或者相反，好和坏都要用正确和错误来定义，例如，好是值得成为寻求和行动的目标的东西。但是，这种表述这个问题的方式并不明智，原因之一是，定义与定义的逻辑关系是对称的，因此这是独立于两者之间的任何先验性的问题。鉴于所谓的对称性，它们中的任何一个意味着什么，另一个必须也意味着什么，并且无论它们中的哪一个指代什么，另一个也必须指代什么。根据这种方法，一个优先于另一个的对优先的指控不能从逻辑上得到维持。因此，我们说，相反，自然主义认为，除非您知道什么是好的，什么是坏的，否则您无法确定什么是对的，什么是错的，而完美主义坚持认为，除非您知道什么是对的，什么是错的，否则您无法确定——或者至少不能正确地和普遍地确定——什么是好的，什么是坏的。

影响这个问题的考虑有很多并且很复杂，我们在更清楚地考虑使用所有规范性术语的各种意义之前，不能对它们进行充分的讨论。但是，我们如果对影响这个问题的一些问题没有暂时性的明确，那么就很难继续讨论另一个问题，即"对"和"错""好"和"坏"的不同含义。我们只能希望一点一点地解开这些纠缠不清的问题，所有这些问题在这里都是相关的。我们不妨从这个问题开始，关于自然主义与完美主义之间的基本问题，希望现在暂时能够说的话能够受到审查，并在更广泛的范围内进行更准确和更明确的陈述。我们可以将相关的考虑因素纳入其中。我们也不会为争论而接近这个问题。相反，我们将寻求了解它的含义，以及它的基础。

当然，可以质疑我们是否正确地确定了自然主义与完美主义争议的基本问题，在把它作为优先权问题时，优先权是否应该分配给我们以确定什么是好的，还是分配给我们以确定什么是正确的。让我们承认这一点，就像我们对讨论所施加的限制一样，以及我们不愿意在这种情况下试图以任何广泛和决定性的方式解决这些有利于自然主义者或完美主义者的问题，作为另一个论点，只在问题出现时我们才观察到这一点。正如我们已经说过的，它不是问题的根源，至少有时它被辩论得好像它是，而且无论如何，它涉及的优先事项是一个事实问题，它的答案是可以确定的，而且似乎可能与我们的主要关注点有关。

因此，我们受制于我们讨论的一般限制，选择将自己局限于与自然主义－完美主义争论有关的许多显而易见的问题中的一个基本的问题，即好与正确之间的优先权的问题。[①]

这个问题对于我们追求中心项目即规范性的分析很重要。

然而，我们不得不承认，这个优先权问题，无论是好还是正确，在历史上，几乎无可救药地将它与另一个完全不同的问题混为一谈，这个问题，即值得期望的东西是否正确地被期望。在这一点上，是自然主义者或一些自然主义者负责允许这种混淆，而不是完美主义者。没有比约翰·斯图尔特·密尔著名的失误更清楚或更引人注目的例子了，他设法传达了这样一种印象，那就是，尽管他没有完全说出来，但他会如此认同所期望的事物，而这段话的整个续篇可以被解释为试图纠正这种印象。

这是所考虑的段落：

> 唯一能够证明一个物体是可见的，就是人们实际上看到了它。唯一能证明声音是可听见的，就是人们能听到它；我们经历的其他来源也是如此。以同样的方式，我认为，唯一能够证明任何事情是可取的证据是人们确实渴望它。

它出现在《功利主义》中，作为第四章第三段的第一部分。[②]

我们将有机会回到密尔的战略错误问题，他实际想到的问题，以及稍后的问题。但是，在这里我们观察到，与"可见"和"可听"形成鲜明对比的是，"值得期望"并不意味着"被期望"或"能够被期望"，因为"有可能被期望"就足够了。相反，说某件事是值得期望的，就是将其标记为某种可以达到合理或正当目的的东西。实际上，我们可能会说，把一件事情称为值得期望的通常是推荐它作为一些目标。而且，密尔想要识别的"X是值得期望的"的最小含义是"X能够满足某种欲望"。[③] 我们也可以说，"X是值得期望的"的最大或最强烈的意义是"X应该被期望；不去期望X是不合理的和错误的"。正是这种褒义上的"值得期望"赋予了对这种最广泛的规范性术语的完美主义解释以影响，表达了正确的、被批评的、某种"应当"或命令的先行意义。

事实上，关于确立可取性的实际期望的论点对于自然主义和完

---

① 为了过渡的目的，我插入了本段和上一段。——编者注
② 我认为在伦理自然主义的文献中可以找到一些类似的疏忽，例如，拉尔夫·巴顿·佩里(Ralph Barton Perry)认为有价值的东西就是兴趣的对象。
③ 我们甚至无法添加"一些实际愿望"这个限定，可以想象，虽然没有人希望延长中微子的寿命，但如果可能的话，一些科学兴趣需求将会得到满足。

美主义都是灾难性的，并且只与好和正确的主观概念相容，而这又不可避免地导致对一般规范性的愤世嫉俗概念的拒绝，因为没有任何客观和可确定的事实。除非"值得期望"意味着对实际期望和要求之物的某些性质的某种批判，基于这些批判，期望是合理的、正确的，并且基于这些批判，我们对它的态度至少是允许的——不是错误的——任何对行为和意图的批判都不可能有。任何正当的理由，以及任何规范性的判断，都不能仅仅只是一种情感或情感的表达，或者一种含蓄的劝告——没有有效性——正如我们最近对道德和规范性的归纳所宣称的那样。

简单而明显的一点是，期望容易出错。期望意味着一种预测，如果达到了，它的目标就会得到满足。这种期待的态度会得到佐证或感到失望。期望者相信事情是真的。主张任何事情都是值得期望的，这恰恰具有这样的意义，即暗示着它的实现将证明是令人满意的，而不是令人失望的。否则，这种建议将没有去寻求或追求的说服力，除非收件人无意识地或恶意地哄骗对方，向他灌输或诱导他的目标定向，这样做往好里说是毫无意义的，往坏里说可能是灾难性的。

可以肯定的是，影响这个问题的动词"期望"含糊不清。有些事情本身就是被期望的，而有些事情只是作为其他事物的手段而不是本身内在值得期望和直接令人满意的。同样，人们可能渴望某样东西，而没指望得到它，因此这不会改变他对此的积极态度。同样，期望的"物体"有不同的分类；期望快乐是一回事，期望一杯咖啡是一种完全不同的事情。因此，相对于"期望"的意义而言，期望对象存在相关的差异和更具体的差异，这取决于"期望"是否满足所需要的一种或另一种"物体"。但是对于所有的这些期望的形式，以及"期望"意义上的相关变化，我们都可以说任何想要任何东西的人都相信，如果他想要的东西应该得到，那么这样的成就会产生或促成满足，或者，至少，这样的结果是可能的。任何不符合这一点的行为都会导致没有任何宽恕的变态或愚蠢，除非这些人存在精神上或意志上的无能，或者某种自我指导能力的丧失。顺便说一句，我们必须始终遵循这样一种规定，即对于任何缺乏或被剥夺了我们共同人性特征的人，我们不做任何说明。这必须包括，为了修复哲学传统，即使是著名的愤世嫉俗者也可能拒绝购物车，除非他们的目标确实是自杀或某种令人满足的裸露癖。

一个期望不是一种信念，但值得期望的东西事关信念。期望，如果是理性的而不是毫无根据的或荒谬的，就意味着人对所期望的事物有一种信念，相信所期望的物体的那个特征，它构成了期望所暗示的那种期望方式。同样，任何对事物的期望都必须能够得到证实或证伪。而且，无论在何种意义上，对真正令人满意的东西的期望都是一种正确的期望，这种期望是正确的，而那种并非真正令人满意的期望就是错误的，是判断失误的，是将期望物体所没有真正具有的特征赋予了它。良好判断的期望所断定的物体的这个特征，必须是该物体所具有的，或者不具有的，独立于任何人是否实际想要它，尽管它的这一特性是它满足或不能满足某一特定期望或一类期望的潜力或能力，是某些善或缺乏善的那些怀有这种期望的人为了满足目的而去寻求的。一个饿了想吃东西的人会寻找食物，但是如果他吃木屑，就会失望的。如果一个人希望得到好的音乐所能带来的满足感，那么当打开收音机时，他就会感到满意或沮丧。事物、事件、事态的特征、它们满足或不满足特定期望的原因，是它们拥有或缺乏的属性，而不管任何人期望或不期望它们。根据事物所具有的满足的潜力——而事实上它没有这种潜力——而决定对它的期望，在某种意义上这是对不值得期望事物的期望，是需要纠正其目标的期望。

任何实际的期望都会受到批评，因为物体值得期望的隐含信念是需要证明，并且能够证明或反驳、证实或否定的东西。并且通过所讨论的事物在实际上被期望的事实来确定可期望性的论点，与预测的真实性建立在期望的现实性上的论点，一样是错误的。满足或将会满足期望是对期望信念的验证或确认，只有这样才能确定所需事物的可取性。任何规范性的自然主义理论，或任何其他理论——除了对规范性判断的任何有效的怀疑性否定——都不能容忍任何与之相反的概念。

此外，没有任何自然主义理论或其他声称规范性评估有效用的理论能够毫无保留地始终如一地说，期望的满足本身足以确立如此期望的事物的可取性。[①] 期望的满足可以证明它是正当的，正确的，判断正确的，但"到目前为止"，一些期望的满足会妨碍其他期望的满足；并且，在规范、自然主义或其他任何明智理论的范围内，还存在着对期望的进一步批判，它反映了"我们期望的经济性"和"我们利益的构成"。当然，这里不能处理这个话题的复杂性。

---

① 正是在这一点上，"期望"或"好"的各种感觉必须是相关的，是某种意义上的好与另一种意义上的好的复杂关系。

人们只需要回顾一下伦理自然主义的历史，就会发现，任何明智的理论都不能把"值得期望"与"被期望"等同起来，或者不能认识到任何规范性判断的有效性的假定标准是客观的，就同预测性知识必须是客观存在的一样。与主观信念形成鲜明对比的是，只有通过这种批判性审查而证实或可证实的愿望才能够对好或正确有决定性。①

期望不是一种信念，而值得期望的东西事关信念。

让我们重申这一点。

当期望获得时人就会获得满足，所必需的是这些信念应该是正确的。能够满足我们的期望和目的的正是我们在选择目标时所考虑的问题，如果我们要避免与自己的目标相悖，避免在选择目标时自我受挫折，那么这种想法和由此得出的结论须是正确的。除非在故意选择的意义上确定所期望的东西应该受到批评，否则审议我们的目的性行动是没有意义的。

自然主义者和完美主义者都可能忽略的是，他们之间的真正问题只涉及终极目的、最终目的，这是最后和最全面的目标所符合的目标，作为所有较小、次要目标和宗旨的标准，是所有理性的选择和渴望的总和。这种特殊的选择和期望受到批评的关键在于，现在选择成为特定行动目标的东西将对未来产生影响——对以后的生活产生影响，只要生活完全受到我们能够并且现在必须决定和寻求带来的任何事物的影响。没有这种对超越当前时刻的、目前能够带来影响的事情的关注，我们就没有必要在做之前进行思考，也没有必要在可能的自治中采取任何有意义的行动，没有必要抛开眼前的倾向和提示去做有利于考虑的行动。我们的行为与低等动物不加考虑的行为之间的任何差异，都将是一种无谓的能力，这使我们无缘无故地自找麻烦。无论我们出于深思熟虑而故意去做什么，不是冲动地去做，也不是因为立即得到满足，而是因为任何迫切的愿望都服从于进一步的愿望——可能会受到影响的余生，除了此刻的满足或不满之外，还有其他和未来的场合。如果我们为了其他利益，为了其他时刻的事情，而改变我们目前的目标，并且按照在其他时刻可

---

① 在认识和注意这种期望经济和利益构成的重要性方面，我们不妨回顾边沁（Jeremy Bentham）。他是这类事情的一个很好的例子，在这一点上特别清楚。不管怎么说他的"快乐计算"，他对快乐、痛苦的维度和评估方法的讨论充分证明了他对上述某些观点的关注和敏感性。事实上，他的计算是一种判断这类问题的工具，他的计算恰恰是一套批判期望的规则，一套我们所选择的必须符合理性的规则。

能进一步产生的结果，来衡量现在所感受到的满足或不满的期望，那么这种进一步的体验和生活有什么值得我们关注呢？显然，对于这样一个问题，无论我们从哪个方面来回答，都不涉及期望问题。同样，如果我们想要一些东西，不是因为拥有它们或者它们的实现本身是可取的，而是因为它是作为某种其他东西的手段而令人期望的某种更远的东西，那么关于这些其他的东西，或更远的东西，是什么呢？什么是它的手段？它取决于任何自治的性质，任何对我们的目标、我们的目的和期望的判断，以及对即时激励和倾向的修改。任何进一步的和超越的内容，是任何关注的主题，都必须具有所需的特征，以便通过不是即时感觉和直接倾向来证明行为的任何修改。而且，通过这种考虑，我们必须引导那些深思熟虑地选择和决定我们行动的理性，去解决最终需要的、最全面的问题，即作为管理所有较小的和包括的问题的标准来运作。因此，我们在这个场合的选择和期望，以及目前实现的成就目标，每一个特定的选择和任何具体目标，不仅受制于所谓的选择和期望的认知批评——如果这样实现了，它是否会满足这个目前的目标，并且一般所说的"如果什么，那么什么"——而且，每一个这样的选择、目标和愿望，最终都要求我们对可能受任何目标影响的事物进行全面考虑，并根据我们的目标和选择的总体目标，以及我们的愿望来确定整体性质，我们的愿望，一般来说，可能是合理的——瞄准、选择和期望的试金石。这是最基本的问题。

　　毫无疑问，它是密尔和其他自然主义者想到——或者至少应该想到——的这种至善，如果他们试图说，除了最后被期望以外，没有值得期望的标准。但是，如果他们如此表达，那么他们仍然是错误的，并且是不明智的：现在讨论的仍然不是期望，而是值得期望——如果得到了什么，就会满足欲望。但是完美主义和自然主义者之间的真正问题是至善，如果有任何可以决定的问题的话。

　　我必须承认自己在讨论这一主题时受到了阻碍，因为确信没有这样的问题可以决定这两方，确信他们之间的区别不是关于内在期望的最终标准，而是在很大程度上的首选词汇的不同，以及他们在试图描述美好生活时所强调的不同选择。但我会尽力在这一点上准确地理解他们的意图。

　　首先，让我们松散而粗略地描述他们之间的差异。自然主义者希望强调它不需要改变信仰，不需要精神上的重生，也不需要修改自然的心灵倾向，以便设想最终和全面的善。至善是如果一个人能够拥有或获得它，他将不再要求任何东西。这个表述本身就足够矛盾：我们不能设想完全达到令人满意的程度，如果可能的话，我们不应该对它感到满意，因为人类的生命将被终止——再也没有什么可以活下去了，没有别的事可做了。但是，尽管有悖论，我们也许可以理解问题的本意。自然主义者会强调，他说的是这个生命，是自然地生活的，美好的生活就是将会或应该会在其中发现好的生活。这是他坚持的在这个自然世界中运作的"自然"人性本质的一个含义，而不是从其他世界看到的人性，整个事业以某种方式被投射到一个令人陶醉的地方。对错误期望的最终批评只是那些对自己或其他目的感到沮丧的目标，是在总体上完全满足我们要求的目标和需要，以及它们之间复杂的相互依存和相互影响的目标。他怀疑任何在观察最终期望和全面期望的本质时与他不同的人，仅仅是最能完全满足自然人因某种超自然主义而产生偏见的自然倾向，一种强加于人的批评，这种批评不是内在的，不是存在于人的本性中的，也不是存在于这个人所发现的世界中的。

据推测，正是这一点背叛了密尔的主张，即没有任何证据证明任何事情是值得期望的，除非它被期望。他正在考虑幸福的普遍目标，即在一生中尽可能得到完全满足，并强调任何对这种在生活中寻找幸福的天性的附加改变都是没有道理的。[①] 在他看来，任何不同的事物，都是某种奴役，用来达到与人类本质上格格不入的目的，而不是符合人性的内在的东西。

为了回答一种毫无意义的反对意见，我们在这一点上最好暂时离题，这种反对意见对完美主义和自然主义都是不利的，尽管人们普遍反对用快乐或幸福来表达至善的自然主义描述。反对意见大意是，我们没有——或许我们不能——想要幸福，我们想要的是这件事，或事件，或事态，除此之外，还可以加上，一个人如果想要快乐或幸福，一定会因为瞄准它而失去它，找到快乐或幸福的方法就是忘掉它，专心于别的东西，特别的东西。幸福必须是副产品，是对目标的一种额外的祝福，它忘记了目标，并且以其他方式得以实现。

这种异议是无意义的，因为只有通过寻找牛排和土豆，或者这个或那个羊排，我们才能获得食物。可以肯定的是，只能通过获得

---

① 可以观察到，在密尔的整体著作中，"幸福"是他对至善的特征的首选词。另外，我们注意到他承认品质差异是内在价值的一个方面，超越沁的快乐和痛苦的强度和持续时间，因此它们与任何适当地称为强度或持续时间的事物无关。事实上，他常常避免使用"快乐"和"痛苦"这两个词来表征人类普遍或最终的目标。

牛排或羊排，或者在"食物"下可分类的其他特殊食物来获取食物。确实，想要食物和想要牛排是不一样的，想要牛排和想要盘子里的牛排也不一样。人们也可以想吃东西，但是要加一句："我并不是指菠菜。"这件事的常识涉及两点且只有两点。首先，想要食物是想把东西或其他东西归类于食物中。一个想要食物的人只有通过接受这个类中的某些东西才能得到食物。接受的理由是，被接受的物品具有食物的基本特征，也许是好食物，或者是他可接受的食物的某些子类。他接受这个是因为它是美味的食物，并且能满足他对食用或可维持生命的需要。他的目标——不管是吃牛排还是吃羊肉——在于满足他的需要。同样，有可能想要并且普遍地想要幸福——想要某些东西，或者其他什么——最能让人感到幸福，并接受或具体地选择特定的事物，或事件，或事态，因为我们假设这些物品的获得将有助于幸福。一个人能够而且可以只接受那些，正如一个人所假定的，有助于幸福生活的东西。或者，消除任何关于至善的正确用语的问题——一个人最终可能致力于那些在最高程度上有助于提高生活质量或品质的东西，因为他将其称为美好的生活，而不是贫穷、糟糕或不满意的生活。也许对他如此普遍和持久地想要的东西的一些初步认识在某种程度上将有利于他获得它。事实上，只有这样一个假设，即最后一个全面的标准，才能说没有经过思考的生活是不值得的，并且有了对全面标准的某些假设，任何批评或任何行为准则才有充分的理由。我们如果不知道想要什么——甚至不知道最想要或最后想要什么——那么不太可能取得成功。解决了这个问题之后，我们将面临进一步的问题：什么项目体现了我们想要的这个特征，它们中的哪一个，以及哪些行为对我们开放，将最有助于我们获得具有这种性质的东西。

其次，在追求任何目标时，可能存在追求该目标的阶段，这将涉及附属目的和目标，因此，实现最终目的或目标可能暂时要求人有实现这些附属目的和目标的意愿。想要钉钉子的人可能不得不首先找到锤子，而找到锤子的最好方法是专心于它，直到后来才考虑"钉钉子"。亚里士多德说过，幸福是一种祝福，它增加了其他有价值目标的实现。但他并没有说，选择目的不一定是基于实现这些目的会使我们幸福。如果他有，他就错了。这是反思生命最终目标的事情，事关至善或对价值的批判，或指导目的协调和整合我们的目标。人们之所以看重牛排，是因为它是食物，而获得食物是我们的控制目的。人们可以重视音乐会，因为听好音乐将有助于令人满意的生活。强调批判性生活的必要性的人，如果忽视这些观点，或者提出这种愚蠢的反对意见，认为幸福是一种满足生活的自然主义观念，就处于不利的地位。

但我们已经离题了，让我们回到我们的直接兴趣上来。一般来说，我们很难准确地说完美主义——就像任何其他哲学倾向的情况一样——因为这个总目标下的观点有多样性。但是它与自然主义的区别并不在于，能否获得美好生活，是否需要对所采取的目的进行批判。对期望的批判，对目的和目标的有效性是必不可少的，以便将它们指向实际值得期望的事物，而不是由于错误地相信什么能满足这种期望而期望得到的事物，这可以称为认知批评。这种对价值的批判方式必须被认为是任何建设性道德理论的必要条件。在任何认为智力对于我们的行动方向和对正确行动目的的选择具有作用的观点中，它都是隐含的，并且只能以道德怀疑论的代价来否定。完美主义的显著特征是这样一种假设，即除了这种认知批判之外，还有一些其他批评在真正能够正确设想至善之前是至关重要的。或者应该说，这种认知批判应被视为仅仅是另一种更基本的必要的一部分，并且与其相关。人们自然而然地发现自己的期望必须首先清除一些原始的罪孽，一些不适合人类的兽性的诱惑，或者没有影响那些具有内在价值的事物，这些事物有别于自然满足或被看成是有效目标之前的自然感觉。正确的态度必须首先达到自身，才能满足由此可以被视为最终的好，自满或极乐，而不是幸福，自我实现的更高的善，一种自然人无法知晓的幸福——或者不能达到自身，如果他的天性没有包含一些可培养的品性，这种品性可以说明他与超越自然和朴实的东西的亲缘关系。我们必须不是通过发现自己是什么来定义我们的本质，而是通过参考理想来定义，尽管我们可能无法实现这些理想，但是，在我们的人性能够被视为有效、正确和真正有价值的试金石之前，或者在我们能够实现目标之前，我们不能否定这些目标，尽管有种种困难，但这些目标是我们必须追求的。人类设想"应该做"和"应该是"的能力，与其他动物可能会感到高兴的事情形成对比，而不是与之吻合。自我批评是自我超越；它反映了一个比我们已经实现的更好的自我，这是我们的命运所追求的。除非我们把指南针对准理想目标的方向，否则我们无法达到那种正确心态，而这种心态是有效确定任何真正正确和有效地被接受为好的事情的前提。

很可能，虽然伦理学中的自然主义者很少发现任何不含常识的形而上学命题与他的伦理学说相关，而且通常是认识论上的经验主义者的发现使然，但完美主义常常与形而上学和认识论中的某种形式的先验主义相耦合，与亚里士多德的柏拉图血统和他的目的因，与康德或某种唯心主义的超验主义，或者与认为对正确的理解是一种直觉的洞察力而不与服从源自感觉经验的知识标准的主张相耦合。

我们要论证任何根植于自然主义与完美主义之间的这种反差的问题，必须对特定的理论进行具体化，而这些理论必须在这里达到不可接受的长度。在任何"击中"这种对比的尝试中，我们无法提出任何有保证的主张去正确地披露此事的任何根源。然而，我们应该冒险提出一个解决问题的可能采取的形式，那就是，除了优选词汇外，自然主义者关于至善的理想是否与完美主义者的理想相同。最后，完美主义者掩盖了这个问题，通过声称他所描绘的至善代表了一种幸福或令人满意的生活，对于任何一个应该充分想象这种生活的人来说，这种生活比其他生活更可取。他无法抗拒这样的诱惑，即找到一种论据，使那些以他自己所否认的前提为论据的人信服。现在，道德的完美就是"更高的谨慎"，如果这是真的，那么任何一个不承认完美主义者将至善作为理想目标的人必定犯下一个常识性的错误。他没有认识到最高的幸福，这会使他满足，而其他向他敞开的目标却无法达到。无论这种洞察力是自然的、超验的还是超自然的，如果对他开放，他就会偏向自己的"自然"倾向，去实现一种最充分的使他觉得满意的生活，如果他没有通过参照理想去寻求和统治他自己。他不这样做纯粹是不明智的，是他未能正确认识有效期望。如果他必须批判性地观察他自己的估值，以便正确地设想这种有效的最高善，那么这就是一般的评价常识。未经批判的价值判断容易出错。而且，未经批判的行动往往不利于实现人们认为最令人满意的和真正需要的目标。要求被转换为那些在达到目的时会感到满意的目标，以及那些因最终达到目的而能最好地达到目的的行动方式，只不过是避免错误态度和错误行为的要求，而这些错误的态度和错误行为最终会使我们自我挫败，而且我们也不能傻到树立的目标超出了我们的能力。我们如果在这个问题上没有看到错误，很难将完美主义者的最终目标和他的善与正确的标准，与自然主义者区分开——除非完美主义者宣称，对最高价值的真正洞察力只能通过某种深奥的洞察力来获得，而不能像人们自然发现自己那样提供保证，也不能像获得其他种类的知识那样获得最高价值。

我们不会在这里讨论这个问题，因为我们认为这一问题已经过时了。

认知、行动和赋值

1. 评价是经验知识的一种形式，判别它们的真假、判断它们有效性或辩解理由的标准，与其他种类的经验知识没有根本区别。

然而这一事实通常有些晦涩不明，这是因为人们不能将对经验中的善或恶的纯粹理解，与这些属性在特殊的经验背景中可能实现的预测，以及对存在物中的客观的价值性质的评价区分开来。先要说明的是，对现有之物的价值性质的直接理解并不是评价；而且它们不是认知的，除非或直到它们成为某些进一步预测的基础。但是，在某些情形和特殊场合下，在经验中被揭示出来的某种善或恶，对它们的预测要么真要么假，它们能用与其他终结性评价——预测其他性质而非价值的增加——相同的方式得到证实。这种预见体现了一种最根本的认知能力：实际上，我们可以说它是所有实践智慧的根源。同样，对事物的评价、对事物向善或向恶的潜在性的评估，要么为真要么为假，而且必须通过经验来辩明和确证。一般说来，其证实与确认方式，与将其他属性归于物体的方式并无差别。

当然，相反的观点也是司空见惯的。有人坚

持，价值理解，从与它真实的认知作用不一致的意义上来讲，是主观的或相对的。也有人认为，价值预测根本就不是事实陈述，它仅仅是情感表达，因而既不为真也不为假。

但这是人们思想中的一种最奇怪的失常。否认具有知识之真假特征的一般价值理解，意味着道德上和实践上的犬儒主义。它可能使所有行动无效；因为，如果人们对其可能实现的有价值的结果没有几分把握，那么行动就是没有意义的。假定这个否认得到一致的贯彻，那么它同样会使所有的知识无效。因为，首先，相信本身就是一种行动态度，但是倘若正确的信念与错误的信念没有好坏之分的话，这种态度便无关宏旨；其次，知识一般来说是为了行动。如果行动总体来讲没有意义，那么知识就是无用的，一种信念与其他信念也没有好坏之分。

2. 行动与评价的关系，是重要的和明显的。但这种关系有时被以下事实所掩盖：行动仅仅被看作"行为"，同时价值评价被认为失去了它们的认识和强制的价值。我们只想让自己接受完全经常识考验的东西，但必须用其模糊性得到少许澄清的术语来讲。这种相对拘泥于文字的问题总是让人厌倦——尤其是与重要问题相关时——但为了清晰的缘故，我们还必须接受它们。

行动是经过深思熟虑的或抉择的行为，是要经受批评并在反思之后能被改变的行为。超出主体控制能力的行为不是行动。也就是说，我们在这个语境中将"行为"（act）和"行动"（action）规定为"行为举止"（conduct）。

行动——至少是那种被称为合理的和明智的行为——是为了实现具有正面价值的事物，或是为了避免有负面价值的事物。为了不触犯那些认为"合理的"这个词有其他含义的人，我们就选择这个没有多少色彩的词"明智的"，并认为，当且仅当有比较价值的东西被期望实现其结果之时——此处"比较的"指一些被期望的替换物，这种行动才是**明智的**。

对采纳行动结果的期望，是对它的**意图**，是行为的意图，以及是行动采取者的意图。

所有的行动都有被意图或被意愿的共同特点。但通过行动的内容和它的预期结果，也就是这里所说的它的意图，我们可以把一个行动与别的行动区别开来。只有详细说明它的这个意图，我们才能说清楚被考虑或被做的是什么行动。

正如这里使用的"明智"这个词一样，只有通过它的意图，我们才可以说明一个行动是明智的或不武断的，而不是考虑对所采取行动的期望是不是对实际结果的准确判断这个进一步的问题。①因此，将"明智"及其对立面延伸至被称作行动的意图的预期，这种做法是恰当的；并且可以这么说，如果这个预期结果有比较价值，说明其意图就是明智的，当且仅当其意图是明智的，行动才是明智的。

许多人，如苏格拉底，心理快乐主义者如边沁，还有许多如石里克那样的近期作家等，他们一直坚持，按照这个词的现有意义来看，所有的意图都是明智的。这一观点是否属实，或是否有反常——对比较来说是负价值的深思熟虑的选择——我们暂且不论。

我们的"意图"包括行动的**整个**预期结果。这种结果经常是复杂的，并拥有被不同地评价的部分。意图中采取行动的**那个部分**，我们称为行动的**目的**。有时"动机"一词被作为"目的"的含义使用。"动机"可能比"目的"更接近所意指的事情："动机"一般只用于采取行动或计划行动之时；而"目的"有时被用来命名被意欲（和作为可能而期待）的东西，即使获取预想结果的特定方式还没有想到。这样，就会有一些目的，它们不是任何具体行动（已经完成的或计划中的）的目的。然而"一个行动的目的"仍然是清楚的。同样，"动机"一词在这里不恰当，因为它常用来说明基本的普遍原理、情绪或持续的态度，而不是一个特殊行动的任何预期结果。

"目的"与"打算"或"意图"常被视为同义词，尽管它们共通的用法很难说就证明了这点。在特殊情况下，目的和整个意图可能巧遇。然而，更常见的是，有一些行动的预期结果的一些部分是行动者并不关心的。采取行动的目的是产生某种结果 A，尽管也预见到会产生结果 B，且行动者认为 B 本身是不受欢迎的，这样的情况经常发生。在这后一种情况中，如果关于 B 问"您有意做那件事吗?"诚实的回答应该是这样的——"是的，但那只是因为 B 与 A 密不可分"。

把"明智"的名称延伸用于目的和意图是恰当的，而且也可以说只要意欲的东西有比较价值，行动的目的就是明智的。但是，我们会观察到这样一个事实，当行动的意图和行动本身不明智时，行动的目的却可以是明智的：行动者可能为了期望结果中的某一种价值而采取行动，尽管他可能将整个结果评价为没有价值的。我们也可以这样认为，如果有些行动的意图作为一个整体是不明智的，就存

---

① 当然，这有点脱离通常的用法，理由是，如果根据显而易见的错误判断而采取行动，那么它就不会被称为明智之举。

在着目的不明智的行动，那么这种看法肯定不合情理：行动者是**因为**事情不具有价值而采取行动。例如，一个人接受目前的满足感，他这样做是在有意损害他自己的进一步利益，然而，他这样做实际上是**因为**他看重这种满足：因此他的目的仍是明智的，尽管他的行动和行动的意图不明智。违背常情的行动一般是难以做出的，除非是自相矛盾的行动，比如，为了满足——一个人所看重的——而变得荒谬。无论如何，把一种因无价值而采取的行动称作**成功的**行动，不管其结果是什么，都是不正常的。因此，我们可以说，一个行动是成功的，当且仅当行动是为了某种预期的有比较价值的结果，并且这个期望被实施行动的结果所证实。

在某些事例中，预期的结果可以得到决定性的最后证实；例如，一次愉快的经验。但在有些事例中，预期的结果不一定能随时得到完全的证实，例如，如果目的是使追求民主的世界安全，或造成某种其他事态，或制造某种目标，而所有这些价值的后果都事先预知会持续一段不确定的时间。既然一个行动的成功（该行动的目的将其放在后一类）永远得不到充分的证实，而且存在着阻止在行动被证明之前追究其成败原因的倾向（包括在意义中），**只要**行动的目的被证实，那么我们就可以说这一行动是成功的。（在具有其他特点的同时，如果能确信归因得到证实，所断定的事物就被认为是真实的。这里的区别在于"成功"和"失败"有一种现实的含义：一个行动只有在达到它的目的时才算成功；正如一件东西，尽管它确实是圆形，而且其圆形在被证实前后完全一样，但它本身不被称为圆形。）惯用语"迄今为止算成功"也适用于这样一个事实：在一些事例中，被认可的价值可能会在行动的结果中实现，但只是部分地实现，或未能在被预料的程度上实现。

很不幸，还有一种更加晦涩的思想，它影响"成功"和"不成功"的用法，并反映出某种大体上表现意图和目的特性的复杂性。没有对比较价值的归因，便没有明智的意图，而且不把这种价值归于特定的且可用非价值术语描述的某物，就同样没有明智的意图。即使就价值在其所有情况下是单个的性质或特性这个意义上——如果有这种意义——打算或期望"价值"或"一般价值"，这仍是不可能的。价值不是游离于物质之外的属性；它们只能作为一些特殊事物的属性或一些特定种类事物的属性被实现或考虑。如果这样，任何明智的意图或目的都有两个可区分的部分或方面：一是对可用非价值术语描述的某种结果的预期；二是将比较价值归于这种预期的结果。

于是，一次行动，其目的失败（未达成）的方式可能有两种：不能实现可用非价值术语描述的、被预期的特定结果，或这个结果可实现但却不能将价值归因于它。

例如，我可能因为期望欣赏一个好的表演而去剧院。这一行动可能会因表演差而不能达到目的；但也可能因为我未发现表演的缺点，但因我不欣赏它而不能达到目的。在后一种情况中，我的行动是不成功的，因为尽管作为可用非价值术语描述的期望的结果实现了，但我并没有从中获得欣赏的因素。（从这个例子中，我们就不应认为，一切价值都是快乐：这是需要思考的。）也存在第三种可能，即也许我对一场好的表演的期望落空了，但对欣赏的渴望仍有可能自然增长——它可能在被欣赏方面很糟，像未精心设计的喜剧一样。但在最后的这种情况中，也就是说，预期价值实现了，但却是通过出乎预料的、用非价值术语描述的结果实现的，我们最好认为，这种行动是**幸运的**而不是成功的。

也可以把"成功的行动"这一短语，应用在特定的预期结果所得到实现的事例中，虽然结果中的价值期望令人失望。无疑，有时这一词组就是这样使用的，尽管成功的概念就是失望，这使人感到有些不协调。这个短语只是在碰运气的时候也可用于上面提到的结果。但为了明确，我们不采用这两种用法，我们认为只有达到了目的，只有通过实现意欲的特定结果而对价值特质的期望不断增强，这样的行动才算得上是成功的。

这里，可能还需要一个更进一步的条件：有人会说，有一些目的是复杂的，而且对于做出决定来说，这些目的可能有的重要而有的不那么重要；因此，在决定一个行动的成功时，我们必须参照其目的中可区分成分的相对重要性。但经考虑后，这种复杂性不会得到重视；这样做的结果已不言而喻。因为，在任何被明智地采取的目的中，各种成分重要的程度与其相应的价值程度是一致的。这一点在前一段内容中已包括了。

3. 成功是一切行动所需要的东西：这个陈述句是一个同义反复。然而，对决定于行动者的行动的评价，即最常见意义上的"对行为的判断"，其成功不比我们称为**实践的辩明**的特性更重要。这个特性是由对有比较价值的某物的期望所引导的，其预测——无论正确与否——在反复谋划该行动时，对于这一反复谋划者来说，都作为或然知识生效。也就是说，该特性属于一个行动，当且仅当其意图是一个期望——**一种有根据的经验性的信念**时。

被实践证明合理（或不合理），这一特性比起行动的成功更值得考虑，这有两个原因。第一，在做出决定的时候，这种合理性就像对成功的把握一样离我们很近；其他一切则尚未可知。第二，做出证明合理决定的能力，或对那些不合理性的责任，是比具体行动的成功更为重要的个人品质。无论涉及的个人是他本人还是另一个人，都是如此，因为一个人总的行动通过实践证明合理性的特点，是预测他**将来**成败的合理性的基础。只要一个人总体成功与总体上由实践证明合理的特点没有相互关联，这两者的不一致就只是好坏运气的问题，而不是个人的能力问题。

当然，我们必须注意，这种实际的合理性与道德上的合理性并不是一回事——除非是关于道德的一些特殊理论。如果评价经验信念中有愚笨的行为，而所论及的人对这样的愚笨并不负责的话，那么一个行动可以说不具有实际合理性，而只是在道德上合理。如果在依一个明智的意图而做出行动的决定中存在道德方面的偏颇，且这个意图根据经验发生突发事件的可能性得到正确的评估，那么这个行动可以说不具有道德合理性，而在实际上是合理的。

4. 语词使用中的这些烦琐细节令人厌烦，特别是在被谈论的事情为人们所熟知并始终与日常生活相关时。但是，如果我们能成功地消除常用于行动的语言中的模棱两可的现象，保持对这种语言含义的极大兴趣，那么，我们很清楚，正如开始所说的那样，**若没有那些代表着经验认识的、预测性的因而能证实或否证的价值预测，就没有什么意图或目的是重要的，也没有什么行动在实践上是合理的或能取得成功**。在那一点上，这些平常的考虑看起来是相当重要的。

在涉及对价值做出正确判断的能力时，我们更多地说到智慧而不是知识。"智慧"意味着有一种完全非知识的特点，尽管它是由经验培育成的一个特质；它是一种性情，即在意图中避免乖僻和在行动中避免未加充分考虑的因素。但除此之外，智慧和知识的截然不同只是因为对于任何被给予的个体来说，或在获得知识的情境下，都有相当多的知识对于价值判断和成功行动来说是无足轻重的。因此，一个人可以因正确的信息而大开眼界，但仍缺乏智慧，因为他的信息对于要他对相对价值做出判断几乎毫无作用，他或者缺乏区分实践中重要的与不重要的东西的能力，或者缺乏将信息应用于具体行动问题的能力。成就低的人就其获得信息的广度而言，仍有可能是智慧的，因为他们有对这些价值及对达到这些价值的途径的正确理解。但是，智慧肯定是知识的一种类型，是定位于重要的且有价值的那一类型。智者是那些明白善在何处，并知道如何行动才能达到善的人。

"知道一个人喜欢什么"，这也是知识的一种形式。无论它是不是关于客观价值的真实知识，它都是值得进一步考虑的问题。但是，在对这个问题毫无偏见的情况下，我们可以这样说，知道自己喜好的人拥有一种知识，这种知识存在于他在自己的经验中预测价值特质在一定条件下发生或不发生的能力中。例如，一个知道自己喜欢巴赫而不喜欢斯特拉文斯基的人，可能会被人说成一个音乐上很无知的人，但是当他看音乐会节目单时，他知道期待的是什么。他的价值预测具有可证实的内容并真正包含认知意义。事实上，这种知识可能是最重要的，不仅对于个人如此，对于社会也是如此。至少，世界上有一半可避免的麻烦，是那些他们不知道渴望和追逐的东西而一旦拥有却并不能让他们感到满足的人造成的。"要不是因为这些傻瓜，我们是可以应付那些坏人的。"

人的进取心只有在有真实的价值判断时才能发扬光大；这种判断预测作为行动之结果的价值不断增长，这种判断可以通过采取该行动的方式得到正面的证实。只有在这种情况下，行动才具有所有明智行动所力图达到的那种正确性和恰当性；而且只有在这种情况下，知识才对行动起指导作用，而这是所有求知欲望的最终意义。因此，那些否定价值理解的认知特点和真理性的人，最终必定发现自己处在艾皮米尼地斯（又译为埃庇米尼得斯）的位置上，也就是那个说所有克里特人都是骗子的克里特人。[①] 要么他的论点必定是错的，要么它就不值得相信或讨论；因为如果它是真的，就**没有什么**值得相信和讨论的了。然而，无论需要多少独创性的逻辑来解开这类自相矛盾的荒谬说法，有一点是清楚的，即不管是谁在说些与他自己的假定态度不一致的东西，他要么是在开玩笑，要么就使自己处于荒谬的境地。

5. 承认价值评价代表着知识的一种重要的基本形式，这在许多

---

① 古希腊哲学家艾皮米尼地斯提出的克里特人谎言悖论。克里特岛上的克里特人艾皮米尼地斯说："所有克里特人都说谎。"无论这句话是真是假都会导出矛盾。因为如果艾皮米尼地斯所言为真，那么克里特人全都是说谎者，身为克里特人之一的艾皮米尼地斯自然也不例外，于是他所说的这句话应为谎言，但这与先前假设此言为真相矛盾；又假设此言为假，那么也就是说所有克里特人都不说谎，自己也是克里特人的艾皮米尼地斯就不是在说谎，就是说这句话是真的，但如果这句话是真的，又会产生矛盾。——中译者注

方面遇到了阻碍，特别是在两种情况中：一是不能区分价值预测的不同类型；二是试图对各种善的性质做出定义，以确保没有任何东西可以通过不道德行为而成为真正的和"客观的"善。事实上，对评价之有效性的整个讨论总共有三个与其内在本质截然不同的难题：(1)最终的或基本的价值本质；被正确地称为有价值的其他一切事物的价值是从这种价值派生出来的；(2)价值归属的第一人称（"相对性""主观性"）或非人称（"共性""客观性"）的问题；(3)他人对有价值事物的可能实现或占有，是否合理地要求对他自己的行动决定要尊重；如果是，为什么？

当然，这三个问题中的第一个，是关于评价的基本问题；第二个问题本身是一个复杂问题，但其根源在于纯粹逻辑的或与我们传统的说话方式有关的考虑；第三个问题是一个相当特别的伦理问题。前两个问题需要我们进行大量的思考，最后一个问题则是本书范围之外的一个独立主题，当然我们也会对它做一定的论述。

只有解决基本的善是什么，以及哪些善是从价值预测的主观性或客观性问题中派生的问题，我们才能在对总体评价的思考中有一个好的开端。首先，第一步，要看到有三种主要类型的价值预测，它们对应于一般经验陈述的三种主要类型。

第一，是对在直接被经验到的事物中发现的价值性质的表达性陈述。一个人在音乐会上说，"这是好的"，或吃饭时做出类似的陈述，这大概就是在表达如此呈现出来的一种直接经验的特征。当然，也许他是出于完全不同的意图，他可能想断言：演奏的片段具有可证实的令人满意的特点，该特点完全能通过那些有音乐鉴赏力的人和在音乐上有长期经验和训练的人的检验；或者，食物被证明在很大程度上达到了所有饮食标准。在这种情况中，当下经验的好，可能为他的评价提供经验线索，但是**被判断**的内容只不过在这个直接捕捉到的性质中得到部分的证实，而这一性质本身并不要求被判断。音乐片段或食物的这种被评价并得到证实的好，是一种客观的特性，它类似于一个盘子的客观的圆形，或周围空气的客观振动频率。

直接体验到的好或坏，就像被看到的红色或被感觉到的硬度一样，一旦留意，就会变成只是关于表现出来的表面特性的陈述或报告。关于价值性质的大量问题，我们将在下一章中讨论。但是很难否认：存在着某种可被称为"表面价值"或"感觉好"的东西，就像看到的红色或听到的颤动一样。而且，我们虽然要单纯地陈述所予的这种表面的价值性质有语言上的困难，但不能否认所要陈述的这种直接的好坏经验是存在的。我们大概也会赞成，没有这种直接的价值理解，在任何**其他**意义上，都不可能有对价值，或对什么是有价值的东西的确定，或者价值术语根本就没有任何意义。没有对价值和负价值的感受经验，一般的评价便没意义。

对表面价值的这种陈述表达或报告，就其本身且无进一步含义而言，是一种表达性的陈述；只在它被称为可证实的意义上，它是自我证实的（对于证明它的人），而且不会出错，否则就是专门选出来表达它的词语的语言错误。由于我们可能对直接经验的性质说谎，所以，这样的陈述要么是真实的，要么是虚假的；但是，被表达的理解不是一个判断，并且按我们所使用的知识这个词而言，它也不能被归为知识。

第二，存在着作为终结性判断的评价，即在被理解的境况下，或在其他的和类似于可理解的境况下，对经验中的价值性质的可能增长的预测——如对快乐或痛苦的预测——取决于对一个行动的特殊方式的采用。如果我品尝面前的食物，我会喜欢它；如果我触摸一个烧红的金属，我将感到疼痛。这类判断可以通过行动来证明，那样它可以被确定地和完全地证实或证伪。作为预测性的——可证实，但尚未被证实——并可能出错的判断，它们代表着知识的一种形式。

第三，有一类最重要的和最常见的评价，它将价值这个客观性质归于一个存在物或可能的存在物，归于一个物体、一种情景、一种事态，或这种事情的一些**类**。我们会发现，对价值的这种客观评价，比对非价值特征的客观评价要复杂得多。在它们当中有大量的差异存在："X 是有价值的"，在客观意义上，是一种包含许多含义的陈述形式，而且由于人们难以区分这些含义，就会产生麻烦的歧义问题。但是，它们都拥有我们称为非终结性判断的共同特点。它们不能随时得到确定的完全证实，但总维持着有进一步可能经验的并能得到进一步确证的意义。像其他对客观事实或对任何客观性质的判断一样，对它们真假的确定永远不能完成；而且在理论上，它们只是可能的，尽管它们通常是在被称为"实践上确定的"意义上是可能的。对这样一种判断的任何特殊确证，都来自对作为它的结果的某个终结性判断为真的发现。虽然这样的终结性判断没有数量上的限制，而其真实性源于对价值的客观评价，但它的含义仍然空空如也，这种含义不是可以通过某种终结性判断来表达的。如果，在那样表达出来的东西——作为对它的某种可能的证实——之外，客观的价值判断的意义应被认为还具有更进一步的和不同的成分，那么，我们自己都不能说清楚或想明白这更进一步的成分意味着什么，或者，它包含的或没有包含的内容对不同人在不同境况下，实际上会造成什么可能的差异。

我们应该把对某物的客观价值的此类确证，看成是与它相关的某种价值经验的实现。这里也有一个问题——如密尔所断言的，他认为一个事物值得期望的唯一证据就是它被欲求①——是否客观的价值判断不是**专门地**相对于直接的**价值**经验的可能性而存在的。

但是，几乎没有人指出这个观点之不堪一击：人们可以很容易地发现一个事物有价值的证据，而不必通过对价值肯定的经验的检验。正如一个人可以在没有眼见或触摸某物的情况下发现该物是圆的或硬的证据，同样，一个事物的客观价值也可以通过"间接的"方式得到证实，而不一定要"经验到它的价值"。

例如，"我的邻居是一位出色的音乐家"，这个判断就可以通过他对高难度乐曲的表演来确证，尽管他现在的表演并未打动我，甚至我认为他持续不断的精湛表演打扰了我的思索并使我烦躁。或者，我可以通过刺痛自己来证明我的凿子很锋利，就像一把好的凿子应该是的那样。我们在对客观价值的决定当中仍然有这样的感觉，价值经验是优先的或特别决定的；但是如果果真如此，它们有特别重要性的这个意思，就显得武断，需要加以证明。至少，对客观价值的信念**只有**通过对价值的直接经验才能被确证，这个结论是不正确的。

通过确定所谈及的价值预测会采取这三种意义中的哪一种，困扰我们的许多关于评价的疑难，都可以得到解决或取得实质性的进展。这一观点是否涉及经验中直接发现的价值呢？那样问题就超出了任何合理的争论：这一经验的主体的发现是确定的，而且主体不会犯错误。有关这一点的问题涉及它的一个明显特征，即它是某种**不同的**评价的基础，是对可从同一事物衍生出的**进一步**价值经验的判断的基础，或对某种**客观**价值特性的判断的基础；否则，这些问题就只不过是他用于表达他在经验中发现的东西的语言的恰当性问题。

或者，被讨论的价值预测是否想要断言，在一定情况下和通过

---

① 证明事物之可见的唯一拿得出的证据，就是人们实际上看见它。证明事物是可听见的唯一证据，就是人们听到它；我们的经验的其他来源也是如此。我认为，以相似方式表明，某物是可向往的唯一可能的证据，就是人们真正地渴望它。

一定的过程，某种价值特性的经验是否可能产生。那样的话，它就是一个终结性判断，是预测性的、可证实的或可证伪的。但是，通过检验，它**必定**要么是可证实的，要么是可证伪的（无论在什么意义上，证实的条件都是可能的）。如果或一旦它得到这样的检验，那么它的真假就是绝对明确的，不容置疑的。但是在得到这种证实之前，例如，在它作为对行动的特定方式的企望或不可企望的一个判断而发挥作用的任何时候，它的可信性只取决于过去经验中得出的归纳证据；并且，在理论上，我们对它的确信只不过是一种可能的确信。

价值判断意指某种存在物中的价值或负价值的客观性质吗？如果是这样，那么它的含义就转化成多个终结性判断，其中每个判断都是可独立证实的或证伪的，而且每个判断都代表着这一客观判断的某种可证实性。对客观价值的这种肯定，将具有关于前件的某种可能性或不可能性，而且这种可能性可以通过对其确认的检验而无限增减；尽管它总会保留一个进一步的未检验的意义，因为对它的这种可确证的数量是不可穷尽的。我们拥有的或可获得的对它的证据，不必只限于直接揭示事物价值或负价值的范畴，还可以包括对它的客观价值的其他的和间接的确证。

6. 以上谈到的所有这三种价值判断，都是经验陈述的形式。它们当中的任何一种判断或所有这些判断，都可能被混淆于关于价值的另一种陈述中；那种陈述既不是对所发现价值的阐述，也不是可由经验证实或确证的判断。例如，说快乐是善；或一个事物通过作为一种兴趣的对象而成为善；或善是一个简单的、不可分析的性质；或除了善的愿望之外，没有什么东西是绝对的善。这些陈述根本不是经验陈述，而是先验分析的和可知的，否则就是假的。它们是判断，不过是与下列语句在相同意义上的判断，即"硬就是不可穿透性"，"硬是通过抵挡突然撞击来决定的"，"硬是一个简单的、不可分析的特性"，或"除了硬心肠，没有什么东西是绝对硬的"。这些陈述，如果都是真的，它们就能通过对意义的某种分析来证明；它们的真是通过思考决定的，除了逻辑的和可用定义表达的证据之外，它们没有别的证据。

与这些说法相关，重要的是要记住，作为分析而被提出的命题，仍可能是错误的：除非一个陈述是真的，否则将名称"分析地"应用于它是不合常规的；但是，这并不妨碍任何人做出不正确的定义，或从他们事实上不能保证的定义中做出推理。我们也必须时刻牢记，确定的陈述和那些从定义中推导出来的陈述具有不同的意义。正如在第一篇中指出的，它们可能是"名义上的定义"，是关于词语的陈述——更清楚地说，是关于符号的关联，或对符号与意义的关联的陈述。或者，它们可能是被关于语言符号的习惯或"好的"用法的经验归纳所遮蔽。或者，它们只是对它所建议效仿的语言使用惯例的公布，或对接受这种惯例而排除其他用法的劝告。或者，最后，它们可能是对有另一种更熟悉和更清晰意义的意图的解释，并因此为那些被命名或被讨论的事物的本质特性划定界限。只要它们具有最后提到的这个特点，它们就有助于说明像价值本质这样的重要问题。对已提到的其他类型的陈述在表面上的分析形式的干扰，就好像它们是对意义——已被我们的兴趣和所谈论问题的本质确定了——的分析一样，总是要经受一种合理的怀疑，因为它可能以某种方式在某种程度上偏离和违背我们对问题的兴趣。我们只能通过使用语言来详细说明，而语言本身经常是必须得到解释的。在语言的使用中，运用其他的方法而非那些通常的惯用法，对于说明问题是有益的甚至是必需的。对那些只在名义上为分析的陈述的批评，都不切题。但是，当对语言的这些述说被对先行确定的意图的阐明所取代的时候，很重要的就是要注意这一事实不要被主体的变换所误导。就如上提及的述说之类的重要问题而言，语言是必须加以讨论的，其目的不是解决这些问题，而是洞察存在于我们和真正的问题之间的纯语言上的考虑。那些坚持"本质"的人，有其正确性，因为他们反对这样一种人：他们将所有的分析陈述理解为名义上的或仅仅是句法上的，并在讨论如享乐主义者将一般的善等同于快乐一样的陈述的时候，认为它似乎只是一个语言含义的问题。对于意义与分析这个一般主题，该说的我们都说了。而关于这类问题的进一步讨论，特别是涉及价值和有价值事物，我们将在后面的章节中探讨。不过，如果没有注意到，价值领域中的分析性陈述需要加以讨论，并且是可以决定真假的，我们就无法解决这个问题，尽管它们是关于意义的陈述，而不是关于不同事实的陈述，并且它们只靠批评性的反思来决定。

在目前来看，一个要点是，对有价值事物的这种分析性陈述，不属于任何种类的评价。一个评价，不管是何种类，总是一个经验上的断言。"价值是先验的"这个假定，只有在对一个意义本身的理解与对这一意义在特殊事例中的运用的理解相混淆的时候，才会被提出。对价值的**本质**或对价值的某些种类的理解，是先验的；正如对硬的基本性质的理解是先验的一样。但是，对某物或某类事物有价值的理解，则是经验的，正如对一件东西是硬的理解是经验的。

只有对后一种的理解才是评价。

　　7. 我们在第 5 节中已论述过，一个事物的客观价值与对价值性质的直接经验的关系，比一个事物客观的硬性与它被感知的硬性之间的关系，或它的客观圆形与我们视觉感受到的圆形之间的关系，显得更为直接。然而，前面已经指出，对一个事物直接价值的发现，并不是对它的客观的善的唯一可能的确证；我们可以通过冒险划伤自己来确证有刃工具的好。我们还可以这样认为，对某种愿望的满足、某种快乐或满意，在直接经验中对一个肯定的价值性质的实现，这些都是对事物的客观价值的特别的或决定性的确证。而对它的其他确证，只有在它们作为这种决定性的确证之可能性的**证据**时，才有意义。正如我们可以这样说：如果使用不当，锋利的工具也会酿成划伤我们自己的灾难，而这就是刀刃工具之好的特性。但那并不是**使它们好**的东西：如果设计能减少或消除划伤人这种不幸结果的可能性，那么这种产品会更好。使它们好的东西，是用它们来生产有用或美观的物体的可能性；以及这样一个事实，即它们最终有助于通过我们体验到的性质来直接评价某物。

　　在这一点上，对客观价值的判断不同于对其他客观性质的判断。至少以下说法是可疑的，即对一个事物的硬度的特别的或更有决定性的证实，是通过触摸的感觉，而不是通过从一定高度向它扔一个有一定重量的尖头工具来检验它；或者说一个事物被看到的圆形是使它成为圆的原因，而用卡尺测量只是它为圆形的间接证据。

　　对物体价值的断言与对其他性质的断言之间的区别，是真实存在的。但是，如果要从提议的各种方式中筛选出某种特别的或起决定作用的确证，以此来寻求一种表达它的更精确的方式，这是枉费心机。在那些被筛选出来的确证中，客观价值通过对肯定价值的经验而得到证实，而客观的负价值通过我们对反感的东西的直接经验得到证实。（事实上，这些不是对事物的价值的最好证据。例如，从放在书桌上的记事册下的一本杂志上，我剪下来一幅漫画，我从中获得无穷乐趣，但我并不知道它不只是具有琐碎价值的物体。我知道医院的铅盒中一克镭的很小一部分都有很大的价值，但是我或别的任何人很可能在它面前都没有直接的特别的满足之感。）

　　对客观价值的判断的这种独特性的评论，就价值术语来说，其客观意义是从表达意义中衍生出来并受制于后者的；而从其他术语来说，其表达意义则很可能从属于其客观意义。例如，如果我说一个东西看起来是圆形的，这里"看起来是圆形"的意义——"圆形的"

的表达意义——也许可以更准确地表达为：在既定的观察条件下，当一个东西看起来的形式是一个真正圆形的东西看起来的形式的时候，它看起来就是圆形的；或者，在对形状的视觉辨别最适合的条件下，也就是在保持正常视线的时候，它看起来像一个真正的圆形的东西。对一个事物真正是圆形的最接近决定性的确证，不是"看起来是圆形的"或"感觉到是圆形的"的经验，而是用精确的工具测定的结果。但是，对于价值预测来说，表达意义与客观意义之间呈现出相反的关系：一个东西根据它可能**显得**有价值而**是**有价值的；客观价值实际上从直接评价中获得；离开了某个观看者的喜爱，美是得不到最后确定的；而且除了相对于某种可能感觉到的好之外，没有什么东西是好的。

但在这里，依照这种语言用法的建议，我们很难精确地说明价值预测与其他预测之间的区别。这种语言用法本身就是摇摆不定的和不可靠的。有一点肯定会给我们留下深刻的印象，那就是，在一定程度上，术语的**所有**客观意义都是从它们的表达意义衍生而来的。在某种意义上——它难以精确地陈述但又相当明显，"硬的"最初意指**感觉**硬的那种性质，它的进一步意义是心理上或历史性地从这个表达意义延续下来的。略有不同的是，"圆形的"最初最重要的意思是指看起来像"〇"的东西，而且因为与我们已知道的出现方式相关，它还应用于看起来不同的东西，以及那些满足一定测量的东西。而区别在于，关于"硬的"和"圆形的"以及其他性质的名称，我们在某一点上已经抛弃了例如**感觉**硬和**看起来**圆的这样的检验，以及对有关我们兴趣的客观特性的比较不确定的确证。但是，就好而言，感觉方式仍然是整个问题中最重要的和最前沿的，而且我们也并不想要"更精确"的对客观价值的检验。事物的**表面**价值——对与它相关的价值特性的某种**经验**的可能性——是本质的。

这就是价值对物体的归属与对物体其他性质的预测之间的区别，对这种区别的精确界定方式，就是区分内在价值与外在价值。因此我们必须首先关注这个主题。

8. 内在价值通常可描述为自身中的善或因其自身而善；外在价值可描述为作为其他事物的工具而有价值。在特定的事例中，人们通常认为一个事物在这两种意义上都有价值；但是其内在价值和外在价值仍是截然不同的。

显然，外在价值的归属是相对的。或者如果所有的价值属性都是相关的，那么对外在价值的预测在附加的和特别的意义上就是相对的，因为这种预测明显地或不明显地包含了对其他事物——被谈论事物对它具有或可能具有工具作用——的指涉。

然而，在一般用法中，"内在价值"和"外在价值"的归属，都出现了我们必须防范的歧义。关于"外在价值"这个名称，有这样一个问题：如果 A 对 B 有帮助或有用，是否仅仅参照这一事实，就可以把 A 归为有外在价值的；或者，是否以下这点更为重要：B——或反过来，B 对其有工具性的价值——必须具有内在价值。关于"内在价值"这个名称，在短语"本质上的善"中，隐含着不太明显且更难理解的歧义。问题在于：属于一个物体的——但与其他**物体**没有任何工具性的关系——善的属性，是否表明它是内在的或本质上的善；或是否应进一步要求具有本质上的善的东西必须**因其自身**而有价值。**也许没有物体**是因其自身而善的，所有物体只有通过它们与主体或与可能经验的关系，才有价值或负价值。这至少是一个人们不得不考虑的问题，并且对它的考虑不应事先受到所采用术语的约束。

我们谈谈"外在价值"的问题。一般地说，对于外在价值预测的真来说，被谈论事物对其具有工具作用的那个事物应该具有内在价值，或者至少它反过来对具有内在价值的另一事物起着工具作用，这一点通常被认为是至关重要的。被认为有内在价值的东西 A，可能对 B 有工具作用，并且 B 对 C 有工具作用，以此类推；在 A 起直接或间接工具作用的某物 Z 中的内在价值，一般会得到公认。然而，有时情况出人意料。另外，有两种经常发生的情况也可以被归为对外在价值的预测。

经常会有这样的情况，A 因其与 B 的关系而被判断为有价值，但 B 没有任何价值归属，无论内在的还是外在的。一个人说，"A 对于 B 是好的"，这并不包含对 B 有价值的断定。A 对 B 是好的；有人从 B 获得满足或发现 B 有用。但无论后一个是不是这种情况，这种评价是不想做出断言的。另外，相对于 B 而言，外在价值归于 A，意指 B(或 B 反过来对其有工具作用的最后的 Z)**有时被认为**具有内在价值，但这并不是说对 B(或 Z)的内在价值的这种归属实际地得到了证明。例如，一个人说，椴树对于做烧焦的木头摆设是好的，这是指一些人重视这个**玩意**，但不是指它们真的具有内在价值。

因此，任何可能被归类为对某一事物 A 的外在价值属性的预测，都表达这么一个评价，即 A 对另一事物 B 是工具性的或有用的。至于其他情况，这种评价有可能有下列三种含义中的任何一种：（1）可能意指 B(或反过来 B 对其具有工具性的某个最后的 Z)有内在价值；

(2)可能意指 B(或某个最后的 Z)有时**被判断为**具有内在价值——无论判断得正确与否;(3)可能不是指 B(或任何最后的 Z)要么具有内在价值,要么被认为具有内在价值。

这种歧义往往可以通过参照上下文来解决,而且它一般来说并不重要。但在一些我们不得不处理的情况中,如果不能说明这些区别,就会导致灾难性的混乱。虽然所有这三种类型或其他有相同根据的类型都是必需的,但是,为了将"善"的用法和其他"价值预测"的用法包括到通常话语当中,只有包含了上述三种意义中的第一个的那些断言,才能被归为对外在价值的评价。而具有其他两个意义的陈述,则意味着被谈论的东西没有任何真正的价值。说 A 对 B 是好的,而不意指 B 包含的价值,或者只说明价值有时被归于 B,但并未确定这些归因是否真实。显然,这种说法会使 A 所引起的真实价值的确定问题悬而不决。画布可以画上使人赏心悦目的图案,而生产画布的线的机器,通过一连串事实的或可能的环节,拥有了许多外在价值意义上的真正价值。只要我们最后能达到一个内在价值,无论经过多长时间都无关紧要;这样最先提及的东西就被展现为具有客观的价值。但是,如果机器生产的线,使画在油布上的油墨很快脱落因而不能让赏心悦目的图案持久保留,那么——除非出现具有相同开头和圆满结局的其他情况——最先提及的事物就没有表现出任何类型的价值。

因此,我们可以在不用考虑 B 的真正价值的情况下,说 A **有助于 B** 或对 B 的出现**是有用的**;但是,只有 B(或它可能导致的某个最后的 Z)具有内在价值,我们才可以说 A 具有**外在价值**,或工具**价值**。然而,很重要的是要记住:存在着这样一些共同的话语样式,它们有时被不正确地归为价值预测,而事实上它们既不意指这些被预测事物的内在价值,也不意指它们真正的外在价值。特别是,我们应注意,对**效用**的归属有时并不是指所说的有用的事物具有真正的价值;而且,如果我们无法参照 A 中对 B 的生产有用的这个性质,不参照 B 中和 A 可能导致的任何事物中的关于内在价值的问题,那是很不方便的。因此,我们将在这几页中采用下列习惯说法。除非存在着具有内在价值的另一事物 B,而 A 对其可能起工具作用,否则一个事物 A 就不具有外在价值或工具价值。① 但是,我们会说 A 对 B **是有用的或有益的**,或仅仅说 A 是有用的或拥有**效用**,而这

认知、行动和赋值

① 我们将简略地将工具价值作为一种特殊的外在价值来辨别。

并不意指 B 或 A 可能导致产生的任何其他事物肯定具有内在价值。因此，效用是更宽泛的范畴，一个事物可以有效用而不具有任何真正的价值；但一个事物的任何外在价值或工具价值都是它的一个效用。

我们还必须注意前面提到的第二种歧义，它影响"本质上的善"这一短语，因而也影响"内在价值"这一名称。通过追问"有价值的东西是**因其自身**还是因别的事物而有价值的"这个问题，我们已经指出了——而且想坚持——内在价值和外在价值的区别。但是，尽管人们经常把这当作对内在价值标准的一种恰当陈述来接受，对它的运用却常常采取的是在我们看来未经证明的方式。因为这种区分原则经常与另一种纠缠在一起，即所谓"事物自身中的"价值与所谓"其他事物中的"价值之间的差异。但是，因作为"事物自身中的"价值而被称为内在价值的东西，与因其自身有价值而内在地有价值的东西，这二者是不同的。同样的，因所谈价值"在其他事物中"而被称为有外在价值的东西，与因其他事物而有价值的东西，也是不同的。

诸如"在自身中"和"在其他事物中"之类的说法，显然让人难以理解。我们来谈谈它们的一个可能意义，该意义在当前的讨论中是**不相关的**，尽管它是价值理论中广泛讨论的一个区别。洛克称那些物体中的性质——如我们所感知的——为第一性质。在他看来，那些不在物体自身中的性质——虽然一般被认为是在物体自身中的——是第二性质。他也谈到第三类可感知的性质，它们既不在物体中也不被认为在物体中，就像我们从某种燃烧的东西那里可能体验到的疼痛一样。他没有给第三类性质命名，但是现在它们通常被称为第三性质；而且物体的价值性质有时被归为这种性质。然而，我们现在提及这种区分，只是为了把它从我们的讨论中排除；没有人会根据价值是物体的第一性质而将价值归类为内在价值，或根据价值是第二或第三性质而将价值归为外在价值。这里，"在自身中"或"在其他事物中"所包含的这一层含义，不在讨论之列。

因"在自身中"而被称为内在价值，与因"在其他事物中"而被称为外在价值，两者之间的区别并非一目了然的。我们的检验发现，这一区别是**在经验中通过所归属事物的呈现而实现或可实现的价值，与通过其他事物的呈现而实现的价值之间的区别**。例如，艺术作品在如下意义上有它"自身的"价值，即被归属的价值是由于这个作品的出现而实现的。有用的工具在如下意义上具有"在其他事物中的"价值，即只有依靠与其他物体——一种价值性质可以因这些别的物体的出现而在直接经验中得到实现——的工具性关系，它才是有价值的。

这一区别非常重要，并且可能代表了对事物的一种最通常的分类，即对有内在价值的事物或有外在价值的事物的分类。然而，这种区别不同于因其自身而有价值的东西与因其他事物而有价值的东西之间的区别。最后提到的这种区分，正是我们在这里区分内在价值与外在价值时所要参照的。（上面提及的另一种区分，我们将会简要讨论。）

"内在价值"是因其自身而有价值的，在这个意义上，**严格地说，客观存在物没有内在价值：物体中的所有价值都是外在的**。之所以如此，是因为最终目的——事物依照与它的关系而被最终判定为真正有价值的——就是善在直接经验中的某种可能的实现。**物体的善，在于它引起某种直接经验到的善的可能实现**。不能给任何人带来任何满意的东西，绝对是没有价值的，或者它的价值是消极的。

几乎没有人会否认这一点。而且，对于任何想否认这一点的人，人们也很难知道要通过什么方式使他们相信那是错的。因为如果这个说法是真的，那么它就是对一种意图或意义的分析。一个人只能假设，如果那些想否认这一点的人仍打算用"善的"或"有价值的"作为与我们认同的特征的话，那么他们无法得出他们实际观察到的有价值事物的标准。（也许因为他们认为——相当正确地——由一个事物的表象而得到的直接满意并不是它的客观的善的证据。但那完全是另一回事了，是我们后面要考虑的一个话题。）

至少，我们应该能达成一致：除了能带来某种善的**经验**的可能之外，没有哪个物体能代表明智行动的最终目标。没有哪一个明智的行动单以产生善的**物体**为目的，它是以经验中善的最终实现为目的的。如果无论谁都无法通过所谈及物体的存在而得到满意，那么这个物体有价值的说法必定是要么无意义，要么为假。与肯定的价值性质的可能经验的这种关系，就是使善的物体成为善的东西；这种善对于它属于物体来说是构成性的。依照同一标准，可归于物体的价值，严格地说来，总是其他事物的原因，而不是内在的原因。

9. 我们现在可以回到先前的问题，即**价值**对物体的归属与对其他非价值的客观性质的预测之间的区别。因为，正是通过参照如下事实，即与善在经验中的某种可能实现的关系，对于任何能在物体中发现的真正价值来说是**构成性**的，我们才能找到对这一区别的解释。

如果一个物体是"真正的圆形"，我们可以认为，在一定条件下它能看起来或摸起来是圆形；它代表"圆的"一词的表达意义的那种性质是可以被经验到的。但是，我们很难说这种可能性的真是使它成为圆的东西：我们更有可能通过精确仪器的测定来确定客观圆形的标准，并认为那些看起来是圆的、但不满足这些更精确的检验的东西，不是真正的圆。同样，我们可以认为，客观的硬的东西在正常条件下摸起来的感觉是硬的。但是，构成被归属为客观属性的，并不是这种与感觉到的硬的联系。尤其是如果它是被断言有特定硬度的硬东西，这一点就会更清楚。同样，代表明显的红色的——在其表达意义上的"红色"——性质的可能性，可以被归属为任何真正的红色的东西。但是，依据这种关系来定义客观的颜色，对此我们应再考虑，而且应该选择对该客观属性更具决定性的其他检验方法。

然而，在关于价值的情况中，是那种与肯定的价值性质的可能经验的关系，构成了一个东西的由以被称为好的或有价值的那种客观属性。与"好"的**表达**意义所指的东西的这种关系，就是客观**存在物**能拥有的那种好的本质。它们因这种经验的可能性而被评价，而这种关系就是使它们成为好的东西。

这里的关键并不在于，一个物体的好依赖于它被经验到的这种好，或物体的被经验到。对于这两个观点，我们完全否定。如果有"隐藏在黑暗难测的海洋洞穴中的灿烂光洁的宝石"，它们仍然像人的眼睛所看到的美的东西一样美。关键在于，美的**标准**是它**将**被看到时的一种喜悦，如果它**将**在有利于存在于该事物中的这种潜在喜悦在完全实现的条件下被看到的话。一个**物体**的好，表现为在经验中实现善的一种潜在性。但是存在于物体中的这种好，作为对某种性质的经验的一种潜在性，并不依赖于在某种经验中对它的**实际**欣赏，正如一个东西的客观的圆形并不依赖于用卡尺对它进行的实际度量。

更为关键的是，尽管对客观的圆形的恰当定义并不依赖于物体被看见是圆的，而客观的硬也不是通过物体被感觉到硬来定义的，但客观的善仍**是**通过在经验中被揭示出来的善来定义的。善不是通过这一物体本身被经验到的直接满意来定义的，因为许多物体所具有的这种善是一种为了产生其他好的东西的善。但是，一个事物的客观特征与某种满意经验的可能性之间的关系——在物体本身的表象中或物体所导致的其他事物的表象中发现的一种关系——对于物体具有的这种善来说是确定性的和构成性的。虽然客观的圆形不能根据"圆形"的表达意义来正确理解，对硬的经验也不是对客观硬度的主导性检验，但是客观的善**要**根据"善"的表达意义上的意义来理解，而物体中的善的主导性检验，就是可以在经验中发现的某种善。

说明客观的善的这种特别之处——与圆形、硬度和物体的其他性质相比较——的准确方式，就是要说明事物中的客观价值是为了实现经验中的某种可能的善，即这里采用的"内在的"和"外在的"的用法；就是要说明**可归于物体的价值的总是外在价值**，而内在价值只与经验本身中的某种可能的价值性质的实现有关。

10. 然而，尽管人们同意——至少有几分普遍性——唯一的**最终的善**之物是肯定的价值性质在经验中的实现，但是我们还是坚持认为，某些种类的物体因其自身而善。例如，我们说，一件艺术品的美对于这一物体来说是内在的；我们应承认，如果任何人都无法从这样的物体中经验到满意的话，那么对价值的这种归属要么是无意义的，要么是虚假的。

对这种常见说法的解释，在这种情况中可能是，我们只考虑到了**客观的**善。有一些物体是善的，只因为它们导致了其他事物的产生；但也有一些物体的善，并不依赖于它对其他**物体**的工具作用。正如前面已指出的，这后一类物体所代表的善，在于它所归属的物体的出现，因而它并不依赖于与任何别的**物体**的关系，尽管它确实依赖于这一物体与某种主体的关系——或至少是可能的关系。与此一致，我们在说一个物体有用或有效用，或有外在价值时，是由于该物体与某种其他物体的关系；有时某物的美或愉悦性被称为它的一个效用，至少这种说法是非典型的。

如果有人坚持抛弃我们这里的"内在价值"和"外在价值"的用法，并为了区分在物体的表象中可实现的善，与那种只有在其他事物——该物体对于它来说是工具性的——的表象中才能实现的善，而保留那些术语，那么我们当然没有理由反对对术语的这种选择。实际上，我们也许最好确立应该遵守的习惯用法；而且我们最好为这样一组不同的区分选用一套另外的术语，因为它更为重要，这组区分就是因其自身而有价值的东西，与因别的事物而有价值的东西之间的区别。这种问题几乎不值得人们去争论。我们认为在这里必须重点指出的是，例如，尽管一件艺术品的美并不依赖于它与任何其他事物的关系，但这个价值仍然依赖于它与主体的可能经验的关系。我们最终想要的东西，并不只是这个物体和被称为美的属性的存在，而是它的美应说明某个观看者的经验。而且，除非我们注意到代表我们最终目的的东西与因其自身而被追求的东西之间的这种区别，否则我们就不能清楚地了解有关价值断言的任何东西及它们想要表达的可靠事实。特别是，正如我们已指出的，这种区分，对于解释一般的价值断言与对物体的非价值性质的断言之间的区别来说，是必不可少的；如下事实证明了这一区别，即就价值术语而言，它们的表达意义看来规定了对它们的客观用法，而就其他属性的名称而言，它们的表达用法从整体上看来是从它们的客观意义中推演出来的。

另外，我们没有忽视已提到过的另一个重要区分。这种区分只存在于物体的价值领域，即那些只因与其他事物的关系而成为善的物体，与那些不涉及任何其他物体而成为善的物体之间的区分。对那些可在经验中通过物体——价值被归属的物体——本身的呈现而得到实现的价值，我们建议称为**固有价值**。而那些对某种**其他物体**——价值可以通过这一物体的呈现而在经验中直接实现——有工具性作用的物体的价值，我们建议称为**工具价值**。

对"内在的"这个术语的这种使用，是为了指出，我们谈论的价值，是那种在有价值的物体本身中被发现或可发现的价值，也就是观察这个物体本身而不是检验其他事物被揭示出来的或可被揭示出来的那种价值。但是，这必须同"固有的"一词有时包含的另一层意义区别开来，那层意义不是在此要谈的；换言之，当且仅当那是一个用名称来指称的物体的本质特征时，一种性质才可以以那种意义被说成是一个事物所固有的。在这最后一层意思中——在此不做讨论——宝石的硬度和特定重量是它的固有性质，但某一块宝石的美不是固有的，因为即使不美，一块宝石也可以被正确地归类为石头。我们这里的意思是，一块宝石的美——或任何其他事物的美——是某个物体的固有价值，因为这是它的一个性质，该性质被揭示出来或可被揭示出来，是通过该物体的呈现，而不是通过对该物体可能有助益的某种其他事物的观察来实现的。

11. 对于术语，我们可以这样总结："内在的或外在的"二分法，在这里只限于指因其自身而有价值的东西与因其他事物而有价值的东西的区分。而且，由于明智行动的最终目标就是肯定的价值性质在经验中的某种实现，因而只有某种实际的或可能的经验的内容，才能被称为内在的善或内在的价值。善的**物体**的价值及它们的客观性质的价值，在这里总被归为外在价值。[①]

对那些外在的价值，包括存在于物体中的所有价值，我们再分成两类：一类是在价值被归属的物体本身的经验中发现的价值，这里称为固有价值；另一类是可以在对其他事物——被讨论物体对它可能有工具作用——的经验中实现的价值，这里称为工具价值。

还有，正如前面提到的，如果一个事物对其他事物具有或可能具有工具作用，不管受益的东西本身是否真正是善的，人们一般都会说那个事物是好的或有效用的。我们在此不想对任何一种价值进行归因，或说出一个价值断言，除非所谈论的事物——至少它在对有固有价值的事物具有工具作用的意义上——是好的。然而，我们可以通过某种方式，方便地说明事物的这种工具性特征，而不涉及它可能导致的真正的价值这个进一步的问题。相应的，我们将在这种广泛的意义上使用"**效用**"这个术语，即不涉及该物对其有工具性作用的那个东西是否真的有价值。因此，物体的任何一种工具价值是它的一个效用，但并非物体的所有效用都是它们的工具价值。

还应指出的是，我们还没有提出这样一个问题：除具有外在价值的物体之外，是否还存在着其他类的实体？这个问题以后会提到。并且，如果那是恰当的，我们保留将术语的"外在价值"扩大到用于物体之外的其他事物的权利。

12. 关于事物的价值的问题，还有许多，我们在这里省略不谈，但以后会详细讨论。如前所述，价值预测的方式，与对事物其他性质预测的方式相比，更为多样和复杂。而且客观价值预测因此也极易产生歧义。我们这里只想说明"X 有价值"这个预测的普遍意义，以及从属于这个普遍意义的主要的和次一级的意义。不过，为了避免对已经讲过的内容产生误解，我们最好简洁地谈谈读者可能已经想到的某些问题。

对"价值"这个词，我们在此仅指某物的一个或一**类**价值性质、价值特征和价值特性。并且，我们按与一般使用"诸效用"或"诸经济价值"的相同的方式，来使用"价值"的复数形式"诸价值"。这也就是说，我们不仅涉及价值种类，而且涉及事物中的价值的实例。正如

[①] 如果事物的一个属性真是那一事物的属性，并且不只是表面的或相对于与主体的偶然关系的属性，那么，事物的这种属性就被称为客观的；这就好比一个"真正红色的"中的客体的红色是一个客观性质，但只对一个特殊的人或在特别场合"看起来是红色的"中的客体的红色，就不是客观的。

整个讨论显示的，一旦主要的语言上的问题得以清除，除了它们所代表的实体之外，价值是否存在的问题，就成为一个完全空洞的问题。

我们没费多大劲便避免了关于"价值"与"价值预测"之间的常见歧义：即（1）必须只与肯定价值有关的东西，（2）必须与价值或负价值中任何一个有关的东西。这种用法很常见，因此不需要专门论述。评价当然包括对肯定价值和否定价值的归因；而且如果一个人只提肯定价值，那么关于否定价值或有否定价值的东西的相应陈述，通常就无须赘述了。

较麻烦的一点是，在预测一个存在物的价值时，人们常常想衡量它**所有的**好和坏的潜在性，并力求平衡。如果这是更常见的用法，那么我们仍然不能忽视为数众多的一种说法，即认为价值预测是相对的，或仅限于某种特殊情况，而对效用的预测也只涉及某种特殊的用途或特殊种类的效用。例如，在一个人把一件东西称为一支好步枪的时候，他并不想决定这样的问题，即一般步枪或这支步枪是否拥有实现善或恶的巨大的潜在性。一个人在说它的时候，只和一类特定的目的有关，这种目的是被称为"步枪"的这个名称所包含着的。在这一事例中，也许预测属于假定用途的判断种类。但是，即使只限于对真正的外在价值的预测，我们仍会发现这种价值归因的多样性和复杂性，远远地超出了最初可能出现的情况。不过，对这些的检验将延后。

另一个更明显的价值预测的含混在于，价值预测有时被归属于第一人称的价值，尽管更多的时候，人们试图按照可能受到该物存在影响的所有人的观点来归属价值。在这里，重要的是把这样两个问题分开：一是主要是语言上的、只涉及以特定方式做出的陈述所具有的特别意图的问题，二是关于道德正义或其他有效性的问题。最关键的重要问题是，价值，在对行动具有道德上的有效命令的意义上，是否可以按照第一人称的观点被归属，或者有助于其他事物的善，或有助于最大数量的善的东西，是不是道德意义上的有效的善。不过，这个问题完全有别于另一个问题，即对价值归属的陈述要断言的是什么。人们有时说"这东西好"，这只不过是"我喜欢它"或"我欣赏它"所表达的内容，它并不包含任何伦理利己主义的含义。而将价值归于事物通常是受我们的社会意识支配的，这也并不是对平等看待他人的道德义务的认可。至少，直到现在，我们都没有以任何方式谈及有关伦理学的基本问题。

一个存在物的价值，在于那种在经验中实现直接可发现的潜在性的价值性质。超出这一意义的价值的"主观性"，或它对于个体的"相对性"的问题，我们也不打算触及。如果有人假定这种陈述是一种相对的或主观的价值理论，那么，重要的是要认识到，由"这个存在物是好的"所归结的性质，**的确**意味着它对于人的相对性，而"这个存在物是圆形的"的陈述所归结的内容，就**没有**这种相对性；同时我们还要区分这里所证实的**这**种相对性与另一种意义上的相对性——正如我们所理解的——"这是好的"与"这是圆的"完全是可比的。

"这个物体是好的"与"这个物体是圆的"两者之间存在区别，这个区别是从下列事实中得来的，即价值要么是内在的，要么是外在的，并且物体中的价值只是外在的；但是这个区别不适用于圆形或其他非价值的属性。我们对后面的讨论的预测旨在说明，最后的目的——所有的价值都通过对它的参照而受到评价——是某种可能的好生活的目的；因而，那种可归于物体的善，就是物体对一种让人感到美好的生活的某种可能的贡献。而这意味着，物体中的价值只是外在的。但是，我们也可以提前承认，我们认为"最终的善"这个概念就是一种会得到普遍接受——如果它的意图被理解了——的善；如果有人认为这一点不能接受，那么我们无法指望在后面的讨论中会使他们相信自己错了。

正如前面所说，物体中的价值和可归于它们的客观属性的价值都只是外在的，这个事实与下列事实是相关的，即就"好"一词的客观意义而言，"这个被呈现的物体是好的"，依赖于"这是好的"——或"在特定情况下**会**立即发现善"的真——这是就"好的"的表达意义而言的。至于其他，它并不意味着价值预测的某种特殊的相对性，这种相对性不能表明对物体一般属性的预测的特点。所有这类断言的可论证的真实性，最终与它们在经验中的证实或认可相关：只有当它们被证实或证伪时，它们才有意义，并且只有当对它们的检验得到一个肯定的结果时，它们才是真的。但这并**不是**说，有价值的东西依赖于被实际地经验为有价值，或事实上对它的经验。如果有人认为这个观点是主观主义的或相对主义的，那么至少这个争论主题不涉及在关于价值的观点中特别危险的事物。正因为我们用就当下**被发现**是善的或有价值的东西的表达意义而言的价值或善与好在经济中归纳含有这个性质的物体的潜在性，物体中的价值，正如在这里被解释的，其主观性或相对性像红色或圆形，或与任何其他非价值性质一样多。存在于一物中的被经验到的善这个潜在性，不依赖于任何特殊个人是否会**发现**该物是美的，而一个圆物的圆形依赖于是否一个特殊主体"看见它是圆形的"或实际地发现它作为用尺测量的结果是圆形的。事物在价值的情况中，像在任何其他有客观特性的情况中一样，"是不关心任何人关于他所想或所感觉的东西的"。为了这个缘故，我们评价代表知识的一种形式，是易错的。我们为了对善的生活有贡献而**判断**事物的这种潜在性，而且有时我们错误地判断它；并且，这种错误是所有可能错误中最严重的，因为价值判断与我们合理地采取行动，以及我们个人的幸运或不幸之间有特别直接的关联。

最后，我们可以指出，如果有人重视伦理领域中"客观的"与"主观的"或"相对的"的区分，即重视它们被应用于主体和他们的动机、行动等，那么应注意，我们至此已使用"客观的"这个词的意思，这几乎不能不利于他人感兴趣的这个词的不同应用和内涵。我们至此还得说明关于人的这种道德品质和他们行为的任何事，因为我们已关心当下的经验和物体。这些进一步的伦理问题是最重要的；但我们不会草率地讨论所有争论问题，并且这样做也许会混淆它们与另一个问题的区别。

当下有价值的

    1. 前面所归纳的观点暗示，在各种评价中，首先涉及的是单纯的迫切需要得到的事物；因为它使全部评价显现为，对经验中显示的价值性质进行直接的认识，或尽可能对这类发现进行认定，或对可能有助于认识经验中的价值性质而处于争论中的事物进行判断。对当下所予的经验内容的褒贬，是在表达的陈述中系统阐述的，也是对在直接的现象事物中终止的经验的指涉。除非咬文嚼字者们在陈述方式中找出错误，就这些评价本身而言，这里论及的经验问题不可能出现错误。也由于同样的原因，这种既定的价值理解，虽然其表达方式或真或假（因为误传是可能的），但它们既非评价也非知识的内容。评价与那些指涉当下所予性质的东西不同，它们是价值判断，评价不是把价值特性断定为可在特定条件下发现的东西，就是被归于某些现实和想象的实存，或者归于这**类**实存，它具有为经验提供一种价值性质的潜在性。因此，评价的概念仅指具有内在价值的事物——因自身之故而存在价值——这是一种直接发现或可以发现的善，一旦显露，则明白无误。而那些其他种类的价值，包括归于物体的价值，都是外在的。因为这些价值可能有助于认识眼前的善。

在其主要的含义上，这是个经常被提到的概念。一般来说，享乐主义提出了这类观点的一种表述方式：快乐直接是好的本质，因此人能否发现所倾心的快乐就是结论。此即密尔在其论断中试图揭示的对某物倾心的唯一根据，该根据就在于它在现实中被期待着。但是，确切说来，价值评价的基本观点绝不限于企图将直接的好一般地等同于享乐的那类人的观点。所有能够从某种程度上为价值下定义，从而使最终揭示经验中直接显露或可能显露的性质，或清晰明白地显露的性质的人们，也会阐述在此提出的那种普遍的概念范式。

然而，我们应当特别指出要注意下述两者之间的区别的重要性，即指出直接就是明白无误的价值决定与关于存在及其客观属性的评估的区别，后者总是存在着出现错误的可能性。因为当它作为对象或条件，或事物的状况被谈论时，人们会期望在它的真正本然的、合乎人们需要的东西中出现并**不**具有的东西，并且怀着一种错误的兴趣：相信那些事实上将导致痛苦的事情会引起一种满足。它只注意到在直接**珍视**意义上什么是可评价的与在有利于认识可评价事物的真实本性方面什么是可评价的之间的区别——什么是可以**评价**的意义在于，价值应当被人们加以判断和**评价**——这里所论及的这类观点，是将自己从其他观点中加以区别，而不希望被人们混淆。[①]

2. 每一个这样的观点，都可以称为自然主义或人本主义的价值观，因为这种观点主张正常的人的天生癖好，无须任何纠正，便能有效地作为内在价值的检验标准。它否认我们生来就无法理解的**内在**价值的见解，同时也否认人生来有罪，只能通过某种神秘的洞察力或某些与人类天生的癖好相悖的特殊才能，才能正确地辨别价值的学说。但是，在否定了赎罪主义固有的可评价的道德规范后，自然主义的观点不希望落入普罗泰戈拉相对主义的罗网。它无意做出这样的评价，即蠢人把自己的愚蠢等同于哲人的智慧。相反，它却认为，正常的人不需要任何智能的变动，也不需要比自然观察力更强的能力以便正确地进行评价，他所需要的全部东西是从这个自然世界中能够学习的生活经验，这种自然主义的观点也不希望与新实

---

① 这些词如"评价"当然是从杜威那里借来的，尽管它们在这里不是准确地按杜威的意思来使用。

证主义的观点相混淆。在新实证主义的价值领域中，其价值评价既玩世不恭又是虚无主义的，它拒绝对所有有真伪性质的东西进行评价，而把价值评价仅仅归于感觉或情感一类的表达，因而，新实证主义没有任何确定真谬的标准。自然主义的观点否认那种强使自身成为绝对命令从而压抑我们的自然欲望的超验规范，这并不意味着否认行为规范的意义，因为它内在于所有的评价中，并且为排斥那些经验证是错误的价值判断、形成正确的价值判断提供根据。自然主义的观点意欲辨认独立于我的假设和愿望的评价中的真理或虚伪的观点，同普遍真理一样，评价真理对于人的信念和明智地采取行动来说具有绝对意义。

然而，我们在实证主义和普罗泰戈拉的相对主义之间将不会发现任何中间立场，除非我们发现这样一种意识，在其中评价——或某些评价——是判断，参照那些依照评价而行动的自然后果就能知道评价的真伪；除非某些价值判定是断言，而这些断言是可证实的，但并不排除错误的可能性；除非那些价值被断定的事物具有某种被断定的特性，不是直接取决于人的爱好、欲望和兴趣，而是可以被人的思想和知觉所决定的。同样，我们不可能一方面承认具有超自然约束力的先验命令式的规范，另一方面又怀疑、否定任何规范的意义，① 两者之间不存在中间立场，除非我们认识到某些价值陈述，可被经验证实，并且需要这种证实的真理。

为了与先验主义、普罗泰戈拉的主观主义、虚无主义这三种观点区别开来，我们主张某些评价具有经验认识的意义，这对于自然主义的价值概念而言是至关重要的。但是，那种参照所有事物都应被判定为正价值和负价值的性质或特征，是一种在经验的显露中能够被清晰理解的性质，这对于自然主义观点而言亦是至关重要的。这种自然主义的评价观必然主张可理解的直接的价值本质和价值特性，这构成了所涉及的评价标准，而那些易于陷入错误而需要证实的价值判定，应该得到证实。除非我们注意到仅是一种直接发现价值本质的陈述式的价值判定，与那些把有助于实现直接评价的客观性质归于某些存在物的价值判定之间的区别，否则这种自然主义的观点就很难说得清楚明白和具有说服力。

在把客观价值归于事物本身的判断中——评价是判断并具有鉴定的含义——所遇到的最重要也最困难的问题是评价问题。然而显

---

① 这里不是参照要求关心别人的道德命令，而是应发现没有充分的关系到任何人的实际利益的支持的一个命令。

而易见的是，当下的、受人称赞的价值本质，构成了一个可以恰当地由之起步的初始问题。

3. 关于直接价值，这里有两类不同的问题。首先是认同评价标准和确定评价范围，并且恰如其分地加以表述，规定其本质类型。其次是关于"X 具有价值"的任何一般形式的陈述式的准确含义，这里的"评价"具有直接发现价值的意义。

归纳出直接的善的特性，是个令人迷惑甚或令人烦恼的问题。因为，首先，每个人都明白它是什么，如果有人不明白，我们也难以向他讲述。在此我们得出了这样一个结论，即在我们所了解的善的名称与它的意指之间，存在着一个空白：纵使再多的词语，我们也难以构筑横跨其间的桥梁。这样我们或许会说，诸如直接的善这类事物的本质是难以表述的，或许像红玫瑰的红色一样，它具有一种单纯的特性，既不可能加以分析，又难以加以定义。直接的善没有分支和明显的组成部分，只是由于那些特性和特性之间的联系，我们才能表达它所意指的含义。并且由于它处于变幻不定的前后关系中而没有任何稳定的相互关系，只是依靠外部联系，我们才可能确定其描绘方式。

其次，人们是这样谈论这种经验可以揭示的本质的善的，以至于有时产生这种看法，即怀疑他们谈论的不是同样的事物。为此，一些人认为快乐即善，另一些人却认为将快乐作为生活的目标，就像"小狗互咬，小孩又哭又笑"。一些人认为符合人的本性的活动表现了善的本质特征；另一些人则认为保持内心安宁是善的特征。一些人认为快乐是回到无知的自然状态，另一些人认为快乐在于兴趣的满足，还有一些人发现在天堂中一切兴趣都消失无踪。

但是，如果那些在本质的善的问题上意见有分歧的人们始终不是在指向同一事物，那么这里将不存在任何争论；我们只是徘徊在语词混乱的迷宫中，而没有面临有关人生最重要事情的终极问题。如果我们没有耐心透过这层语词的面纱达到它所包含的内容，那么不妨提醒自己注意柏拉图在他最后与朋友的严肃谈话中所涉及的有关厌世主义者的内容，这一谈话中所表达的思想使他成为西方伦理学之父。对于这一棘手问题，我们别无选择，只有进行努力的探索。

4. 直接或间接发现的价值与其说是一种质量，不如说是一种普遍存在于所有经验中的维度模式。生活中没有一种善与一种恶，但有许多善与恶的变种，它们彼此相似，最显著的是，它们是选择与偏好的基础。事物有无价值，不像 C 的音高或红色的可见颜色，或钢的感觉硬度。它不是一种特殊的、可以为人们的感觉感受的经验特性，而是这些特性的集合。它更像是普通的颜色、音高和硬度。它看起来像大的或明显小的事物。或许可以进一步说，直接的价值与其所显示的复杂的现象特征联系着，就像我们看到的巨大物体总是与其显示出的可见的巨大规模相连一样。如果万物都是这样组成的，我们就可以从任何这类形式的**不同方面**的描述中，相当有把握地就它的巨大外观而对它本身做出结论。但我们似乎难以将正负价值作为一种经验维度加以准确地谈论：维度应当是一种关系，在其间事物能够独立地相互改变并使相似的维度特性多样化。反之，经验的内容有时能使在其他方面保持稳定的价值有所改变，至少这是非典型的情况；我们几乎可以说：“比起价值本身来，我们可以在不同方面恰当地描述既定的内容，并且能在那些描述活动中尽力加以评价。”

由于同样存在这样的怀疑，即我们所赋予其内容的价值特性总是能同任何别的特性相比较，从而能够得出大的、小的或相等的价值，因此正负价值也不能成为一种精确的描述尺度。在这一点上，被揭示出的价值如同可见的巨物，在其间进行大小比较可能会产生困难，因为一个是三角巨物而另一个则是圆形巨物。当然，人们会说，可以靠常规迅速解决这种棘手的难题。既然在这里我们仅仅是处理外观的东西，而不是找出大的或小的价值，那么它们的价值应当是相等的。但是，这种常规的“相同价值”的定义则是靠不住的，且这样来定义的“相同”，也不能证明是一种过渡的联系。我们从直接评价的角度出发表明的位置，或许不像一条直线上的点而更像一条直线的延伸，在这里，区别消失了。实际上，我们在这里看到的，只是描述了心理学家们经常遇到的困难之一，有时候这一困难导致他们完全抛弃这些从感觉中认识到的现象。因为这个问题存在着科学的“难题”，即在这个范畴中所包含的困难源于数学和物理学。

还有一点可疑的是，正负价值也是一个相当普遍的描述现象，它表明经验的既定内容有时不过是无关紧要的东西。再者，直接价值的“零”这一概念，与由于缺乏优越性而决定的“等同”一样，要受到怀疑。“零”这一概念不会证明价值在各个不同场合中的不变性。

不管怎样，如果我们不用正确地和清楚明白地内含着测量的推断方法来研究问题，那么这些明显地陷入单维排列的直接评价的失败，就不应是一种令人失望的事情。存在的最好理由——这些理由以后将会出现，并且比在这里提到的理由更加明确——是解释为什么任何"价值的计算"都必然与事实无关并且难以施行。正是在解释的基本原则中，伪科学以怀疑作为代价，却比怀疑更不适用而一无所获。如果存在着我们中间没有谁比别人更有知识的论点，这就是它的观点。一般来说，没有人会对好与坏之类的问题毫无知觉，或对事物的这种特性漫不经心。对于直接被评价和可评价的事物，只有这样的错误会被看作缺乏反思；在理性的范围内，如果我们承认被怀疑的事物具有不确定的性质，或许我们会对它做出正确的评价。

如能避免数学、物理学中"维度"一类的术语，或许我们能对评价问题做出更好的解释，并且认为正负价值是一个普遍的表述形式，它属于感性的范围，因为它具有特殊的**形式**——一种对既定内容的价值特性——有诸如好些或坏些这样一些形式与之相连。但是这种特殊的形式却不能被推断为，任何两种形式都可以作为一种决定性的结论而加以比较，或因无选择机会而建立一种过渡的"相同"联系。然而，也许值得注意的是这里没有牢固的基础，因为考虑到正负价值的经验方式，比价值问题的其他形式和方面更杂乱无章。更确切地说，在这里，我们面临着一个**普遍**的难题，它阻挠着我们对诸如价值这类现象的系统阐述。对经验上表现出来的东西进行的大多数整理，都属于对精巧的常规产物的怀疑，属于对只图方便而不管该产物的文字表现会产生什么后果的做法的怀疑。尤其从现象或所予的东西到物体的过渡，仅仅是靠实用主义不易察觉其不同的格言而普遍地实现的。没有这些格言，被直接经验到的事物的非一般特性将展示出精确的评价尺度的必不可少的顺序。

这里，我们仅就现象形式论述了价值问题。对它的正确性，我们较少依靠任何既定的规范，我们在规范中所涉及的，只是普遍的相似性和关系。正—负价值是寄托了人们的愿望和反感情绪的那种既定事物或沉思对象的形式、方面，它是那种通过把握它而使行为倾向得到正常诱导的东西。①

5. 对直接价值的构成特征的任何命名，都会面临我们已提及的难题，即只能用别的名称来解释这一个名称；除非面对的解释对象

---

① 原文曾有郑忆石译，董恂校；R.B. 培里等：《价值和评价——现代英美价值论集萃》，63—70 页，北京，中国人民大学出版社，1989。我们参考过其译文。——译者注

也用我们使用的**某个**名称来界定被定义项，否则没有任何办法把意图表达清楚。我们可以试着通过呈现它的特定情境来确定我们的意思，但是那样一来我们又会遇到两个困难：第一，因为这里所意指的并不是某种单一而独特的性质，而是一种一般特征，所以，没有哪一个单独的情境能构成可以为其划界的例子；第二，同一物体或情况对我们而言的存在，从来不是一致性的完整而可靠的索引，这就像两个人之间在直接被理解或呈现的东西上的情况一样。而且，我们假定，相对于对事物呈现的大多数其他特征的理解的异质性，价值理解上的异质性更为常见。

我们只能依靠这样一种不大可能的事物，即在个人经验中这么普遍地展现出来的东西，以及人们这么普遍感兴趣并因此而被普遍谈论的东西，而可能无法通过参照能用上褒贬形容词的各种情境而得到正确界定。直接的善就是您在经验中所喜欢的和想要的；直接的恶就是您不喜欢的和不想要的。

诸如此类的说法——"喜欢的"或"不喜欢的"，"想要的"或"不想要的"，"善的"或"恶的"在用于直接被呈现的东西时——是对直接的价值或无价值的更好的索引。这些说法更经常地在讨论中出现，而"快乐""不快""痛苦"则是较少见的，因为在日常话语中，它们的含义太窄了，不能充分包括当下褒贬评价的全部意思。而且，它们还不恰当地暗示所意指的东西——价值——是一种"主体"的性质而不是现象内容的性质。如果我们用"快乐的"代替"快乐"，用"不快乐的"代替"不快乐"，这样来纠正这个缺点，那么又会在其他方面发现不妥。"快乐的"和"不快乐的"苍白而伤感的内涵，并不令人满意；它们带着过重的自我意识意味。"快乐的"和"快乐"仅仅意味着被这样感觉到的善不微妙，也不复杂，只与身体感觉相联系；这样表现出来的是消极性而不是严肃行动的善。

有人认为享乐主义者并不打算限于这么一个过分狭窄的含义。他们将"快乐"和"痛苦"加以引申，超出其原初的朴素的含义直至将各种复杂而细微的满意和不满都包括在内，结果成为一种误入歧途的不成熟的理论。一个伊壁鸠鲁主义者很清楚，除了为充足的大麦、水和朋友间的交流所提供的快乐之外，找不到更确实的快乐；一个边沁主义者知道，生活中最大的快乐是投身于公共服务并取得成功。但是，研习这些学说的人们可能无法理解这种以"快乐"为名的善，他们为更明显却不太令人满意的善而将这种善忽视了。

如果"快乐"或任何别的名称要充当直接和内在价值的同义词，

当下有价值的

那么它必须能完全地包含所有在生活中直接被发现的善的东西。它必须包括积极行动而忘我的满足及消极而自觉的满足、坚定地面对"不快乐的"及"快乐"的时候的正直感、具有个人独特方式的满足及可能在信念中无法实现的祝愿。它也必须包括天真的满足及有教养的满足、在持之以恒中发现的满足及在反常和多变中发现的满意、纯由运气带来的快乐及由顽强的努力带来的满足。它必须包括所有这些再加上整体的感觉快乐和情感愉悦。直接的无价值同样也多种多样。然而这些直接的善和恶被不恰当地压缩进一个术语或一对术语当中。人们试图使用的同义词就像它们表现出来的光鲜表象一样容易误导人;因为在这种意义上思考一些尚不清楚的东西,很可能缘于它们只能恰当地命名某一种类型,并用某种被包含的属的特征来界定种的特征。我们最好依靠我们关于所有经验的这种方式的普遍感觉及其形式的多样性,来纠正被选来替代的名称,而不是依靠名称的魔法来召回对生活中可能的善的必不可少的内在感觉。我们的褒义形容词的多样性最好被看作象征的而不是它们中的任何一个,后者可能太狭窄了。至于语词方面,最普遍和最广泛的描述——只是"善"——可能是最好的;尽管除了我们在这里单独讨论到的直接的善外,这个词不能精确地包括外在价值的所有形式。

6. 这里提出了一个观点,即对于我们而言正负价值是一种经验模式,这样被显现出来的价值是真正的价值,它决定终极的价值真理。而这一观点需要澄清,特别是考虑到价值可能是一种经验材料,以及被直接发现的价值性质与意义呈现之间的关系。尝试做出这样的澄清,是我们希望在这一章中予以进一步注意的问题。

然而,这一观点也是任何关于终极价值的自然主义观点——如我们应辩护的——与其他各种观点之间争论的焦点。它会立即遭到那些持先验论观点的人的反对,他们认为,任何**正确的**评价都意味着对我们自然的褒贬评价的某种重新评估。它也会使我们受到另一些人的批评。他们认为直接的价值发现仅仅是"情绪的",并且任何种类的规范表达都既不为真也不为假。奇怪的是,这些截然相反的批评很可能是以同一方式来表达的,即通过指责我们这里的观点来推行其主观主义。

还需要进一步考虑的问题是,在经验中被直接揭示的价值在什么程度上是主观的,在什么程度上是客观的,以及在什么样的关键意义上它们不是主观的就是客观的。不过,如果不首先注意上面提到的那些批评,我们就很难将与这一主题密切相关的问题和可能与它们相混淆的其他问题区分开来。因此，我们将尝试概述自己的立场，因为它与价值一般被思考的方式中的基本区别有关，然后，我们就可以回到作为对现象或现象的一种直接评价的问题上来。

7. 我们不应责备那些被价值理论和伦理学中的"主观主义"或"相对主义"倾向所困扰的人们，和那些于其中看到非道德主义观点和抛弃原则——这是对我们整个文明的主要威胁——的人们。但是似乎没有必要指出，人们已经如此广泛而无差别地使用"主观主义"和"相对主义"这些词语，以致它们有可能失去了除贬义词意义之外的所有其他意义。如果有主观主义者坚持，没有什么东西真正具有内在价值和终极价值——除了这样一种善，它是一种生活的特征，人们在过这种生活的时候于其中发现了这种善，那么我们现在所辩护的观点就与这种主观主义紧紧连在一起。事实上我们认为，任何对终极善的特征的否认都是令人震惊的，因为它是荒谬的而且在道义上是具有破坏性的。而关于至善的这种观念，确实意味着所有可正确地归于客观存在物的价值，在最后的分析中，这些都只是外在的，都只是相对于能在生活经验中被直接认识的某些价值的可能产物而言的。再说一遍，如果那就是主观主义，那么它就是我们所赞成的主观主义。但是如果人们认为这意味着，物体和其他存在物可能具有的那种善是相对于个人对它的判断而言的，或是相对于任何人在该物体的现象中得到的价值所展现的特殊性而言的，那么我们就需要指出，我们没有这种关于价值的柏拉图式相对性的意思。

恰恰相反，我们的观点是，价值判断是经验认知的一种形式，它指向事实——像那些决定任何其他种类知识的正确性的事实一样确凿的和强制性的事实。事物的这种价值性质像它的任何其他性质一样是客观的，尽管外部物体具有的那种价值只是外在的。（关于我们对物体做出价值论断的方式的充分考察，须待后面几章展开；但我们到那时候的发现不会与这里的归纳相反。）

就像其他被直接显现的特征一样，被直接发现的价值，就其具有直观的状况而言它是主观的。它的存在是不可怀疑的。例如，对于当前的快乐或痛苦，人们不可能出错；尽管令人感到愉快或痛苦的事态围绕着我们的假定——在任何情况下——可能令人迷惑。对一个痛苦的事态的错觉会让人迷惑，但它的痛苦是不可怀疑的事实，而且似乎被感觉的情形是真实的——除非我们能以别的方式消除它，这也是事实。

直接价值在这方面很像是某种外观或外观模式，与呈现出来的被看到的客观事物相比，它更像我所**看到**的东西；与刺激我的耳膜的客观空气相比，它更像我所**听到**的东西。但是，因为它的这种外观状态而认为被直接看到或听到的东西或被直接评价的东西是"主观的"，这是在一种"**只是**外观"的未被证明而带有贬损的意义上来断言"外观"的，是不正当地将它归为不真实的东西。除了通过外观的理解外，不存在任何对经验的东西的理解：我们对客观实在的理解别无他法。一旦人们以这样的方式——当作外观——来考察外观下的内容，人们就会更恰当地认识到它既非主观的又非客观的，或者既是主观的又是客观的。主观性和客观性，在任何意义上，都是对被理解内容的一种"后来的"分类；是依照内容与现实之间或与进一步可能的经验之间关系的一种分类。如果现象产生了后来为经验所证实的信念，那么它就可以在真实的意义上被归为客观的；如果它产生了后来被否证的信念，那么它就会在错觉的意义上被归为主观的。但是仅就现象本身而言，它既不是客观的也不是主观的。而且在这两种情况下，存在着现象本身的被给予内容的绝对实在性：没有它，就既没有错觉，也没有知识；既没有主观性也没有客观性。因而，对现象的被给予内容的这样一种表述，就是一种真理，它对于任何客观判断为真或为假而言都是在先的和本质的。

当然，事实是，任何物体的性质——无论价值还是别的东西——都不是严格地通过一个直接表象的所予性而被了解的。现象的事实，与对过去经验——在逻辑上——的归纳一起，产生了信念。而且这个信念——无论是否被这种归纳所证明——也许可以得到进一步证实，也可能被发现是假的。因而，在与习惯的（归纳的）解释一起使用时，现象可能是误导性的也可能是正确的。但是，它既不在自己可表述的特点中，也不与这种解释相分离。

而且，所予中并不存在一种特征能**使**它本身要么是正确的，要么是误导性的。虽然我从眼镜的上边看过去"看到两个墨水瓶"，但我**看到**的东西本身并不使人误解；事实上它并不误导我，因为我没有从中归纳出不可证实的信念。可证实的或可证伪的东西只是那加在被给予外表上的解释。现象内容的实在性既不可证实也不可证伪：对它的陈述仅在这样一个意义上被证实，即在能被视为中肯的意义上。

同样为真的是，**每个**现象以及每个现象的每个可抽象项，都是**某种**客观事态的可能证据，对这种客观事态的正确解释可以之为线索。这种正确解释通常需要包括主体状态——例如，一个身体器官或某种别的意义上的持续事物——作为事态中的一个恰当的项，现象由此被证明。在同意如下观点的时候，我们应该注意：如果以主体状态的任何证据为条件就是有"主观性条件的"，那么每一个知觉的内容，无论真实的还是错觉的，都有这样的条件；并且在两种情况下都以同样的一般样式具有这种条件。至于错觉，情况可能是这样的，即主体的状态是客观事态中的被特别说明的部分。但是，很明显，每个现象以某种主体状态为条件，也以客观存在物为条件。

如果经验知识是存在的，那么人们相信其内容的理由必定是在人的直接经验中被揭示的东西。同样，经验信念能得到确证的唯一方式就是参照能在经验中被发现的东西。这样一个信念可以得到别人的支持，这就已经有几分确信了；但在最后的分析中，除了现象的实在性之外，可能根本没有什么经验信念的基础。除了最终的外表之外，没有什么资料能够支持客观事实。而且，如果经验信念相对于外表的东西而言是主观的，那么任何可知的东西都是主观的；这个词也失去了意义。

在这里，价值理解或价值断言与其他任何经验性质的理解和断言之间，没有根本的区别。那些把这里提出的观点说成是主观主义的人，必定忽略价值断言与其他断言之间的相似性。或者，在另一方面，他们必定忽略我们在价值断言中及在其他断言中已做出的区分，即有关直接的和外表的东西的那些判断，与可以进一步证实的和需要这种确证的那些判断之间的区分。

所有将价值归于物体、客观性质或事态的情况，都属于后一类。它们表达了可被证实或证伪的信念。并且，一旦一个现象被视为对这种客观价值的信念的基础，那么它就有可能是误导的，而被理解的价值也可能是虚幻的，就像其他任何非价值的性质一样。

如果我在咬苹果，那么我可以正确无误地说出这个苹果的味道是好的或是坏的；但是，如果我根据这一被直接发现的价值性质断定我手中的苹果是好的或坏的，那么就可能出错。我是否错了，这与我当下经验提供的某种证据有关，但也与进一步经验的确证有关。同样，在第一次听到一段音乐，或第一次看到一幅画时，我们对它的当下的享受，或不关心或不喜欢是不会错的，但是由此而得出结论说这一音乐作品或这幅画是享受或不满的持续来源，那就可能在后来被证明是错的。如前所述，对价值属于物体的断言，与对其他客观性质的判断相比，其意义更加复杂多变。但是这种限定——必须在后面加以详细考察——并不影响目前的这个论点。

如果这里所做的关于直接价值的陈述是不受干扰的，而且可以应用于一般的价值断言，那么，自然，这里的观点——像这样被误解——就是一个主观主义的观点。例如，"喜欢和不喜欢对于直接价值而言是决定性的"这一陈述意味着，它们对于被呈现物的客观价值而言是有决定性的。但是我们在这里并没有这种意思。一个人一时的喜欢或不喜欢对当下的价值发现而言是最终指示性的；而且除非这个事实得到强调，否则我们就不可能弄清一般评价的意思。但是，对于被观察物的客观的价值性质，当下的喜欢或不喜欢可能是非指示性的和一个假判断的基础。

我们可能一时喜欢一幅画，因为它挂在一个光线差的地方因而遮掩了它的败笔或粗糙的色彩。当我们这样喜欢它时，我们对它的客观价值的判断可能会出错，就像对它的线条关系或对它的颜色性质的感觉一样；而且是因为相似的和有关联的原因。当我们在较好的条件下再看到它时，所有这些错误就会同时并以同一方式得到更正。至此，被直接理解的价值，相比于作为物体性质的价值，与被看到的红色或直线性，相比于一个事物的红色或笔直的客观性质，它们两者之间的相似性已经很明显，无须进一步展开论述了；而且，主观主义对我们所提出观点的攻击都只是根据一些误解做出的。

8. 然而，批评者心中的反对意见可能略有不同。有人会指出，所有物体中的价值在这里都被划分为外在价值。可以想象他会说："这里承认，直接被揭示或被理解的价值应被归于经验情境本身或者这一经验的内容，而经验的内容只是以现象的或外观的状态存在，至少在这种意义上它是主观的。被宣称为内在价值的就是这种直接被给予的价值。进一步说，在其他意义上，价值最终都被认为是相对于价值的这种直接实现——或者实际的或者可能的——而言的。这样，所有的价值就变成了主观的和相对的。"

对这种陈述不会有什么误解，尽管我们应批判那种不根据前提进行推理而得出的结论。让我们继续用上一个例子，即关于画的例子，来做出中肯的检验。

如果有人被问到**为什么**这幅画的艺术价值小，他可能会这样回答："因为它没画好"，"因为颜色对比不好"，"因为兴趣的中心被放错了地方"。在这些批评中，他可能一方面参照画的可见的物理性质，另一方面参照绘画艺术的一般原则。但是，如果一个从未受过艺术教育的人质疑所提出的批评原则，并坚持问**为什么**画的这些客观特征使它成为一幅很差的画，那么批评者最后必定会被迫做出另外的回答："您可能现在喜欢它，但是我想如果再多看一会儿，您就不会喜欢了"；或者较粗鲁地说："很明显，您的色觉有问题；专家和其他大多数的人都觉得它的颜色搭配不对劲。"最终，他必须依靠那种可直接辨别的并诉诸简单的喜欢或不喜欢的事实。事情就是这样，因为说物体的客观价值不能——直接地或间接地——引起任何满足，这样的观点是荒谬的。物体的价值是其既定的性质，这种性质就像客观的方和硬一样，不依赖于对它们的事实的一时理解和个人判断。但是，这个**价值**性质是事物的客观特征，它能对直接经验提供某种满足；它是实现能被直接揭示的价值的潜在性。文中所指出的正是这个事实：物体的所有价值都是外在的，因为它不是因自身而是因他物才成为价值的。

物体价值的这种外在特征，并没有在任何客观的善或不能说的恶之间造成区别，也没有使之成为一个不能出错的事情。例如，好画与坏画的区别，好音乐作品与坏音乐作品的区别，我们使用工具好坏的区别，仍是一个可讨论的问题，而且是可以客观地确定的，就像飞机的快捷和经验所必需的性质一样。它们可能都需要研究和大量经验以获得可靠的了解；并且很可能还要求有类似的判断力。如果一个人想画出更好的画，或者希望在好画所提供的持续满足中极尽可能地感受，那么他就得学习，就像一个希望设计出更好的飞机或学会评估飞机质量的人所需要做的那样。任何物体或存在物的客观而持久的价值，都是可检验的、尊重原则的、要求可靠的判断的，就像飞机的快捷性一样，而且它——可能是——不同于一时的喜欢，就像快捷性不只是"看起来快"一样。忽视这一事实就真的会滑入柏拉图式的相对主义。在这里，由于我们区别了直接的价值理解——它不是判断而且不会出错，和对物体的任何一种价值判断，因此这一事实没有被忽视而是得到了坚持。

9. 但是，如果我们要问是什么使一个物体成为有价值的，以及价值判断借以做出的物体的本质或特征是什么，这就是另一个问题了。我认为，一个客观存在物中的价值，就是那种存在于经验中的直接价值的某种可能实现的潜在性中的价值。因此，尽管有多种检验方法可能对预示都很有用，很重要，甚至可能是一个更可靠的近似的决定基础，但检验客观价值的唯一直接的和主导的方法，仍是在所讨论物体的现象当中，或通过其现象，去发现这种直接的价值或负价值。

如果对主观主义的指责是依这一概念做出的，那么，虽然我们应将这一被使用的词视为一个需要证明的称呼，但是争论的问题本身还是真实的和首要的。诚然，一旦它摆脱了可能的误解，这一问题就几乎无可争论了。除了如何恰当地使用"价值""有价值的"等词及相似的带有某种含义的词之外，虽然我们将这些问题仅仅当作语言问题而加以消除是不对的，但这里没有太多可争论的东西。一些人只在能发现人的满足的潜在可能性的地方承认行动有合理目的，而另一些人断言——作为理性命令——行动的目的不依赖于人的任何可能的满足，这两种人的区别是一个非常重要的道德问题。同样，还有一个重要的道德问题存在于下列两种人的区别中：一些人认为，有效的命令是通过人类生活中可能实现的内在价值来证明的；而另一些人，却通过将直接评价归结为仅仅是"情感的"，以及将所有正式的陈述句归结为既不为真也不为假，来摧毁**所有**有效命令的基础。但是，对那些在如此基本的问题上出现意见分歧的人来说，危险在于，他们无法找到一个深层的前提来形容他们的统一或区别。我们希望我们建立在这些基本点上的立场清楚而不易被误解。这里存在着一个关于价值的真理和一个关于物体中的有价值的、但可能被忽略的真理。而且，每个价值判断都有一种理性命令的意义：为了价值的实现而行动，这是使行动意图成为明智的和合理的东西的本质；以相反的方式行动则是愚蠢的。但是，"有价值的"一词在被应用到物体或其他存在物的时候只带有"能在某种可能的经验中引起满足"的意思。①

10. 在这里，上面所考虑的问题应当受到注意，尽管它们在一定程度上脱离了这部分的主题。否则，我们就有可能将这样两件必须分开考虑的事情混在一起：(1)内在价值和因其自身而有价值，是在经验中被直接实现或可被直接实现的价值(它经常被误称为"只是主观的")；(2)价值或负价值对经验场合中所有现象的内容的限定**方式**，可能是主观的或客观的，或在某部分中或以某种方式是主观的，而在另一部分或以另一种方式是客观的。对于这里的"客观的"和"主观的"，我们可以给出一个相当清晰的、共通的和有用的含义。

有人怀疑，这两件事的混淆根源于那些抛弃关于价值的自然主义观点的人的论证。他们将这样的观点作为一个主要前提，即"主观的评价并不是对一个真正价值的理解"。他们还在这上面加上一个次

---

① 这是这类价值论断的一般意义。然而，在将价值归于对象的时候最经常被当作例子来说明的，不只是这种一般的意义，还有一些更特殊的意义。在后面我们将论及各种这样的特殊意义。

要前提："对当下的喜欢或不喜欢所做出的未经批判的评价只能是主观的。"从这两个前提中我们确实可以推导出，直接的价值发现不能作为对真正的价值的真实理解。但是，他们的主要前提是虚假的——如果"主观的"只是指"在经验中被直接发现"的话。而且，无论我们的喜欢或不喜欢是否被标以"主观的"标签，事实仍然是：直接的快乐因其自身而有价值，直接的不满则内在地就是令人惋惜的（这是我们这里要全力澄清的一点）。他们接受这一主要前提——人们必须假设——他们没有区分这样两件事：一是直接满足的经验本身内在的是值得期望的，二是被欣赏的物体可能并不是真正值得期望的。

不过，这里与我们直接有关的是他们的次要前提：当下评价只是主观评价。这也是假的，即使它被人们普遍接受。有一些当下的珍视与贬损是主观的，有一些则是客观的。澄清这个事实是非常重要的，因为人们有一个普遍偏见，即认为对直接经验中的价值发现要么都是主观的，要么至少比经验中的其他情况更为主观，而这种偏见绝不仅限于上面提及的批评。而且，人们还假定，我们的当下享受和不满所具有的这种主观性使得它不可能成为价值判断的基础，因为价值判断的基础应该是客观有效的。这就是我们现在要讨论的问题。不过，我们必须首先说明"主观的"和"客观的"的含义，这与所讨论的问题密切相关。

作为对经验场合的表明和经验的直接内容，正负价值在最普通的意义上是一种经验资料，即说直接的经验内容的这种价值性质仅仅如其所是；它是作为经验中的直接事实被发现或揭示的。这种被揭示的价值，其存在是不可置疑的：这样被发现的价值或负价值是毋庸置疑的。如果它要标明这个场合的正面的价值性质，那么这个事实就是这一经验自身为善的标志；如果它要标明这个场合的负面价值，那么这个事实就表明这一经验本身是不好的和不值得期望的。

然而，如果我们将这样一个事实，即在这一场合下，一个带有某方面特征的经验内容被注入了肯定价值或无价值，当作证据来证明在另一场合下另一相似的经验内容还会被标以同一价值性质，那么我们可能会出错。同样，下面的做法也是错误的，即从这个经验推断出：一个对象——其表象为这种所予的内容所证明——具有相应的价值特性；而被呈现的物体因为这一经验令人满意而是善的或者因为这一经验令人不满意而是恶的。或者，如果我们推断出，在我们发现与我们自己相同的情况下，其他人也会受他们经验中这一相同价值性质的影响，那么这也是错的。换言之，**这一**表象内容之所以具有这种直接的价值性质，是**因为**也许可以在我们的个人成长历史或在这一场合中的个人态度中找到，或者在这样的原因中，对于我们来说仅仅是个人的或特殊的那些东西没有什么影响，这需要在我们所面对的客观情境的性质中去寻找，在一般人所共有的理解能力中去寻找。如果一个所予现象的内容受到一个特定价值性质的影响的原因，是一个人的或对于个体来说的特殊原因，那么影响这一所予内容的价值性质就可以称为主观的；如果存在的不是这种个人性的影响，而是可以在客观情境中发现的因素，以及人们一般具有的理解能力，那么影响着所予现象内容的价值性质就可以说是客观的。这种意义上的主观性和客观性是一种平常的区分，不仅可应用于我们直接的价值发现，而且可应用于其他种类的经验资料——我们对形状、大小、颜色不同的事物直接展现给我们的其他性质的直接理解。

再说一遍，一个价值理解是不是主观的，或是不是客观的，并不影响这样一个事实：如果被理解的价值性质是肯定的，那么所讨论的经验就具有正面的内在价值；如果所理解的是否定价值，那么这一经验就内在地是负价值。从**工具性的**观点看，我们会发现一个受肯定的价值性质影响的特定的现象内容，如果这个价值发现是主观的话，那么这就很可惜。因为那样的话，对于今后的相似情境中的价值可能性来说，我们可能被误导，并将自己置于受负价值影响的——本来可以避免的——经验中。**为什么**一个具有肯定的价值性质的经验仍有可能是令人遗憾的，其**原因**说明了以下事实，即它是经验中可被直接发现的和肯定的价值性质，它**本身**就是值得期望的且不依赖于对别的经验的工具性结果，它就是内在地有价值的。只要我们能**意识到**这一所予经验的肯定的价值性质是主观的，那么经验本身就可能同时既有内在价值又有工具性价值；因为这一意识可以使我们免于对相似经验中的价值可能性做出无根据的推理。因此，令人遗憾的不是关于一个主观的肯定的价值性质的所予经验，而只是我们对其主观特性的无知。

一个受主观的肯定的价值性质影响的经验，从工具的观点看，也可能是不值得期望的，如果我们无根据地从中推出别人在相似的经验条件下可以发现同样的价值的话。因为那样的话，我们可能会以不利于别人经验中的肯定价值的实现的方式行事；或可能会不利于社会合作，并因此减少自己进一步实现肯定价值的机会。但是，在这里，不幸的是，它也是无根据的推论及带有偏见的结论；所予经验的肯定的价值性质**本身**仍然是值得期望的。

直接的价值发现的主观性或客观性的重要性，并不在与经验本身相关的任何价值问题当中：这样的问题在其价值特性被发现的时候就得到了一次性的解答。这一区分的意义在于它在经验与某个物体、事态或被认为相关的其他存在物之间的关系问题上可能具有的意义。实际上，在详细说明这里的"主观的"和"客观的"的含义时，我们只是试着使这些术语的原初的和文字的含义更精确：如果直接经验的一个特征属于被理解的对象，那么它就是客观的；如果它表示的是关于经验主体而不是物体的事物，那么它就是主观的。虽然这些含义明显地有一些粗糙，而且随时会在没有澄清的情况下被允许应用，像我们在表达它们的时候所力图做到的那样，但是毫无疑问这些含义是对这些术语本身的说明。说当下评价是主观的——不再用坏的名称来称呼它们——如果这种说法有什么可取之处的话，那么必定在于这样一种假设，即主观的东西由此成为对独立事实的判断的不可靠基础，就像它们的事实所是；它是非推导性的或者是误导性的，对于我们自己经验的可能性而言，或对于别人的经验或——可以归为同一事物的东西——对于独立事实的特征而言，都是如此。

于是，这里出现了两个问题，我们最好将它们区分开。第一，直接的价值理解普遍都是主观的吗？或比其他种类的经验资料更经常或更明显的是主观的吗？第二，直接的价值发现的主观特征使其对独立价值事实的判断形成误导，或成为一个不可靠的基础吗？独立的价值事实——直接被发现的价值是（不管是正当的还是无根据的）其标示——是什么，我们已经看到了。第一，独立的价值事实就是由最终价值判断所预测的那种事实，即在如此这般包括一个行动的条件下，一个特定的价值性质可以在直接经验中被实现。第二，独立的价值事实就是被非终结性价值判断所断言的那种事实，即某种特定的物体、事态或其他存在物，具有引导经验中的价值或负价值之实现的潜在可能性。

11. 我们可以相信，事物的可爱和不可爱、它们的直接令人满足的性质或相反的性质，比起看到的绿色或感觉到的硬度，更多地取决于个人；这不仅是因为喜欢和不喜欢在不同个人之间有更多的变化，而且对于同一个人来说，此时与彼时有更多的变化。进一步说，我们的珍视与贬损似乎更多地受倾向和态度的影响；由于一个人遭

当下有价值的

187

遇一物的方式有不同，他会发现该物或多或少是可欣赏的，或多或少是可忍耐的。

然而，人们将承认，在这点上，我们的价值发现与经验的其他方面的区别更多的是程度上的而不是类型上的。那些想揭示直接同个体相关的价值理解与一般的其他经验发现之间的绝对区别的人，显然是很欠考虑和过分天真的。这种感觉表象的其他特征也受个体理解能力的差异及不同的条件和态度的影响。同样，在同一物体的表象中，这些特征因不同的人而发生变化，在个体经验中也因不同的时候而变化。

与此相似的是，在这些问题上被辨认出来的当下的价值理解与其他经验发现之间的区别，不是它们被认识的方式的区别，也不是它们对个体的相对性程度的区别，而是我们在这两种情况下发现这种相对性的难易程度的区别，以及它们在被揭示时受到注意的重要程度的区别。的确，相对于我们在理解事物中的感觉方式上的分歧，我们更加关注和表达我们评价的不同。但是，以下事实可能很具有欺骗性，即当我们讨论的是颜色、形状或类似性质的时候，语言的使用有更大程度的一致性，而在我们的价值归因中，语言的使用则较少有共识。在谈论价值的情境中，忠实于现象和直接的感知，是更迫切的需要，而在同一情况或事物中达到用词的一致则不是太迫切的需要。相较于在一个事物看起来是绿色的问题上达成共识，在喜欢一事上达成的共识通常不是那么重要。而当我们在喜欢什么的问题上意见不一的时候，我们应该察觉到这个意见不一的事实，这才更重要。情况就是这样，因为一般说来，在我们的褒贬与选择之间存在着一种更直接的联系。

如果有人无法像别人一样理解颜色或在感受压力方面有一些个人怪癖，这其实很容易被掩饰；而且在颜色词或像"硬的"和"软的"这样的形容词的表达用法中可能存在着近似的一致，而这种一致无须我们在理解方式上也达成一致。我们在与别人说"绿色的"的相同情况下学着说"绿色的"；并借助于以下事实来学，即除非它在某种无区别和联系中自己展露出来，否则就不可能在关于颜色的经验中揭示任何特质。但是，直接偏好中的区别不能这样被轻易地带过，因为偏好更直接地和更决定性地激发着行为。同样，理解的个体差异更可能在语言的使用中反映出来，因为如果无法使别人注意和尊重我们的喜欢或不喜欢，那么一般来说，这比在理解的其他方式中对我们个人特性的忽视，有更严重的后果。事实上，我们虽然不是非常肯定，但是几乎可以说，它**只是**最终地影响我们的喜欢和不喜欢，我们的任何理解方式的特性都应被揭示和表达出来，这很重要。

12. 为什么我们的非价值理解方式中的个人特性可以隐蔽地起作用，其进一步的原因在于如下事实，即这种主观性**不会**反过来影响我们对客观事实的判断。我们不能陷入知识复制论（copy-theory of knowledge）的谬误中，认为自己能在理解中辨别出客观的成分，就像它们"在物体中，如在我们对它的感觉中一样"；也不能认为我们能在理解中辨别出主观的成分，就像它们由于物体而产生又不同于引起它们的特征的东西。我们不仅会遇到洛克关于第一性质和第二性质的老难题，如那种概念的发展历史已告诉我们的，而且根本不能采用这种假定的客观性标准。我们必须承认，在物体的现象中具有正常的和一般的人类理解特征的资料都是客观的，而且只把那些因个体主体的个人的或暂时的特点而背离上述特征的资料视为主观的。一旦我们认识到这种必然性，我们就会深刻地感受到这样一种可能性，即理解的各种特质可能并不影响人们的辨别能力，以及用与别人相同的方式将经验成分联系起来的能力；而且在这些情况中，并不存在将它们揭示出来的方式。这也会使我们深刻地感受到前文已论及的进一步事实，即理解的某种主观性是明显地存在着的，但它并不影响个人对所呈现事物的客观特征做出正确的判断。

我们可以看看近视者的视觉图像情况。眼科专家通过对他的感觉和辨识能力的测试可以找到与他眼睛"拍摄"事物的方式不同的方式。但是事实上他过得很好，因为他已经习惯于自己的模糊图像；而当他第一次用眼镜代替正常视力时，他还得谨防摔下楼梯及对其他距离产生错误的判断。他的视觉材料的个人特征表明它们是主观的，但这并不妨碍对它们的正确解释可以成为理解客观事实的线索。它至多是引起错误感觉的一个原因，因为它迫使这个主体去猜测有正常视力的人能清楚地看到的东西。实际上，的确有人倾向于否认近视是主观的，因为没有什么与这种特质有关的东西能够使之必然地对相关的客观事实产生误导。

让我们立即得出道德的问题吧，省略那一百零一种方式中任何多余的考虑，按那样的方式理解的主观性在非价值的事情中是一个可确定的事实；也让我们省略那一千零一种方式的考虑，按那样的方式，这种主观性是可推测的。在主观性与对相关客观事实的错误判断之间并没有必然联系。没有哪一种理解材料因其自身而成为误导性的或正确的：只有当某种解释被强加于其上的时候，它才会成为误导性的或正确的。在这个意义上，主观性和客观性更应被归为从所予材料中推出客观实在性——被当作线索的——的方式。由此衍生出，当特别地受到某种主观条件——而不是一般的和正常人理解的条件——的影响时，这些材料便被称为"主观的"，因为这样条件下的材料有可能引起对客观事实的错误判断。但是，如果将经验材料划分为真实的或虚假的，根据这些词语使用的一般标准，即当经验材料引起对客观事实的错误判断时，它就是假的；当经验材料导致正确的判断时，它就是真的，那么我们得承认，大量的个人经验对于我们来说都是主观的，但它们仍是真的。特别是，如果理解材料的这种主观性对于那个人来说是这些材料的一个持续的特点，而他也承认它们的这个主观特征的话，那么它们——与一般人对物体的现象的理解相比较——就不太可能成为错误判断的基础。

相对于直接经验的其他方面而言，我们并不想为我们当下价值理解中的大量的主观性特征做辩解，尽管由于如上所述的原因，这一区别的程度通常被夸大了。对于相同客观条件下的相同主体而言，我们的喜欢和不喜欢、愉悦和不满，相比于我们对现象上的感觉性质的理解，是更加因时而变的。而且，它们也更因不同的人而变化。这主要是因为直接的价值发现更容易受心理条件的支配，并更多地受到一些带有特定精神背景的心理联系的影响。但我们的经验中没有哪个阶段可以使我们很好地理解我们的个体差异，或者使主体很好地了解他自己的特性。在我们意识到影响经验的主观条件的地方，我们能够并且也习惯于通过对客观事实的推断来进行"补偿"。我们在价值判断中做出这种补偿的一般方式与下述方式并无区别，如在判断事物的形状时考虑视觉角度，或在确定大小时考虑距离的远近，或在判断客观的亮度和颜色时考虑照明的亮度，或在判断视觉表象中的物体时考虑到我们的近视程度，或在估量重量时考虑我们肌肉力量的大小。

因此，尽管我们的当下的价值理解可能比感觉材料更加具有主观性，但这并不足以证明它们对客观判断是一种更具误导性的基础。事实上，我们应该质疑，对事物价值的判断表明有因价值材料中的主观性而出错的倾向。那些想强调这种主观性——就好像它是价值理论中的首要问题一样——的人，可能会由于别的原因而这样做。

首先，存在着一种受到前科学心理学影响的倾向。常识是素朴的经验主义和素朴的现实主义，它倾向于在感觉材料与意识的其他状态和方面之间做出二分。因此它倾向于认为感觉材料一般不受任何东西的影响，它们不过是外在的刺激和对引起它们的物体的直接揭示。而对于所有"内在"的因素——包括意识中的所有情感成分——它们都倾向于不予考虑，好像它们要么对认识毫无影响，要么会妨碍和背叛对客观事实的理解。（也许通过保持"感觉"与"感情"之间的一种近乎无力的区分，科学心理学会在一定程度上有助于维持这种素朴性。但如果是这样的话，那么人们有可能认为这些范畴今后必须受到进一步的限制，而感情、意动和认知之间复杂的相互关系必须得到更进一步的承认。）如果认为我们是在无理由地怀疑价值理论中那些未经检验的思考方式的持续影响，那么，让人们追问，一个人在什么样的更具说服力的基础上才能建立关于经验认识的详尽的理论，并同时将评价仅仅作为"感情的"而予以排除呢？将一个价值过高或过低地置于一个事物上，这是毫无意义的表达吗？或者这种判断在经验中无法得到检验吗？

其次，主体方面的条件所产生的影响在**所有**心理现象中都应被承认，这是人们公认的，但这当中仍然存在一种将主客二分（包括参照统一或特质）与真假二分相混淆的倾向。只要当下的理解材料不误导我们，我们就倾向于通过参照一个被理解的物体去专门**解释**这样的意识内容，而且认为这样的意识内容对于这个物体来说是重要的。只有当经验材料的特征使我们的判断产生错误且因此而不真实的时候，我们才习惯于在对我们的理解产生影响的某种主观因素中去寻求解释。因此，由于我们无法在那些当下的价值理解——它们有效地标示出客观的价值事实——中找到任何可能的主观性的实例，因此我们回避如下问题的实质，即在我们的价值发现中，一致性的缺乏是否使这种发现在认知上变得不重要或不真实。如果我们消除这一谬误，去寻找，就会发现这一类实例实际上有很多。

最后，我们应注意到，由于当下的价值发现**不具有**有效的认知意义，因而将它视为主观的，鉴于生活中最明显的事实，这就是一个荒唐的做法。如果我们的当下价值理解与事物的客观的价值性质**没有**关联，那么，从经验中学习如何改变生活的命运，这对我们就完全不可能；因为我们在早先情况中得到的快乐和不快乐根本无法教导我们在以后的类似场合中应该期待什么样的快乐或痛苦。而且，如果我们的价值发现完全没有一致性，或者如果在相同物体的呈现中取得价值理解的一致性只能靠运气，那么就没有人能够——带着世上最好的愿望——学会如何善待别人，或者如何损害别人。事实上，预测我们未来的价值发现可能比预测未来经验的其他方面更困难——这件事情可以存在疑问——但是如果价值发现与事物的客观性质之间没有任何可揭示的联系，那么我们对它们的预测就根本不可能。如果价值发现与事物的客观性质之间存在联系，那么它的规律将决定哪种物体在哪种环境下具有导致我们快乐或痛苦——它们的客观的价值性质——的潜在可能性。如果我们有望通过合理控制的努力提高我们自己或别人的生活质量，那么这里必定存在一个真实而共同的硬核，它是我们在外在事物上的现象因人而异的价值发现的根本。

13. 更重要的是，我们要考察价值性质在何种意义上、以何种方式凸显通常所说的**现象**的特征。"现象"这一术语一般不是指所予经验的全部内容，而只是其中的某种可抽象的项，尤其是像用来表示某个物体、情况或客观事态的项。通过注意，我们在意识领域中挑选出这些项的倾向，无疑是我们过去经验的教导的结果，并且它表示某种有远见的解释。但是，意识领域中这种区分焦点和边缘，或打散独立单元的某种组配的倾向，无论对过去或对预示性的经验是多么重要，都不过是我们的经验的一个素朴特征。这些项——现象——不会等着被我们深思熟虑的分析或解释所划分，在经验当中，它们作为所予的东西自行区分。

进一步说，在经验中被发现的价值性质主要是将它们自身附着于并标示出这种现象的项，这是经验的一个素朴的特征。

然而，事情并不完全如此。在经验当中有一种弥漫的和一般的价值方面（value-aspect）存在，它属于背景而不是凸显背景上的项；心理学家将它归于未区分的机体感觉的复合。现象主要是外在感觉、记忆、想象，或其他特定的和被区分的器官感觉的中介。但是，这当中有可能还存在某种模糊的感觉残余，我们不能明确地确定它是在身体内还是在身体外。所予经验的这种早期残余的感觉性质，对于我们自己来说也是很难表达的，它唯一可清楚辨认的方面有可能就是它的价值特质。当这种背景感觉上升到意识的水平时，它通常并不依附于任何现象，而只是保留经验的一般价值水平为一个整体。即使在它起主导作用的地方，这么一种欢欣的或烦躁不安的情况也很可能被含糊地归于"我们自己"或"一般事物"：**我们**是幸福的，生活是美好的，或我们是不幸的，世界是一个令人痛苦的地方。价值感觉的这种一般水平的确可以侵入特定的现象项；而且每当这种情况发生时，它就会表现为当下为价值所理解的一种显著的主观主义倾向。但是，即使情况确实如此，这一事实在某种程度上也还受到另一事实的平衡影响，即标示现象的价值性质倾向于为它所造成的区别所决定。能增强作为一个整体出现在我们面前的经验的价值特性的任何现象项，都展现为直接的善；而带着消极影响进入意识领域的任何项，则展现为直接的恶。对现象或被呈现物的价值评估，我们不打算制定一个推理规则；尽管这样的评估规则很受欢迎。我们只是如其所呈现的那样报告经验的本然事实。意识中任何凸显的项都被一个价值性质直接地标示出来，该价值性质主要反映了它对经验的一般价值水平的独特影响。任何给予我们帮助的东西都直接被认为是善的，任何阻碍我们的东西直接被认为是负价值的。

14. 关于这个次序的这些事实对于我们的考察来说太复杂了，我们必须把它交给心理学家去处理。但是对于我们来说，特别重要的有两点。不仅直接经验中的价值理解倾向于特别地标明那些自我凸显的项，而且正是那些依附于现象的价值性质——就像现象本身一样——也倾向于获得一种符号功能。正是在现象的这种价值特性中，我们深思熟虑的解释在物体中发现了价值的意义；而这些物体也表现为在任何反省或解释之前就拥有这样一种符号性质。相比较来说，一般价值感的背景水平并不聚焦于这种前景项，它一般不带有这种超出其自身的性质。

同时，尽管这样直接标示着现象的价值性质，跟现象本身一样具有当前材料的相同特点，**但是这个价值性质并不仅仅是现象的一个功能，它还倾向于部分地被那个现象与其背景之间的关系所决定。**正是由于这个原因，我们一般避免将当下发现的价值性质说成是**被给予的**。将这个词用于现象的价值特性，可能已经产生了误导作用；因为虽然这种价值性质对于经验是很素朴的和被直接发现的，并且一旦这种价值性质被当作对经验内容本身的限定就具有与不可辩驳的事实相同的地位，但是，在现象的被发现的价值性质与其特征——可用别的方式来描述——之间，仍然不存在百分之百的相关性。在现象的其他特征中，与内容的可抽象的项在质上相同的东西，在不同的经验中，可能一时被直接的价值性质标明特征，一时又被别的价值特性标明特征。在这些不同的场合中，被发现的价值部分地取决于现象的经验语境。的确，这里也存在例外的现象或事例，其价值性质近似于与其所予的感觉性质的简单性相关；例如，某一个黑白几何图案，能用来证明绘画令人愉快或不快的原理；或者，某些颜色在一个适当背景中的简单排列。这种简单的和相对抽象的感觉模式可能有一种相对不变的价值性质。但是，即使是在这些事例中，小小的限制或复杂因素，诸如引入一个表象因素，都可以显示，被严格呈现给感觉的东西的价值性质怎样轻易地被联系的语境所改变。通过下面的例子，我们可以说明另一种语境，即当我们口渴的时候，水的出现带着一种直接的价值性质，而在其他环境下则带着别的直接的价值性质。

我们在这里暂停一下，插入一个忠告：我们不应将感觉现象的当下价值在不同语境中的可变性，与这些价值发现的主观性混淆起来。最后一个例子说明了这样一个事实：在不同身体状况下，水产生的不同价值，并不是由于任何个人的特性而是由于代表人类经验中的一种基本的一致性导致的，尽管在不同的语境中，一个现象项的价值性质的可变性，的确导致直接被发现的价值在相同的感觉经验环境中也因人而异。不能由于我们对事物的客观评价基于可变的直接价值发现，就草率地指责它们缺乏可证实的真假。从我们当下的价值理解到形成对客观事物或事实的价值判断，其间的道路漫长而复杂。一般来说，这种判断，作为一个事物中引起价值性质之直接实现的一个**潜在可能性**，必定涉及环境和场合的多样性，即由一个具有直接可发现的价值的物体对经验的可能贡献。而且，我们一般并不需要别人来告诫价值表现的变化性，这是人们很熟悉的和很明显的事情。尽管我们在口渴时就说水具有**当下**的价值，这对于客观正确地评价一个城市附近的水体是必不可少的，但是，没有人会因为他当时碰巧口渴了就认为水是一种更有价值的东西。

15. 让我们举一个平凡的例子来具体说明上面提到的一些观点。早上咖啡的气味对于我来说是一种愉快，这一方面是由于我的嗅觉方式受到了影响，另一方面也是习惯性联想的结果。在那个时候，由于我的欲望的生理状态及我清晰的认识，这种气味使得咖啡在我的早餐中格外突出。然而，在这种情况下，对咖啡产生影响的这种价值性质就像这种气味本身一样是一种当前的材料，而且与咖啡是不可分的。虽然最初我可能不喜欢咖啡的味道——我不记得了——但是在我现在所处的条件下它总是惬意的，即使医生可能已经禁止我喝咖啡，或者我知道咖啡已经喝完了，我闻到的肯定是邻居家的咖啡。然而，如果我正处于疾病恢复期，那么我可能会立即觉得这种香气令人不快。

至此，是否我身体好并发现咖啡的这个气味令人愉快，或者我是否病了并发现它令人不快，在这两种情况中，对咖啡产生影响的这个价值性质，在这种场合不可分解地与气味本身连在一起，它可能不仅会被称为一个经验材料而且被认为与气味本身一样是在同一感觉中被给予的。就此而言，现象与直接价值性质之间的联系是不可控制的——至少对于这个经验来说，并且这种联系独立于现象的任何符号功能或我可能给它的任何解释。价值性质可能受我的临时生理状态的制约，但这并不影响上述事实。它类似于由于黄疸病而把事物看成黄色，或者因为从过热的房间里出来而感到空气是冷的。

然而，影响价值性质的这种香气——它因这种价值性质而令我愉快——可能还有更松散的和更可控制的联想。在正常场合，当我早上闻到咖啡味时，经验的愉悦程度有几分依赖于我的预期，或者甚至依赖于我选择去细想它的方式。我是否期待早餐里有咖啡，或者是否认为那是邻居家的咖啡而我没有，这都会产生一些影响。这一预期直接限定了现象本身的价值性质；而且如果预期不同，这种限定也会不同。或者我也可能是一个积习很深的白日梦者，这种香气以某种私密的戏剧化效果触动我，在这种戏剧化的效果中，咖啡表示是配合我情绪或奇想的一个喜剧或悲剧。这种香气的被感觉性质可能在一定程度上呈现我在白日梦中愉快或不愉快的色彩。这种假设用咖啡的香气做例子，可能有点过分，但是人们在听音乐或看画时的类似情况就不太让人觉得古怪了。受这种更松散的和更可变的背景影响的现象的价值性质，不能说是被给予的，尽管作为直接影响其内容的被感觉到的性质，它们仍然是经验材料。

现象的这种语境影响着它借以呈现自身的那种价值性质。这种语境可粗略地分为四类。而且，考察被发现的价值性质在什么意义上——就像被这四种语境影响的情况一样——是客观的或主观的，这也是很有用的。

第一，存在着来自机体感觉和条件作用的影响因素，上面所举的受我们早上的胃口或疾病的影响的例子就说明了这一点。这种语境的结果是客观的还是主观的，依据它们本身是"正常的"条件还是"反常的"条件而定，而且其方式与相同条件在其他方面影响我们感知的方式是一样的。反常的机体条件在整体上倾向于对受它们影响的客观判断起误导作用，无论是关于价值的判断还是关于其他事物的判断。机体的正常条件一般有助于我们对客观事实做出正确判断，无论是关于价值还是关于事物其他性质的判断。

第二，有一种预期联想所代表的语境，无论这种预期联想是习惯的还是明显的认知性的。在上面所举例子中被附加到早上的咖啡气味上的符号功能就说明了这样一种语境。一个很重要的事实就是，最初附加在由一个现象所标明的某物上的价值，倾向于与这一现象的被当下发现的价值性质相融合，而这种价值性质通常充当那个现象的符号。在清晰的认识水平上，以及在低于这个水平的被过去的经验反复灌输的习惯性联想当中，最初附加在被指称的某物上的价值，倾向于变成作为其符号的现象中被直接发现的价值。这种类型的语境，代表着由经验引起的联想或认知上的解释，只要这些联想和解释对一个现象借以被直接标明的价值性质产生影响，那么这种语境就会以一种主观或客观的方式影响这种价值性质——在主观性或客观性被归于这些联想本身或这些认知解释的意义上。

我们还可以看到，虽然在其他动物的情况中，看起来需要相当长的时间和不断的接近才能达到现象与它所表示的东西之间的联想的不变性，目的是现象中直接被发现的价值性质得到这种语境的修改，但这大体上是真的，因为动物的学习本身要求重复和联想的相对不变性。对于我们自己而言，这种由语境所带来的限制可能很突然，而且会临时转换，这与我们快速学习、对实际关系的迅速辨识能力相关。我们一"看到那种联系"——某种现象借这种联系来凸显某种进一步的满足——就想去发现那个现象中因此得到增强的直接的满足；尽管对于我们像对于动物一样，有可能存在对由较早的和目前尚未学会的或被替换的联想所引起的某种价值融合的坚持。

第三，还有明显的主观的语境存在，上面所举白日梦的相对自由的联想可以说明这一点。由此引起的对现象中直接发现的价值性质的修改，很可能就像那些联想本身一样具有私人性和个人性。但是我们也应看到它们一般受到这样的对待：作为对于被呈现物的实际价值来说无足轻重的东西而被抛弃掉。

第四，我们看到，在一种语境中，如果它对现象的价值性质所产生的影响对于我们对客观事物的价值判断来说有重要意义，那么客观事物的含义一般就被归于这种语境。这样的语境主要有两种。首先，是由经验导致的联想，它可能被认为是反映了客观事物或事实的实际联系，并且要么是习惯性的，要么代表了对客观关系的一种清晰认识。其次，是一种更微妙的联想，它可能不是由于自然中的联系并因而在经验中得到反映，而是由于社会习惯和一种理解结果的一致性。这也可以建立一个标记（或符号）与被指称事物之间的客观而有效的关系。例如，虽然我们要求读者从他正在读的书页中找出任何明显的快乐或不快乐是过分的，但是他可能会发现某一段落对他产生当下的影响，它可能带有一种适度的令人感兴趣的肯定价值或者一种令人厌烦的或艰涩的否定价值。如果真是这样，那么我们会发现，这页书当中可能没有任何东西可以说明他的满意感觉或不满的感觉。这附属于在这里被呈现的某物并影响它给他的表象；但它不是这页书的物理性质，也不是决定这一直接价值理解的他的感觉形象的物理性质。毋宁说，与这页书上的字迹联系起来的东西，反映了出现在他脑海中的某物。而且，这一语境被联系，不是通过自然中的因果联系，而是通过他已经确立的语言习惯，这种语言习惯就其起源和控制而言代表了由社会习俗产生的特定的一致性。如果后来有人要求他对这些章节做一个价值判断，那么他会在某种程度上参照他在阅读这些章节时的经验的当下价值性质。而且他会力求他的判断是客观的；并因此以回顾的方式将真正的客观性附加在某种价值感觉上，这种价值感觉标明了他经验中的这一际遇。正如这个阐述使我们不舒服一样，它可能强调如下事实，即所予经验的一个价值方面仍然是客观的，尽管它通过在很大程度上由主体本身带入经验的联想语境而隶属于现象。在这种联想的方式代表了真正附属于现象的一种符号功能，并受到解释对错规则的控制的地方，情况尤其如此。

关于可能附加在现象上的但并不——像受制于它具有的可能是**客观**联想的语境那样——受制于被感觉所表象的物体的价值，上述考察很重要，特别是在审美判断的联系中。可归于审美对象的价值是非常现象的，但这仍然不能仅由它们被感觉所表象的特征来决定。

道德感和贡献价值

1. 除了直接实现的善或恶，或最终与这些善或恶的可能实现相关的善或恶，任何事物都没有价值。

但是，如果前面的讨论给我们留下这样的概念，即一切评价的正确性的最终检验是仅仅参照在特定经验中立即发现的价值，那么，这一事实就是错误的。因此，虽然特定经验中的好与坏是一种最终的、不可批评的资料，但这种直接的价值并不能决定对该经验的最终评价，因为特定经验本身与未来可能的经验有关系，因而与进一步实现的价值有关系。立即发现的善或恶的性质是不需要重新评价的：任何神秘的扬弃都不能从感觉的恶中产生最终的善；任何虐待狂式的道德主义都不能使邪恶成为当下快乐的事实。但是，这种直接的经验不仅是一种发现，而且是最终的发现；它们对我们未来的生活有帮助，对生活的好坏也有贡献。由于它的这种工具性或贡献性，每一种经验都需要进一步评估它与可能的整体经验的关系。

因此，到目前为止，我们可能没有充分强调人类生活的一个方面，它的含义是非常重要的，必须符合整个描述。人类的生命是自觉的、短暂的。我们的终极兴趣在于直接经验中价值实现的可能性；但是，我们所期待的即时性并不是当下发生的事情，而是延伸到未来的事情。

因此，人类的生活中充满了关心的品质。活动的秘密就在这种关心中找到；这就是说，就活动而言，它超越了无意识的行为和动物的强迫，并试图对直接性的发展进行某种自我指导。只有通过这样的关心和自我指导的尝试，我们才能获得任何明确的意识利益，并寻求做出评价。这也是我们所说的理性的根源，也是依附于理性的必然的根源。正是由于这样的关心，我们现在被迫采取那种态度，被迫采取那种行动，以后我们会满意地采取和完成那种行动。

2. 如果我们探究理性意味着什么，那么根据西方思想传统，答案很可能是通过引用推理和逻辑的有效性来给出的。但也许我们应该更好地咨询自我感觉，然后根据我们的预见能力和行动方向找到答案。理性不是愚蠢或乖张，它意味着能够通过预见未来的好或坏来约束自己："如果你不这样做，你会后悔的"，或"如果你这样做了"，可能不会后悔。

在这个意义上讲，理性不是从逻辑中派生出来的；相反，它是从逻辑中衍生出来的。推理的有效性取决于一致性，并且可以用一致性来概括。从本质上讲，一致性只不过是始终坚持我们所接受的东西；或者用相反的方式说，就是现在不接受我们以后不愿意坚持的东西。当我们在整个思维或谈话过程中没有任何地方否定我们所承诺的东西时，我们在**逻辑**上是一致的。思考和讨论是人类特有的重要行为方式。只要这类行为受到了我们以后可能认为或希望确认的问题的影响，我们就试图保持一致或理性；当我们达到这种自我和谐时，我们是合乎逻辑的，我们所想或所说的，无论是真是假，都具有逻辑的有效性。

原则的概念同时意味着我们思想的一致性和行为的一致性，以及思想和行为之间的一致性；这同样是为了避免任何后来必须放弃或后悔的思想或行动的态度。

思想的一致性是为了并且旨在行动的一致性；行动的一致性源于意愿的一致性——目的的一致性，以及设定价值的一致性。如果不是现在的价值和行为以后可能会令人遗憾，那么任何形式的一致性都没有意义，也没有必要。这样，任何行为都不会受到任何原则的影响，任何思考都不会受到有效性的考虑。总的来说，生活是没有任何顾虑的；理性与乖张或愚蠢之间没有区别。

从人的角度来说，行动和生活必然要服从命令，承认规范。因为服从命令仅仅意味着在对非直接事物的某种关注中找到行动的约束；不是现在的享受或现在的痛苦。否定一般的规范意义和必要性，将消除所有行动和意图的严肃性，只留下一个无方向的时间流；结果就是把所有思想和话语的意义都消解为普遍的废话。那些严肃、谨慎、有说服力的人，告诉我们没有有效的规范或有约束力的命令，这是无可救药的困惑，与他们自己的主张、态度不一致。

没有必要在桌子底下寻找这种有效性的一般来源，然后因为我们没有找到而惊呼。"在评价和思想、行动上保持一致"是最终的、普遍的命令；"关心自己的未来和整体"是绝对的。它不需要理性；它本身就是一切理性的根源的表现；如果没有理性，就不可能有任何形式或任何原因的理性。

在伦理学上，是昔勒尼人用言语来否定这种绝对命令的。他不关心任何未来：明天又是新的一天。当然，他自相矛盾——不是形式上的，而是实际的。"不要担心未来"这句话如果被闪电刻在岩石上，在逻辑上就不会有矛盾。但是，如果我们认真对待提出这一建议的人，或者任何人认真地接受这一建议，那么这就意味着我们会像这一禁令所建议的那样有担忧。禁令的内容与遵守这一禁令或任何其他禁令是不相容的。如果有一个天生性格完美的昔勒尼人存在，我们无法用任何可以想象的理由说服他改变自己的行为。一个人**按照**昔勒尼人的原则生活，但不是**出于**原则，就不会有矛盾的行为；我们提出的任何考虑都不会打扰他。他天生就对一切烦恼无动于衷。但他不会宣扬昔勒尼主义——或者其他任何东西。他将代表一种持续的生存模式；不是态度或观点。那就是：这种绝对命令的有效性，为了认识真正的思想和行动的命令，最终不依赖于逻辑论证。因为假设论点所针对的人将对一致性和不一致性的考虑做出反应，就假设了论点的正确性。这一命令的基础是人性的基准。如果一个生物不受任何对未来的担忧的影响，因此也不受其思想和行为的一致性的影响，那么他一时的态度就不会有任何不一致；我们不应该像对待一条鱼或一张留声机唱片那样对他进行争论或劝诫。

我们在这本书中不打算讨论我和你的那些问题，它们是伦理学的特殊问题。但顺便说一下，我们可以观察到，正义的基本格言，"除了在所有情况下都是正确的，因此除了对每个人都是正确的规则之外，没有任何一种行为规则是正确的"，同样不是一种需要或可以通过辩论来反复灌输的原则，而这种原则本来就不应该得到承认。

从逻辑上看，这是一种同义反复，它只是表示正确的或有道理的东西的一种形式性质，这种形式性质隐含地包含在对与错的承认之中。鉴于这种道德感，承认这一原则仅仅是自我澄清；在缺乏道德感的地方，对这一原则或任何其他行动原则的争论都是毫无意义的。这种道德感在人类身上是可以假定的；而缺乏这种能力的生物只能被某种诱饵或某种刺激所引诱。

我们不应该停留在这些进一步的特殊的伦理问题上，这些问题是由于考虑人类生活的这种性质，以及它的好与坏而产生的，是基于行动而产生的，并充满了忧虑。与我们的价值问题和评价的有效性直接相关的只有某些含义。特别是，有三种简单而明显的方法来评价价值。第一，如果说在某种意义上，价值的规定最终必须以直接经验的价值品质为依据，那么在另一种意义上，任何直接经历的好与坏都不是最终的，而是要进一步根据它与美好生活的暂时整体的关系来加以评价的。第二，生活的整体善，是我们持续的理性的关注，它的善与恶，在任何时候都不能立即显露出来，而只能通过对其整体性质的某种想象的或综合的设想来加以考虑。人生的好与坏，无不来自生活中发现的某种善与恶；但是这种综合的方式——生命的组成部分的好或坏构成总体的好或坏的方式——是一个不能自己回答的问题。对这个问题的正确回答将揭示经验中一切价值的最终标准。第三，既然充满忧虑的生活必然是积极主动的，那么更有特点和更普遍的生活乐趣就不会是那些被动享受的东西，更不会是那些仅仅是沉思的东西，也不会是那些像审美一样需要暂时搁置积极态度的东西。无论是促成美好生活的那些较为典型的成分价值，还是它们在构成整体美好生活的过程中的综合方式，必须期望反映出诉讼物中可以找到的特征。

正如我们已经说过的，美好生活代表着幸福，这是不容争辩的。它是人类普遍而理性的目的；我们只要认可共同的目标和自己的目标，而不承认动机和行为中存在某种反常、愚蠢或意志的弱点，就能达到这个目的。这一事实是人类生活态度的一个基准。它不是通常所说的心理学的那种资料；我们认识到自己长期容易受到上述弱点的影响，因此被要求背离仍然不能抛弃的自我理想。这种规范只有通过否定所有的规范和一般意义上有效与无效的区分才能被否定；将我们所能意图或接受的、带有正确性或有效性的一切事物贬低为无意义的——仅仅是"心理数据"。

人类之所以受制于担忧和约束，是因为未来的可能性会呈现在我们面前，但不会呈现出眼前和现在的痛苦。低等动物——至少像我们通常认为的那样——不受任何强制性约束，因为在某种程度上，大自然为它们的未来安排了本能的、不可抗拒的冲动，这使它们的行为适应即将到来的事物；至于其他人，他们对未来一无所知，只能听任未来摆布。一个像上帝一样的人，不会受到任何命令的约束，因为他是"完全理性的"，会像现在一样容易被未来的考虑所打动，也不会像现在一样缺席，因此他不会为了眼前的欲望而任性地牺牲可能的美好生活。人容易患上一种精神分裂症，既不能全心全意地冲动，也不能全心全意地理性。对未来的感觉让他感动，但还不足以让他自动做出反应。他必须"移动自己"，以便与理性的指令保持一致。因此才有了命令的意义。①

在理性的要求下，未来对于我们来说，无疑应该和现在一样重要，整个生活中可能存在的善必须不断地超过对其中任何部分的善的考虑。但就其本身而言，如果每一时刻的经验都与其他时刻的经验绝缘，并且与超越其直接性的事物没有因果关系，那么它就永远不会通过参照未来来指示对当前满足的可能性的任何批判。如果当前的经验不会对任何未来的经验造成损害，也不会对整个生活产生任何影响，那么就不会对我们对未来的关注所隐含的当前享受提出批评。我们总是希望最大限度地满足当前的合理愿望，以及保持我们对将来和一般情况下实现同样满足的关注，这两者永远不会矛盾。我们所熟悉的事实是，对未来的关注需要用批判的眼光来呈现满足感，这是基于一种明显的考虑，即一种经验在其自身范围内可能是无条件的好，但由于影响未来的因果关系，它可能是生活中令人遗憾的组成部分；而且，就其本身而言，经验是不宝贵的，但由于它对进一步经验的影响，因而也就由于它对整体上美好的生活可能作

---

① 不管这些关于人性的事实如何表述，它们都比对人类动机的科学心理学解释更明显、更确切。道德家们总是很难在不把"自由的道德行为者"的动机描述为冲动的动机，像欲望和本能的冲动的动机那样，而使这种动机成为多余的情况下，通过理性来提供一种可能的动机。心理学家在这一点上也可能遇到麻烦——如果他们不忽视这一点的话——因为，像其他人一样，我们倾向于用一种万物有灵论的比喻来解释一般的因果关系，根据这种比喻，自然原因**迫使**其产生结果，心理规律迫使心理事件服从它们，就像国家的警察权力迫使我们遵守制定的立法一样。显然，只有有意志的生物才能被强迫，因为强迫就是做违背自己意志的事。事实上，当我们做所选择或决定的事情时，没有任何原因或法律强迫我们。因此，由于心理原因的普遍动机而否定"自决"，首先要先建立这种万物有灵论的隐喻，然后把它与赋予它内容的事实对立起来，这是荒谬的。**通过理性**将动机同化为自决，只是报告了一个明显的经验事实，然而，这个事实应该被科学地表述。

出的贡献，它仍可能是生活中令人向往的组成部分。任何经验都可能具有这样的工具价值或负价值，这种价值不是在经验中实现的内在品质，而是在经验所导向的进一步经验中发现的。由于经验一般都具有这种内在价值和工具价值，对任何经验价值的**最终**评估必须同时参考这两种价值。

内在价值，即因为其本身而有价值的东西的价值，是直接在经验中发现的价值，而任何经验内容的这种内在价值都是经验本身的资料，这与这一事实并不矛盾。值得我们认识的一个简单而明显的事实是：构成生命的各种经验认识到，各有其绝对的、不可取消的善与恶，而**拥有**这种经验的价值，也与它对未来的工具性影响有关。立即发现的价值不受任何批判。但是，**实现这种经验的目的**，以及**拥有**这种特殊经验的价值，仍然受到理性的批判，因为理性的批判涉及这种经验对包括它在内的任何经验的整体所能做出的工具性贡献的价值。拥有一种经历的工具价值，远远超过了它仅仅作为一个经历好的或坏的时刻所带来的贡献。

经验的整体优先于其中所包含的可区分的和短暂的经验，而这些经验也仅仅表现了理性的必然性本身，而经验的价值在短暂的时期内是服从于这种经验对整体的贡献的价值的。对经验价值的最终的、决定性的评价必须符合持续的理性目的，即指向总体上发现的美好生活的全面的和圆满的目的。

3. 这种体现整个人生的价值的价值也是内在的：人生没有好坏之分，只有在生活中才能实现的价值或负价值。但是，如果从表面上看，这个价值仅仅是构成它的要素经验中所直接发现的价值的总和，那么，这个结论实际上不能成立的一个原因是，构成一种好的或坏的生活的好的或坏的经验之间的关系，不是一系列在时间上并列的、和外部相关的时刻的关系，而是相互影响和限定的要素的关系，是时间格式塔中各部分的关系。

一种经验可以在三种意义上的任何一种上与另一种经验有这样的工具性或贡献性关系。第一，这两种经历可能是因果相关的，不是直接的，而是间接的，只是通过它们所代表的客观状态而相关。例如，劳动者可能为了通过消费而获得的满足而为自己的工资辛苦工作。但是，让我们说，他工作是一种习惯，因为他知道自己必须这样做：工作的体验并不会因为任何明确的预期而减轻，而且后来的消费对于他来说，与他收到钱作为礼物或在街上捡到钱一样，都是一种满足。在这里，工作和消费这两种体验与所赚的钱有因果关系，但两者的价值质量在任何显著程度或方式上都不受对方的影响。在这种情况下，我们可以说早期的经验对后来的经验是有帮助的，但我们不能说以前的经验对后来的经验有贡献。

然而，情况可能会有所不同：小男孩可能为了马戏团门票的价格而长期努力工作，但他的劳动将始终融入生动的预期的价值品质；而他后来在马戏团的满足感也可能会因为他为自己赢得了乐趣而感到由衷的自豪而增强。在这里，一种经验不仅在因果和工具上影响着另一种经验，而且直接地以时间格式塔的成分的方式影响着另一种经验。或者选择另一个例子；害羞的人可以通过接受最初令人不安的经历，获得他想要的更令人满意的社会适应。而这种相似的关系通常也会影响后来的经验，包括所学到的东西。任何形式的学习都是一种经验——如果这个词的某些意义是错误的，那么我们应该希望将它们排除在外。这里的要点在于，对于后来实现的东西的价值特征来说，至关重要的是这些经验本身，而不仅仅是它们的客观原因或物理结果。

在最后两个例子中，我们仍然可以区分两种稍微不同的经验关系，或者以两种不同的方式谈论它们的关系。我们可以只考虑早期体验与后期体验的关系，其价值质量受到直接影响，而不仅仅受到间接和因果的影响；或者我们可以说这些成分与一段完整的经历的关系，这段经历包括两者，在这段经历中，一方对另一方的价值品质的限定可能是相互的。对于这两种"关系"中的任何一种，我们将使用"贡献"一词；也就是说，我们应该说，早期的经验（如学习）有助于后期的经验，从而使其更令人满意，我们还应该说，成分经验有助于经验的时间整体，其价值质量通过被包括在内而贯穿始终。"贡献"和"贡献价值"的用法有点模棱两可，这两种关系中的一种很难在没有另一种关系的情况下发生，这一点更为合理。

然而，我们在这里要强调的是第二种经验，即经验与包含经验的整体之间的关系。在这一关系中，各种不同的经验组成部分，就其价值品质而言，彼此密切地相互限定。例如，工作并取得成就与不工作就取得成就是完全不同的两种体验，而且，不费力气就实现愿望总的来说并不一定会更令人满意。这两者中的任何一种都可能是一种完全的体验，这种体验与得到想要的东西然后不得不为此付出代价的体验不同。因此，一个经验整体的价值，不仅受到直接存在于它的各个环节中的价值的影响，而且也受到这些环节之间的关系的影响。也许，一种开始糟糕但结局良好的生活，要好过一个开始好但结局糟糕的生活，尽管构成这种生活的经验成分应该是可以想象到的近乎可比性的，而且只应该因这些经历的不同时间顺序所涉及的内容不同而有所不同。正是通过这种事实，在任何经验的整体中实现的价值将反映出它作为一种时间格式塔的特征。

4. 有些人试图通过价值的"演算"来评估在整个生命中已经实现或可实现的价值，通过商品的"总和"和商品对弊端的"平衡"的概念来评估。根据这一概念，每一个好的或坏的都将被看到或将被立即发现；在任何体验时刻直接揭示的价值不仅要被接受为绝对的数据，而且要被接受作为任何体验整体的一个组成部分，即对这种直接性整体的正确的最终评价。一个好的人生，或任何人生，被认为是一个整体，它的价值可以通过把它作为构成经验的总和来判断，每一种经验都有自己的价值，在它自己的范围内直接揭示出来，而整个人生的价值被认为是在它的组成部分中发现的价值的总和。人们认识到，构成它的这些特定经验不仅具有直接存在于其中的价值或负价值，而且可能具有影响后来经验的好或坏的工具价值；但这种工具价值被认为是通过简单地评估给定经验在导致这种后实现的价值方面的有效性，以及通过测量给定经验可能导致的后来经验中所发现的价值来正确评估的。因此，不管一个经验中的价值或负价值可能会导致另一个经验的价值或负价值的情况，任何一个经验整体中的价值都只是构成它的不同经验中价值的总和，这仍然是正确的。

这是一个普遍的概念，根据这个概念，所有价值的最终评估在理论上都可以简化为边沁享乐演算的算术过程。至少在研究的一般方法中，有许多地方在本质上并不依赖于把快乐和痛苦作为价值实现的唯一方式和唯一最终的和内在的善或恶的概念。由于这个原因，如果没有其他原因，我们必须审查这个提议的程序；但由于这件事是熟悉的，我们将努力简短。

对于一个人来说，边沁认为快乐或痛苦的价值，就其本身而言，取决于(1)它的强度；(2)它的持续时间；(3)它的确定性；(4)它的接近或遥远，当要衡量在进一步的经验中获得这种快乐或这种痛苦的效果时，他指的是两个进一步的情况；(5)它的繁殖力，或者在它之后产生**同类**感觉的可能性；(6)它的纯洁性，或在它之后**不会有相**

反种类的感觉的可能性。① 当涉及一个共有的利益时，还必须考虑到影响范围的进一步情况，即受影响的人数。

这是计算的一个假设，不仅可以根据这些不同的情况或维度来衡量快乐或痛苦，而且可以通过将这些维度中的每一个维度的度量或系数相乘来确定快乐或痛苦的总价值。同样重要的是，一个行为或其他事件的后果的总价值应该通过将快乐和痛苦的单独价值相加，并从快乐的总和中减去痛苦的总和，或相反，来确定，以找到平衡。

只有前两个维度，即强度和持续时间，会影响直接的经验：确定性或不确定性、接近或遥远只表征属于未来的东西；而繁殖力和纯洁性也只与未来的快乐或痛苦有关。

把我们的注意力限制在强度和持续时间上，首先必须注意到，除非是任意的，否则不能用数字来衡量快乐或痛苦的强度。强度有限度，但不是广延的，也不是可以加减的可测量的量值。那就是说，我们可以——大概地——确定快乐或多或少的顺序，痛苦或多或少的顺序，但我们不能给两者之间的间隔分配一个度量。

一般来说，"强度"也是如此。例如，在半杯水中溶解不同量的糖，尝起来就会有不同程度的甜度；我们可以把杯子按相对甜度排序。但是，如果我们说"玻璃杯 B 里的含糖量正好是玻璃杯 A 的两倍"，这个说法就没有明确确定和客观可测试的意义了。如果我们**能**在这一点上达成并坚持某种独特的决心，那么也不能由此得出，从杯子 A 中喝两口就意味着从杯子 B 中喝一口一样多的甜度。加法在这里仍然没有意义，除非是某种任意的惯例，而这种惯例很可能导致不一致，当进一步的算术运算的结果和这些结果应用于直接经验衡量的甜度所要求的一致性的检验时。② 也就是说，如果我们以玻璃杯 A 为基准，选择其他三种 B、C 和 D，我们认为它们分别是两倍、三倍和六倍的甜度，在经验中发现的结果是否符合 $3 \times 2 = 2 \times 3$

---

① 关于繁殖力和纯洁性，边沁认为，这是最后两个严格意义上几乎不能被视为快乐或痛苦本身的属性；因此，它们在严格意义上不能被视为涉及快乐或痛苦的价值。它们在严格意义上只被视为产生这种快乐或痛苦所依据的行为或其他事件的属性……事实上，我们在这里没有两个维度，而只有一个维度的两个名字：**痛苦**的痛苦后果被称为繁殖力，而**快乐**的痛苦后果则称为不纯；如果一种快乐之后是其他的快乐，则称为繁殖力，如果之后是痛苦，则称为不纯。同时，逻辑清晰性也存在偏见。这种后果的**可能性**属于后果的确定性或不确定性的范畴，应与其中的愉悦或痛苦的程度、数量分开；最后一个应归为繁殖力或不纯。

② 我们忽略了考虑相同质量的两个强度之间的一系列可辨别的差异所涉及的复杂性。

的规律，这是完全令人怀疑的；三倍于杯子 B 里的液体的甜度也会是杯子 C 里的两倍，两种情况下的答案都由杯子 D 里的东西给出。

如果我们不关注甜度，而是关注各种杯子里的东西的味道的愉悦性（或不愉悦性），那么也会有完全相似的考虑。

我们尤其应该注意到，如果把两种快乐或两种痛苦分别放在一起，它们的强度就不是可计算的数学函数。原因之一是，这假设了经验的衔接和元素之间的分离经验本身并没有反映出来。好的同伴**和**音乐会的乐趣不是同伴的乐趣**加上**音乐的乐趣，而是在包括这些组成部分的整体状态中发现的乐趣。在这一点上，计算的问题在于，它提出了**两个**标准来衡量这种直接体验的整体快乐或痛苦；直接**发现**的标准，就其原则而言，不应受到进一步的批判和算术运算的原则的衡量。而这两者的结果一般来说是不一致的，就我们能够应用它们中的第二个而言。我们在将经验项目 A 和 B 结合起来的体验中所获得的快乐，可能与它们相加的结果不一致。

非常相似的考虑影响了持续时间的维度，并试图在评价快乐和痛苦时将持续时间和强度的考虑结合起来。

持续时间是客观可测量的——如果我们要质疑，它是感觉到的持续时间还是时钟的持续时间，这与快乐和痛苦的"测量"有关，那么就不可能引入任何微妙之处。在任何情况下，人们都可以质疑，持续两次 5 秒的牙痛程度是否刚好是同时出现牙痛和同样疼痛的头痛的两倍，或者只是一半。同样令人怀疑的是，我们是否应该对同时或连续经历这两种痛苦的选择完全无动于衷。

如果有人反对，如果我们对眼前的快乐和痛苦的估价不符合算术原则，至少他们应该这样做，那么答案有两部分。第一，我们的快乐和痛苦不能以这种方式被拖垮。第二，即使它们可能存在，也不会有任何合理性：在接受直接经验中的价值仅仅是它们发现时的价值这一原则时，享乐主义者是完全一致的。但其后果与计算的建议不符。

关于过去或未来的经验，我们当然会因为不正确的记忆或不正确的预测而出错；这不仅体现在它们的直接价值上，也体现在它们的其他品质上。另外，正如前面所指出的，我们不能正确地欣赏，因为不存在的善与恶呈现自己时不那么尖锐，不会像存在的善与恶那样自动地使我们产生同样的效果，因此我们必须接受理性的批判。同样，拥有一种经历可能有价值，也可能没有价值，而不仅仅是它直接存在的价值，还可能是有助于进一步生成可能经验的工具价值。

但就价值在某一特定经验本身内的实现而言，不可能有正确的计算原则；这样的值是必须在找到后接受的数据。

边沁并没有忽视理性以及经验的工具性或贡献性价值。相反，对它们的正确欣赏似乎是计算的一个愿望。鉴于这些考虑，他特别介绍了繁殖力和纯洁性的维度。然而，边沁在这里陷入了一个奇怪的小矛盾中，在转向更重要的考虑之前，应该注意到这一点。在评估一个行为或事件的后果的价值时，他引入了确定性或不确定性，以及接近的或遥远的维度。

如果一个行为或事件的预期结果在发生时具有一定的价值，那么行为的合理性或事件的可取性就不是简单地由结果的这个值来衡量的，而是由它将发生的概率所限定的这个值来衡量的，这与概率论中所谓的数学期望是一致的。到目前为止，这与理性的要求是一致的，因为按照这一原则行事的人最终会在最大可能的范围内实现一般的预期价值；就像一个根据数学预期下注的人最终会赢得尽可能多的钱一样。然而，在接近的或遥远的问题上，边沁的意图就不那么明确了。人们无法确定，他是想让我们仅仅因为这个原因而赋予更近的快乐以更高的价值，还是他认为更近的快乐一般来说更有确定性。但是，如果后一种考虑才是相关的，那么，他不过是在这种接近的或遥远的标题下，重复在确定性或不确定性的标题下已经考虑到的内容。令人担心的是，他的意图是一种反常的观念，即尽管我们应该理性地关心未来，但我们应该少关心它，因为它更遥远——而这完全独立于对更遥远的事物普遍存在的更大的怀疑。

这可能被称为部分谨慎原则或冲动缓和的谨慎原则。这并不是昔勒尼式的否认对未来的担忧；这也不是一个理性的原则，即对美好生活的关注应该控制我们的行为。对这种有条件的谨慎的唯一认可是心理上的，它表达了一种人类倾向于采取的态度，而不是完全基于理性的行动。正如已经指出的，理性原则之间的问题，作为一个命令，和任何这样的替代品，是没有争议的。但有一件事是非常清楚和肯定的：假设我们对未来的预见同样准确，对我们无法预见的事情同样幸运，那么，一个故意牺牲遥远的财富而换取近期财富的人，总的来说，将无法获得尽可能好的生活；而且，他越是看重近的财富而不是远的财富，他最终的损失就越大。

如果边沁真的像他表面上所说的那样做，那么按照他的处方行事的人肯定会错过对他来说最好的生活，因为他只是部分谨慎。但这一缺陷是次要的，可以通过简单地从计算中剔除这一接近的或遥远的维度来补救。我们撇开问题的这一方面，假设这种观点得到纠正，使其完全符合在我们决定可能影响的整体时间范围内善与恶的最大平衡这一理想。我们也尽可能地撇开这样一个事实所引起的困难，即值和不值不能被视为算术运算所适用的可测量的量。再说一遍，我们忽略这样一个观点："快乐"和"痛苦"不足以概括生活中的美好和不幸，它们可能会背叛我们对它们的相对估价。计算中最基本和最重要的一点仍然存在。对于我们来说，美好的生活，或任何经验的整体的善，仍然是这样一种概念，它的价值是由在其组成经验中所发现的善与恶的简单总和决定的，或由经验的组成项目单独决定的。虽然不使用数学语言就很难表达这一点，但事实上，这与是否适用数学运算无关；因为总和的概念并不需要进一步的量的概念。我们至少可以从否定的角度来表述这个基本概念，即任何经验的整体的价值，都不可能超出其各自经验成分的价值；如果这个整体是由经验 A、B 和 C 共同构成的，那么它的价值将仅仅是在 A、B 和 C 中所找到的价值，不会因这些经验彼此之间的关系而增加或减少。这显示着我们评估一个生命或整个经历的美好的准则或规则。它告诉我们：如果你在具有这样或那样性质的经验中发现某种价值，在另一种类型的经验中发现另一种价值，那么你在整体中发现的由两种这样的经验加在一起所构成的价值只是这两种价值的总和，而不涉及任何进一步的事实。

这正是必须否定的论点。首先，我们必须否定它，因为构成经验并不是仅仅以这种外在的附加方式结合成的一个整体，而是以相互限定的方式结合起来的，特别是就它们的价值性质而言。其次，我们必须否认，我们对存在整体的价值评估是受制于这一规则的批判的。边沁和他的学派的一个主要有价值的贡献在于他们的意图是否定外来的和外在的善的标准，而支持内在的理想生活，即在生活中发现善。但在刚才提到的两种方法中，计算的基本概念与此目的是不真实的。生活，或者生活的任何一段，都不是一个个独立时刻的集合。就任何生活的整体而言，规律必然是：它的价值是**在它的**整体中实现的价值。这是不受批评的，除非根据对它真正具有或将要具有的性质的更充分的理解进行批评。如果一个人在没有记忆幻觉的情况下，找到了一种值得过的生活，尽管它的大部分时间是在痛苦中度过的，那么就不可能有规定的评价方式来推翻这一发现，或证明他的错误。在评价一个经验的整体时，没有任何规则能够帮助我们超越这样的规则，即它应该被充分地、真实地看作一个整体，它的任何一部分都不应被我们忽略。

人类生活可能实现的那种价值，对于一种能够充分想象任何时刻的经验，能够欣赏在一个似是而非的现实中所发现的任何价值，但却永远无法把这些经验放在他的头脑中的生物来说，是永远无法理解的。想必我们无法想象，美好的一生、美好的一年或任何其他短暂的经历，是由一连串完全不幸的经历构成的，因而具有积极的价值；或者是由一连串即时的满足所构成的一个坏的整体。但是，我们完全可以想象，两个这样的整体可能是由在其直接价值和暂时价值上分别具有可比性的成分组成的，然而，一个可能比另一个更好。或者，更确切地说，我们无法想象任何生活，其中的组成经验，不应该在它们的价值中，通过它们的时间和其他关系相互渗透和相互限定。附加在整个经验上的价值并非独立于在其组成部分中实现的价值，但它也不是由这些组成部分决定而不考虑它们的构成方式的。

5. 对于一种过着有自我意识和积极生活的生物来说，任何短暂给予的经验都不能说明其自身的最终意义，因为经验对他的意义绝不仅仅是那一瞬间的。现在所直接给予的东西，就价值而言，有自己固定的、绝对的规定性，正如在其他方面一样："移动的手指在书写，书写的文字在移动。"但是，没有一个时刻的质量和价值不具有进一步的意义，因为它有助于或颠覆进一步和更广泛的目标和价值。不可能有任何好的生活，也不可能有任何坏的生活，独立于暂时发现的善与恶。生活本身是一种直接性的连续统一体，它很难独立于所理解的直接经验的性质而表现出价值。但它是一种自我意识、自我关注、自我影响的连续体，时刻只关注自己，只思考现在的情况和自己感受到的边界内的情况。它所包含的时刻，在它们的关注点和意图上，在它们的价值意义上，相互渗透和修改。

时间作为生活经验的流逝，并不是我们所感受到的满足和不满的累积或堆积。它不适于计数和算术，也不适于称量和测量。经验的流逝也不仅仅是短暂的和连续有序的方向。由于自我关注和自我影响，经验是累积和完善的。而其中所蕴含的价值又具有与这一事实不可分割的性质。一个人不可能不考虑这些因素而公正地评价整个经验，就像一个人不可能只听倒着播放的音乐来评价一段音乐一样。

事实上，音乐提供了一个例子，它在某些方面代表了经验整体的圆满性及其价值。一首音乐或一段演奏揭示了一种价值，这种价值接近于纯粹的美学，并且直接存在于人们可以发现的经验中。但是一首音乐的好与坏，并不是由音符的好与坏，甚至也不是由乐句的好与坏组成的。我们希望，一个人不能用酸涩的音符来谱写交响乐，也不能用完全不和谐的段落来谱写交响乐。各个组成部分的暂时经历的性质，对于作为整体特征的价值，并不是无所谓的。但它们都不是决定性的；它们在时间和其他方面的关系也是必不可少的。例如，人们不可能从贝多芬的交响曲中挑选出评价最高的三个乐章，并把它们并列在一起，就能创作出比贝多芬所写的更好的交响曲。在音乐上并列的段落彼此相配。

音乐作品的价值不仅取决于经验的顺序和进展，而且这种价值的**实现**也是渐进和累积的。人们不是在开头一段，也不是在第二乐章中间，也不是在最后一段听到交响乐，而是作为一个渐进的、累积的整体来聆听和欣赏它。然而，它作为一个整体的价值直接实现在它的渐进经验中，就像在那一刻发现了开头和弦的美。而且，其中所揭示的价值是圆满的。如果一个人不能坚持到第二乐章结束，他宁愿在第一乐章结束时离开。如果由于某种偶然的原因，演奏中断了，人们就会失去它的"一半以上的价值"：事实上，人们可能会发现这种中断的演奏完全是一种音乐上不令人满意的体验，并且会后悔在这种情况下听到任何这样的演奏。

我们在戏剧和小说中发现了类似的例子。这些例子就更贴切了，因为说戏剧和小说模仿生活是有一定道理的，它们只是通过选择性和排斥无关的东西来强调生活可能呈现的意义和价值。可以肯定的是，小说或戏剧中所呈现的价值观与参与者在第一人称体验中所发现的价值观并不相同。尽管移情是欣赏它们所必需的，心理距离和旁观者的态度也是实现独特的戏剧价值所必需的。生活从来就不是戏剧性的：意图的严肃性会被任何自我意识的戏剧性所破坏。只有喜剧的价值才能被第一人称欣赏。而喜剧就在于意外结局的自我挫败或自我背叛，从来没有实现积极而严肃的目的。然而，戏剧和小说中所描绘的意义是生活可能呈现的。生活经验中发现的价值与它们相似，因为它们从根本上受到预期、时间流逝和预期中的实现或挫折的特征的影响——这些价值特别依附于累积和圆满的经验。一个人不能仅仅通过观察那些可以在短暂的组成部分中找到的价值来公正地评价在经历过程中实现的价值，就像一个人不能在不考虑它们之间的关系的情况下从拼图的小块中看到图画，或者从一些单独有趣但本质上不相关的事件中发现戏剧性的意义一样。

6. 当然，最特别的是，作为活跃的生命的价值必须受到这些特征的影响，这些特征是作为进步和完善的经验，以及作为显著相关的时间部分的配置的时间整体存在的。追求和获得的善，并不是无论追求什么目的而努力的善，也不是无论如何得到所渴望的东西而得到所渴望的善。它的特殊之处在于主动意图、意指与实现之间的关系。要实现目的的美好注入了活动；属于有目的的行动的善，而不是仅仅在好运中找到的善，为目的的实现增添了色彩。甚至我们的积极的娱乐活动也表现出圆满经验的这一特征，而这种娱乐活动的价值仅仅是在最后才发现善的价值，显然是不够的。在山间漫步，因有了目标而更有乐趣；已达到的目标，因已达到而更有乐趣。更明显的是，这也适用于那些最终会产生善的行为：奋斗可以得到成就的祝福，我们一心追求的事业会因为已经获得而更加甜美。

叔本华的悲观主义的错误之处主要在于他没有真正地认识到积极生活的这一特征。他似乎在告诉我们，愿望和实现的善要么必须在追求的时刻找到，要么必须在达到预期的目的时找到。但在行动的开始或持续的追求中却找不到它，因为只有一个不存在的善——或一个存在的恶——才能推动意志。它也不存在于成就中，因为贪得无厌的人会转而追求另一个仍然没有实现的目标。但这种困境是错误的；正如说交响乐的美必须在开篇、中间或结尾找到一样，这是错误的。被忽视的是，特别是在生命活跃的地方，时间之箭的飞行并没有被正确地描绘成一系列分离的瞬间，而是——至少是——以柏格森的方式，描述为生命力的张力所标明的一个绵延。意愿和成就特有的善不仅存在于这一瞬间或那一瞬间，也不仅存在于由此瞬间和单独披露的善的集合中，还存在于整个经验的时间和关系模式中，其发展是累积和完善的。

如果我们试图在活动过程中各个独立的、连续的瞬间，一点点地去发现能注入一个普遍活跃的生命的美好，那么它就会消失不见。同样，如果获得欲望的时刻首先到来，然后必须通过努力和耐力来支付，这也是不可能的。同样，行为的特有的善，在来自神的某种意想不到的礼物的另一种享受中，是缺失了的。我们也不能把行动的目的是一种不存在的善这一事实，当作无关紧要的或有损于它的东西而取消。如果行动的结局已经触手可及，需要我们去把握，那么它就变成了戏剧表演。同样，它也不再是严肃的，体验的整个性质也改变了，如果它的目标并不是真正为了什么而进行，而仅仅是为了有目标而设立的目标，并使之活跃起来。如果有目的的行为是目的，而它的价值仅仅是作为直接活动的时刻而存在，那么有目的的行为的独特的善就消失了。当我们的行为被认为是有目的性和有效的，偶然地获得了特殊的满足时，我们就会意识到这一点，我们所要达到的目的也达到了，而且被认为是好的，但这时我们又发现，我们所要达到的目的并不是必要的，即使我们不积极地去关心，这个目的也一定可以达到。这样，这种行为在我们眼中就失去了价值，被涂上了愚蠢或愚昧的色彩。或者，它被降低为作为喜剧插曲的微不足道的价值，比如，我们在一个情节中发现，一个人认真地寻找他的眼镜，最后发现它在他的手中。

目的本身必须是有效的，即使它不是我们所选择的目标；而且这种活动必须是达到目的所必需的，如果没有这种预先付出，就不可能达到目的；否则，无论在这段积极经验中可能有什么偶然的收获，它们都不是积极生活的典型和特征。但是，鉴于目的的这种前提和独立的善，鉴于意图的这种真正目的的性质，鉴于两者在经验的时间顺序中具有本质的和真正的联系，在开始追求的那一刻，通过与那不存在的和所追求的善的关系，它就可以真正地在里面找到一种善；而所获得的好处可能充满了成就的额外和独特的价值。

7. 在行动中发现的这种特征的完善价值并不局限于通过审慎的考虑来证明目的的情况。这里我们不打算全面讨论伦理学的最后一个谜题，即如果为了自己的利益而对他人尽责，那么道德正义行为的特殊意义就失去了；但如果这样做不考虑自身利益，那么在第一人身上可能会产生一种价值。我们在这里省略了对他人和自我牺牲行为的必要性的有效性问题。但是，我们可以指出，出于这种关心他人的特殊的伦理关怀而采取的行动，与出于仅仅是谨慎的动机和纯粹是第一个人的关切而采取的行动之间，有某种相似之处。同样，在这两种情况下，所要达到的目的所预期的善是不存在于行动的瞬间的自我中的。如上所述，如果那个瞬间有自我挑战这种行动的命令，或所有这类命令，那么无论在哪种情况下，我们都同样不知道如何使他印象深刻。进一步地说，如果在这个不存在的目的中有一种被接受的、以后不会被否定为非理性和愚蠢的有效性，那么在行动的时刻，由于行动与这样被接受为有效的目的的关系，就可能产生一种善。事实上，对于一个有意志的人，一个在某种程度上能够有意识地控制生活的人来说，这是一种价值的普遍特征，即完成他开始做的事情可能是有益的，因为他已经开始做了；这种善是单纯靠运气而产生的善所没有的，这种善由于其圆满的性质，使导致这种成功的行为具有其独特的价值性质。

在伦理学中有一种经常出现的解释模式——历史上以休谟为最佳代表——它提供了一个很好的机会来观察这些事实，这种方式接近真理，但却忽略了要点。① 这种分析倾向于打破仁慈者与单纯审慎者或利己者之间的明显区别，其目的往往是将前者与后者同化。可以这么说，它的问题是，如果一个人把一枚硬币放在乞丐的杯子里，他怎么能用这么少的开支换来这么大的满足呢？我们应该观察到的是，由于所有的人都天生具有同情的感情，不幸的景象使我们以第一人称感到不安；因此，摆脱这种不舒服是一种直接的感觉，比我们用一枚硬币轻易得到的任何感觉都重要。或者，它的意图是让我们注意到，我们所有人都在一些微不足道的理由上受到自我肯定的弱点的影响，因此我们可以用很小的代价买到这些无害的快乐。

但是，无论意图如何，这样提出的观点在其效果上有点愤世嫉俗，在愤世嫉俗中此观点是错误的。上述那种满足的首要条件，是接受行为最终所指向的一种独立的有效性。我们的目标是减轻别人的痛苦，而不是减轻我们自己的不安。如果后者是真正的目的，那么承认这一事实就会消除行为中所感受到的特殊的满足感，也就会消除自我肯定的任何基础。这种分析把重点放在了一边，重点不在于感到满足的事实，而在于满足根源的有效性问题。为他人的福祉做出贡献所感受到的价值是基于一种关心，这种关心最终以减轻他的痛苦而不是我们自己的痛苦而告终。这就是，也必须是行为的目的，这样行为所带来的满足感才不会建立在自我欺骗的基础上。这个目的必须被认为是有效的，否则满足感就不会产生——至少不会理性地产生。例如，如果我们后来得知那个乞丐的收入比我们的收入还多，并且把他的收入花在了放荡的生活上，那么，为之付出的任何满足感都会被一些小小的懊恼所取代。这种行为会让我们感到不快，因为它基于错误的假设，导致我们不赞同的结果。但是，如果它的真正目的实际上是自我解脱，那么我们不应该因此而重新评价它。它仍然可以达到它的真正目的，我们仍然找不到任何理由来限制我们对它所感到的满足。事实上，对于这里的人的事实，我们

---

① 很难证明一个人是如何通过慷慨的行为而不是通过任何其他花费方式更容易成为失败者的；因为他通过最精心的自私所能达到的最大限度的行为是对某种感情的放纵。这里要说明的观点，以及要使用的说明，第一次引起我注意的是乔治·赫伯特·帕尔默(George Herbert Palmer)在《哲学 4》课上的演讲。

对行为的评价不能以我们在做这件事时所感到的即时满足为标准，因为这种感觉的满足取决于对行为指向另一个不同目的的事先判断，取决于对这一目的的有效认识。

这里需要注意的是，对于正确地欣赏积极生活可能带来的好处来说，重要的是，无论关心他人利益的任何命令的性质如何，如果这种命令是有效的，并被接受，那么朝着它所规定的目标采取的行动仍可能具有有效成就的特殊好处，并在行动中注入一种直接可见的好处，这是由它真正圆满的特性衍生出来的。如果自我肯定在活动中在获得的这种即时满足中起次要作用，那么这种满足既不需要自我欺骗，也不需要感情用事，而是一种可能的美好生活中合法有效的贡献品。

我们丝毫不打算去乞求关于任何为了他人的利益而关心自己的命令的有效性的特殊伦理问题。那个问题是先决条件。我们要指出的是，假设这种命令是有效的，那么，这样指导的活动并不代表个人对一个陌生的目的的奴役，而可能是在第一人称经验中发现的一种善的创造性。

在行为的执行中获得直接的满足，这种满足的目的是自我意识到的和主动的，这是人类生活的本质特征。所做的任何行为都充满了直接的好或坏的感觉，反映出其预期结果的设想的好或坏；通过一种满足或不满足来代表我们的正义感或它的相反表现。在某种程度上，我们在做自己不赞成的事情时感到痛苦；在某种程度上，我们在做自己赞成的事情时感到快乐。但是这种规范性的满足是不能强求的：它们取决于对行为的事先判断，以及行为的目的，不同于这种满足感；它们在非立即结束时达到推断的有效性。但是，既然不存在的目的具有这种有效性，那么，有目的的行为和达到目的所特有的那种感觉上的满足，以及标志着积极生活的商品的圆满性的那种满足，就既是真实的，也是有效的。

进一步地说，生命是有界限的，不是它的物理界限，而是它的视野。没有一个人如此野蛮，以至于他不能在他所做的和可能为他的孩子做的事情中生活；没有人会对自己可能为后来者的生活所做的贡献无动于衷。他的自负受到了对好名声的期望的影响，如果没有别的影响的话，他希望自己在去世时不会完全被忽视。他这样思考的行动目的，是在他可能经历的善与恶之外的；但是，如果接受这些目的是有效的，一个生命就会受到生活中真正可以实现的善或恶的影响，通过与超越时间界限的事物的关系来实现。不只是这有限的一段，还有在它的范围内，可能受它影响的一切，都可能在生活本身中发现善或恶。

8. 对任何特定经验的最终评价是对其作为一个组成部分所参与的整体经验的评价。最终的时间格式塔是整个生命的范围。

构成经验构成了经验的时间格式塔，因为它是它所包含的和相互限定的部分。而在这样一个整体的经验中所发现的价值，就是只在经历它的这些组成部分时所发现的价值，这些组成部分中每一个都带有过去、现在或将来在它立即发现的好或坏。整个体验的好与坏，就是在这种有机的关系中，体验这些特定的好与坏。如果从圆满的整体观点来重新评价某一特定的组成经验，这种重新评价并不能取代或取消在它中间直接发现的价值，相反，这种重新评价赋予它一种与其他组成部分有关的、符合其他组成部分的、被其他组成部分限定的价值，赋予它本身一种在它中间直接感觉到的价值的质。如果这是一种悖论，即整个经验本身的价值并不完全由其各部分的价值所决定，那么这种悖论是我们必须容忍的，因为它表达了一个基本事实。

但是，人们可能认为，这一点给一切公正评价价值的尝试强加了特殊的困难；这一点试图确定这种贡献价值所固有的困难，以及在任何预计或预期的整体生活中确定善或恶的困难。这很可能是事实。最后，公正评估可能是世界上最困难的事情——也是最重要的事情。但如果是这样，我们就不应该支持这样一种理论，在这种理论中，这种真正的困难似乎是由似是而非的简单概念来解决的。

然而，事实上，在最终价值判断中所承认的这些困难，只是在很小的程度上受到这里所提出的概念与任何其他似乎合理的概念之间的差异的影响。因为任何一种理论，如果承认一种生活理想是有效的，并且这种理想在生活中是最好的，那么它也必须承认这种理想是所有最终评价的试金石。以边沁的观点为例，它设定了最终评价的标准，包括"纯洁性"和"繁殖力"，以及确定性或不确定性——在特定的善与特定的恶的最大平衡中，对任何细节的最终评价的正确性；同样重要的是，它们在任何预期生活中的全部效果必须以某种方式呈现在我们面前。

对事物和经验的判断问题的主要部分当然是关于准确和充分的经验知识的一般问题。这件事的全部后果将是什么？根据已经确定的或假定为事实的东西，有哪些生活的可能性向我们敞开？这件事如何与这些先前的事实相吻合，从而增加或减少令人满意的生活的可能性呢？没有一种方法可以为解决这些问题或消除这些问题的困难提供经验法则。对于任何试图为自己规划美好生活或胆敢建议他人的人来说，这是一个常见的主要问题。

这里提出的观点有一点可能被认为是强加了一个特殊的、在其他方面可能不会遇到的困难，那就是，这个概念假定任何预期生命中的价值评估是先于而不是派生于对特定的善和恶的评估。它否定了生活的善与恶是由特定的满意与不满的总和所构成的，而不考虑它们在这个有机整体中的顺序和关系，并坚持认为，任何计算或其他规则都不能排除这样一个要求，即附加在这个整体上的价值必须由对它的某种尝试的综合设想来决定。但这里的确切区别，只在于边沁主义者虽然承认，为了最终地确定经验的任何组成部分的价值，必须参照经验的全面整体价值，但他们仍然主张，这种最终的评价可以用算术方法，以零碎的方式加以实现；正如人们可以准确而充分地发现一个太大而不能"一次理解"的东西的全部长度，通过表示长度的计数来标记。我们应该相信，这种方法并不适用于经验整体的价值性质，因为任何经验整体的组成部分之间的关系都具有有机的性质，而这些组成部分被包含在其中。

9. 任何经验整体的价值仅仅是在它作为经验整体中所发现的价值。但是，对它的评估显然缺乏在短暂经验中对价值或价值的直接发现所具有的确定性。在整个生命中，在生活中"发现"价值的意义，显然与想象中的风景令人愉悦或使人痛苦的意义是不一样的。我们对超越似是而非的现在的东西的理解需要一些综合，由于这个要求，这就变成了一个涉及判断和容易出错的问题。

这种对经验整体的综合理解有三种容易出错的方式。第一，对它们的实际内容的判断可能是错误的，因为这些内容超出了直接呈现的内容。我们无法准确预测在我们的项目或我们致力于的职业的进一步发展中会包括哪些事件。在某种程度上，不仅对未来的错误预期，而且对过去的错误回忆都是可能的。当然，这只不过是一切经验知识都容易犯的那种错误，关于这种错误，并没有综合价值评价所特有的问题。第二，一个人可能在其他方面对经验的预期或回忆基本上是正确的，但在预期或记忆的价值—质量上却有错误。孩子可能会在对明天的狂喜期待中失望，不是因为对将要发生的事情有任何明显的错误，而是因为当他参与这些事情时，这些可能达不到他对满足的预期。同样，这也不仅仅是一种影响价值判断的错误。人们可能会在体验中的其他品质成分方面犯类似的错误，而这些品质成分在其他方面是正确预期的，例如，在一个人点的饭的味道方面，或者在一个人第一次乘坐飞机时的预期运动感觉方面。

第三，有一种可能的错误，在这种错误中，对经验整体的价值的评价尤其容易发生——这并不特别是因为我们所讨论的是价值的质，还因为它难以决定一个整体的任何性质，因为它超出了一时所能理解的范围，而且这个整体的性质受到它作为格式塔的特性的影响。由于经验整体的巨大程度，我们需要对它有某种综合的理解。由于我们所要理解的事物的性质受其内部组织方式的影响，所以我们所要求的那种综合不能通过把事物看成一个集合来实现。如果我们借用一个古老的词，说在这种情况下最重要的是一种综合的直觉，那么仍然可以避免与"直觉"相关的各种问题纠缠在一起。我们对所讨论的经验类型的熟悉，应该被视为暗示了这个术语在这里的本意，而不是通过这个词来暗示这种经验模式。如果有人反对说，没有合成直观这种东西，那么，让我们参考这样的设想来回答，例如，我们听到了交响乐，或发现一个旅程是舒适的或不舒服的，或决定一项漫长的事业进行得很顺利，是有益的经验，或证明这些事很困难和乏味。需要强调的两个事实是，第一，否认这种综合想象的可能性，甚至必然性，就会陷入荒谬；但第二，如果不能认识到这种理解方式特别容易犯的错误，在试图一起观察不能在字面上呈现的经验中的东西时，那么这种错误就是一种奇怪的和不可原谅的疏忽。

这种尝试的综合可以通过对必须包括的细节的事先判断而得到进益或受到损害——如果我们首先充分掌握并保留了对其组成部分的判断，那么我们在听一首音乐时会做得更好；或者，当第一次回顾了图片构图的主要特征时，我们可以更好地理解整个图片。如果这些先前的判断不正确，那么这些判断的不正确将损害对所讨论的整体的综合设想的准确性。但即使对部分和细节的理解尽可能充分和准确，仍有可能因尝试的合成本身的不足而出错：这一事实如此明显，几乎不需要强调。此外，这种综合性理解可能导致的错误，并不是通过对逻辑的批判或对任何其他认识论的规范就能轻易避免的，这涉及判断一致性的一般原则，以及在经验的一般智慧中发现的警告。这种错误的证据有时可以从对各种客观事实的审查中得到，特别是，只要综合理解有了假定或暗示，并得到包含细节的判断的支持。然而，只有通过另一种甚至更全面的综合设想，对这种错误的定罪和对其的任何修正才有可能最终实现。

10. 由于所有这些原因，经验整体的价值评价既不能直接确定，也不能有任何决定性和最终的验证。因为我们所要评价的是一个作为经验的整体，而这个整体在现实中是不可能呈现出来的。它涉及过去和记忆的事物，或未来和想象的事物，或两者兼而有之；或者它部分或全部涉及一些可能的和假设的东西。规划自己生活的年轻人可能会错误地评估自己的预期，因为他的预期与当前可能的延续不符，或者他没有正确地设想中年人在他计划的内容和他试图设想的情节中所能找到的价值品质。一个老人在回顾自己的青年时代时，可能会忘记过去的不幸，或者无法记住过去的辛酸，或者他可能会用一种对无法挽回的事物的怀旧之情来渲染他所记得的东西，从而赋予他的生命的某种部分以虚幻的价值。在任何超越似是而非的当下，只要涉及对经验本身的尝试性评估的事物，人们都容易在试图综合理解的过程中犯下此类错误。①

因此，虽然对经验整体的价值评价必须依赖于我们所说的综合直观所提出的那种设想，而这种设想并不具有推理判断的特征，但是，在对由此综合设想的事物进行推理时，对过去和未来的推理判断是依赖的，并且暗示了它们的正确性。同样，如此得出的价值评估能够在不确定的程度上得到确认，一般情况下，历史上可报告的和可预测的事物的价值可以得到证实或否定。在这方面，它们通常具有非终结性经验判断的特征。在这里，就客观事实而言，除了怀疑的可能性之外，没有任何最后的保证，也没有任何程序可以避免发生错误的可能性。但我们的信任是有道理的，我们所相信的东西总是能够通过进一步测试其隐含内容的积极结果而得到更好的保证。

如果由于它的困难，我们避免对经验整体进行这种价值评估，那么我们将发现这是完全不可能的，因为它对于任何尝试的理性生

---

① 对直接所予和现在的事物的理解本身就是合成的。我们不打算处理这个问题，也不打算处理把现在想象成一段时间所涉及的悖论。心理学家被迫接受似是而非的怨恨的概念，因为他们认识到经验的时间性作为一种数学上的未扩展的瞬间连续体有明显的虚构特征。"最少"的经历是一段时间。但是"现在"的任何明确界限只能由某种任意的、与所呈现的经验的性质相异的标准来规定。无论选择什么样的标准，都有一个不可避免的矛盾。例如，如果似是而非的现在是这样一段时间，在这段时间内，我们可以数出已经敲响的钟声的敲响次数，那么，在设定这样的界限时，我们就在现在之外留下了这些可数的钟声的直接印象，因为在这些钟声之前的其他钟声已经不再可数了。如果我们不直接意识到现在已经消逝的某样东西，我们就永远不会意识到现在已消逝到过去。

活方向和我们的行动都是不可或缺的。如果我们想寻求一种更简单的方式来进行最终的价值评估，那么我们就会发现，没有一种是适当的和真正适用的。

11. 然而，如果我们认为在对任何事物的评价中，都有或应该有这种对美好生活的总体设想和对这种有益的价值可能实现的具体方式和场合的预测，那么，这对生活、我们的经验事实和实际价值评价就不真实了。在正是需要这种尝试的时候，是我们做出最严肃和最重要决定的时刻。但是，由于同样的原因，概率只能是我们所能得到的最好的结果，这种最终的价值评估在实践中并不经常被要求。在大多数情况下，我们有理由用两种方法中的一种或两种来简化我们的问题。首先，我们可以把它分成几部分。就像建筑师一样——他同样认识到计划中的一切都必须服从整体，并通过与整体的关系来评价——不试图在这种关系中直接设计或判断每一个细节，而是通过与某个较小的和所包含的与整体的近似关系来评价，例如，这个房间或这个立体表面；因此，我们也把所期望的美好生活分解为主要的组成部分，然后根据它们对这些组成部分的作用来判断次要的组成部分——一份好工作，一个舒适的家，一个愉快的假期，满意地完成手头的任务。其次，在认识到准确预见和充分综合把握的多重困难后，鉴于我们必须决定的选择所代表的各种可能性和概率，我们可以对所涉及的事物、行为或经历所能带来的贡献做出一种概率判断。如果问题是我们今晚是否去看戏，我们可能会提出这个问题：明天我们是否会过度疲劳，工作不顺利。除此之外，我们相信这样的娱乐活动对生活是有益的；即使这次事件是一个例外，我们以后也不必认为我们的判断是不合理的。正如一般经验告诉我们的那样，经验有许多可以实现的好处，除了对生活有所贡献外，别无他用；正如有许多不好的经验，除了有害于生活外，别无他用。吃一顿丰盛的晚餐可以感觉生活稍微好了一点，而且人们不容易想到在什么情况下耳朵疼才是真正可取的。可以肯定的是，一顿好饭可能会毁掉一个人的一生——人们记得牺牲重大利益获得眼前小利的故事。也许有一天，耳痛会被证明是从此过上幸福生活的必要条件。但这样的机会太小，不能作为实际考虑。

因此，大多数对特定经历的贡献价值的判断都是暂时的，并不寻求超越生命呈现的可能性。然而，始终正确的是，最终确定经验价值的标准必须是对生活中发现的对美好生活做出贡献的标准。

但是，如果考虑到受整体生活关系影响的任何问题的严重性，以及我们对它的辨别能力的局限性，我们就应该采取更容易的方式，或者采取失败主义的态度，无论是在实践中还是在理论上，那么我们就必须记住，这是不可避免的，也是困难的。对整个生命的道德关怀设定了所有特定目标都必须服从的目标，并构成了理性的必要性。

物体中的价值

1. 在地下很深的某处有一个纯金矿。金的比重是 19.32(克/厘米^3)。纯金有一种特殊的美。它可用于做珠宝饰物等。一盎司(约 28 克)的黄金价值很高。但是，埋藏在地球上某个未知处的金矿，却是对任何人都没有价值的。这样一个东西，它美丽，有用并且有确定的商业价值，但它却没有任何价值。

对于一个物体价值的这种明显矛盾的陈述，它们在被分别解释的时候，可能都是真的。实际上，在物体、事件状态和其他存在物中，只存在一种价值，即实现直接经验中的价值的潜在可能性。但对这种价值的**断言方式**是**如此**多样，以致要将它们归入某一个范例几乎是不切实际的，而且在任何情况下都不中用。[1] 我们不会这样做。我们所要说明的是最常见和最重要的将价值归于物体的习惯方式，忽视这种方式就会引起误解。

---

[1] 对那些要求精确的逻辑分析技术的人，这里有一种要将这些应用于价值理论的诱惑。他们应保持警惕。由于我们习惯的价值断言方式的复杂性，对评价的这种准确分析只有三种选择：一是它必须放弃常用词的常用意义且选取某种"理想语言"的任意术语；二是它必须彻底证明我们通常的说话方式的不准确和不充分；三是它必然变得非常复杂以致不能达到目的，除非是为了提供一个无用迂腐的好例子。

对于价值—陈述已提及的那些方式，我们只分析到与关于经验认识的讨论有关的地方。

我们已经对固有价值，特别是审美价值（对物体的归属），做了类似的分析；对经验有贡献的价值，也分析过了。尚待考察的，就是附着于对工具价值和事物效用的断言的意义及其变化。就是在这些方面，一般的言谈方式会显得互相矛盾，在特殊事例中，还可能招致对所属价值的实际本质的误解。然而，需要加以讨论的意义的一些变化，也涉及对事物固有价值的断言。而这样一些方式是存在的，在其中，价值被归于同时具有固有价值和效用的物体。因此，我们不会将讨论仅限于工具价值和效用。

2. 首先，我们可以大致地说，将价值归于一个存在物 O，是意指在情境 C 中，O 可能会导致某人在 S 的经验中的满足；或者它意指对诸多此类断言的联合断言。正是由于与实际的或可能的经验的这种实质联系，物体的价值经常被说成是**相对的**。我们要检验这种所谓的相对性和这里的"可能性"的意义，并看到在这些要点上，一个物体的价值与它的其他特性——例如，它的特定重量——没有根本区别，这是最重要的。这种相对性——如果应该用这个词的话——一般**不**依赖于与特定个人经验的关系，而是依赖于**情境**，在这一情境中，物体可导致的满意可能在经验中实现。

如果我们能够正视所有的现实和整个历史，而且对它们有肯定的认识，那么我们就不需要参照事物与经验之关系中的潜在性——无论是价值—潜在性还是别的潜在性。我们应该以只与物体的实际手段——导致在经验中发现的善或恶——相联系的绝对方式来评价物体。我们应抛弃对任何超出实际的条件的参照；而且潜在性和可能性都不是我们应该使用的概念。有时，我们可以只通过参照自己的经验来评价物体；而在其他情况下，我们通过参照它们与别人的经验或与其他人的经验的关系来评价物体。因此，价值对不同的经验主体的相对性，仍是可谈论的。我们也可以依据物体所产生的特定的（实际的）情境和方式，对物体的价值进行分类。因此，"美丽的""有用的"等之间的这种区别，仍然存在。而意义的其他变化也持续存留；例如，"有价值的"有时可能指"有**一些**价值"，"不是无价值"，有时则指"比负价值有更多的价值"，"整体上值得期望"。因此，在价值陈述句中，我们的词汇和语法结构展现为一个宽广的意义范围，而断言物体价值的最重要和最独特的意义，将随着对潜在性和可能性之参照的消失而消失。

通常，价值断言包括对潜在性和可能性的暗中指涉，也包括对影响潜在性之实现的可能性或对可能事物范围中的潜在性的暗中指涉。因此，有必要提醒的是，要注意潜在性的性质和第二篇中已指出的可能性的最一般特征。

潜在性可以通过某种或一系列如果—那么式的陈述句来确切地表达。这种陈述句断言是我们所称的**真实联系**。因果联系就是其中的一个例子。在这种如果—那么的陈述句中，那么从句或结果不能从如果从句或假设中演绎推导出来；作为一个整体的陈述句的真并不依赖其假设的真或假。很清楚的是，在虚拟语气"如果H，那么C"中，真实联系的这一特点是可以被确切表达的。例如，"如果这盐被放入水中，它就会溶化"，陈述了盐的可溶性的性质。一旦或如果盐被放入水中，盐就具有这个性质；而且当盐没有或从来没有被放入水中的时候，它同样具有这个性质。无论其假设是真还是假，如果—那么陈述句都是真的。因此，这种性质是盐的一个**潜在性**。

当我们考察它与经验的关系时，事物的所有性质都是这种潜在性。这就是如下事实的意义：被讨论的性质要成为真正的和客观的，它就必须能够，至少在理论上能够被证实。例如，在本部分开头提到的金矿具有 19.32 的特定比重；这对于它是真金来说是必需的。对它具有这一客观性质的断言，指的是如果把它先后放在空气和水中称量，那么它在空气中的重量被这两个重量的差相除，商将是19.32。至于没有人发现这个金矿并试验它，这并不影响这一性质的事实：如果某人发现并试验了它，那么结果还是这一比重——这样，关于它的特定比重的陈述就得到了证实。如果是从未有人发现过的金子，它仍须具有这一性质才是金子；而且关于它的这个假定的陈述句还必须为真，尽管其中的假设永远是假的。因此，将任何性质归属于任何未被检验的物体——或归属于一个已检验的物体——就是在断言一个假定的操作或可观察的情况与结果中的某个特定观察或经验之间的真实联系，就是在断言这种真实联系的如果—那么陈述句的真并不依赖于其中任一从句的实际真假。

在这些方面，将美归属于这块金子，也具有类似的意义。假设从来没有人看到它，但如果在方便的情况下**将**它提供给一个金属鉴赏家，那么他会感到愉快。而这块金子的这种美，在持有者的眼中无异于它的特定比重。而对它的检验要参照一些人的经验，这一点并不使它对于人来说成为相对的：对任何客观性质的任何检验，都包括了对经验中特殊结果的必要参照——参照一些检验观察。这与观察这个物体的有些人愉快而有些人不愉快没有关系，也与如果把它拿给一个鉴赏家而他正要赶火车因而不高兴没有关系。一个尽可能决定性的确证，要求检验观察的话就应由专家做出，并且是在检验经验的最适宜条件下做出。一个实验室的新手可能在他的检验结论中做出很奇怪的观察报告，甚至最能胜任的实验者在接近火车离站时刻时也容易出错。当一个普通的职业观察者透过生物学家的显微镜看他的一张幻灯片时，或当用回旋加速器来完成一个决定性的经验时，如果他能确定这证明了什么的话，这倒是值得怀疑的。但是，这个事实对于通过这样的试验可确定的事物的客观性质，意义不大；它只不过是特定学科中的无知和外行的另一种表现。事实上，美的客观性质是比较容易检验的一种，因为它较少要求观察者有特别的专长和对观察条件的严格控制。

我们说的那个金矿的工具价值或它的效用，仿佛是客观的。但是，依据"工具价值"和"效用"的意义，这些就是关系性质：它们涉及的是金矿和金指环之类的其他物体，与其具有工具性的生产之间的关系。应当记住的是，尽管对"效用"一词的使用通常带着对最终结果中直接可理解的好的模糊假定，但说一个东西有效用，只是由于它与别的物体有这样一种工具性的关系。然而，"工具价值"明确要求，与被谈论物体有潜在的工具关系的其他物体，应该在对它的直接经验中具有一个可靠的固有价值。从而，效用将以那种相同的方式得到确定，通过那种方式，人们可以检验被谈论的物体与其他物体之间的因果关系，例如，金矿与用它制成的金指环之间的关系。但是，对工具价值的确定需要进一步的检验，例如，将金指环或其他的生产物体——金矿由以成为工具性的——提交给一个对这类东西的固有价值有足够认识的合格鉴定者。但是，事实是，在我们的金矿的例子中，用它做金指环和将它提供给专家观察，这两种操作都只是假设的，而且实际上永远不可能得到实施，而这一事实并不能改变金矿可以被这样证明的潜在性。一个物体具有效用，与它的这种有用性是否被付诸检验不相干。它具有的是包含于其客观性质中的间接满意的所有潜在性，无论这些潜在性是被使用了和结果被观察到了，还是在任何人的经验中都未得到实现。

或者，最后这个观点比金矿不依实际检验而具有美和特定比重更可疑吗？除非一个东西被**利用**，否则我们不能说它是有用的和有工具价值吗？例如，有时我们买一个东西，但实际上并没有按预想的方式使用它。事后，我们可能后悔说这个东西对我们没有用。我们甚至可以问，当没有人发现一个东西的效用的时候，那个东西是否真的有用。但是，在这种情况下，至少我们承认被谈论的物体具有同样的客观性质，由于这些性质，物体潜在的是有用的，而且潜在地能够引起满意，好像这些能力已经实际起作用了。这里，仍存在着关于它的那些价值事实，这些价值事实由上面提到的如果—那么陈述句来表达，这种陈述句指出了适当的检验和检验结果，而这些检验和检验结果就构成了对效用或工具价值的证明。这些如果—那么陈述句，尽管更复杂，却与那些表达物体的美或比重的陈述句一样，具有相同的真值情形。这些复杂的如果—那么陈述句表达了我们所说的金矿的某种客观性质；由于这种客观性质，金矿能够导致铁矿所无法引起的某种结果；而这些陈述句的真假，同样不依赖于表述对它的可能检验之条件的复杂假设的表述的真假。在这个意义上，当一个东西具有特定的性质时，如果这种性质在适当条件下得到检验，那么它就会随之出现预期的结果；如果这是真的，那么这个东西就是有用的。

3. 有人说实际上从未被用过的东西具有效用，或者实际上从未引起任何人满意的东西具有工具价值，这样的说法是否恰当，对此我们会产生怀疑。这种怀疑源于我们对效用和工具价值有多种断言方式，以及随之而来的模棱两可，影响我们对物体该性质的陈述。例如，我们会说未探明的金矿对**任何人都没有用**。但我们不会用相似的方式断言它对任何人来说都没有某种比重，或它对于任何人来说都不美：这种形式的陈述不合乎语言习惯。然而，我们确实在说，它的美**对任何人都无益**；就像我们也说这金矿**对任何人都没有价值**一样。后面提到的这些陈述句可能合乎语言习惯，然而，这并不反映被谈论的效用和工具价值的非客观性质；它们只反映出这些性质通常得以断言的另一种方式。这里的区别是语言用法上的区别，而不是影响物体或我们对物体的评价的区别。例如，我们没有改变对金矿的想法，如果第一，我们说它具有自己特定的比重和美，即使这些性质并未被察觉；不过第二，它的这种美对任何人都无益；以及第三，它对任何人都无用和无价值。通过第二、第三个陈述句，我们指的是，**既然**这块金子没有被探明，那么它不会引起任何人的愉快，也不能产生使人满意的任何其他物体。关键在于，在这些断言方式中，我们把自己束缚在了某些已知是（或假定是）事实的条件当中。既然得到了这些条件，那么就不存在——我们暗中断言——金矿产生满足的可能性，无论是直接产生的还是间接产生的。于是，我们假定了这些事实条件，然后说"它没有价值"，或"它没有用"，或"它对任何人都无益"。也就是说，根据语法上可接受的用法，表达一个东西具有美的陈述句，可以被解释成简单潜在性方式中的一个断言，以这种方式，人们同样可以断言颜色、特定的比重或任何别的客观性质。而且，如果这个解释与我们的意思实际上不一致，那么我们就应该使用一些更复杂的陈述句形式以避免误解。但是，在效用和工具价值的事例中，存在着另外一种符合语法习惯并经常被人使用的断言方式：以这种方式而非简单潜在性的方式，这个价值被肯定或被否定是相对于已知是或假定是事实的情况。因而在这第二种方式中，断言物体 O 是有用的，指的是它可以在特定的情况下被使用——这一点被人们提到而且更经常地被人们理解——这是**实际的**。而对物体 O 有价值的否定，是指在那种实际情况下，在经验中没有价值能从物体中得到实现。第二种价值归属方式可能暗示，被归属的性质不属于物体依其自身获得的本质；不过这个暗示事实上是一种误导。

价值断言中的这种相对性——"是无用的（在实际条件下）"，"对任何人都无价值（如事物所处状态）"——时常被混淆于谈论价值对人的假定的相对性中。埋藏于地下的一个金矿没有用或没有价值，这可以作为例子来说明被谈论价值对某人的满意的相对性，从而，这也可能是对不同人的满意的区别的相对性。但是，在那一点上，物体的美或任何其他价值与它的特定比重之间并没有什么区别。只要它未被探明，那么就没有什么金矿的潜在性会得到任何人的经验的证实。这里的区别仅仅在于特定的语言习惯（这是有实际的理由的），根据这个习惯，我们说"没有价值"和"对任何人都无用"的时候指的是"**在实际条件下**没有价值的**实现**"；但是，我们说"没有美"或"没有特定的比重"，是指"在实际的条件下，没有对美或特定比重的**证实**"，而这不是语言的习惯用法。

用这种相对于实际的相对性的方式来断言价值，仍然是对潜在性或可能性的一种确认，而不是对已知或假定事实之范围内的可能性的确认。例如，一个采矿工程师可能说，"X 矿没有更多的价值了，因为矿脉已经没有了，而且地质学家也不能再探出它来；但是Y 矿现在变得很有价值了，因为在那里已经探明并勘定了一个大的矿体"。这里的"价值"含有"经济价值"的特别而熟悉的——尽管很复杂——意义。但是对此我们无须特别说明：很明显，这种价值是效用的一种，这依赖于对被谈论的东西将最终导致某人或许多人的满意的断言。因此，很清楚，工程师在 X 矿的事例中否认满意的可能性，但他在 Y 矿的事例中肯定了类似的可能性。然而，就像我们已经说到的例子一样，他并没有否认在 X 矿的事例中，存在着一个具有与 Y 矿相同的基本潜在性的矿体。对于 X 矿，他仅仅断言，像事物所处情形一样，这些潜在性事实上不能得到实现，因为没有人发现这个矿。他的断言是一个明确的直言或然陈述句，其中，确定条件已是或假定将是概率决定之材料的实际数字。把他想要确认的东西完全地说出来，就是"既然 X 矿的矿脉已经没有了，而且地质学家不能再探出它来，那么说 X 矿中的矿石将有助于某人的满意，这是不大可能的；然而在 Y 矿的情况中，一个大矿体已被探明和勘定了，那么 Y 矿将有助于增强许多人的满意，这一点是可能的"。

在这里要特别注意的是"没有价值"的 X 矿中的金子与"很有价值"的 Y 矿中的金子之间的区别。这种区别不是金子的本质的区别，也不是那些如果得到或拥有金子就会满意的人之间的区别，而是影响这些人从这一物体中可能实现的满意的特定条件，这些条件在 Y 矿的情况中得到满足而在 X 矿的情况中没有得到满足。在一个情境中断言肯定价值，而在另一情境中否定这一价值，这是相对于这些情况的，这些情境影响着有某种价值潜在性的物体与能在经验中实现这一价值的主体之间的关系。在这个例子中，被讨论的情境应该被看作是影响着客体而非主体的。但在另一事例中，被讨论的应该是影响主体的情况。例如，据说 19 世纪，某些亚利桑那印第安人杀死了在他们领地上采金的一些矿工，并将金子埋掉或分发了，因为，报道说"金子对这些印第安人没有价值"。在这个事例中，对价值的否认是相对于影响主体的实际情况的——那些印第安人的文化传统。

这样，我们就看到了价值断言的两种根本不同的方式。第一，对存在于物体本质当中的满意的潜在性的归因。作为物体的一个性质，被谈论的价值——像任何其他客观性质一样——是物体引起特殊经验的特定的潜在性。就价值而言，这一性质就是引起——要么直接通过物体的呈现，要么间接通过被讨论物体相对于它而具有工具性的其他物体的呈现——满意的经验的性质。这种潜在性可以通过如果—那么陈述句来表达，在这种陈述句中，前件至少要包括影响物体的一些情况，后件要断言随着这些假设条件而产生的满意。这种价值陈述方式的要点在于，它断言一个简单的潜在性：如果—那么陈述句，是那种即使假设与事实相反，仍可能为真的陈述句。如果某人发现了这个金子，或拥有这个"闪烁着纯粹光芒的珍宝"，或目睹这个"散发着从未见过的红光"的花朵，那么他**会**感到满意。而根据这样的事实，这些物体在**本质上**就是有价值的。在这个方式中，"有价值的"正像"可溶化的"一样，它并不意味着任何实际地被实现的满意，就像"可溶化的"（soluble）不意指"已溶解的"（dissolved），或"有用的"不意指"实际上被使用并得到本想要的结果"一样。由于这些理由，我们现在可以说，真正可归因于简单的潜在性的价值是**客观价值**。如大小、颜色或任何其他客观性质一样，这种客观价值"存在于不依赖与主体的任何关系的物体当中"。

第二，这里存在着如在特定条件——已知是或被认为是**实际的**或被确定为可能的——下可实现的潜在性的归因。为了让一个矿体造福于人，它有必要被探明。因此，在这第二个方式中，已被探明的矿体被认为是有价值的，未被探明和不太可能被探明的矿体被认为是无价值的。我们会把这说成是**实际方式**中的价值归属，或被归为**事实上的价值**的归属。（"实际价值"这个名称可能更合乎语言习惯，但也更容易产生误导。被归为简单的潜在性方式中的价值是实际价值。事实上的价值也经常被归于经验中没有价值实现的地方。）

我们应看到，事实上的价值假设价值实现的简单潜在性是物体的一个性质，但又在此之上附加了一个规定，即在经验中实现这一价值的特定条件必须是实际的或至少是可能的。因此，客观价值对事实上的价值是必要的而不是充分的。还应看到，被规定的**特定**条件必须是实际的或可能的。如果想要断言的东西的令人满意的**所有**条件都具备了，那么除了产生让人感到满足的东西之外，没有什么东西具有事实上的价值，而且（除了在无时态或超时态形式的陈述句中）**一旦**这种满意得到实现，事实上的价值就是可归属的。如果价值对物体的归属有这个意思，那是很少有的，而且也不代表更广泛和更常见的价值归属方式，对于这种价值归属方式，我们希望它与事实上的价值的归属相一致。例如，现在或到现在为止，被探明的矿体可能还无助于任何人的满足，正如未被探明的矿体一样；而且被归于它的价值无论如何都不是通过当下实现的满足来衡量的。它被探明的事实，为它提供了一个事实上的价值，因为这意味着它事实上具备了一个有助于满足的必要条件，否则它就没有这个事实上的价值。而这个被归于物体的事实上的价值，正如要在经验中实现的满足一样，仍然是一种潜在性——在实际条件下才可能实现的东西。

4. 事实上的价值的归属有很多类型，这是因为被理解的实际的或可能的条件有**不同的**规定。接下来，我们就要说明这个大类当中的多种价值归属。不过，让我们还是先谈其中的一种，因为它对弄清价值理论特别重要。

在**关于人的相对性**的方式中的价值归属，是这样一种对事实上的价值的归属。它们明确或隐含地假定了在经验中实现价值的实际条件，这些条件是在被讨论的某人或某些人的本质或情况中被发现的，而不是那些独立于人与人的关系而影响物体的条件，也不是那些以同样方式影响所有人的条件；而且，这种价值归属将某种潜在性归于物体，因为这种潜在性能在个人情况的这些范围内导致满足。

这种个人价值（personal value）中的明确的价值归属，通常就是对我的价值，对于您而言"对 S 或对如此这类人的价值；或者对于我而言"对 S 的用处，或对于我而言的美丽，或对于我而言的金钱－价值，如此等等。这种断言的意图很明显：那个东西对于 S 有价值，即就他的能力、地位或其他实际情况——影响他在物体或被讨论的物体种类中可能实现的价值——而言，它具有满足 S 的潜在性。

这是一个常识，即当陈述句为了表述正确而涉及人的时候，物体中的价值时常被无限制地加以断言或否认。然而，这个考虑在这里是不恰当的：它只谈及价值断言的一个经常性谬误，即对于我而言的那个价值常被错误地当成对于每个人而言的价值或者是非个人的价值。我们的兴趣不在于存在这种误解的事例，而在于被归为个人价值和这种价值是真正的价值的事例当中。

一个东西可能事实上对 S_1 有价值而对 S_2 无价值。而一个真正有客观价值的东西，对于某人来说可能没有价值，或没有所断言的那种价值。客观上或者一般地对人无价值的东西，可能实际上对某个人或某类人有价值。

正因为对某人有价值的东西可能对另一个人没有价值，所以，人们有时否认一般价值是被评价事物的客观性质的特点，而且把一般价值说成是相对的和主观的。前面我们已经谈论了这样引起的一些问题；这里，我们不再重复那里已经说过的内容。但是在那里，并不适合追究这一事情的根源。而现在，通过将个人价值看作事实上的价值的更一般种类中的一种，看作在某些实际条件范围内可归属的价值，我们就能够考察对 S 的价值的一般特点和对人的价值的断言的一般特点了。

230　　我们先看看影响着"对 S 是有价值的"这种叙述形式的两个特性，

以免对它们引起误解。第一，它相对于个人的价值与被正确地称为主观的价值是不一样的。例如，如果一个人给另一个人一张音乐会的门票，并且说"它对于我来说没有价值，因为那天晚上我有个约会"，这种个人价值或价值的缺乏就不是它的"主观性"，因为对被谈论的主体来说，决定性的考量是偶然的情况而不是他的特点（在这个例子中，对于被讨论到其价值的东西而言，它们都是偶然的）。但是，它们是——也就是影响——主体而非客体的情况；因而用了"对于我"这个短语。然而，它们可以通过拥有一张音乐会门票而影响任何其他人的派生满意，而不是对被谈论个体的持久的或特别的限制。因此，这种价值或负价值可以恰当地被称作个人的，而要称它们是主观的就不恰当了。

第二，我们应注意客体对我或对 S 的**用处**的断言常有很特别的意义，它并**不**是肯定或否定被谈论的东西对被谈论人的**效用**的断言。一个被说成对 S 无用的东西，可能事实上仍然对 S 有效用，他受益于或可能受益于它的存在。例如，说一个喷灯或一头骆驼对我们没有用处，这在语言习惯上是正确的。不过，我们可能需要对地窖里的水管解冻，也可能喜欢骆驼运来的香料或地毯。只不过，那种让我们愉悦或快乐的功能可能是由别人完成的，而我们自己没有机会或没有能力完成它。**对 S 的效用就意味着对 S 的有用性，而不必被 S使用。**

为了避免语言习惯用法的特性可能引起的这些混淆，并回到上面所说的"对 S 是有价值的"的意义，我们应看到，具有非个人价值或客观价值的东西可能对某人或某些人没有价值，这是一个毋庸置疑的事实；但是，那种缺乏非个人价值或客观价值的东西是否仍可能对某个人或一类人有价值，有待追问。

一个简单而明显的想法是，一个东西可能的确具有在经验中实现价值的特定潜在性，尽管在影响个体的实际条件的范围内它们**不**能被实现。因此，一旦我们理解了将价值归属于对个人的相对性的方式的意义，那么很明显，一个东西可能有客观价值但"相对于S"却没有客观价值，这一事实中既没有矛盾也没有什么好困惑的。它只是意味着，S 缺乏某种能力，或者在客体所具有的导致满意的潜在性不能实现的范围内，S 受到了特定情况的影响。一旦我们对这个"相对性"做出正确分析，"价值对人的相对性"这类问题就很容易解决了。那些假定一般价值是这种"相对的"价值的人的错误，不过是因为他们没有看到两种价值归属方式的区别。他们否定客体的潜在性，其依据是这个潜在性在特定的情况——有时也许是经常地影响经验主体——下不能得到实现。或者他们只是固执地认为，**所有**价值断言都**应该**属于对于人来说的事实上的价值方式，并否认在简单潜在性方式中的价值归属应该被允许——也许，它实际地发生了或者它确实有其意义。但是，我们已看到，这种简单潜在性的方式是这样的：在这种方式中，**所有的**客观性质都被归于事物；而且，在价值中否认其有效性，并不比在客体的其他性质中否认其有效性有更好的依据。

然而，在相对于个人的价值得到肯定——并且也许是正确地肯定——而客观的价值却**被否定**的时候，情况便不同了。没有人能够——借助于实现这种价值的毫无潜在性的物体的工具性——在经验中实现一个价值。我们完全认可这一格言：无相应潜在性的现实性是不存在的。因此，两个陈述句"O 不是有价值的"或"O 不是好的"，与"O 对 S 有价值"，它们必然是完全不同的。当然，它们通常是一致的；在这个事例中，对做出两个陈述句的事实的解释有时可能是："O 对 S 有价值"只是想表达"S(**错误地**)**相信** O 对他有价值"。他**以为**他会喜欢它，或者发现它能持久地令人满意，然而**如果**他拥有它，他会发现他搞错了。"对 S 有价值"只意指"被 S 评价"，这样的习惯用法事实上相当常见。但是，在其他事例中，我们却不能这样解释：两个陈述句"O 不是有价值的"或"不好"，与"O 对 S 是有价值的"**都为真**。

5. 对这个矛盾的解决，我们可以通过参照价值被归于物体的方式的另一个区别来实现，即我们称为**比较价值**的归属，与那些非比较的或绝对的价值的归属之间的区别。例如，如果一个人断言，"这是一个有价值的工具"或"这是一个好工具"，人们会认为他是指比较而言它是好的；它比一般的工具要好；相比于人们会自然地拿它去做比较的其他物体，它是较好的。但是，如果这个工具实际上已经快用坏了，并且对它的比较价值的归属是错的，而这时扔掉它的建议遭到人们的反对："别扔掉它，它是一个好工具"，或"那工具仍有价值"。如果是这样，这当然意味着这个工具有**一些**价值；它不是完全无价值的。至于一般的物体——对它，没有特殊的比较被指出——对比较方式中价值的断言，在意义上是不太明确的，但是这种断言至少暗示被谈论的东西更有价值而非负价值，也暗示它引起满意的潜在性超过了引起不满意的潜在性。通常，对"一个东西是好的或有价值的"这个陈述句的正确解释，就是认为它要形成这样的比较评价，要断言被谈论的东西比一般的好，或至少是更有价值而非负价值。但是，由于单个的物体可能以不同的方式，在不同的情况下，成为工具性的，因此常见的情况就是：一个相对贫乏的东西，或其令人不满意的潜在性超过其令人满意的潜在性，因而它在总体上是一个"坏东西"，在某种联系或其他联系中，它仍是"好的"。它不是绝对无价值的，而是具有导致在经验中人感到满意的**一些**潜在性。因此，一个物体一方面不是有价值的，不是好的（相对而言），然而另一方面又有**一些**价值，不是（绝对的）无价值，这可以同时为真。的确，要去发现导致满意毫无潜在性并且绝对无任何价值的物体，是有一点困难的。

当一个东西不是客观上的好或有价值，或从非个人观点看无价值，而它仍然对 S 具有真正的价值的时候，这个考虑是适当的。对客观价值的这种断言，来自比较的观点，它至少意味着客体是好的而不是坏的。在对这种**比较的**好的否认中，不存在任何与如下假定不一致的东西，这个假定就是：在他的价值理解能力的范围内，或在影响他的个人情况的范围内，S 仍然可以从客体中得到满意，或发现它同样可以导致他的满意。在某些情况下，能有助于实现人的满意的任何客体，都因这一事实而刚好具有那么多价值而不是绝对无价值的。但是，对于我们在评价客体时的常见问题来说，考虑一个事物的这种绝对价值——或某种价值——并不重要，而且对于证明我们在说一个东西是有价值的时候的习惯意思来说，也根本不充分。

进一步说，很清楚，一般从个人观点来看（相对而言）是负价值的东西，仍有可能对 S 具有一个并非不重要的价值，甚至有可能是一个可靠而重要的价值。一个人的美食是另一个人的毒药；对一些人很好的东西可能对其他人很坏。对于价值相对于人的这种变化，多数票并不能证明任何东西，除了关于多数的价值是什么之外。但诸如此类并不能让大多数人满意，甚至也不能证明它不是——被非个人地判断为——一个好的东西。在"无价值"但无害的小玩意和"无真实价值"的东西中，孩子和其他无知的人可能发现的快乐证明了这些物体——对已开蒙的成年人没有引起满意的潜在性——从非个人的观点来看仍然是好的东西；而且，只要它们不妨碍什么，它们的存在就是值得期望的。

一个东西对 S 的价值是它的一个主观的好，而被谈论的客体不是客观的有价值的，这一事实并不证明它对 S 的价值不是真的。因此，一个正在追忆其个人历史的人，可能说起他年轻时遇到的一些事物和事件。"我在其中发现的价值，大多数是我心灵中的，像我现在看到的一样；但它在当时对我产生了一个强有力的好的影响，而且它证明了我生活中的一个转折点。"这样，他就会承认，即使对于他来说，这种被理解的价值是主观的，而且被谈论的事物不具有引起他当时相信的进一步的价值经验的潜在性。但是，通过它引起他后来拥有的——在后来影响他的那些条件之下——那种价值经验的潜在性，他暗示了它对他的真正的价值。

进一步说，只有一些人能够从某个事物中得到满意，而对于大多数人来说它"没有价值"，这个事实并不证明：在对一般性质的理解被分为客观的或主观的意义上，被谈论物体的价值是主观的。例如，对某件艺术作品的欣赏可能被限制在相当少的几个人当中，这不证明任何东西；这可以用他们卓越的辨识能力来解释，这是可能的，即使不是很可能的。只有极少数的人能听到 2500 赫兹的声音；但是那些能听到的人，确实听到了一个真的声音：他们在实验室中证明了这一点。艺术鉴赏中的客观性的证据，我们确实比较难获得；但是，至少我们必须承认，价值理解的客观性不依赖于对一般欣赏的统计；而且"真正地和客观地有价值"并不只是意指"导致一般人的满意"①。

因此，我们不能用被一般人发现为有价值来界定非个人的价值和社会的期望，这在经济价值——它代表一种非个人的和公共的价值——的情况中可以得到正确无误的说明。在一个自由国家中，如果某人在一个东西当中发现了满意（名词意义上某物带给人的满意感觉），而且愿意用其他商品来交换，那么这就足以确证它的经济价值。同样，在一个自由国家里，人们认识到其他的公共价值，不是由统计上的一般性评价决定的，而是由为某些人——他们在被谈论事物中发现满意——提供这些被谈论事物的可能性决定的，而且这同时不会使另外一些认为它对他们个人有负价值的人感到痛苦。的确，商品交换和评价的经济方式的事实本身植根于这样一种认识：对一个人有较少价值或无价值的东西可能对另一个人有真实的或更高的价值。否认相对于个人的价值是真的，和否认以相对于人的方

---

① 一个东西，尽管它不能普遍地给人们提供满意，但可以是"非个人的"有价值的和值得社会期望的，这依赖于我们对它得以被经验的那些条件的控制——这点在这章的后面将论述。例如，如果小孩不引起成人的愤怒或引发事故便不能欣赏某种玩具，那么这些玩具可能就"不是好玩具"。

式进行的评价依据事实本身是主观的和无效的，这实际上是荒谬的。只有那些心不在焉的人，和那些推理不受像经济这类现实影响的人，才会承认这种谬论。它是一些错误，他们打算用评价方式来奴役公众。而我们不该让自己被现在这种易被发现的事实弄昏头脑。用满意是——或"应是"——被普遍地发现的东西来界定真正的有价值，是极权主义的一个哲学根源。

让我们回到主要的论题：给某人带来满意的任何实际的存在，依据事实本身，具有个体在那些环境下在经验中实现价值的那种潜在性。依据这个事实，它就不是绝对无价值的。这并不证明被谈论的价值理解有客观性，或被理解的价值有客观性；要确定这一点，我们就得参照这个价值实现在主体方面的条件。如果对于个人来说特殊的某个东西，误导了对从物体中获取价值的进一步可能性，而这在这个价值实现中是必不可少的因素，那么它就是主观的。但是，我们不得不承认，即使是价值的主观经验也表明：引起这一经验的物体本就具有那么多的价值，不管这一考虑是多么不重要。关于价值经验的主观性，我们所要警惕的论点并不是：实现了的价值是不真实的；而是它并不表明价值经验——可以不依个人的和特殊的条件而归于物体——的永恒的可能性，或被其他人实现的价值潜在性。

然而，一个物体不是绝对的无价值，而是对导致经验中的满意具有**一些**潜在性，这并不证明它就是一个好的东西，也不证明其存在是值得期望的。在更通常和更重要的意义上，要成为有价值的，这个东西就必须具有**比较的**价值，至少必须是好的而非坏的，是更易导致满意而非不满意的，因而在整体上是好的。

归纳一下这部分的讨论：通过认识价值通常被归于物体的不同方式，并通过分析各种方式所代表的不同意义，我们关于价值的"相对性"或"非相对性"，以及价值的"主观性"或"客观性"的争论就可以被去除。而一旦我们认识到，将价值归属于物体的一般意义，就是暗示其引起经验中的满意的潜在性的意义价值，我们就应辨别这样几点。第一，价值是物体的简单的潜在性，它不依赖于确证它——通过在经验中从这个物体中实现某种价值——的诸条件的现实性或非现实性。第二，还存在着事实上的价值；这种价值在实际获得的或至少是可能的条件下是可以实现的。个人——一个个体、一类人或所有个人——的价值，是事实上的价值的一个特殊类型，它意味着对被谈论者实际产生影响的那些条件。价值理解和任何被理解的价值的主观性，代表着将这个价值的实现限制在标明被谈论主体之性质与能力特征的范围内，而在这个主体中或者从这个主体中发现价值，并不表示其他人也可以类似地发现价值。因此，一个主观的价值并不仅仅是相对于主体的，还代表着这种相对性的一个特殊种类。那个东西——影响他的可能价值实现的个人情况——对于他来说是有价值的或负价值的，但是，是外在于他而不是属于他的，成为个体的本质的东西，这样一个东西具有相对于这个主体的但并非是主观的价值或负价值。

一个东西可能是客观的有价值的但不是对 S 有价值的，这并没有什么问题；因为，很明显，一个东西可以具有一般来说可实现的、但在对于 S 而言的特定条件下或特定范围内不可实现的价值潜在性。但是，不是客观的有价值的东西真的——且不仅仅是表面的——对 S 有价值，这看来就有问题。因为没有一个物体能够在任何条件下产生满意，除非它的客观性质中有某种东西使它具有这种价值实现的潜在性。因此，即使是 S 从客体 O 中获得对一个价值的主观实现，也证明 O 有**某种**价值。但是，当我们看到简单潜在性的方式中有**某种**价值，而这不过是一个不太重要的考虑时，这个困难就解决了，因为几乎任何客体都具有某种这样的潜在性。说一个客体有价值通常是指它是一个值得期望的存在物，并且在总体上是相对的好或坏的。一个东西对于某一个体来说真的有价值，并不证明它在这个意义上是一个好的或值得期望的对象。特别是，如果这个价值发现是客观的，那么我们可以质疑，由此显示具有**某种**价值——一个相对于 S 的价值——的客体，仍然不是一个有价值的客体，而且甚至对于 S 来说也许没有可靠的价值。

6. 那些争论价值无论是不是相对于个人的，一般都会争论这样一个说法，即人们所说的事物的**那个**价值，与对正确行为的指示命令之间有一种直接的联系。他们害怕：承认存在着相对于人而言的真正价值，这将与客观的道德标准不一致；承认道德对于**我**而言——而不是对一般的人而言——有价值判断的有效性，可能会导致道德上的主观主义和利己主义。在物体的价值相对性的问题中，不存在对道德问题的这种直接蕴含。首先，不存在诸如一个物体或一些物体的**那个**价值，它要么相对要么绝对，要么主观要么客观。相反，存在着的是多种多样的方式，在这些方式中，物体的价值通常是——而且为了好的原因必须是——被评定的；而每种方式都有自己特定的意义和相应的是非标准。其次，尽管所有的道德判断在应用中总是假定某种价值判断或先行判断，但是对于解决正确行为而言，任何对客观存在物的评价本身都是不充分的。任何价值判断都包含某种对合理行为的命令的含义，这是真的。但是，物体中的价值只是外在的，它们与自身即有价值的事物之间的联系，总是一种**如果**式的联系。因而，在对物体的评价中找到对正确行为的暗示，这常常只是一种假设；而将物体的这种被决定的价值与对行为的命令联系起来的是哪一种**如果**，则取决于被讨论的评价的特定类型。重要的是我们要对相对于人而言的物体做出评价，做不到这点的人不太可能活得长，也肯定不会活得好。但是如果，例如，我发现燕麦片对于我是不好的因而应避免它，这当中却没有禁止家里人用燕麦片来做早餐的意思。一个人是否应通过单纯地参照对事物的第一人称的评价来决定他的行为，这个道德问题必须与第一人称评价的正确性的问题区分开。对物体评价的正确性问题，纯粹是一个经验真理的问题。这个伦理问题根本不是一个关于正确评价的问题，除非是关于人的价值的；为此，康德的"崇高"一词比"价值"更恰当，因为问题的关键不是个人的任何有用性，或直接导致快乐的特质。而且在价值判断的第一人称的方式与利己主义之间，以及在评价的非个人方式与公平正义之间，也不存在任何强制性的联系。因为，第一，就一个关心他的人而言，正确地衡量事物对他人具有的价值，做出非个人的正确的价值判断，仍然是重要的。不能把别人欣赏的东西给予应注意的人，这是很不明智的和很不成功的利己主义行为。第二，道德上合理的态度，不是忽视那增进快乐或痛苦的个人差异，而是恰好相反。

7. 我们在完全离开对人的相对性的价值断言这个主题之前，至少还应注意一下实际做出的所有价值判断的相对性：它表现为把评价限制在以人类为中心的范围内，而忽视对其他动物是好或坏。伦理学，或至少西方伦理学的一个特定局限就是，它不承认考虑其他生物的感受的义务，也许因为它否认其他生物有心灵的传统。但是，物体所具有的导致动物而非人的快乐或痛苦的潜在性，同样是关于事物本质的事实；没有必要把人类经验设定为这种价值事实的专有标准。将价值理论与任何这类考虑联系在一起，可能显得牵强，但是对它的即使很少的考虑，也可能使我们避免在以价值的最终的和超越的标准——由现实的形而上的本质赋予的——满足人的东西是什么的问题上，产生混淆。

对其他动物的公正的问题，似乎只有三四种态度貌似合理或有可能被接受：我们可以否认此类观点之外的任何声明。或者，依据某种异乎寻常的忽视，我们可以根本不考虑这件事。或者，我们可以将价值对于人的卓越地位，建立在一个形而上学的理论——这种理论使人对宇宙和主宰它的上帝来说特别珍贵——之上。或者最后，我们可以承认，我们应同情每一个有知觉的生物——在有快乐和痛苦的能力的意义上——尽管被称为尊重的这种态度，和它对我们的行动所暗示的东西，可能被有能力承认这样的要求并根据这样的要求来判断自己的行为的生物所保留。那些会采取最后提到的这种态度的人，也许仍然可以感觉到：人们在能做到相互公正之前，要去承担整个动物王国还为时过早。即使是这种自我妥协的方式，可能也是个过度的负担。

公正的问题是一个问题，物体的潜在性问题是另一个问题。第一类问题是伦理的，对它们的回答不能单从经验事实得出；第二类问题是经验的、独立于伦理道德的。在这两者之间，不存在第三种关于价值的——得通过某种神秘的超验洞察来解决的——问题。如果在我们的嘴里，"价值"意指"对人的价值"，那么这代表一个可以理解的偏见，也表示对我们特别有兴趣去确定物体的那些潜在性的实际限制。但是，没有必要通过任何超自然的符咒来祈求对我们兴趣的这种限制。

如果我们首先追问，对物体的价值判断意指什么，并要使之清晰，那么对物体的评价的正确性就变成了一个简单的经验问题，其检验方式和证实方式是由价值判断本身的意图显示出来的。物体中的所有价值，都依赖于它们与实际的或可能的经验之间的关系；而经验的可能性依赖于主体的本质和能力。但是，显然，物体可能导致或间接促成经验的性质，也依赖于物体本身的特点。而且由于这个特点——在合适的条件下——能带来满意或痛苦，这个特点不再是"相对的"，无论生物是否这样去理解它，物体都具有这个潜在性。相对性属于判断的意图，而不是属于物体的指定性质。一个东西是绿色的，意指在好的光线条件下由不是色盲的人来看，它看起来是"绿色的"，这是就这个词的表达意义而言的；或者它意指——根据明确的检验——由特定的经验结果来确定的别的东西。说一个东西是有价值的，也有类似的含义。在这一点上，普罗泰戈拉是正确的，他认为在相对性的问题上，一个东西的价值和它的颜色没有什么区别。但是，他认为物体的颜色和物体的价值，都依赖于对物体的个体经验和特殊经验，在这一点上，他却错了。根据判断的含义——指存在于物体本质中的对于经验而言的潜在性——一个东西可以是绿色的，也可以是有价值的，即使它对任何人都不显示为如此；而它也可以这样显示出来，但这一事实并不使它如此。需要进一步指出的是，虽然一个物体"对我是绿色的"或"对 S 是绿色的"没有可公认的意义（尽管这是一个语言事实，如果我们中有足够多的人是色盲，它就有可能被理解），但是"对我有价值"或"对 S 有价值"确实具有一个完整的特定意义，一个不太难说明的意义。这样的判断——在我的条件或 S 的条件下，在实际的情况和特殊的情况下，在恰当的能被详细说明的进一步的条件下，即物体具有导致我或 S 满意的潜在性。

8. 在我们对物体价值的断言方式中，更常见的变化较少涉及尚在争论中的理论观点问题，然而这里也存在着可能导致误解的某种疏忽。

在前面，我们已经注意到，对纯粹效用的断言，与对可明确归为工具价值的断言之间的区别。关于这些，要做的只剩下证明对纯粹效用的判断——这种判断根本不特别地断言事物当中的任何价值——的正当性。这种证明就是举例说明这种判断所引起的事实，并将它们——用任何习惯用语——与价值判断区分开来。例如，由于有针对各种各样东西的收藏家，无疑也会有收藏盗窃工具的人；而这样的人可能会说，"这是我见过的最好的盗窃撬棍"。如果是这样，他会将有用性只归于那件工具。一个盗贼可能相信它有真正的工具价值；但收藏家和别人并不认为如下情况存在，即就盗贼或其他任何人的满意而言，这件工具的最终使用结果会被认为是好的。它只是就一个目的而言是好的，然而这个目的从各方面看来却是坏的。不过，对有用性的这种断言仍然代表了陈述句的一种可接受的形式。

也许更特别的是，会有某种对**好的用处**的模糊假定，尽管这种含意并没有特别地出现。说"那是一个很好的自动电唱机"的人，可以被合理地理解为意指自动电唱机有时可以不出故障地唱完。但不同意这个假定的人很难反对那个陈述句，因为它的精确意义对于反对那个陈述句来说太不确定了。也许这么一个反对者会自相矛盾地回答说："不存在好的自动电唱机这种东西，它们越好，它们便越坏。"如果是这样，他的陈述句的意图对于我们来说就很清楚了：纯效用并没有被否认，被否认的是被谈论事物有一个真正的工具价值。然而，很明显，只断言存在着某个东西是好的或坏的，被谈论事物对于它来说可能是在工具性的意义上，对有用性的断定很难发生：

物体中的价值

那种陈述是如此无懈可击地为真，以致成为无意义的。总是有这样的假设存在着，即假设至少某人会**认为**引起的某种结果有真实的价值：在这种意义上，一个人可以说即使是对效用的断言也假定了某种**推定的**工具价值。而这个假设可以说明一个事实，即对效用的判断通常被归为对价值的判断。

然而，并不存在这样一种共同的说话方式，我们可以用它来断言有别于一个东西的纯粹有用性的真正的工具价值。理由很明显：我们在习惯上划分了终结性评价的问题，将对目的的判断和对它们的可能手段的判断区别开来。此外，作为手段，那些有用的事物，它们的有用性是如此**不同**因而既能带来好的结果也能带来坏的结果，以致在判断被称为有用性的事物的性质的时候，人们并没有感到有必要去确定这种可被归因的目的的价值。对好结果和坏结果都有潜在性的东西，仍将是那些明智的和正直的人手中的"一个好东西"：它的好的潜在性将得到利用而其坏的结果则会时时警惕。如果它导致了意外的结果，那么"错不在事物本身"。

9. 同样，由于事物可能的工具性与最终的好坏结果之间关系的这种多样性和复杂性，我们对有用性和工具价值的判断，才这么经常地被限制于某种特定的类型，并用指称事物的名称来表示。对被判断物体的不同称呼方式，一般是表示结局的，任何被归因的价值都将在与这种结局的联系中得到评定。这不仅是因为许多名称是根据用法来表示分类的，而且因为那些不明确指事物用处的名称，仍然表示有其特殊效用或副作用的一类物体。扳手是根据其效用来命名的；一个好的或坏的扳手，就是较好或较差地服务于这一目的的扳手。尽管一个东西被称为一棵树是参照其植物特征而非其用处的，然而，一棵好的树，就是一棵可以做好木材，或提供好的阴凉，或增添景致的树，因为这些都是树的特有用途。而如果一棵树碰巧对系船或对爬上二楼的窗户，或对钉招牌有用，我们也不会因此而称它是一棵好**树**。

用一个特殊的名称而不是其他东西也可用的名称来称呼一个事物，是要将注意力直接导向它的价值或负价值；这个想法对于评价的批评是重要的。我们可能通过无批判地接受应用于事物的名称而相信其价值或负价值的程度，这是令人震惊的。因而，那些聪明的广告可以不顾相关道德而得到我们的钱，我们也容易受到宣传和煽动——主要是将使用名称的特定价值意义的方法加以普及的艺术——的影响。价值劝说与诡辩之间的区别大部分是这样一种区别，即依据事物真正重要的价值关系来命名事物，与利用一个意外错误或价值意义使用中的一个错误之间的区别。

这事实上是一种最常见的错误——甚至比中项不周延的谬误更常见——但是它却经常被无异议地认可了，因为人们不知道如何去质疑它：它从中产生的那个争论很少得到完全地说明，即使在它得到完全地说明时，所犯错误的本质也没有被人们理解。例如，如果问题是在某些街道上建立安全岛，宣传者很可能论证说这将是一件好事，因为它们对进出街道的汽车将是一个保护；而反对者很可能回答说那是一件坏事，因为它们会对汽车构成危险。说它们是一个保护，这意味着绝对的好，这是**某种**价值；说它们是一个危险，这意味着绝对的坏，这是**某种**负价值。两个前提都是正确的，但是两者都不足以决定这一问题；它关心的是值得期望**性**——**比较**方式的价值或负价值。有某种价值的东西，仍然可能更有害而不是做好事，且令人不快；有某种负价值的东西，也可以做有利的事而非为害，且在整体上是好的。

在其最粗糙的形式中，从只有效地暗示某种价值或负价值的前提得出论证或建议有关值得期望或比较价值的结论，这种做法的错误可以称为**称号谬误**。人们应该注意这种无效论证或建议的盛行，它们依靠的是那些**正确**应用但不是**公正**应用的名称，因为在这里的联系中，被蕴含的性质对于被命名事物的正确评价是次要的而非本质的。对价值或负价值的这种错误非难，不能轻易地通过参照形式的规则来发现。因为所有事物都要以不同的方式被正确地命名；且本质属性和非本质属性的逻辑区别，不是植根于事物的本质当中的，而是根植于它本身的——相对于命名它们被选择的方式来说。如果假定属于物体本质的东西可以由对任何命名它的特殊方法的抽象来决定，那么这就是错误地相信了现实本身所决定的我们应该观察和应用的那些区别，也错误地相信了分类是先验地而非实际地被决定的。因此，我们要避免这类谬误，不能靠关注逻辑规则，而只有靠审慎的真诚和公正才行。

即使是对事实的最简单观察，我们也不能保证不带有价值的所有这些正当含意。单单因为价值评价的无所不包的重要性，我们使用的几乎所有名称都充满了这样的内涵；而且，如果不依靠他使用的语言来表明他自己的评价，那么一个人就几乎无法表达或注意一个事物。即使是最合理的讨论，也可能包含着这种不可靠的和未经证明的价值假设。就现在的例子来看，像"宣传""煽动""诡辩"和"称号"这些词已经出现了。这可以让我们想起柏拉图，他第一个承认名称的价值意义——一个东西的理念和本质就是它的善——他本人掀起了历史上最成功的一个宣传运动，这给了他的对手（实际上指智者学派）一个永远贬义的称号。

一个类似的错误——性质错误的一个形式——可能产生于不仅结论而且前提都是对比较价值的肯定的情况。例如，陈述句"这是一支好手枪"可能暗示"这是一件好武器"，因为手枪是武器。如果这里对好的归属只是意指某种绝对的价值（"比没有要好"），那么就不会有错误产生；就手枪的目的而言，比没有手枪更好的东西，好过就武器的目的而言，没有武器。但是，正如人们使用的语言是最容易假定的一样，如果它是被归因的比较价值（"比一般的好"），那么性质错误就可能产生：比一般手枪好的手枪，仍可能是比一般武器差的武器，它只是在特殊情况下适合进攻和防御。如果一个人得出结论说，因为它是一把好手枪，所以它就是一个好**东西**，那么错误就很明显了：就手枪的目的而言，比一般要好的东西，可能在整体上是一个坏的和危险的东西，它的存在或出现令人不快。

我们还可以顺便注意到，价值的比较，以及是否事物的所有价值都能按单一的等级排列的问题，是受与物体的命名相关的同一考虑影响的。一件温暖的外衣、一本梵语词典或一车干草，哪一个最好，这个问题是没有答案的，因为被这样分类的物体的特殊效用没有相互重叠。但是，在一个经历着迅速地通货膨胀的国家，一个人可能面临这三个当中的哪一个，是他的钱的最佳投资目标的问题。考虑到最无联系的物体，生活可能变成这样一种状况，即在这种状况中，他们可以对需要比较评定的不同价值进行考虑。关于一般的效用，经济价值能提供一种公共标准，因为几乎所有物体都可以与别物交换，但效用只是决定交换价值的一个要素。某种程度的效用并不必然地意味着工具价值的一个相似程度。任何两个事物都可以比较好坏，我们可能也必须评定它们的这种比较价值，当然这种比较不是在效用的最低种类中，而是在贡献价值——事物具有对个体的生活或一般生活有贡献的价值——的最高种类中。

10. 这里，还有进一步的考虑，它影响着除单纯潜在性之外的对物体评价的各种方式。这就是被评价物体的关系，和物体对我们可能的行为模式具有的价值潜在性的关系。只是在特定的条件下，事物的价值潜在性才会导致价值在经验中相应地实现。因此，不仅它们所具有的价值潜在性，而且实现这些潜在性的条件受我们控制的程度影响，都将影响可能从这些物体中产生出来的对我们的价值。在这一考虑中，我们可看到，广义地说，肯定价值的归属蕴含着——在其本身是可能的，或如果我们选择便可实现的条件下——可实现的满意；而否定价值的归属则蕴含着——在可能的或无论我们选择与否都很可能出现的条件下——不满意。也就是说，肯定价值，如果其实现条件越是可控制的，那么它就越高；否定价值，如果其实现条件越是不可控制的，那么它就越高。

一个小孩在关于针的文章中写道：针挽救了许多人的生命。当他被问到那是如何可能的时候，他回答说，"因为它不能被吞下"。他举了一个好例子，若无这样一个小问题，即针的不存在对于预防它被人吞下来说是最好的。在针没有被吞下的时候，生命可以因这一事实而获救；而针被吞下的不可能性，是正确评价针的主要考虑。这被认为是理所当然的，因为吞下针或不吞下针一般来说是可控制的；只是在它们偶尔被吞下且被认为不可避免的时候，这个令人遗憾的可能性才减弱针的价值。同时，价值被归于金属矿石，不是根据它以最初的形式有助于人的任何满意，而是根据用这些金属矿石做成的东西可带来的满意；即便用矿石做成的合意的或有用的物体的制作，也比吞下一根针更困难。在评价针的时候，针被吞下时所带来的痛苦的潜在性，被大大低估了；但在评价矿石的时候，矿石以其合成形式带来满意的潜在性，却非常重要；尽管在这两个事例中，被谈论的潜在性都同样属于被评价事物的客观性质。因而，由于蕴含条件对人的控制的相对性，只要通过某些事物来实现满意是**可能达到**的，那么这些事物就有肯定价值；那种既是可能的又是值得期望的事物，相应的也是**很可能实现的**。而只要通过某些事物来实现不满意是**不可避免**的，那么这些事物就有负价值；那种**不值得期望的**事物，只有在无法阻止的范围内才是可能的。

我们可以在经济价值领域中看到这一考虑的影响。例如，一个钻石或一点小麦的价值，相对来说不是依赖于其所在地点的，而是依赖于它"在世界市场的价值"的，因为这类商品比较容易运输；但是帝国大厦的价值，绝对就是**它的地点**的价值。不过，在更一般地与价值相联系时，这个观点也很重要。例如，如果音乐的出现不受控制，对它的经验也不受限制——相对于欣赏它的人和欣赏它的时间来说——那么音乐就可能像大城市的噪声一样令人讨厌。

11. 如果评定物体价值的这些方式的多样性令人不安，那么我们要请读者注意，我们绝不是无缘无故地在虚构差别，而只是指出了那些常被当作例子的情况，和那些若要理解其实际意思便必须加以说明的情况。如果说我们的表述缺乏明确的次序，那么我们必须请他看到，由事实本身标明或提供的表述次序是不存在的，因为不同的价值断言方式不能展现出任何单独的分配原则，它们是根据几乎互无关系的原则来分类的。而且，由于这些差别在很大程度上代表着交叉分类，因此在单个的事例中要应用的差别系列就不只一个。

如果要问一个物体的**这种**价值到底是什么，那么唯一能回复的答案是，并不存在那种由"价值"一词表示的独特特征的影响物体的某种特定性质、关系或其他事实。物体被以多种方法和多种观点加以评定，其结果——如果被用于物体的"价值"的不同意义不被承认的话——往往表现为互不一致。通常能被说成是物体价值的，就是我们一开始已经说到的：任何这样的价值都是能在经验中实现满意的物体的某种潜在性。

最接近于指出一个绝对的**物体的性质**——独立于任何不是物体本质属性的东西——的评价方式，是纯潜在性的评价，就像金矿的价值不依赖于它是否被发现一样。但是，这种价值仍需进一步的分类，以代表令人满意的潜在性的实现的假设条件，如果潜在性真的实现了的话；而且，几乎没有什么评价能正视这样一种潜在性，它是如此空无以至于不包含任何此种暗中限定。

最常见的一种对物体的评价，无疑是对效用的评价。但是我们已指出，物体的纯粹效用可能不是该物体的价值，而只是一个偶然的联系。在这里，几乎所有对效用的评价都模糊地意指更进一步的意思。正是因为它们的这个模糊性质，而不是因为某种特定的意图，大多数对效用的判断成为可分类的。更常见的情况是，对检验物体有用性的方式——通常以所用的名称来指示——的某种限定，需要加以理解，对一个目标——物体对于它可能是工具性的——的某种模糊的和明确的价值评价也是如此。

对物体最具**决定性的**评价——最接近于指明一个合理行动的绝对命令——是对最终有助于某些整体生活满意的事物的评价。然而，对客观存在物的贡献价值的这种评定，是很少见的，因为，正如我们已提到的，我们习惯划分关于行动决定的问题，我们在物体与可能的直接经验的关系中来评定物体，又在这些特殊经验与某种生活整体的关系中来评定这些特殊经验。即使这样，我们可能也无法达到对被谈论物体的任何暗示的评价和真正的终结性评价，因为就各种生活间的正确关系这个道德问题而言，影响行动命令的还有更多的东西。最终命令属于伦理学，除非评价受到伦理学的批判，否则没有哪个评价是绝对的和最终的。在这个意义上，我们在这本书中的讨论，涉及了对于伦理学来说具有绪论地位的经验事实的问题。

如果要问用于物体的"价值"一词的最**重要的**意义是什么，要做出任何不可置疑和无偏见的回答，显然很困难。然而，我们将冒险指出评价物体的一种方式，它至少比其他方式更重要，这不是因为重要性问题本身是一个重要问题，而是因为评价物体的任何方式——可以说它们都有相对的重要性——肯定都是复杂的。这里，还存在某些问题，它们影响着评价客观存在物的复杂方式，而对这些问题的忽视是一般谈论中的一种普遍缺陷。从事实的角度看，无论被选取的方式是不是对物体的所有评价方式中最重要的，至少对它的讨论将以一种更确定的而不是可能的方式来阐明涉及的评价问题。

12. 这样一种评价事物的常见的重要方式，其代表就是我们通常力图判断物体或其他存在物的**社会价值**的方式。在这一方式中，被谈论事物的**所有**价值性质都被考虑在内，包括它的美或其他固有价值，以及每一工具价值。因而，它代表的是对该事物的整体评定，不依赖于对它的任何特殊分类或它的任何名称。但是，如果没有将价值归属于特定目标——物体因这一目标而成为有用的——的某种根据，物体的纯粹效用是不会受到人们考虑的。而这种方式的判断，也试图尽可能明确地按价值的一般标准来安置物体，而不是对无价值的简单否定或只是做模糊的比较。再则，它是对非个人价值的判断；这种非个人价值，就是那种无论什么人受到被讨论物体的存在的影响，都可以实现的价值。最后，它既不是对那种无关实际条件的纯粹潜在性的评价，也不是在**所有**实际条件范围内，影响价值从被讨论物体中得以实现的那种评价；相反，它试图评定与我们的目的有关的物体的价值—可能性，不过是在那些我们无法改变的实际条件的范围内；因而它与这类条件的可控性有关。就那些可控的条件而言，这种评定将被引向物体的潜在性，并在如下假设的基础上做出，这个假设就是：这种控制将在实现肯定价值的潜在性和避免否定价值的可能实现的兴趣当中得到运用。但是，就那些超过实际的人为控制的条件而言，物体的价值—潜在性，将在所有被认为是实际的或可能的恰当事实的范围内得到判断。也就是说，它将是对这样一个价值的判断，这个价值在我们无法改变的那些实际条件下是**可以**从这个物体中实现的，而且依据所有可用的和恰当的事实，它是相对于这些条件的可能性而言的。

显然，以这种方式对任何物体的价值做出的判断，都非常复杂。因为，第一，它要考虑到该物体的所有价值—潜在性，而不是只考虑某个价值或某类价值，而且还要对这些价值和负价值做出核查。第二，它要考虑到可能受这个物体影响的所有人，他们的数量和它在他们的价值实现方面的意义。第三，它要注意影响价值在物体中实现的环境；而且考虑到那些不受控制的情况，还要注意对它们的可能性的评定。第四，它要求我们将所有这些考虑聚合起来，形成对物体的一个整体的结论式评价。然而，它恰好就是这里所指的那种复杂判断，当我们问一个东西是否和在多大程度上符合公众兴趣和为社会所期望的时候，我们仿佛是被召唤着去做出这种判断。正是因为如此，我们可以正当地称被如此评定的东西为**一个客观存在的社会价值**。

正是因为这种复杂评价，边沁提出了他的计算；尽管他致力于行动及其结果而不是客观存在及其价值影响。我们已看到，对价值进行数量计算和将数学运算应用于比较价值的不同决定问题，是无效的。而不论是哪一种在理论上得到证实的价值评定程序，都以不只一种方式或维度相互区别，很明显的是，在特定事例中，那种实用性所允许的唯一结果，它所具有的特点是估计而非计算。然而，这并不成为我们不去寻找所涉及理论问题的答案的借口。因为，在达到对价值的结果性确定的过程中，除非有某种合理的方法来核对各种价值确定，否则要做出的评定以及这个问题本身都会失去意义。即使是最粗糙的近似或"依推测的估计"，也要求由某种近似的或猜测的东西提供正确的估计标准。因此，除非理论问题能从理论上解决，否则对这种问题的尝试性回答就将失去实际意义。当然，那是我们无法容忍的；这类问题必须有一种真实的意义，除非我们想得出结论说，生活大多是不合理的，而且合理指导我们行为的努力在本质上也是无用的。我们至少必须能够知道，在**试图**改善人类生活条件和增加我们的价值实现的过程中，我们正**试图**做的是什么。而且，由此引起的问题，并不限于用社会价值的这种建议方式进行评价，而是将明显地延伸到——部分地或整体地——其他此类复杂方式的评价。

由于这些问题，我们必须把握住我们对真实的和合理的事物的感觉，在坚持努力理解我们做出的评价的有效意图的时候，是如此；在承认无论如何很容易滑向无基础的迂腐的时候，也是如此；在特殊情况下，我们在为理论上的精确而备受折磨——这里最好对实用性允许只做最粗略和最毛糙的估计——的时候，就很容易滑向无根基的迂腐。

对不同的价值确定进行比较的理论问题，一般来说，我们可以通过参照以下观点来解决，即虽然数量计算不适用，但是对每个简单的价值形态都能做出某种程度上的确定。无论被评价的是什么，无论价值在其中被确定的是哪个方面，都有与它相比更好或更坏的其他东西存在，而且它在价值的线性次序中的位置可以这样来确定。这样的一种价值次序是存在的，任何两个事物因此而能比较，即它们对某种生活整体之贡献的价值。同样，虽然数学计算不能应用于价值核对，但两个价值的结合的结果总能以某种方式，通过参照直接偏好的标准而得到评定。某物或某种情况中这样两个价值的合取，是可以被确定为——相对于任何第三种的可比较的价值——较值得期望或较不值得期望的。

13. 让我们将这些看法，首先，应用于那些可归于相同物体的不同价值。我们不能说，物体的两个工具价值，或一个工具价值和一个固有价值，可以使物体双倍地好，或比任何其他可在量上表示的好更加好。但至少我们能说，一个物体中的两个价值潜在性——如果就其实现而言，它们不是相互排斥可选择性的——使它比只有其中一个更好。物体的每一个额外的价值潜在性，都从整体上增加了价值；而且增加价值的程度越高，它在总体上增加物体的价值就越多。同样，正如我们已说过的，我们有一种方法可以决定可归于物体的价值，即先根据物体具有的两个价值性质，A 和 B，然后参照直接评价和偏好。物体的任何工具性的价值，都是由它在直接经验中可能导致的价值来决定的。而且，任何这种在直接经验中被实现了的价值，在所有可能的此类价值的次序中，都有自己的位置，而这个位置是由我们更喜欢和更不喜欢的东西来决定的。例如，我们可以说有三个价值，A、B 和 C，每一个都可能在经验中得到实现，如果较 A 和 B 的经验，我们更喜欢 C 的经验，那么 A 和 B 相对于 C 的比较价值，就被这个事实确定了。同样，如果对于第四个这样的价值 D，我们更喜欢 A 和 B 的经验而非 D 的经验，那么属于 A 和 B 之合取的价值，就可确定为在一般价值尺度上处于 C 和 D 之间。因此，虽然我们不能增加 A 和 B 的价值，但我们可以根据物体有两个独立地可归属的价值性质来评定可归属于该物体的价值，在我们所选择的任何一个精确的程度上，确定 A 和 B 的价值在一般价值尺度上的位置，就如我们能通过参照一个点前后的点来确定它在一条线中的位置一样。如果说"两个价值 A 和 B 的总和"，没有什么清晰的意义，那么一个物体因其两个可区分的价值性质而具有的价值，则是一种在程度上可确定的价值，同样，其中每一个价值都是可独立确定的。①

对于被直接实现了的或可实现的一般价值，也是如此。任何两个这样的价值都是可以比较评价的；任何两个价值都可以一起通过与第三个的比较得到评价；如此等等。任何一个这样的价值程度，是由其在经验中可能价值的整个次序中的位置来决定的，是由我们比较它更喜欢和更不喜欢什么的整个事实来决定的。而且，由于对任何价值潜在性的评定都来源于其在经验中实现的直接价值，因此，由于物体多样的固有价值和工具价值，从整体上测定一个物体的价值这个理论问题就有其理论解决方案了。因此，说"一个物体整体上的价值"，是完全有意义的，即便在实践中我们只能——依靠几个比较——大致地评定这样的整体价值。

其次，认为物体的价值是非个人的，因而可以通过参照所有可能受它的存在影响，以及受每个人从中可实现的东西影响的人来测定物体的价值；这种看法所导致的问题也是一个可以从理论上解决的问题。在事物相对于别人而非某人自己的价值的问题上，存在两种一般的看法。一个看法是，这种价值相对于别人的问题，只能通过移情想象来回答。我们不得不"设身处地"地替别人着想——无论这样做有什么认识论上的危险——并且把价值当作被他实现的来测量。这样做的假定前提是，他与我们自己的价值基本相似，这看来是由他的行为和其他恰当的情况证明了的。② 当然，我们无须假定这样得出来的关于价值被别人实现的结论是绝对正确的。这个判断是一种通过类比归纳推理而得出的判断，一般会受归纳结论的危害，特别是会受一些影响归纳结论的危害。虽然是别人的经验决定了这一判断的正确性，但是如何尽量好地判断它，则是我们自己的问题。另一个看法是，我们不应以这样或那样的方式把物体价值的评定问题和伦理问题混淆起来，"相比于我们自己的价值经验，**什么样的**重

---

① 这里好像假定了与序数的总和的相似，但这种相似在关键点上并不存在。

② 然而，我们不应混淆对别人的价值（value-to-another）的证据，与别人被如此证明的价值经验。将价值的整个问题减至行为主义的术语是可能的。但这样做是放弃原初的问题而选择了理论上更易解决的另一个问题。我们不应轻易将另一个人的经验——或我们自己的经验——与行为等同起来，理由很简单，经验与行为不是同一东西。与目前问题相联系，我们需要考虑的是经验。

视别人价值经验的方式才是决定我们自己行为的道德命令呢?"正如我们前面已看到的,这个伦理问题不同于任何评价问题,后一个问题总是某种经验事实的问题。也许我们不应反对"一个就值一个,没有哪个值更多"这一伦理名言。但是,对于把别人的价值经验视同我们自己的价值经验,无论我们是否认同这一道德要求,至少同等地看重每个人的经验,这是包含在通常用我们这里所说的"非个人的"方式做出的整个价值判断类别的意图当中的。而且,即使是利己主义者也肯定会发现,它对判断这种个人的价值事实是必不可少的。

如果我们接受应给不同人的可比较的价值经验以相同的重要性的观点,那么在评定非个人方式的物体价值的时候,关于我们在评定物体的整体价值时如何处理对不同个人的价值的理论问题,答案几乎是不言自明的。我们将同等地看待物体对别人的价值影响(如我们猜测的影响一样),就如同我们自己的经验。如果这里不存在评价物体的整体价值的其他方面,我们因此可以说,如果一个物体给双倍的人提供了相同的满意,它便双倍的好。有人认为,"双倍的好"不能表达清晰的意思,我们的回答是,正是在这个联系中它具有一个完全清晰的意思;这就是说,"给双倍的人提供了相同的满意"的意思。无论如何,对于"在什么程度上,别人从物体中得到的满意增加了物体的价值"这个问题,我们可以这样回答:"在与我们自己类似的和附加的满意会增加物体价值的相同的程度上",假定这个附加满意是尽可能少地受到我们的其他相似经验的影响,或像一个人的经验很少被另一人的经验影响一样少地被它影响。

这里,决定性的问题,即边沁的计算宣称可以提供解决方案——如果价值是不以数量计算便不能达到的解决方案——的问题,可由如下问题说明,这个问题是,当两个物体的价值,其中一个在较高程度上对较少人提供满意,而另一个对较多人提供较低程度的满意的时候,我们怎样比较这两个物体的价值? 但是,这个问题也可以根据直接偏好从理论上加以回答。假定您已经尽可能准确和充分地设想了被涉及的所有这些人的经验,如果所有这些人的经验就是您自己的,例如,如果您不得不**逐一地**过每个人的生活,那么这两个物体中您更喜欢哪一个?

如果以这种方式回答涉及对他人的价值的问题,这看起来有点幻想的意味;这挑战我们想象和欣赏那些不是我们自己的经验特质的能力,这造成两种相反的看法:第一它不过是我们因此被迫要设想和权衡的东西,如果我们能满足这一要求,那么这个东西就会很好地满足我们判断的意图；第二对于充分设想当前没有经验到的东西而言，我们的能力不足，这个例子涉及我们将来的经验，而这种不足只不过是我们在判断必须判断的诸多事物时的一种局限。由于这种局限，我们对物体评价的正确性，就像一般经验判断的正确性一样，只是或然的。当然，实际上我们发现，我们所要达到的那种好的评定是建立在一个粗略的和现成的假设之上的，这个假设就是认为，"平常人"与我们自己是很相似的，除非不同的行为表示正相反的意思。如果理论问题有一个这样的理论解决方案，那么对这一方案实际可能的接近——无论其在特殊例子中怎么不充分——仍是有意义的，并有其实际支撑。

最后，评价的建议方式包含对一些条件——那些超过控制的、只是或然的条件——的参照，涉及这一事实的问题也有其理论解决方案，而且它的一般性质也是人们熟悉的。正如在第二篇已看到的，我们如果知道的东西所表示的是被谈论情况的一个概率 m/n，那么合理的预期就是，这些情况将是实际的，因而从长远来看，被谈论的价值在 n 种情况中的大约 m 种条件下能实际地实现。因此，我们应合理地采取的态度就是，如果事实上物体可导致的价值实际地在 n 种情况中的大约 m 种条件下——在其中我们以另外的方式受益于物体的存在——产生的话，我们会满意地采取这种态度。而且，正如经常发生的情况一样，在概率不能从量上指明，而只能比较地，或在有限范围内确定的情况下，合理的预期和态度不断地以同样的方式被决定。因此，某物体作为在只有可能性的情况下引起满意的一个源泉，将根据这些情况之更可能而得到更高的评价，正如如果它更经常地产生这种满意，它就能得到更高的评价一样。如果一个物体 O 在恰当的情境——其概率为 m/n——下会导致一个实现的价值 V，而另一个物体 O′ 在概率为 h/k 的情况下导致价值 V′，这里 V 是一个比 V′ 更高的价值，但概率 h/k 大于 m/n，那么 O 和 O′ 哪一个是更有价值的物体，这个问题是由 V 按 m/n 实现与 V′ 按 h/k 实现哪个更可取的决定来确定的。例如，如果一个商店的冰激凌比另一个商店的冰激凌味道好，但在拿到家之前更容易融化，那么哪个冰激凌更有价值这个问题，依据的是，是否好味道比因融化或其他方式而更易失去重要。这是依据直接的和合理的偏好的标准——我们在实践中实际喜欢哪一个——来确定的，其中没有任何"数学预期"的复杂考虑。

我们将看到，对于我们如何根据物体产生的满意度来评价物体的问题，已指出的这个理论解决方案，并不是依赖这样一个错误的假设：我们可以通过一个在程度上被决定的但没有数量性质的价值，对一个数字上决定的概率，进行乘法的数学运算。它不依赖于任何超出直接的合理偏好的标准之外的东西。如果参照"合理的"标准仍有一些问题未解决，那么我们应看到，合理的选择和评价方式本身就能根据直接偏好独立地被确定和表达。合理性的恰当意思是，如此行为和如此偏好，以至于您的行动和偏好的方式将是：如果一贯坚持，那么您将因坚持它而感到持久的满意。它大概是指，以这种方式行动和偏好，其终生结果将在可能的最高程度上导致总体的满意。

我们用这种方式处理影响物体的价值实现的可能性的问题，可能有人会对此提出反对，指出我们实现或未能实现这个物体的价值的情况，可能在数量上很少，甚至只有一个。在这些少数场合，允许这类实现的可能情况将是实际的或不是实际的。既然这种场合在数量上很少，那么对实际的成功的概率，我们不能预期它会超过最大可能的概率，这就决定了我们的合理预期和相应的物体价值的范围。但是，这种反对观点——如果事实上有人认为是这样——并不会使我们建议的评价物体的程序无效。对某个场合或一些场合的预期的合理性，并不依赖于在这些场合成功的实际概率，而毋宁说依赖于长远的成功或失败，如果我们一直坚持并遵守那些预期规则。根据概率对打赌进行的证明，即根据由赢的概率限制赢的数量对打赌进行的证明，不在于少数场合的赢或输，而在于这样一个事实：通过遵守这一规则，我们可能赢得一生中最多的钱。如果我们那样就可以赢得最多的钱（甚至在一生中）有点危险，至少没有别的程序规则能提供这么好的使我们最终赢得最多的钱的希望。价值不能像钱一样被计算。但是，"依据任何有 m/n 概率的东西行动，正如从 n 种尝试中有 m 种情况将发生时您所做的一样"的规则，同样地适用于可度量的值得期望之物和其价值有程度但无量度的东西。而"评价任何客观存在物，对它来说有 m/n 的概率能提供某种满意，正如如果该物实际以 m/n 的概率发生，您会获得满意一样"，这个规则是我们建议采用的。对它的证明是相同的：这种评价客观存在物的方式，将带给您总体上最满意的生活。如果这仍是危险的，因为生活多少可能受运气的影响，那么至少没有别的受概率影响的评价方式可以提供这么好的导致满意生活的希望。

综合考虑问题的这些不同方面，对一个客观存在物的社会价值的确定，我们建议采取如下方式：考虑这一物体的每种价值，无论是像美这样的固有价值，还是有助于他物产生满意的工具价值。每一个来自物体的这种满意，都按获得满意的程度而增加物体的价值。这种直接价值的程度，一般是由该价值在一般的满意系列——按好坏的顺序，即偏好的顺序安排的——中的位置来决定的。物体的这两种价值潜在性的联合，按如下原则赋予物体以价值，这个原则就是：A 和 B 这两个满意的联合价值，由 A 和 B 在我们一般的直接价值系列中的位置来决定，即由直接的偏好来决定。如果同时拥有满意 A 和 B，对于经验满意 C 来说更可取的话，那么那个同时具有满意 A 和 B 的潜在性的物体，在这一点上，就比只提供满意 C 的那个物体更可取，而它同样是一个更有价值的物体。诚然，这种直接偏好须是合理的；但在这里，所谓合理的，只是指我们要像当满意被经验时对它的评价那样，评价一个并非当下实现的满意。只要物体的价值潜在性是可控的，而且被谈论的价值也可以任意实现，那么该物体就可以像刚才说的那样用简单潜在性的方式来评价。但是，根据我们拥有的所有恰当的信息来判断，就该物体价值的实现受无法控制的情况的影响而言，这种评价将受到这些情况的概率的限制。在概率为 m/n 的情况下可实现的价值 A 的潜在性，赋予物体以价值，其根据是，当价值 A 在 n 种尝试中的 m 种情况下实现时，我们对物体应做出的评价。对物体的评价，不仅要参照某人自己，而且要参照所有受该物体影响的人。而我们在评定物体对另一个人的价值的时候，要像他的经验是我们自己的经验一样。在评定相对于多个人的价值的时候，也要像他们的价值经验是包括在单个人的经验之中一样。在比较相对于他人的价值与相对于我们的价值的时候，我们要采取的方式，应该与我们在如下情况下合理地采取的方式一样，这个情况就是：如果那个人的满意或不满意包含在我们自己的经验中，但它以这种方式尽可能地不影响任何别人和我们自己的经验。

然而，在实践中，我们可以通过仔细地执行这一方案并对所有可能有助于人类生活的满意进行比较，从而做出对一个物体的评价，这样一个假设，无论它多么荒谬，我们对事物对于整个社会的价值的实现而进行的评定，仍或多或少是准确的——根据这些评定或多或少接近于可达到的总体评价。而且，这种价值确定的理论可能性，就是赋予我们的现实评定以现实意义的东西。

我们已对这种单个的复杂评价方式进行了讨论，主要是为了阐明与评价其他多种方式在联系时会遇到的问题，并阐明从理论上解决这些问题——当人们认识到价值有不同程度但不可从数量上计算的时候——的一般方式。当然，如果我们要努力打破理论认识的要求与无用迂腐的危险之间的平衡的话，即使就评价的这种典型方式而言，也还存在很多我们尚未深入理解的细节问题。例如，对同一个物体中的肯定价值的潜在性和对否定价值的一同考虑，以及比较对一些人的肯定价值与它对其他人成为否定价值的问题。但是，能进一步提出这种问题的人，根据以上观点，无疑也能发现问题的答案，如果他们没有找到对这里建议的一般步骤的根本反对的话。

14. 评价客观存在物的这种特殊方式被选作对问题的例证式讨论和证明，部分是因为——如已提到——它的常见的重要性。正是通过这种方式的评价，我们才能尽量接近大体上发现的事物对于整个公众的价值，和"最大多数人的最大的善"，就善是可在客观存在物中发现的价值而言。但是，假定——如果有人倾向于做出这样的假定的话——对客观事物产生的最高社会价值的确定能立即解决伦理学的问题，那么这个假定就是对这些问题的一种过度简化，并且在某些方面是无根据的。

第一，物体中的价值只是外在的。对实质性的善的相对贬损，需要做一些证明：它是那种能在经验中被更直接地发现的、单凭自身就是值得期望的价值。而且，它即使包括了这些更高的内在价值，也不存在对仅在社会价值的确定中从伦理上证明了的东西的直接而简单的暗示。

给伦理领域划界的问题，不是对经验的善或价值划界的问题，而是给正义和道德命令划界的问题。当然，行为的正当性与这种行为所要影响的善之间有着本质的联系。至少我们应该同意，正是用这个一般概念，行为的正当性最终从价值中产生。但是，正是在这一点上，我们应该注意，在区分它们之前，不要将正义和善非法地联合起来。由于语言的模糊性，正当的行为也被称作善的行为，而且那些行为正当的人也被称为好人。在它们作为事件或事实的经验性质的特征当中，行为具有效用价值或负价值，这导致满意的结果或相反的结果。但是，"好"意指"有助于引起满意"，"好"意指"从道德上证明了"或"值得称赞"，这两个"好"是两个不同的词，无论这种双重用法在多大程度上意味着被普通人认识到的真实联系。因此，我们应提出问题：行为是否会因发现的满意而成为道德上强制的，如果我们用"道德上强制的行为是正当行为，正当行为属于好的行为，好的行为是有价值的，而有价值的行为是引起满意的"这种论证方式——无论是用这种粗糙的形式还是用更精致的措辞——这让我们想起一个老笑话："西风是轻风，轻风是一段棉纱，一段棉纱是一个故事，一个尾巴是一种依附，依恋是爱，而爱是盲目的；于是西风是盲目的。"（"The west wind is zephyr，and zephyr is a yarn，and a yarn is a tale，and a tail is an attachment，and an attachment is love，and love is blind；so the west wind is blind．"）我们应希望结论比这要好，保证论证是更有说服力的。如果它不是这样的，那么我们对那些先验论者就无话可说了，他们犯的是相同的错误，不过推理顺序颠倒了："有价值的是好的，好的东西是被正当追求的，被正当追求的东西是正当行为的结果，正当行为是道德上强制的行为，道德上强制的行为不能由诸如被发现的满意之类的经验事实来决定，所以，价值不能由诸如被发现的满意之类的经验事实来决定。"

第二，即使我们在认识到道德命令与经验价值之间的这种本质联系时，还有进一步的问题："在何种意义上有价值；对谁有价值？"但还没有解决那些涉及社会利益与个体命令之间关系的重要伦理问题。还有一些问题，例如，是否个体被要求为了公共的善而牺牲其生活本身，是否社会能公正地要求个体服从那违背他道德信条的规范。

第三，行为所追求的价值，在任何情况下都先于道德命令，而且能被独立地决定。这里没有什么理由来说明，例如，为什么一个道德利己主义者和一个坚定的功利主义者，在什么是个体的利益和什么是对所有人最好的问题上不一致。而他们不一致的地方，就在于评价行为结果——决定行为之道德证明的——的特殊方式。如果在考虑属于道德要求的任何问题之前，他们两者都不能决定这些不同方式中的价值——对个人的价值和对社会整体的价值——那么这里就不存在他们可争论的伦理问题。除非对个体真正有价值的东西有时不同于对公众有价值的东西，利己主义与对所有人的公平考虑并无矛盾，而且这个道德问题也将是无意义的。

在我们与他人的关系中，明显的道德问题并不直接或简单地就是一般福利的问题，而是公正的问题。一方面，就个人行为对别人的影响而言，它涉及个人行为的原则。另一方面，它是关于对个人的奖赏和惩罚的问题，是关于以这种方式对个体行为进行社会调节的问题，是关于善的社会分配问题，这里所指的善不只是物质的东西和事件的客观事态，而且包括物质的东西可导致的那些更终极的价值。人们不能指望仅仅依据它们的价值来解决善的分配中的这些社会正义问题。这里还有个人的功劳。如果有人坚持认为，就个体价值的产生受社会影响而且对它们的接受受到促进或阻止而言，公正指的是不参照他的功劳而平等地考虑每一个人，那么，至少他们在这里支持着一个有争议的问题。个人是否应只根据他们的需要或者他们的贡献来分享社会上可分配的价值？这是一个大家都熟悉的问题，与此相关的是物质的善，这也是这样一个问题，即用来衡量他对社会的正当诉求的，是个体的实际贡献还是只是他的善良意图。再者，还有一个相关问题——并非完全过时的——个体是否公正地拥有作为他自己努力的结果的东西。如果这些不是被普遍地视作伦理学的重要问题，那么这只是表明一种将伦理讨论仅限于传统问题的令人遗憾的倾向。

由于所有这些已论及的理由，也由于其他一些理由，评价问题与伦理问题必须区分开来而不是等同起来。对伦理学原理的任何具体运用，价值的确定都是必不可少的，而且也是必须在先的；但是价值确定本身并不足以提供对伦理问题——一般的或特殊的——的任何解决方案。价值的问题，对任何特定的评价方式，都是经验问题；对评价正确性的检验，需要对经验的参照。评价总是一件经验知识的事情。但是，什么是正当的和什么是公正的，永远不能单由经验事实来决定。

价值和事实

　　这里的论题是以价值及其和事实的关系为对象的。事实是什么？这个问题大概是人所共知的。不过，鉴于"事实"有常见的歧义，简短地考察"事实"一词意指什么，也许是适当的。

　　我认为一种事实是使有些真的命题成为真的东西。因为每个真的命题总有其相应的事实，同时每种事实是为真的命题所表达的。一种事实是那些被称为所发生的事情的东西。事情的存在是不依赖于有人提到它和有人正确地或错误地了解它的。但是，它必须为命题所能申述，这是为其本性所规定的。在这种意义之下，一种事实是和一种客体或一种事件有区别的。客体存在，而任何被提到的客体存在或不存在是一种事实。但是，客体本身则不是一种事实。因此，说一种事实存在或不存在是坏的文法。相似的，事件不是事实。一种事件只能发生或偶然地发生，或者一种被谈起的事件也许根本没有这回事。一种事件发生或没有发生是一种事实，但是，事实不能说发生或不能发生。如果说，一种客体或事件是一种事实，这就是说，客体存在或者事件发生，没有其他意思。

如果认识是真实的，而这样了解的事物的陈述就会成为真实的陈述，在这种意义之下，任何认识的事物都是一种事实。如果我们容许这个一般的假设，那么说任何事物被认识了就意味着这样被认识的事物是一种事实；因为常识要求任何称为知识的认识要有其真实性。但是，按此我们可以看到，正如按照其他用合理方式掌握的知识可以看到那样，说一种客体或一种事件的存在被认识，严格地说，是坏的文法，尽管语法通常允许这样做。我们必须把这种说法看作习惯的说话姿态或者简便的略语，它要断言被认识的客体的存在或者断言被认识的事件的发生，更常见的是要断言有些事实之被认识，是和一种存在的客体以及一种发生的事件有关联的。任何存在的客体和发生的事件具有一定的特性和性质，没有其他的特性和性质。一种存在的客体或一种发生的事件有或没有一定的性质和特性，也是一种事实。但是，性质如同客体或事件那样，不是一种事实。如果我们说，一种性质是事实，这就是说，它是一个实例——有些事物有这种性质，或者一种特殊事物有这种性质。

客体和事件的特性中间有它们的存在或发生的时间和空间。客体和事件两者都有其时空界限。但是，一切事实则无时日和场所；事实一旦成为事实，则永远是事实，事实在某个地方是事实，在其他地方也是事实。严格地说，将时间或空间加诸事实是坏的文法，尽管时间和空间是构成事实的因素。

我们在谈到客体、事件、性质和事实时，不得不碰到一种需要，即必须肯定错误的思想和做出错误的但不是无意思的陈述。用正确的文法说到不存在的客体、没有发生的事件、没有出现的性质及将事物没有的性质加诸事物这样的一些可能性，是同样必须肯定的。如果我们关于指定的客体、涉及的事件、谈到的性质及凡被看作存在的事态的东西都承认一种重要的现实或非现实的两分法，那么整个事情都可能被掩盖起来。但是，我们并不因此避免语言上的矛盾，即没有非现实的实体。用普通的语言来说，"是一个 X"意味着"是一个现实的 X"，"是一种事实"意味着"是一种现实的事实"。但是，没有理论上的曲折性能够避免下列情况，即非现实的实体被思想及被谈起，而且这样的实体不仅仅能被谈起，还能对其做出断言——在错误的陈述之内，凡是非现实的东西，对于任何范畴来说，都是在思想上可以容许的，在思想上允许好像它真是现实的——这是无法避免承认的一点。如果是这样，那么有人谈到非事实的事实，他就没有必要承认犯了错误，他的包括这种言论的整个陈述，可能是真实的。但是，如果有人把不是（现实的）事实**陈述**为事实，那么他的这个陈述就成为错误的了。非现实的事实能够谈论和断言这个问题，剩下来的，还有这样的情况，即每种（现实的）事实如原来那样和不能不是那样，人们对它的认识或错误的见解是无须注意的。①

"价值"这个词如同"颜色"或"形状"这个词一样，是用以表称事物显现的性质的范畴，多数的"价值"用以指这个一般性质之价值的种类或多样性，如同"颜色"用以指一般性质之颜色的种类或多样性那样。颜色的种类有这样的名称，"红""橙""黄"等，但是，价值种类的名称是组合的，如"美的价值""经济的价值"等。任何价值的种类当然可以说成是"一种价值"，如同任何颜色的种类说成是"一种颜色"那样。正如任何颜色的种类是更细致的描述对象那样——有各种各样的红颜色，如深红——那么价值的种类也有其更细致的描述对象，即美的价值可能是音乐的价值或文学的价值。同样，如果任何一种颜色种类的多样性可以称为一种颜色，那么任何一种价值种类的价值可以称为一种价值。任何能辨别的颜色特性是一种颜色，任何能辨别的价值特性是一种价值。

那些有一种价值特性确定可以断定的事物有时本身被说成是"价值"。这是事物和颜色不同而和真理或或然性相同的地方。但是，我们敢断言：就价值的情况来说，这种说法是不适当的。同时，如果有人说那个有价值的事物本身就有一种价值的话，那么，可以原谅他说得能懂，但说得不精确。

无论什么有价值的东西都有程度不同的价值，无论什么有价值的东西总比其他一些事物有或多或少的价值，正如无论什么光辉的东西总比其他一些事物有或多或少的光辉那样。这是价值不同于颜色和形状，而和光辉性与或然性相同的地方。但是，价值也有和或然性相同而和光辉性不相同的地方，即一种无价值的程度可能是一种价值的程度，还有，就或然性的情况来说，人们应用这个词如此多种多样，以致到了最后，形成了一种语言上的混乱。但是，我们

---

① 这个事情被轻率地掩盖起来了，然而，它是比我们上面所指出的要复杂得多，这是明显的。特别是"事实"是否应该扩展到分析命题所指的东西或限制于经验命题所指的东西，我不想提出这种限制，因为这是有关于意义关系的事实，而且分析命题就是表述这些事实的。

我在别处应用"事态"这个词，是用以指称这里所指的"事实"，但是这就引起一部分人的误解，即他们所想的"事态"有时间—空间的界限，我认为，甚至于经验的事实没有这样的界限。

这里是在有价值或无价值意义之下来谈价值的，如果为了扼要和不引起误会有其必要的话。

一个更重要的事情是关于范畴问题，或其价值能断定的实体范畴问题。我认为赋予范畴以价值根本没有什么意义可言，如果这种价值对人像对其他动物那样所感到的愉快和痛苦的事实，对人类的经验影响他们的喜悦和悲哀、满意和厌恶的性质的事实不发生关系的话。但是，人类和其他的物类都学会认识客体和客体的性质，认识外界发生的事情及其各种性质，并把这些事情看作产生他们经验特性的因果作用。而且，"善"和"恶"以及其他价值词都可以应用到这些客观事物和它们的性质上面，这些客观事物和它们的性质是作为直接经验特性的因果关系来认识的；这种直接经验使我们在当前感到满意和善，以及厌恶和恶。因此，一般的价值词和一些更特殊的价值词有两种不同的意义：(1)应用到经验的进程和表称它们直接的愉快或痛苦的经验性质；(2)应用到客观实体——客体、事件或者客体或事件的性质，以及表称这些实体的潜在性，这些实体的潜在性指导我们认识愉快和喜悦，或悲哀和痛苦的经验。说经验是使人愉快的，这是一回事；说使人愉快的客体是使人愉快的，这又是另一回事。从一方面来看，经验是变动的，客体多少是持久的，还能再影响经验；另一方面，每种经验是个人的或私有的，但客体可以影响许多人的经验。说一种使人愉快的经验是一种使人愉快的经验是一种同义反复，但是，说一种使人愉快的客体是一种使人愉快的客体则不是一种同义反复，因为它可能在不同条件之下使我们痛苦，还可能使其他的人痛苦。说客体使人愉快是说：它明显有可能性引起那个经验它的人在经验中的愉快。或者，如果有人认为把愉快看作客体的宾词是一种含糊其词的说法——因为我们偶尔说过，一种客体使人愉快只在当前情况下才有使人愉快的意思，那么，我们认为这样做，最低限度地给"有价值的"和一般客体的价值以歧义的机会就比较少了。

简单地说，经验的价值或经验内容就是在它里面见到的价值性质。一种经验是一种经验进程，是一种意识到的事件或意识事件。经验是变动的，但带着性质的经验的产生是一种事实——一种给予的事实，同时对那个经验它的人来说，它是事实，而且当它产生的时候，它是一种无可怀疑的事实。这个事实是不变动的，没有事实是变动的。因此，我们直接了解的事物是事实，不过，人们可能后来忘掉了，或者错误地回忆起来。而且，在任何时候，它可能为其他的人所不认识，或做出错误的判断。大概任何由某个人所经验的直接的经验事实，后来都变成不那么确实和可靠的东西，这是由记忆引起的。不过，某个人经验的事实对于其他的人来说，没有比或然有更多的意义了。这种事实是从观察到的行为中做出的推论所确定的。但是，任何为有价值或无价值刻画的直接经验事实，始终是那样的，不会不是那样的，不管任何人是无知还是对它做出错误的判断。

否认一切直接显现的给予事实，坚持自己看法的那些人绝不会深信，他们自己是不是愉快，如同他们绝不会深信，他们自己所见到的颜色是不是红的，或者所感到的是不是寒冷，甚至于他们自己是不是正好现在活着。但是，任何这样的反对者最低限度地会承认，经验的显现，正如我们所了解的任何经验事实那样，是接近真实的。在这些经验中间，价值赋予了直接的经验和当前的经验。因此我们要注意，有价值的东西就是为实际的价值性质所刻画的这种经验的，价值是关于这种经验的产生的事实的。

更进一步地说，我们应该可能以一定程度的信心预言价值性质在未来的和可能的经验中的实现。这是一个首要的问题。这样的预言如一般的预言那样，没有比过去的预言所达到的或然更好。但是，它之所以如此，是因为我们所能做出可信的预言是属于这种类型的，即我们借此来驾驭行动，以便为我们未来的幸福服务和避免祸害的发生。如果我们对未来生活的价值性质没有一定程度的控制，那么任何影响我们未来生活的其他方面的力量都是无价值的。我们这样做出关于未来经验的价值性质的预言，是一种现实的事实或者不是一种现实的事实。还有，我们对于自己经验所做的预言和对于客观事实所做的预言的不同之处，在于前者何时成为现实的事实，将会彻底地被证实或证伪。而且，只要我们能以一定程度的信心做出关于我们行动对其他人的经验的价值影响的预言，那么，我们的作为就会给他们带来某种好处或祸害。我们这样做出的预言同样是事实或不是事实，虽然对于我们来说，对其他人的经验所做的预言不是可以彻底证实的，而是只能证实到如他们的行为所能允许我们事后推论出的那种高度。

对于我们自己经验的价值性质所做的预言这种看法，如果加以试验，是能彻底地证实或证伪的。这是一个首要的问题。因为它不仅仅带着对行动合理的决断，而且这种经验价值的发现使客观实体价值的检验性达到最接近决定的地步。一种客体有其促成经验中的满意或厌恶的潜在性这一说法，最好的证明，是找到那种为客体所影响的经验性质。

但是，我们应该考察一下：那个使人感到愉快或痛苦的直接性质中的有价值或无价值的经验要说明的是，价值不仅是经验属性的唯一意义，因为经验的进程本身不仅有这样直接发现的美德和祸害，而且还能使这些经验进程对美德和祸害所起的作用扩展到把它们看作构成因素的整个生活范围。一种美的生活不能唯一地为痛苦的经验所构成，任何为愉快的经验进程构成的生活也不能说是过了一种恶的生活。但是，由于种种理由——这些理由是我们熟悉的——所以无须在这里详述了，一种直接使人痛苦的经验可能受人的欢迎，对于生活的美德较任何其他选择起更多的作用，然而一种直接的愉快在某个特殊条件之下，可能给由它所构成的生活的美德以明显的害处。

就人生的美德或者一种生活的美德整体来说，它是最终的善、最高的善。在我们能控制或影响我们的经验范围之内，我们接受这种美德是合理的，正如我们的经验服从任何一个经验性质中的利害关系；正如这种经验性质直接从属于我们所达到的一种生活美德的利害关系。同时，我们力图决定行动，并付诸实践，或者允许我们借助于这种关系使可能的经验实现。这样做，将会比只借助于愉快或痛苦那样直接的性质更容易形成一种善的生活。我们称这种使经验可能对一种善的生活的最终目标做出贡献的价值或无价值为有贡献的价值。我们应稍加注意：这种价值和直接发现的价值的不同之处，即有贡献的价值必须有所判断，而且可能错误地判断；它不同于赋予预言的经验的价值，即它必须被后来的发现彻底地证实。关于任何经验的有贡献的价值只有看作我们未来生活中那样多种多样后果的实现才能加以检验。做出任何将有助于形成善的生活的判断，确实是复杂而冒险的。但是，不管对此做出判断是怎样的困难，任何经验的有贡献的价值都是关于善的生活的事实，它总是如其自身那样，且不能不那样，不管任何人对它做出的判断是正确的还是错误的。这是一类我们必须持续不断地和合理地力图确定的事实；确定这一类事实是为了我们自己的一种善的生活，或者为了他的幸福中和我有关的人的目的。

关于有贡献的价值的判断和关于客体、事件、客体性质和事件性质的判断是类似的，是一种以从过去经验推出来的证明为根据的经验判断，而且和一般的经验判断相同，没有比或然更好的效用性。

但是，这种赋予客观实体的价值的样式较那种赋予经验和经验内容的价值的样式要多得多，要复杂得多。我们用不同方法或为不同目的评定关于客体事物的价值。关于个人的价值，即我的价值、您的价值和 S 这个人的价值，都是依据个人的不同和个人情况的差别的理由所评定的。这些理由影响到价值，这些价值是一种特殊的客观实体可能具有的，而且适用于个人，也影响个人的经验。非个人的或社会的价值是大多数人依据对社会的价值来评定的。如上面提到的那种交叉的分类，客观事物的价值可以区分为固有价值和工具价值，一种客体的固有价值是客体的性质，这种客体性质指导实际的价值性质在这个客体的面前体现出来。美的价值是固有价值的一个例子。工具价值是一种事物的价值，这种事物的价值不是指导实际的价值性质在事物自身面前出现，而是在其他事物或许多事物面前体现出来；这些事物的产生或利用这些事物对于经验来说，是很方便的。客体具有多种多样的实用性或实用的种类，这表明了客观实体的工具的价值。还有其他的和更特殊的样式，可以赋予客体和事件以价值。对这些价值的考察，从了解可预言的价值语言来说，是重要的，但是，我们对此的考虑必须省略了。

所有这些从属于客观实体的价值样式，其真实性都是依据上面说到的实体所赋予的实际价值来断定的，这样的实际价值能够对它直接或间接地影响的经验的价值性质做出贡献，或者可能做出贡献。在客体的存在所能影响的生活范围之内，客体对生活影响的活动只增加而不减少。经验的愉快性质是这类事情中一种最好的东西，而且，任何客体都具有依据这类影响经验的潜在性而产生的价值。这一点对于一般客观实体来说，是同样真实的，这也是关于外在现实性的"价值"的普遍意义。

如果我们想到有其例外之处，即那种对客观事物可预言的价值应该和制造特殊类型的经验的客观事物的潜在性一致，那么，我们可以观察一下，有一种类似的想法对于任何一种被证实属于客体的其他性质或特性来说，也许是存在的。除了找到被客体影响的经验中某些性质或许多性质之外，没有客体能被确定有一定的颜色或形状，或者任何属于它的其他性质。这是确定客体性质的唯一方式，此外就没有其他方式了。我们认识客观事物的特性，除了通过认识和证实之外，也无其他方式。这只有根据经验的发现所了解的东西才将证明：O 客体具有 C 的性质，同时，这种发现也是 O 客体没有 C 的性质的证据。这是我们所能证实或检验任何外在事物的真理的根本原理。但是，一种红的或圆形的客体并不由于产生红的或圆形的视觉经验持续不断地把它的客观特性显现出来。它只有在一定的主客观条件之下才会产生这样特殊的证据。而且，这个显而易见的想法强调了下列事实，即这个具有连续性和证实性的性质是一种产生特殊性质或特性的潜在性，或者是许多在不同条件下产生的种种不同性质的经验来正确地加以描述的。这些经验是我们上面描述的性质的唯一可能的证据。在这一点上，不存在作为一种客体性质的价值和其他能被认识的客观性质的价值的根本区别。

出于同样的理由，这里指定的对价值规定的意义说明了经验知识的起源。直接经验中的价值性质的产生是一种经验的给予事实，如果这种经验是给予的话，那么我们不需要对它做什么判断。给予任何未来经验以这样的价值性质，是一种关于经验的预言，是在预言的经验中可以证实或证伪的。一种经验的有贡献的价值和一切属于客体的价值，都是经验的事实，都是以经验为根据来判断的，都是以可预言的经验来检验的，而且是把它们看作一般的经验事实和客观的事实来判断、检验的。如果有些人说，这里说明的那种"价值"和"价值"的真正意义是不相应的，那么，它至少说明一种可能的意义，无论这种意义是真实的还是约定的，而且真实的那一种意义对于生活的事实也许有一定的一致性和重要性。此外，这种意义无论有怎样的优点，都和看作经验的发现和经验的判断的类型的价值互相一致，而且这种类型的真理或错误如同其他经验的发现和经验的判断那样，可以用同样的方式验证。

我想人们对于把客观范畴看作价值的怀疑会被上面所指出的看法所排除。如果这样的怀疑还继续存在的话，那么，它们可能和这些价值的相对性，以及对于这种价值进行验证的"非科学的"特质有关。如上面指出的那样，赋予个人以价值模式并向我们提供一种评定价值公认的样式，同时这种样式和确定物理性质采取的样式没有相同之处，这一点似乎加强了这种怀疑的根据。当前价值论的争论的重要性使这个问题成为一种更不相称的讨论，这是特别令人感到遗憾的。不过，我们对其必须简略地谈谈。

首先，我们注意一下，如果直接了解的相对性是问题的所在，那么，这就会牵涉到当前的实验心理学。承认任何感性了解的性质没有如此这般的相对性这种假定，或许这是天真的。在这一点上，最多能够承认的，是个人的奇异特质影响到价值性质的经验，而这些影响在一定程度上是比较常见的。我们能直接地感觉到音乐中的价值，是由于价值的相对性对于个人要比对于赋予声音的音量所感受到的更多。但这不是说，音乐的感受性是一种比识别音量更重要的个人的事情，而是说，耳聋的人愿意接受更多识别音量的规定的听众的建议，但不愿意使他们对音乐的反应被那些具有更多识别音乐能力的听众所支配。价值可能是更多有关个人的事情，至少这是一种理由。因为我们对客观实体价值的评定和我们个人的——合理的——行动方式有着更多的联系。这里还面对一个问题，即我们尊重他人的个人价值，但同时也要求他人尊重自己的价值，而个人见解的不同，则不需要那种一般人称为"尊重"的态度。对于个人的尊重是对于那种影响他的生活美德的东西的尊重，这种尊重只能在它们对事物的价值直接地或间接地影响范围之内才有。至于在价值之外识别其他事物的性质，是没有什么重要性的。重要的是有价值或无价值。那种对任何人的经验不起更好或更坏作用的东西，是完全可以忽略的典型。

我们还要注意一下，价值对人的相对性是一种客观事物的性质，价值是这种事物性质所具有的。用这种方式评定事物性质所具有的价值，都是可以正确地或错误地确定下来的。如果两种不同的客体在不同条件下对任何人的经验产生不同的影响，那么，事实上，这种差别是正确地赋予上面提到的那些客体的。具有同样性质的客体不能在同样条件下产生不同的影响。如果 X 声环每秒的颤动不影响大多数人的耳膜，而只影响我个人的耳膜，那么，我所听到的声音还从属于某些物理的现象。如果我听到的声音很难听，那么，使我听到这种声音而感到难受的原因的潜在性是一种关于经验事实的报道。我对这种经验的判断如同我对任何其他客体性质所做的判断一样是可以检验的。而且，这种判断会是真的或伪的，不管任何人对它有什么想法。

我们还要观察一下：作为"科学的""物理性质"相对于个人经验在一定程度上较少的原因，基本上是那个与个人见解不同的相对性的社会愿望促成的。假定物体原有的重量在举起和担起时有一定程度的困难，那么，这是和不适应的操作方式直接相关的，以及和个人臂力的不同成比例的。如果重量能够抛开个人对它不同了解的相对认识，那么这要归功于标度的发明。这种标度的读数对于大多数的个人来说是相同的。应用读数方法确定"物理性质"的科学样式是一种得到可靠的科学确定的确证方法。但是，我们辨别在事物中各种各样的"科学的"提示会失去其重要性，如果这些提示不能使我们推出更多的客体的直接经验方面的特性，如同标度读数能帮助我们判断购买的东西能否拿着回家的适度性那样。我们其他性质的感性知觉的非相对性较价值的非相对性之所以更少，基本上是因为前者归功于那些方便的社会假设或约定。科学的非个人的客观性之所以有其保证，主要是要求一切陈述的样式依据实验室之外那些直接的经验来形成的。那些经验总的来说，给任何科学地确定的事实以重要性。

　　科学实验，容许和保证一种更广泛的社会判断或一种更高程度的精确性的方法，如果在同一时间内和在公共经验中所发现的更直接的实验之间有高度的联系，如应用标度测定重量对于我们每个人来说，就像人和拿东西的疲劳程度联系起来那样，那么，这类科学实验对于我们就有其重要性。科学可能正好因此才被看作对我们自然知识的陈述最有价值的类型。但是，如果科学要求享有对一切客观事实的实验的专权，或者假定唯有科学才有确定事实的可能性，那么，科学的权威们就会忘掉科学是搞什么的了。科学的重要性就在于应用它的真实的力量提高人类生活的价值性质。如果价值不是事实的话，那么科学事实的发现是一种庸俗而无聊以及无足称道的东西。而且，由于确定价值的方式不能向科学方向发展和改善，所以价值判断的基本特性是不会有的。当然，我们的社会科学迫切需要这样精确的价值评定和价值属性的样式。这里提出的构成价值概念的方法可能有助于实现这种值得期望的目标，我想这一点是可能的。

　　还有一种异议一定会提出来反对这里所申述的价值概念。这种异议提出，价值的被直接经验所影响的不加批评的满意和反感被最后的根据来确定，是拙劣的。先验论的和价值论的价值观主要是从称为"价值"的不同概念的现象中产生出来的。我不认为和我想辩护的观点不同的人们是在那里进行无聊的辩论，或者他们提出的争论是一种语言的问题，并且是通过协定就可以解决的。反对自然主义的价值论的人主要是对什么是有价值的和什么是正确的之间的根本联系问题产生兴趣。正确和错误的感觉源于人性之内，正如善和恶的感觉源于人性一样；否认它们两者之间的本质上的联系，是异乎寻常的。的确，没有人能提出一种有关善和正确之间关系的观点，能使任何人都完全感到满意。但是，这样的观点将获得一致的意见，即在某种意义下，正确性无论怎样都是一种命令，命令和正确性是和谐的，那种依据命令的作为、把命令看作目的的感觉与那种使人感到愉快的感觉是不一致的。毋宁说那种愉快的感觉渴望行动，而且已达到缺少显著的命令特性的程度了。为命令所影响的感觉之所以如此地被人了解，是因为它的特征性的愿望不是愉快的行动或者把愉快看作行动的动机。错误的行动或者不起作用的决断可以使我们得到愉快，甚至有助于使人感到更多的愉快，但是一种和有效的命令相抵触的东西是不能适当地算作值得期望的或好的。我认为这种观点和反对任何自然主义的价值的根源——或者说是一种根源——简单地统一起来了。

但是，我也认为没有必要提出如此的反对，提出反对的任何有意义的批评所需要的前提，恰好是对善自身和价值自身、正确自身和命令自身的区别认识，恰好是对它们和那些基本不同的准则的认识。但是，这两类东西具有显著的联系。任何把值得期望的东西看作善和把值得期望的东西看作正确和命令等同起来的观点，都是利用语言上的暧昧性来解决善和正确中的关系问题，然而，这些问题的主要之处却被忽略了。

我认为不考虑最大多数这样的问题，以及对此扼要地提出公平而合理的建议，都是非常困难的。这里，我想提出的是，如同我们已经见到的那样，就是到处都有不同的价值样式，以及甚至于同样的现象、和生活事实有关的价值，也有不同的样式。每一种这样的样式从为某些目标或某些类型的问题评定价值来说，可能是一种不可或缺的方式。当然，一个以上的价值样式对于单个问题是恰当的。这里，还希望考虑一下：这里有不同的命令，有不同的关于采取慎重行动和做出决断所要求的批评的样式，还有做出彻底决断的逻辑的命令。另外的命令则依据明显的事实做出使人信服的决断。那种考虑周到而做出的命令使人避免事后遗憾的事情出现，而且命令要求我们尊重其他人的利益，如同我们要求其他人尊重我们自己的利益那样，还有许多关于正确和错误相应的样式。不顾预言和使人信服的力量而做出决断，是错误的一方面；一味信服预言所指的使人感到后悔的后果而做出决断，是错误的另一方面，一个以上的命令或许对于单个决断是恰当的。伦理学中最多的谬论是对慎重的作为的看法简单化了，而且它强调一种命令的样式而忽略了其他样式。

这里要特别注意的是，有和许多命令样式相应的价值样式。上面扼要地讨论过的那种有贡献的价值和以理性的命令作为行动的目标，从属于在短暂的经验中见到的一种关于生活美德的价值。这种生活的美德，总的来说，指出善之为物，这还可能看作对善的说明。决断往往不依据在直接而短暂的愉快之外所预见的东西；那种直接而短暂的愉快是不同行动选择的结果。在这种情况之下，更多的愉快是合理选择的根据。还有，用这种样式来评定价值对于更多的问题来说，经常是恰当的，虽然这不是对行动的决断的充足性理由。同时，简单地参照比较直接的价值做出的决断，经常是决断的错误方式。对于这一点每一个严谨的人和正直的人都会同意，严谨是一种理性的命令。如果有人否认这一点，如同初期的犬儒学派之徒那样，那么，我将不知道怎样和他进行讨论。最后，由于严谨的态度指定要尊重有贡献的价值，我应该怀疑任何一个不能在他的经历中欣赏和评定特殊经验中简单地可以见到的价值的人是否能够对有贡献的价值做出评定。

我认为正义的目的和正义的行动同样是命令。正义是在公道意义之下被称为正确的东西，它经常和道德等同起来。但是——不管它最后是不是同样的东西——我想依据"价值"的样式来给"道德"下定义。这种样式对于任何存在的问题来说，和那种看作法规和统治法规的命令是一致的；任何其他命令可能用来对有关问题做出决断，也许是恰当的。道德的正确性在评定价值的方式中是最好的东西。在当前情况下，这种价值样式是因有优越地位而被接受下来，它超过这里包括的任何其他评定价值的样式。

我想采用道德这个广泛的概念来反对把道德和公道简单地等同起来的观点。我希望它能表现人类共同的见识。我希望和那些有道德的人不发生任何关系，这些人没有直接令人愉快的感觉，或者只能通过道德的美德使人感到愉快。我还希望逃避那种对自己的善的生活没有严谨的价值感觉的人，或者，逃避那种关注我的善的生活如同关注他们自己一样的人。

但是，如果我们认识这些有差别又有关联的价值，以及能够对不同的价值问题做出不同的恰当的决定，那么我们做此事之前必要的先决条件，就是在探索它们的复杂关系之前，把一般价值和一般命令的区别的标志提出来，如果这种区别给出了，那么什么是正确——这个概念会以被批评的价值或确定性与一些批评方式的价值一致的价值为根据确定下来；这样的论纲和价值这个词的定义不一定是矛盾的。最后，它会使人对它感到满意。

实用主义与道德根源

我想和您谈谈一些我觉得清楚但不难确定的事情。我的主题涉及道德感的根源和道德的基本原则，特别是与伦理理论中所谓的认知主义与非认知主义的争论相关的一系列问题。但正如我所看到的那样，这要求扩大讨论范围，不仅包括道德，还包括一般的规范。有了这么多基础，我只希望克服跳来跳去的方式。为了简洁起见，请允许我采用教条式的表达方式，并在整个过程中理解"我认为"这个限定。

正如我所看到的，这种认知主义与非认知主义的问题与认识论、伦理学有很大关系。它涉及整个有效性问题，以及我们的活动的有效认识和合理的自我指导之间的关系。它必须扩展到我们所相信的事物的有效性，以及我们故意去做的事情的正当性。

在现代时期，休谟提出了这样一个问题：应当是否从"是"派生出来。但休谟也否认有有效的知识。仔细研究休谟如此催生的理论崩溃，或许可以表明，根本问题不在于伦理学中的认知主义与非认知主义，而在于人类全部信念（无论是关于什么是，还是关于什么应当）的认知主义与怀疑主义。在休谟的术语中，它几乎不会以某种方式出现，因为在任何情况下，我们都不知道什么是有效的知识，作为我们规范性结论的前提。我们当代的左派伦理学复兴了休谟对道德的怀疑论，认为道德具有情感上和心理上的依据和意义，但他们并没有同样地复兴他的认识论和怀疑论。这更令人惊讶，因为他们没有指出他们会给休谟什么答案，休谟称这个问题与事实没有任何必然的联系；相反，当具体提出这个问题时，他们似乎同意休谟的意见。然而，尽管如此，他们还是以科学的有效性为前提，并且确实倾向于发音那个词，以便能听到大写字母"S"。

我想提出的是，休谟和我们的独家描述主义者也许在什么是应该的之信念和什么是是的之信念之间的关系这个问题上，都看错了方向。问题不在于我们如何能够在"是"的基础上证明"应当"，而在于我们如何或是否能够在不假定规范性原则的有效性的前提下，证明任何关于客观事实的信念。

"知识"本身就是一个规范性的词。无效的认知不是知识，而是错误或毫无根据的幻想。"有效的知识"这个短语是一种愚蠢的说法：科学与迷信、毫无根据的教条主义，以及毫无根据的预感的区别在于，得出可以支持科学结论的方式。它们必须反映得出结论的方式，满足一致性和有说服力的规范。而替代——就像休谟所做的那样，正如我们的伦理学情感主义者忘记做的那样——在结论和信仰中，关于我们实际如何做出决定以保证规范有效性的心理学和描述性的概括在认识论上和伦理学上一样或多或少是有意义的，并且在一种情况下和另一种情况下同样是非法的。独有的描述主义和对规范的否定为自己的脚挖了一个坑。只有观察不到自己的声明的明确含义，它们才能看不到这一点。

我可能是一个有点异端的实用主义者；但我允许自己在相应的潮流中提到实用主义，以此提醒自己，知识的规范意义以前已经得到强调。正如威廉·詹姆斯所说的那样，"真理是信仰的好东西"。然而，我对詹姆斯的格言有点不满，第一点是，我承认詹姆斯的"人类真理"巧妙地贬低了通常所说的"真"这个词的含义。的确，事实是，在经验领域，我们过高地期望在我们对事实的承诺中有任何完整和最终的保证。使信仰与现有证据达到确定的一致，是我们能对自己负责的最多的东西，也是我们能接近任何绝对真理的最近的东西。在理论上，我们的实证结论可能没有比证据所证明的高概率更好的了；而杜威的短语"有保证的信仰"或"有保证的断言"，比詹姆

实用主义与道德根源

斯的"人类真理"更准确地描述了他们的性格，尽管这两种表达方式都旨在命名相同的东西。此外，为了将它们的这个特征描述为合理的信念，我们可能需要为不同的东西保留"真理"这个词，即为一些固定且不可改变的东西。例如，在科学的进程中，在任何特定阶段，通过当时可用的证据所能得到的最好保证，仍然不能被保证为永久可信的和最终真实的。事实上，"真理"是一个语义词，指代所讨论的概念与现存的现实之间的关系，而不是它与证据之间的关系，不是它由于满足正当接受的规范而具有的特征。

我对詹姆斯不满的第二点是，如果他说"正确"而不是"好"，那么我会更开心，因为他表明了信念的特点，正是这种特点使信念得到了很好的接受。总的来说，有保证的信念会在实践中产生好的结果。但是这个好的结果不是合理信念的标准。有保证的结论与效果好的结论之间的相关性不到百分之百，例如，即使是最不聪明的医生也可能做出最佳诊断。成功的结果并不能证明诊断中的判断是合理的，而不幸的结果并不能证明诊断中的判断是不合理的。有保证的信仰的规范性质不是他们的好的效果，好的效果不是他们的保证，尽管坚持这样做是正当的，但作为制裁，这种坚持是我们在履行我们的信仰和承诺时，为确保好的效果所能做的最好的事情。

我建议对詹姆斯公式进行这两项修正的原因主要在于两点。第一点是，让我们得出无可否认的正确的陈述，即有根据的信仰代表了信仰方式的正确性。这甚至是一个同义反复。我要说的第二点是，好是请求，但正确是命令。坚持好东西是可取的，遵从正确的东西是必需的。思维、结论和信仰的规范性特征，与一般的规范性一样，直接与正确相关，代表了一种不可否认的需求；它只是间接地与好有关，而且仅仅凭借好东西与正确东西之间的本质联系。这使我们的经验结论与所有证据最充分支持的内容保持一致，使我们始终如一和信服地加以考虑，对于我们的思考来说，这是一种不可否认的必要条件。它没有被注意到，这是人类的主要心理倾向；它并不是我们实际思维方式的准确的描述性概括，并不是我们自动反应的任何情绪化驱动的预计目标。确实，我们——或者我们中间最好的思想家——可以对满足智力完整性的东西有这种情感偏好，并且在令人信服的东西中找到满足感。但是，与道德的完整性一样，智力的完整性并不代表人类与生俱来的冲动。完整的好是特殊的，在一般好中，它们的实现是以先行接受正确的和合理的命令为条件的。康德为这种情感上的完整的好起了个名字——自满，与自己和睦相处。完整的好来自正确，而不是相反。

那么，如果我着眼于规范的实用基础，那么这就是一种实用主义，这种实用主义倾向于正确，而只间接倾向于好。也许它接近于康德的实用主义和罗伊斯所谓的"绝对实用主义"，就像詹姆斯或杜威，甚至是查尔斯·皮尔士一样。

我在描述什么是正确的信仰方式时尽量谨慎，因为我认为它可能会揭示一些普遍意义上的正确的共性。而且我进一步认为，寻找一般正确的特征可能有助于阐明道德的本质和基础。特别是我认为应当利用在结论和信仰的规范和指示与我们所做决定的规范和指示之间可能引发的任何平行关系。任何可纠正的、可决定的、经过深思熟虑的、可自治的决定，都是服从于正确的命令的。正确思考和正确行事只是我们自我导向活动的两个主要分支——关于事实的决定和要实现的决定。而优秀的规范学科，逻辑学和伦理学，应该表现出一些平行关系。

我将回到这件事。但首先，我认为必须对伦理学的问题进行一些简短且不可避免的不充分的观察。

伦理学特别关注深思熟虑中的对与错；但是，正如通常所追求的，它并不包括行为中的对与错的整个主题；相反，它将自己的正确与错误归于其他——正义。它忽略了审慎的对与错的主题，尽管在确定什么是合理的事情时，或者在满足要求的情况下，我们可以合理地忽略对自己未来福利的考虑，这是极其令人遗憾的，不要求自治。谨慎和正义是必要的；它不是简单地从倾向中衍生出来的，而是需要在童年时期进行灌输，甚至在成年时加强。谨慎一直不是自动倾向。相反，我们生来就倾向于选择直接的或更近的好，偏离更偏远的好，倾向于一生中最大的或最高的好的理性兴趣。满足谨慎的要求需要自我控制。它还经常要求在选择时慎重考虑，正如它要求自我控制和慎重考虑以符合正义的要求一样。

人类自我指导行动的整个主题还包括根据各种各样的工艺品——技术上或工艺上的正确——判定对与错。这种满足某种技术卓越标准的正确的含义可能是普通言论和思想中"正确"一词最常见的含义。同样也是显而易见的，在各种模式中，技术行动的正确方向也是每个文明中普遍关注的问题，包括任何社会秩序中的一些最明显的问题。

"道德"这个词确有广泛的含义，它延伸到所有这些正确行为的问题——技术、审慎、公正，以及整个自我控制上。而全面的实践哲学的主题可能值得更多关注。

在具体案件中做得正确的任何结论都需要有两种前提。首先，它要求对正当性本身或所讨论的特定类型的正当性进行一些假设。这是引入规范的前提。其次，它需要一些进一步的前提，这些前提引入了案件的特殊性，并将其与正确的规范或规则联系起来。关于法律上的正确或错误，这是熟悉的。对公正的决定，必须有法律的主要前提和事实的次要前提。道德正义和法律正义一样。因此，任何积极的道德规范——任何道德行为准则——如同成文法或法律规范，都可能包括一些规则，虽然一般而言它们具有某种程度的特殊性，例如，十诫。但这些规范性的前提本身需要一个基础。对于具体道德原则的最终基础问题，伦理学理论展示了三种不同类型的答案。第一种是，有一个持怀疑态度的答案。在道德方面，它目前采取文化相对主义或情感主义的形式；在法理学中，这种形式，粗略地说就是，法律就是法官所说的。伦理学中的第二种答案是直觉主义。这种观点认为每种特定的道德规则都代表着同样具体和特殊的道德洞察力。第三种答案假设，这些特定的规则本身可以从更全面的规则中推导出来，也许最终可能来自一些全面的、第一正义原则——黄金法则，如康德的"绝对命令"，或者"己所不欲，勿施于人"。

在这一点上，我对道德怀疑主义不加评论，希望找到答案。并且我没有时间讨论直觉主义，除了参考那些熟悉的、明显的反对意见外，这些反对意见表明，直觉主义是不可信的。我在这里只考虑第三种答案。特别是在这个时刻，为了简洁起见，我请求你们宽容教条式的陈述。

我认为黄金法则和康德的绝对命令，以及上面提到的第三种表述都具有相同的意图，它们的任何分歧都太细微了，不能影响对于它们中的任何一个来说重要的一般考虑。

形成对伦理学理论问题的第三种回答有三个主要因素，每一种都可能引起反对。第一，这种首要的基本原则没有足够具体的含义，以确定在特定情况下什么是正确的。第二，该问题涉及为了解决典型或具体的道德问题而必须附加的那种次要前提。而第三，假设我们可以避免前两个，它们涉及任何绝对命令本身的基础。

正是这第三点，也是最后一点，即任何基本道德原则的根源，这里称为实用主义的观点，将提交给您考虑。但是，我们尽可能简洁地提出在这两点之前什么是必要的。

绝对命令在某种意义上是空洞的，单凭它本身无法得出任何具体道德问题的答案。但这不是反对意见：它取决于案例的性质。被要求是基本的和全面的东西不能同时是具体的和特殊的。基本原则只能提供道德上合理行动的标准。什么会满足这些标准，什么会违反这些标准，它不会说也不能说，但必须让与案例的特性更接近的事情来决定。道德结论需要什么样的第二前提，我们可以通过考察基本原则提供的标准本身来确定。

上面引用的绝对原则在任何表述中都提供了所要求的标准。但是可以看出，它只通过那些暗指"您"的短语来实现：您能做什么，您希望别人做什么。并且我们要解释这一点的原则，有必要指出，对"您"的这种提及并不意味着个人。例如，这并不是说，如果您享受室内温度为40℃，就关上窗户以防任何空气搅动，并且会因为普遍的做法而感到欣慰，因此您有理由把它强加给家人或客人。事实上，非个性化是这一基本原则所规定的本质。例如，如果您的问题是涉及三个人的问题，那么这就是说，简单地将其视为A、B和C中任何影响这些个体的特性或特殊性都会作为问题前提的一部分加入A、B或C。根据原则，没有任何答案是公正的，除非您能同样批准您是否亲自站在A、B或C的位置上。在原则中我们提到"您"的重要性，事实上，它只是指示我们将自己想象为遭受有关行为的痛苦的人，因此才能体会到它的好坏的感受。

没有具体的行为或具体的行为方式可以不考虑其可预期的后果是好的还是坏的而被确定为正确的或错误的。除了这种行为方式可预测的价值后果之外，没有任何与具体行为或具体行为方式相关的东西可以确定绝对原则所规定的内容。任何行为都不是正确的或错误的，除非因为在决定中有好有坏。事实上，如果没有什么原因使人们享受快乐或痛苦，那么"正确"和"错误"这两个词就毫无意义。并且——我必须强调的一点——可以预测任何特定行为方式所带来的价值后果是我们只能从经验和过去类似案例的归纳中学到的东西。客观评估——最明显的是针对预期行动的后果——是对事实问题的经验判断。因此，道德三段论的小前提必须是两件事之一：要么是以经验为基础进行的直接价值判断，要么是某些次要的正确原则——某种格言或道德经验法则——它是建立在对特定行为方式的典型价值—后果的归纳概括的基础上，根据基本道德原则的标准来衡量的规则。例如，"不说谎"就是一个规则，它反映了对故意伪造的主要不良结果的概括，并且这种特定的行为方式使未能满足我们所愿意看到的标准的做法变成了一种普遍做法。

考虑到直觉主义的概念，我允许自己举一个例子，这个例子可能更有说服力。假设所要求的决定涉及资金投资。首先假设这笔钱是投资者自己的，并且他没有家属，所以这只是一个审慎的正确的问题。任何决定将是谨慎的，当且仅当根据向投资者开放的所有证据，选择满足有良好回报、可能增加市场价值和本金安全性的综合考虑的最高概率。正如经验所教导的那样，这是一种难以进行的价值评估，需要广泛的经验基础来确保其可靠性。但现在让我们假设，这笔钱是由必须做出决定的投资者托管的一笔款项，因此，正确投资它的问题具有重大的道德意义。所要求的判决没有什么不同。事实上，特殊道德行为所要求的主要前提恰恰是他应该像投资他自己的钱一样投入这笔款项，并且他决定的结果将会被他自己看到。

如果我们进一步观察到，投资者在试图将第一个谨慎原则或道德的第一原则落到实处时，可能会利用专门针对投资问题的第二条箴言，即"不要在繁荣的市场买入"，"不要在低迷的市场卖出"，"不要做空美国经济"等；这些显然具有归纳意义。道德准则的情况也不例外。"兑现您的承诺"或"偿还您的债务"是一种从属的道德规则，它反映了对"破坏承诺或债务违约的不良后果"的经验的广泛可靠的概括。它用于代替预测在特定情况下可能产生的好的或坏的结果。没有人能够完全肯定地预测任何预期行为所产生的好或坏的总结果。但除了这种预测之外，没有人能够实施任何基本的正确原则，以便达到任何具体情况。并且没有人可以做出这样的预测，这种预测将以任何其他方式证明，而不是通过经验推广。除非通过预测决策的好坏结果及如此选择的行为来判断，否则任何事情都无法判断是对的还是错的。简言之，任何行为的确认都是对正确作为主要前提的基本要求。它还需要第二个前提，即对价值的判断，这是对决策的经验事实后果的判断，以便采取行动。

我们的最后一点将涉及首要原则的主要前提。让我们稍微研究它提供的道德的最终标准。道德要求中包含的这些标准有两个：一个是形式的和明确的，另一个是内容的和含蓄的。形式的要求是普遍性的和非个性化的。只有在所有情况下都是正确的，行事方式才是正确的，因此任何人都可以采取相同的行动前提。无论如何，这仅仅是作为有效规则的形式要求，并且同样要具有审慎和技术规则，以及正确推理的逻辑规则，就像道德一样。内容的标准是在提到的

"您"中所隐含的内容——作为普遍实践或被采纳的次要准则，您会满意什么。作为一个小小的反思将会清楚地表明，这样隐含的是什么，这里至少有两件事：第一，行动方式应根据其好坏结果来判断；第二，因此——显然——它们应被视为对实际受后果影响的人产生的影响（并且从行动者的角度来评估，因为他是如此地包括在内）。

如果您仍然和我在一起，我们现在讨论最后的问题（当然，这是很大的希望）。具体的道德判断需要两种前提。有一个基本原则，它通过摆脱具体案件的所有特征及任何依赖于经验和信息的东西来设定道德的最终标准。并且存在进一步需要说明的前提——或者更确切地说，是复杂的前提集合，被压缩成我们能够把握的和恰当的归纳——其涉及在特定情况下有作用的替代方式的可预测的好的和坏的后果。

这个小前提的有效性问题仅仅是经验中归纳概括的有效性的一般问题。这是一个足够大的问题，但属于认识论，而不是道德理论。

另一个主要前提的有效性问题是道德规范本身的有效性问题。在说明中，它声明"您应该只采取符合所有行为规则的行为，您认为这些行为规则在所有情况下都是有效的，因此也适用于所有人"。所以，这是一个同义反复，明确了"正确的做法"。但是，如果这样说的话，它就回避了"应该"和"有效行动规则"的重要性。真正的问题就在那里：有什么应该吗？是否有有效的规则约束每个人的行动？我们所要求的是康德所谓的"演绎"：实践原则要应用于人类经验的论证，因为没有实践原则——如果不承认它们在实践中是有效的——就不会有完全的人类经验。至少，这就是我要尝试的演绎方法。

我认为可以提供这种必要的演示。如果没有正确原则，可能会有我们归于其他动物的经验，假设它们缺乏智能和理性。但是，如果没有正确与错误的区分，动物就不可能有那种经验特征，它发现自己必须做出深思熟虑的决定，不能总是靠做自己想做的事来生活。

我建议明确对客观事实的理解——与直接感受和发现相反——这是我们称为智力的本质。人类之所以是人类，是因为我们的理解比直接观察到的更多。隐含或明确地说，此时此地经验中缺失的东西是重要的，并且，特别是它象征着未来可能的经验。我们所看到的房子有一面是我们看不到的，而关于里面的一面，如果不采取适当的行动是看不到的，但我们可以通过采取行动来看到。对于我们而言，我们所看到或听到，或以其他方式体验的一切都具有传达后果的可能性，这些后果可以在进一步的经验中证实我们可能发起的行动方式。无论我们是否同意"操作"或"验证"的理论，认为可验证的这种意义是经验对我们的唯一意义，至少我们会同意，对于赋予智力的生物来说，认知经验包括这个意义，并且普遍地指示了客观事实。这就是智能理解的本质，与仅仅通过感觉器官的刺激引起的感觉形成对比，并且可能引起自动反应。也许我们会同意，对更为遥远的事物的理解，以及对立即给出的可能进行验证的这种理解的多样性，构成了我们所谓的智力程度的粗略衡量。

现在我想建议，根据我们所知道的客观事实而不是根据我们的感觉来管理行为，这是我们所说的理性的根本特征。无论是在我们的世界还是在我们经历的变迁中，掌握智慧都无济于事，除非它有助于改变我们的行为方式。这是显而易见的，也是不可避免的。因此，没有理性的智力将是一种完全无效的能力，没有任何差别，甚至没有生物制裁。我并不认为道德和其他制裁来自促进生物适应环境并有时挽救他生命的生物学制裁。我只是观察到，如果有任何聪明但非理性的生物，傻瓜杀手会很快赶上他；而根据理性理解的客观事实的指示来改变行为的能力是深刻影响人类所有经验的根本特征。

作为推论，我会引用第三个显而易见的事实。理性联系是指根据我们所知道的行为来管理行为，而不仅仅是根据我们的感受来控制行为，不仅仅是让自己被冲动、倾向和情感所感动。而且有一个基本的应有的、必要的意义；观察它与亚里士多德一样古老。否定一般的命令就是让自己成为一个傻瓜——请注意我不是在这里叫名字，而只是用字面意思来说。知识是为了管理行动；它的作用是建议我们采取合理选择的行动。不接受这个建议是愚蠢的或有悖常理的。一般来说，否定行动的必要性是在理智上愚蠢或有悖常理。

考虑到认知主义者与非认知主义者的问题，我们做一个小范例：

"炉子很热。"这是客观事实的宣告——也许是针对可能忽视这一事实的另一个人的。

"如果您触摸炉子，您很可能会被烧伤。"这说明了"火炉很热"所带来的行为后果的一个含义——这是对所宣布的客观事实的可能验证。

"如果您不想被烧伤，请不要碰到炉子。"这是"火炉很热"中所含的行动建议，并与"如果触摸炉子，您可能会被烧伤"相关联。它只是把这句话翻译成建议的语法形式，在结果分句中使用祈使句。但是，一个如此宣布"炉子很热"的人——暗示其余的——虽然建议，但不会命令。他让任何理性的听众都如此命令自己。并且他可能会补充说："若不介意被烧伤，就把裸手放在炉子上，我也不在乎。"客观事实的每一个陈述都具有理性行动建议的含义。没有这一点，事实陈述是毫无意义的，对所述事实的理解对任何人或任何事都没有任何影响。这一建议是所讨论的知识项目的重要意义，没有这一意义，就没有任何实际意义。

但是，可以说，这些含义似乎是有条件的命令：这里没有绝对的命令。这是正确的。任何经验陈述，如果不假定一个基本的绝对命令，就不会产生任何命令。但是关于这种假设命令的两个观察是有序的。首先，当假设满足时，假设的命令就变得绝对。① 如果您确实希望避免被烧伤，那么将您的裸手故意放在您知道很热的炉子上会违反理性。其次，尽管我们已经用愿望来表达了我们的范式，但我们提出了审慎的最终要求，"因此，我们会尽可能保护自己未来一生的利益"。同样的认知事实——"炉子很热"——类似于假设道德的最终要求是一个具体而明确的义务："如果您有责任避免无谓的烧伤，不要触摸炉子。"具体的义务总是由这种假设的、与行动的认知建议相关联的命令产生的，而在派生特定义务的链条中，这种联系总是必不可少的。

可能也有人反对，"但为什么要制定规则？为什么行动控制应该采取规则的形式？"如果是这样的话，答案是，这是人类完全可以管理行为的唯一方式。人们只有参照某些显性或隐性的普遍性，才能把他们的行动导向可预见的目的，因为在这个世界上，他们除了把从过去学到的东西应用到现在或将来之外，什么也做不了，而这对于一个新出现的或预期的情况来说是可能的，只有它在可以在某些类中与过去类似的情况相结合时才有可能。我们知道如何在本案例中实现我们期望发生的事情，只是因为它是在过去的类似情况中发生的事情。因此，一个指令没有这样的普遍性——未能成为"在某种情况下，做某某事情"的形式——任何人类的思想都不可能构建或利用。我们按照一些隐含的公式化的规则行事，或者我们根本不把我

---

① 这是康德忘记强调的一点。他通过区分应用于命令的"断定的"和"无可置疑的"来掩盖这一点，这种区分很受欢迎。但是，将"绝对命令"等同于"无可置疑的"，就回避了我的观点，虽然他承认我的观点。审慎命令不是假设的；技术命令（技能规则）是假设的。

们的行动导向可预见的目的。

在观察这一事实时，我们接近最后一点——由于从以上到必要决策的一致性，以及因此我们的经验法则与近似行动指导的一致性，上面称为准则——这只是很短的一步。我们有各种各样的目的，为了其中一个目的而采取行动往往会对其他一些事件产生影响。这样提出的实际问题有两个部分。首先，根据我们的人性和生活环境，我们实际上有义务在任何特定情况下，不仅权衡作为影响当前努力和目的的行动的后果，而且权衡所设想的行动对其他利益造成的错综复杂的、或许是遥远的影响。其次，我们同样有义务考虑我们各种目的的相对排名，试图将它们按某种重要性的顺序排列，不仅与如此设想的目标的相对价值有关，而且还与实现某一既定目标可能涉及的其他目的所造成损害的成本有关。因此，我们不得不考虑我们的特别指令，适用于某些类别的案件，与适用于其他类别的案件的其他此类指令的关系。因此，在道德准则方面，我们观察所谓的义务冲突。当然，这是直觉主义不可思议的一个理由，它以特定的道德指令为最终依据。正如 W. D. 罗斯所承认的那样，只有表面上的义务才能被这些准则所认可。

然而，我们在这里的主要观点是一个不同的观点，必须决定其具体行为的生物，也必须尝试对他的目的进行某种结构性的排序，并合理地组织其行动计划。出于这样的原因，未经思考的生活是不值得过的。最重要的是，我们必须注意到，不能逃避行动决定的生物，被迫（实际上）寻求通常称为这种决定的一致性的东西：他的目的的一致性和他的小行动规则之间的一致性，他的具体行动决定是参照这些规则做出的。在这里，我们注意到，有必要考虑不同种类的正确，包括逻辑、技术、审慎、道德，以及它们之间的相互关系。所有这些都可能影响到单一的行为，并要求尊重它的决定。

被称作追求、目的、行动和行动准则的一致性或不一致性的是什么？我们常常以从逻辑中借用的术语来思考它，并将一个目的或一个行动计划称为否定另一个，或与另一个不相容。"不兼容"是一个更准确的词。而且很明显，每当一个目标的实现不可避免地导致另一个目标的挫折时，当您无法双管齐下时，目标就是不相容的。因此，正如我们通常所说的那样，两种持续的行动态度或两种行为准则实际上是不一致的，它们是冲突的。但必须指出的是——这是至关重要的——决策或行动指示的这种实际不一致性并不是它们口头表述中的逻辑矛盾。"实践中的冲突"可能因特定情况、自然规律或其他关于"世界就是这样"的事实而不相容。

然而，这两个逻辑一致性和实际一致性几乎是相关的。时间不允许充分展开这个主题；但有一点要考虑：我们应该注意到它。实际的一致性不能简单地或仅仅根据逻辑一致性来定义。但逻辑一致性可以被视为一种实际一致性。一般来说，总结和履行信仰的承诺是深思熟虑的和可管理的活动。在逻辑上保持一致仅仅是在接受或拒绝相信承诺的实际问题上是自洽的。在总结和信仰上保持一致只是为了避免这种冲突的积极承诺。在同一个前提下不要做出不相容的承诺。并且不要在您的结论中否认您在自己的前提中做出的承诺。现在不要相信，您可以预见以后必须收回的东西，或者您在别处否认的东西。不要改变主意，除非（1）您观察到您先前的信念是不一致的，不受一致性支配，或者（2）您目前的结论是根据进一步的证据，即在不同的前提下做出的。

正是由于怀疑主义对正确行动的有效原则的过分重视，它忽略了这样一个事实，即结论和相信是我们可控行为的一部分，而发表声明甚至是一种实际行动的方式，具有明显的隐含目的。对正确原则持怀疑态度的人，如果论证了这个问题，就会为我们提出一些思路，他们认为，我们必须尊重他的结论，根据他假定我们认为可以接受的前提。但他为什么要指望我们在他的逻辑中找到强迫性，并觉得有义务默认他的结论，而不是说"我不喜欢这个家伙的态度，我觉得他发出的噪声令人讨厌，把他从二楼的窗户扔出去不是很有趣吗？"他假设"为什么合乎逻辑"这个问题有一个答案，虽然谎言不会带来任何好处，但它是理所当然的。他未能观察到涉及避免行动决定不一致的考虑，这代表了更一般的情况，其中结论和信仰的承诺可以作为一个种类。最后，他似乎没有注意到这样一种观点，即如果不能改变我们的身体行为，那么争论总的来说将是完全无效的，是完全没有意义的。

我认为这里有很多重要的东西需要展开，但必须省略。我们只有时间提出最后一点。

首先，有自我一致性这样的事情。在逻辑中，否定自相矛盾命题的陈述是一个必要的真理、一个分析陈述，并且任何理性存在都不可否认。为什么我们永远不应该犯这种自相矛盾的错误，为什么我们必须接受分析而不是否定它？好吧，您回答。我试图提出我的答案：因为我们可能有持续的目的，受到我们的信仰承诺的影响，并且因为不相容的信念，更确切地说，任何应该是自相矛盾的信仰，都必然导致与它们有关的任何目的的挫折。这是实际的一致性或不一致性，这是最后一点。首先，我将通过一个实际的自相矛盾的旧例子来说明这一点。其次，通过指出实际的自我矛盾来解释这一点，对于必须决定自己行为的人来说，根据这种矛盾，拒绝采取正确行动的必要性是，理性上不可能。

考虑**克里特岛的埃庇米尼得斯**，他宣布所有**克里特人**都是骗子。各种敏锐的逻辑学家都忙于研究说谎者的这个悖论，试图找出问题的根源。并且他们当中没有一个人能给出一个解决方案，而其他人却没有及时发现其中的错误。在"我是克里特人，所有克里特人都是骗子"中没有逻辑上的矛盾。这种悖论的历史形式的矛盾在于**埃庇米尼得斯**断言，他所属的所有成员在他们所主张的事情上都是不可靠的。这种断言行为属于实际的矛盾。如果**埃庇米尼得斯**是认真的，那么他发表声明的目的一定包括让听众相信他的意图。他所说的必定会破坏这一目的，与进一步的目的是不相容的。

其次，考虑一下古希腊的格言，"不要为明天忧虑，要抓住如飞的快乐"。除非人们坚持，否则任何决定都是无效的。行动或态度的决定也是无效的，除非可以预见它们可能影响未来，因为它们不会影响其他任何事情。现在考虑这个决定，"无视未来；不要在决定的时刻之后做出任何决定"。这是对未来态度的决定，或者什么也不决定。但是，所决定的态度是对未来没有关心，当然包括对当前态度的任何影响。古希腊的决定是决定不做出有效决定，或一做出决定就忽视它。要坚持它，就必须避免它，或忽视它所关心的整个事情。避免对未来产生忧虑，不因之采取行动，就是否定一切目的，包括坚持目前做出的决定或目前采取的态度的任何目的。这是一个明显的实际上自相矛盾的例子，其范围很广。

我想可能已经暗示了最后一点：

（1）我们只能通过参照一般性、隐含的行为规则来管理行为。

（2）任何有效的行为准则必须适用于与其相关的所有情况。因此，在同一行动的前提下，它必须对我们自己的行为和其他人的行为一样有效。

（3）行动的绝对命令就是这样一条规则——在最明确和最普遍的情况下，它只规定遵守不违反任何公认为普遍、客观和有效的规则的行为方式。

（4）否定这一绝对命令是决定无视一般有效规则——通常采用无视行为准则的规则。这将是实际自相矛盾的最终结果。绝对命令只能通过这种实际的自相矛盾来否定最终结果。在某种意义上它是先验的，对于任何理性的和必须做出自己的行为决定的生物来说，这是不可否认的。

价值判断和事实判断

"价值判断"一词的含义可能很清楚。您不太可能选择任何示例作为对价值的判断，而这些判断不在该词语的含义范围内。还可以清楚地看到，在话语世界的那部分，"事实的判断"是可以找到的：它们是通过参考最终经验术语中可以陈述的某些标准来确定其真实性或虚假性的那些东西。该短语中任何不明确的原因都是关于什么是真实的和虚假的经验标准的问题，或者关于这些标准的应用的问题。清除所有这些问题将排除继续讨论任何进一步主题的可能性。但是，一个或两个评论可能与下面的内容有关。

关于所谓的"价值判断"与事实判断之间关系的问题在我们的脑海中尤为突出，因为预期的规范意义的陈述通常会被归类为价值判断；对于那些对它们进行分类的人来说，如果对价值的判断总体而言要将真理或虚假作为主观感受上的心理主张，那么通常我们应该认为规范性陈述的某种真实性或有效性是可能的。

实用主义者和维也纳学派的拥护者都致力于这样一个论点，即有意义的陈述必须是可以证实的，尽管目前还不清楚"可证实的"是什么意思。

我们意识到——我认为——在提出这个格言时，我们咬掉了相当大的一块，并且在吞下之前必须完成一些咀嚼。然而，很明显，"实际可验证性"所暗示的"理论或内在可验证性"所暗示的东西，而不是更为狭隘的东西，恰恰是恰当的。在语言、真理和逻辑方面，艾耶尔先生提出了这样的限定条件，即有意义的陈述必须是这样的，即经验上可以确定的东西可以真实地影响它们的概率。例如，电子可能无法验证，但它们的存在确实是可能的。在《经验和意义》这篇论文中①，我提出了一些不同的建议，即使"可证实性"的标准易于理解和可接受。

然而，对于那些接受规范性陈述有意义的人来说，这个问题的顺序与维也纳学派的争论不同，即规范性的这种说法没有理论上的含义，只有"情感"的含义。规范客观性的拥护者和反对者在此一致认为，如果所谓的规范性陈述断言除了主张者的感觉状态之外没有任何可确定的东西，那么它们在哲学上可以忽略不计，或者至少不能以一种对他们的辩护者所指定的位置至关重要的方式具有意义。当然，这只是一个长期有问题的当前形式。极端自然主义或实证主义一直认为道德的唯一重要说明必须归根到底是描述的、心理的或社会学的；他们的各种反对者一直认为这个论点是一个极其重要的错误。

然而，应当说，在维也纳学派成员的心目中，对规范性陈述的客观真理的否定，显然不会带来对一般价值判断的真理或虚假的否定。在《世界的逻辑构造》的第 152 段中，卡尔纳普教授说："从某些直接经验的价值构成来说，'价值体验'在很多方面都显示出与物理事物的构成类似的情况，这种类比来自感知体验（更确切地说，来自感官品质）。这些经历的一些例子可能足以作为指示。因此，对于道德价值的构成来说，我们应该（在许多其他人中）有良心的经验、职责或责任的经验等。"他进一步说："这意味着没有对价值进行心理化，就像没有意义的物理对象的构成意味着对物理的心理化一样。在现实的语言中，价值本身并不仅仅是经验上的或心理上的，而是独立于经验而存在的，并且仅仅在经验中被认识（更准确地说，在价值感中，它是谁的意旨对象），正如物理的东西不是心理的，它独立于知觉而存在，仅仅在知觉中被认识（它）是谁的意旨对象一样。"②

---

① 在哈佛哲学俱乐部之前阅读，1936。——编者注
② R. 卡尔纳普：《世界的逻辑构造》，203—204 页，柏林—拉特湖，1928。

　　我必须承认，我无法以符合维也纳学派在规范方面的一般立场的方式解释这一段话，例如，在石里克的《伦理学问题》中。对此的部分解释无疑在于下面这句话："从总体上讲，构成理论并没有使用这种现实主义语言，而是对现实主义表达的形而上学成分保持中立。"这段话的整个上下文也将成为要点；我不能带给人的印象是卡尔纳普在这里承诺道德价值观有客观性。我根本不知道这段话意味着什么；但很明显，有一些关于价值观的真理不仅仅是心理上的，因为构造理论在一个有意义的表述和一个毫无意义的表述之间不可能是中立的；也没有用经历构建一个没有经验外延的概念。至少它似乎意味着价值独立于以与物理对象独立于被感知的方式类似的方式感受或体验。似乎可以认为，价值预测在其真正的重要性上并不比物理性质的预测更具有心理学或社会学意义。

　　然而，可以认为，承认价值谓词作为属的经验意义或事实意义并不意味着作为该属内的假定物种的规范性声明具有类似的意义。一般来说，规范的拥护者都认为，这意味着，他们认为某些规范性命题的客观真实性或虚假性对于任何形式的价值判断来说都存在客观真理或虚假，因为它们不仅仅是表达主观感受的陈述，它们事实上等同于任何真实或错误的命题，而不是心理学或社会学的一些经验描述性命题。

　　最后一个问题很可能就在这里。但是，我们首先考察一些可能与所谓价值判断有关的因素。卡尔纳普对感知判断的类比表明了对价值判断意义的分析，在我看来，价值判断的意义是显而易见的，它给价值判断以与其他品质判断一样明确的经验内容。

　　直接的好，直接的价值，直接和简单地给予经验作为直接的感觉品质——玫瑰的美丽是它的形状和颜色，夏夜的感激是它的宁静和混合的影子，交响乐的辉煌是它的音调和节奏。事实上，玫瑰的美丽在于它的形状和颜色。我们想起伯克利关于火的灼伤和它的热量的古老论点；我们没有感受到两种感觉，只有一种感觉，它既是痛苦的又是热的。就特定经验的各种好和坏而言，它们与感觉的品质没有分离，但只能通过抽象和建构来分离，这是特别明显的。主要是"认知"的兴趣主要集中在被称为"感觉"的更无色的元素上，而这些更深刻的好和坏被遗忘并被贴上"感觉"或"主观"的标签。但是，如同所予的那样，玫瑰的红色就像感觉到它的美丽一样，同样是主观的。

　　正如我在其他地方试图解释的那样，尝试报告——无论是感觉—质料还是价值—质料——有时被称为"主观的"，部分原因是没有任何词语的含义纯粹是象征性地指向感觉质料的。如果我说玫瑰是红色的，我暗示它的进一步经验；隐含地，我预测这个现在所予的特征对于这种进一步的体验来说或多或少是永久的可能性，并且例如，随着光照的改变，它将以某些方式而不是以其他方式改变。作为玫瑰的客观品质，"红色"是一种完整的复杂存在或一系列所予的经验品质；没有一个直接的材料足以确定这种客观质料的存在。正是出于这个原因——也就是说，由于应用于玫瑰的客观谓词"红色"所要求的复杂性和时间扩展——"玫瑰是红色的"断言是可验证的，并且需要验证，而非直接给出，以确定其真实性。

由于"红色"作为断言的谓词的这种含义，没有一个词可以表达直接的感觉性质，没有一个词可以明确地只打算表达这种定性性质而不做进一步的暗示；这就是我所说的所予是不可言说的意思。

同样的观点也可以用另一种方式表达。语言还有其他用途，而不是这种称为"认知"的主要用途，通过这种用法，词语表示复杂性或可能的经验进展，并且所做的断言是隐含的预测。特别是，语言可以被称为其表达用途，这种用途是对直接经验本身的感觉性质感兴趣，就像在抒情诗中一样。在这种富有表现力的意义中，所看到的或想象的东西是红色的陈述是其复杂性和预测意义的缩影，并且打算简单地传达所予的经验的定性特征。语言主要被用于认知、语用和预测；因此，诗人和其他表达性陈述的人难以用一种外国语言表达，也难以说出他们并非字面上的意思。或者——或许——我们都会认识到实用或预测性和表达意图通常是一起存在的，并且大多数陈述都是如此被理解的，更准确地说，通常强调实用和预测的意义：它们在逻辑上得到了细致的研究，成为认识论的主题，而表达意义却相对被忽视，意义理论被阐述得好像这种语言的表达意图根本不存在似的。

还应该观察到，表达性陈述——对所予质料的报告——不是严格意义上的判断，并且最好不要被归类为"认知"。毫无疑问，对于报告者而言，它的真实性或虚假性没有问题：按照预期，他要么表达他所知道的真实，要么就是谎言而且他知道。由于它没有超过表象的意义，因此我们无须核实。我们可以说它立即能得到验证，或验证与其真相无关。但是，根据选择这些替代陈述中的第一个或第二个，应当注意，人们会选择略微不同的验证含义。在一种情况下，它在其意义上表示或包括表示意图之间的一致性与直接满足或满足该意图的一致性之间的关系；在另一种情况下，验证仅限于可能存在疑问或错误的情况，因此验证不适用于立即确定其真伪的事物，也没有进一步的含义。

通常使用的"验证""判断""认知""知识"等词语在这一点上是模棱两可的，因为它们没有明确是否包括要表达的意图和立即、完全满足该意图的内容之间的关系。这种模糊性造成了目前知识和意义理论的混乱。在下文中，我将在狭义的意义中使用"判断""认知"和"知识"这几个词：对当下表象的理解本身不是一种知识，没有进一步的预测，对当下事物的表述或报告不是一种判断，因为没有什么是可以怀疑的，也没有错误的可能性。

但是，如果说这些表达性陈述既不为真也不为假，那么这将是非常矛盾的。使用"验证"这个词至少是不幸的，因为它可以勉强排除这些表达性陈述或直接表述与满足其表述意图之间的一致性的保证。显然情况确实如此，因为任何陈述的所有核实都必须通过在某种经验或经验中确定这种一致性来实现，这种经验将在进行这种核查时立即实现。如果这种一致性的表达不能成为真的或错误的，那么普通的认知和预测判断最终必须通过本身而不是验证的情况来验证。如果"真相"和"虚假"不适用于直接的表述，那么任何预测性陈述都无法得到验证，或者无法说明将对其进行验证的内容，因为验证它们的公式必须包括永远不会是真或假的陈述。

因此，我将把表达的陈述称为真或假，其含义表示，它们的指示意图与所呈现的意图一致；或者没有这种一致性。我将在"验证"的含义中包括这种一致性的保证，尽管这种类型的验证是毫无疑问的。

当然，被说成是真实的陈述通常都是预见性的、认知性的，并且不具有表达性，因为说任何可以证实的事情是毫无意义的，因为事实或谬误会立即得到肯定的验证。

如果您允许建议使用有关的术语，那么结果就会得到理解，这显然是经验性的，而且对于任何经验知识来说这显然是不可或缺的，但这些经验知识本身并不是认知的例子，它们的表述不是任何判决的陈述，尽管如果不使用它们，我们也不能说明经验判断的含义，它们是所有经验上有意义的陈述的解释必须终止的最终要素。

这一点的特殊之处在于，就这些考虑而言，玫瑰的红色和它的美感，其感觉品质和价值品质之间没有本质区别。如果认为价值预测是主观的或不可言说的，或仅仅是表达性的，而且由于这些原因的无意义或不可证实的陈述，我们需要指出的是，客观感觉性质的预测和其他事实的事物具有其含义，并且只有在受到完全相同限制的成分方面才有意义。如果假设表达性陈述和经验性陈述之间存在着对比，那么很明显，我们很难找到分析中更明显的错误。

价值品质和感官品质之间的类比进一步表明，从仅仅是直接的理解和仅仅是表达的表述到认知判断和可验证的预测命题的转变，在一种情况下与另一种情况是一样的。当我说玫瑰是红色的时候，我的意思不仅仅是说它当下给出的和不可言喻的感觉质量的报告，我还暗示了进一步经验的可能性，其发生将证实我的断言的真实性。因此，我的陈述属于客观性质，代表着真正的判断。同样，当我说玫瑰是美丽的时候，我的意思更多（或者可能意味着更多），而不是其当下给出的和不可言喻的价值品质的报告，因为我意味着进一步经验的可能性，这种可能性通过具有这样那样的价值方面或品质而不是通过经验的其他特征来验证我的说法的真实性。因此，我的主张具有客观的价值属性，代表着真正的价值判断。在意义品质和价值品质的背景中，客观和认知意义的统计发生率与仅仅表达意义相反，可能存在差异。价值预测可能在表达意义而不是认知方面更常见。但如果是这样的话，人生中必须对感官品质给予高度重视，而令人遗憾的是，我们对体验价值方面的兴趣是偶然的。至少，这里没有理由拒绝在价值预测的情况下客观意义的可能性。

还有一个区别，它通常区分我们在两种情况下的意图。如果我向您提出一些关于玫瑰红色的"事实问题"的陈述，我对您的可观察行为的陈述的某些结果可能会满足我对沟通的兴趣。如果当我向花店询问红玫瑰时，他会给我我想要的那种，我对沟通的兴趣得到满足，不管红色的东西在他看来和在我看来是一样的，还是由于某种感官的特性，他在红色的东西中所理解的直接的和不可言说的性质与我所看到的是完全不同的。但是，如果我向你们发表关于玫瑰之美的一些陈述，那么就你们的行为而言，我对沟通的兴趣可能不会得到满足。如果通过某些特质，您没有找到同样满足我对"美丽"打算的即时体验的持续可能性，那么虽然您将这个术语应用于相同的一般事物，尽管您可能会微笑、鼓掌和假设在我称为美丽的事物面前表现出满足我的姿势，但是我的沟通兴趣可能会被打败，如果我认为您理解我的意思并分享我的判断，那么我就会感到被欺骗。

情况就是这样，因为对感觉品质或"事实问题"的理解的特殊兴趣是实际的、务实的，也就是说，不是为了质量本身而理解的一种兴趣，而是为了把质量作为达到另一个目的的工具，并为达到这一目的而采取行动的一种兴趣。相比之下，对价值品质的兴趣是出于其自身的特性：事实上，这种对利益和目的的直接回答至少是将任何质量分类为价值品质的一个标准。

由于这两种情况的典型旨趣方面的差异，在纯粹务实、科学等情况下，将行为共同体作为共同或主体间意义的标准是合理的，因为沟通的主要目的是合作的行动。价值判断的沟通可能在意图上同样具有实用性，主要针对合作行为，因为许多（可能是大多数）价值观是外在的而非内在的。但是，就所讨论的价值是固有的而且沟通的目的将这种质量视为内在的而言，对沟通的兴趣会涉及这些沟通所需的直接感受到的体验（或可能具有的体验）中的可能的巧合或相似性。

我们到达了一个合理论证的终点。没有法律反对通过行为共同体来界定主体间的价值意义。但是这样做的人只是在谈论其他事情，并通过关于语言的格言提出问题。定义的教条主义在哲学上比教条式的形而上学断言稍微差一点，尽管它更难以避免，因为它不仅需要逻辑清晰度和精确度，而且需要精确和清晰的关于真正重要问题的轨迹。既然主体间的意义仅限于行为意义的限制，这是基于一个明确的理论，而不仅仅是方法的选择，那么我显然没有时间在这里进行充分的考虑。

最后一点与规范性声明的含义之间的联系将是显而易见的。"客观"这个词有两个截然不同的含义，虽然这两个因素在划分效果上最常见，但在所考虑的项目上，它们又分为"主观"和"客观"。对于这两个含义中的一个，那就是"客观的"属于或归于具体对象，而"主观的"是随着心态而变化的。在这个共同意义中引出主观和客观的精确标准是一个复杂的问题。我应该很高兴在这里避免它，只是暗示在所予经验中看到的红色是主观的，与物体的红色相对，后者是客观的。前者从一种经验到另一种经验，通过检查其所予质料的特征来确定；另一个参考关于从一个体验到另一个体验的改变的统一性归纳——就像红色会随着光照的变化而改变其质料一样。"客观"的另一个含义是卡尔纳普所说的"主体间"，这对所有相关人员都是一样的。如果这最后一个短语的含义止于群体或行为的一致性，那么对于在第二种意义上的客观性来说，"主体间性"是第一种意义的客观性的复杂实例，可以被称为"第一人称客观性"。

我已经建议，价值预测的预期含义，比如说，对于所有理性主体(我使用那个短语只是因为它的历史内涵会告诉您我的意思是表示)是有效的，其他人的行为并不是一个充分的标准。把它当作一个充分的客观价值标准就是定义价值，使规范性陈述变得毫无意义。但是，如果，当说一个东西好，或者给它任何更具体的价值断言时，我的意图就是，如果无论其他人的行为如何，他们在物体面前的直接经历在这方面与我不一样，那么我应该认为我说的是错误的。在所讨论的方面，物体的存在与我的存在不相似(并且我声称这是我的意思，并要求您验证它是否包含在您的内容中)，那么价值预测的真实性要求有一种可陈述的共同体，这种共同体的性质是由一般人体验的或可能体验到的。(值得注意的是，它并不要求我们对物品的直接体验与它的价值品质发生简单而直接的巧合，正如硬币的主体间的圆度要求我们对它的看法是一致的一样。简言之，这意味着，在适当的条件下，我们有可能同样地看待它。)

如果在主体间性的意义上，价值预测的客观性具有我所建议的这种意义，那么虽然这绝不是解决关于规范性声明的所有基本问题的情况，但是它提供了解决某些规范性声明的明确建议。内在的或最终的、适用于所有主体的价值具有规范的必要特征。如果有人认为应该实现本质上和主体间的价值的话，那么这种主体间的价值特征的预测具有规范意义。我认为最后这句话是一种同义反复，包含在"应该"一词的含义中。如果这与使用中的"应该"的含义相符，那么到目前为止，"应该"的问题显然是客观事实的问题。

如果我们注意到，通常使用的"规范性"一词引入了一个完全不同于最终和人际价值共同体的问题，它或许可以避免混淆问题。有些价值在事物的发生率上具有竞争性；有些好是这样的，即某些人拥有或实现这些好会妨碍他们的占有或者他人的实现。构成这种情况的问题促成了这样一个问题："为了实现我自己的价值，我可能为他人实现价值的可能性是什么？"这可能被认为是伦理学的独特问题。但我希望不加以讨论，这是有道理的，这是一个不同于上述建议的问题，是与传统短语"至善"相关的问题或一组问题。

对于这个建议的分析，我们可能会提出的第一个反对意见，是提出的价值预测的主体间的意义。可以说，这不允许进行任何测试，因此预期的价值预测必然毫无意义。我必须抗议这种反对意见，源于这种定义的教条——一种教条式的意义含义，任意地排除了我认为是价值预测的实际意图的重要部分。在解决这类问题时，我们可以提出的却很少。

但也许我们可以做点什么。我在其他地方谈到过这样的含义，其中包括提及其他人的直接体验的质料，虽然没有经过验证，但这里仍需要有意义的假设。我认为，这种假设的条款具有具体的外延；这就是真正必要的一切。正是这里区分了"本质上可验证的"（但可能不是实际可验证的）与本质上无法核实的，而且赋予了有意义必须可验证的格言的合理性。

但也许人们不必承认这么多。如果一个人愿意像艾耶尔先生所做的那样，退回到这样一种立场，即断言概率可能受到经验决定的影响是有意义的，那么另一个人心灵中经验的质量就可以得到"检验"。艾耶尔先生脑子里有电子；这个类比可能有用。电子的存在和构想特征是一种假设，其概率受到验证其后果的实验的影响。显然，艾耶尔先生不愿意说电子仅仅是或意味着摩尔质量的这种验证和直接可观察行为的全部。

鉴于人类在其他方面的极其广泛和彻底验证的类比，以及所有归纳推理在底层类比的事实，与类似行为相关的类似即时体验的假设是其概率真正受到直接观察到的行为事实影响的假设。但是，作为这个假设的主题的经验不能与这种行为相符，正如电子不能与实验室中观察到的摩尔质量的行为相符一样。

当我试图将客观价值的判断传达给你们时，我更确信我所说的意思，而不是关于最后一点，即这种意义可以被同化为"可验证的"，即部分可验证的，因此这是可能的假设。我确信我的意思是什么，如果您敦促我不应该接受这个意思，因为它不一致，那么我可以想象回答说，如果我愿意，那么我可能会不一致。除了呼吁规范外，我不知道您能做些什么，除非您认为它应当受到惩罚。当然，您不会试图为这种惩罚做辩护。您会保持一致，并承认这只是您愤怒的表达。

价值判断的客观性

我应该提出的是一个关于限制主题的明确论点：一个明确定义的问题的决定性论证。相反，我选择了一个大主题；而我想说的不能精确地用简短的话来说明。从广义上讲，它是这样的：价值判断代表了一种经验知识形式，一般来说，它们是客观存在的，或者说它们与其他经验理解有相同的意义。

当然，这与许多流行的概念背道而驰。事物的价值特征通常被称为第三品质。评估简化为喜欢和不喜欢，这是个人反应而不是理解任何客观存在。价值断言被归类为表达或劝诫，被视为情绪化的，并且不做任何经证实或可证实的任何事实的断言。

我认为这类观念的错误存在，与其说是由于它们把主观意义归于某些价值理解和价值陈述，不如说是由于它们没有观察到在物理陈述和对价值以外的其他特征的理解中所具有的完全平行的意义。区别不在于物理学和伦理学之间，或者不在于时空属性和价值品质之间，而在于不同类型的理解和实证断言的不同意义上，这些可以在任何领域和任何类型的主题中观察到。为了理解关于价值的陈述，我们有必要注意一般的主要经验断言的类型。

我认为有三种主要类型的经验陈述，即有三种不同的含义，是基于经验的断言可能具有的含义。首先，报道直接表象，即时和所予的经验内容是表象陈述，陈述我所看到、听到或感觉到的，不考虑任何关于导致这些外观或其客观真实属性的真实物体的问题。我们通常不会做出这样的陈述：这里很少有这样的需要，他们要表达的东西是直接而毫无疑问地存在的，不需要语言替代。在少数情况下，当我们希望这样做时，我们发现很难这样做；语言不是为这种表达而设计的，而是立刻暗示了在这种情况下我们不希望断言的客观事实。我们必须使用词组——"看起来像""感觉像""似乎是"——以表示仅仅断言所予或直接出现的表象。那些通过语言分析来处理知识问题的人可能会因为没有任何这样的原型而感到沮丧。但是，这种语言上的表达困难与我们试图表达的事物本身无关。从认知的角度来看，对所予的这种直接理解是基本的：它们代表了我们的绝对材料，这是我们在经验领域中唯一不合格的确定性。只有它们才能为经验信念提供任何依据，只有通过它们才能证实这种信念。经验知识是基于经验的，如果经验本身不确定，那么一切都将失去，没有希望。

摩尔先生认为，除了仅仅给出的那些确定性之外还有其他经验确定性，例如，这是一张白纸。但我认为摩尔先生很乐观。如果美国总统把这样的事情推给摩尔先生，并且向他打赌美国驻英海军反对进一步军火的禁运，说这不是一张纸，我想摩尔先生会想再看一眼，或者伸出手去感受一下，重新下注。我可以肯定的是您和我现在正在看到的外表一样，即使我们试图表达这一点，我们很可能会将它与我们看到的自然产生的推断相混淆。

我将这些直接和无可置疑的表述称为"表达陈述"，它们所表达的内容很难判断；所予的东西不需要被判断，如果我们将它们与所有推论分开，那么它们是否应该被称为"知识"是值得怀疑的。它们的真假，如果我们不说谎，就是真的。

其次，在所予表象中，我们可以预测一些可能的经验。眼下，我预测，当我看到这个时，我会看到更多的墨迹，它不会爆裂消失在烟雾中，否则我应该表现得与众不同，我不应该把它称为一张纸。通常这种预测必须是形式上的假设，因为我的未来经验很少或根本没有，我可以断然预测。特别是，这取决于我的行动。如果我往下看，我就会看到下一个句子——我希望。但是，如果我闭上眼睛，我就不会看到。这种对经验的进一步可能性的预测，以行动为条件，我将其称为"终结性"判断。与仅仅表达感觉材料的陈述不同，它们是真正的判断，因为人们可能对它们犯错误。而且他们正在"终结"，因为他们所肯定的是决定性的和完全可验证的。

最后，对于客观现实存在普遍的肯定，某种物体具有某种特性。基于这些，我们还有关于一类事物的一般性陈述。正如我们所看到的，客观现实的这些肯定不能简化为直接观察到的任何报告。即使在最简单的情况下，他们也会说更多。据推测，他们没有说什么，但这本身并不是可以证实的。如果我们采取行动以进行测试，那么他们所说的在理论上是可测试的。因此，它们意味着终结判断。仅通过这种含义，它们是可验证的。但是他们暗示了多少这种进一步可测试的经验可能性呢？显然，如果这个客观断言是真的，那么可能性就有那么多。这个数字是无限的。因为无论对这个事实进行了多少次测试，都会有另一种类型的测试。因此，举例来说，这张纸是真的矩形的陈述，在其意义中，没有任何东西不能被测试；但是它能够以很多不同的方式进行测试，并且在很长一段时间内都可以测试，如果我们想到所有可能的经验，它的断言隐含地预测我们会看到完整的测试，那么所有这一切都无法完成。出于这个原因，我将称这种客观事实的一般判断为"非终结性判断"。它们具有重要性，虽然只是经验性的，但在经验上取之不尽用之不竭。出于同样的原因，它们在任何时候都是理论上可能的。迄今为止的经验可能让我们有理由相信它们，但不能过分保证它们的真实性。

如果您采用在向我们呈现某件事物时可能会做出的最简单的陈述，例如"那是红色的"，"这个东西很硬"，您可能会知道它打算具有这三种可能的意义中的哪一种。它只是为了报告一种外观模式："现在看起来很红"，"这感觉很硬"；或者预测特定的可能体验："我把它放在光谱的第一波段旁边，两个看起来很相似"，"如果我猛烈地戳它，它会伤害我的手指"；或者它是否意味着最后一种陈述，但也意味着更多："如果这个东西被提交到一个物体上千次可以用红色或硬度做的测试中，它将满足所有要求。"一般来说，这些意思的问题是不会提出来的，甚至是不会想到的；但是，如果问"为了使陈述成为真实，需要做什么"，那么就必须提出，在这三种情况下，答案显然是完全不同的。如果问题是"陈述是主观的还是客观的东西"，那么这些含义也必须加以区分，答案将取决于所讨论的含义类型。

现在，如果要问，价值谓词断言的是主观的还是客观的，那么这种考虑正是最重要的。因为价值陈述与其他经验断言一样，可能是这三种类型中的任何一种。首先，有直接经历的价值品质的表达陈述。一个在音乐会上说"这很好"或者在餐桌上发表类似评论的人，大概是在报告一个直接经历过这种感官表象的人。他正在对价值材料做出表达陈述。在这个意义上，他的陈述与他说"我喜欢这个"或"我欣赏这个"没有什么不同。但他当然可能有一个完全不同的意图：他可能意味着断言音乐作品演奏具有对位、和谐等特质，这使其成为对我们文化的永久的宝贵贡献；或断言他与之相关的牛排含有蛋白质、矿物盐等某种组合，以及某种物理结构，这是有营养的肉类煮熟的特征。在后一种情况下，直接经历的价值品质或材料——其良好的品位——很可能是他判断的经验线索，但判断的不是这种直接理解的特征——不需要判断——而只是客观属性，相当于盘子的真实圆度。或者在音乐的背景下，如果它旨在宣称其永久可验证的卓越，那么听者立即体验到的享受可能是他判断的基础，但被评判的事情需要有音乐史的判断才能充分保证。

直接经验的好，如同表象的红或感觉硬度一样，可以单独作为报告的事项。因此，价值预测可能意味着除了出现的表面质料之外什么都没有断言。在这种情况下，它是一种表达陈述：对于表达者而言，它是自我验证的，仅在此意义上，它可以被称为"可验证的"。这样的陈述可以是真的或是假的（因为对于我们的直接享受和不适，我们可以说谎），但对于它的表达者来说，除了选择表达它的词语中的语言错误外，它不会有任何可能的错误。它所表达的理解是一个完全确定的问题；同样的是，它不是一种判断，在严格意义上很难被归类为知识。

其次，还有表达终结性判断的评价：有人断言在特定情况下，会产生感觉好（或坏）的经验。相信某种行为会导致享受或痛苦，这是一种终结性判断。这种信念可以通过采用有讨论的行动方式进行检验，然后进行果断和彻底的验证，或果断地发现错误。作为预测性的，并且可能存在的错误，它们代表了一种知识形式。

最后，第三种也是最重要的价值断言类型，这意味着对物体、事件、事态或其他存在实体有价值的客观属性的归属。这种客观的价值判断在一定意义上是相当复杂的。它们也有各种类型——审美特质、道德价值或功利的判断。但它们都具有我称为非终结性判断的共同特征。在这方面，它们与对物体的真实颜色、形状、硬度或任何其他客观属性的判断没有什么不同。

　　此外，最重要的是，要考虑这种客观价值判断与终结性类型的价值断言的关系：断言直接体验为感觉良好的可能性。正如我们在其他客观判断的情况下所看到的那样——例如，一个物体是红色的还是长方形的——如果我们考虑如何测试它的真实性，它将如何得到证实，它意味着什么就变得明显。在某些可指定的条件下，任何可能的此类判断必须归结为直接经验中可发现的事物。它必须归结为一些终结性判断或其他："如果一个人这样做，那么他就会产生这种经验的终结。"这是唯一可以确定的差异，任何人都可以发现，任何客观陈述的真实性都可以造成这种区别。除了这种可以发现的差异之外，这种客观的经验陈述的意义没有任何东西可以在某人的经验中产生或可能产生。如果这里还有更多的东西，那么更多的东西对于任何人来说都不会产生可以想象的可测试的差异，如果它的假设是有意义的，至少它肯定不会是经验性的。①

　　现在，在客观判断事物具有真正价值的情况下，我们所说的是什么因此会对某人产生可想象的和可测试的差异？它是——它不是吗？——这样的，即在某些情况下，这件事会让人感到高兴，会带来满足感，会在他的直接体验中找到一些好。或者我错了，我们是否称一件事物为善，尽管在任何无法想象的情况下，任何人都无法享受它，或在它中找到任何满足，或体验到任何感觉良好的事物，而这种感觉良好如果从未存在过，他也可能无法同样感受到？有价值的客观属性的断言——我认为——正是这样，即所讨论的存在能够为某人的经验贡献一些直接可以找到的好；它意味着没有更多或不同于此。最后也是绝对的好事是，一个人应该有一个令人满意的经历，或者摆脱一个不满意或痛苦的经历。所有其他东西都是好的，因为它们对好有益，因为它们能够为某人的生活经历带来积极的感受价值。

　　但这一点——请注意——与普罗泰戈拉的相对论截然不同，后者认为，您喜欢的东西是好的，您不喜欢的东西是坏的。我们应该记住，普罗泰戈拉也会说，一个物体是红色的或长方形的，它在您看来是这样的，否则它就不是。并且，说事物产生经验满足感的潜

---

① 刘易斯在手稿的页边空白处做了这样的标记：正如我们所见，客观陈述所暗示的，关于可能经验的这种决定性判断的总和，似乎超出了极限。它们中的任何一个，或其中的一组，都没有穷尽它的意义。然而，这些（终结性判断）在性质上并没有什么不同，它们（客观陈述）意味着什么。——编者注

能就是它的客观美好性，这不与这种主观主义相混淆，而是说，例如，一个东西是矩形的意思，是它将满足所有测试我们可以直接经验为长方形的条件。不，这只是说一个事物具有客观价值的断言是可以测试的；而这种测试的积极结果的类型是直接体验一些感觉良好的公开事物。

人们还应该观察到，这种客观价值并不意味着事物的价值在于其被喜欢或被期望。人们可以喜欢坏东西，不喜欢好东西，正如人们可以将梯形或菱形误认为是一个矩形，并认为一个不一般的矩形的东西是长菱形的形状。我们可以说——看到一个矩形，同样，人们可以以其实际价值品质具有欺骗性的方式体验事物。在判断事物对经验有积极贡献时，我们可能会犯错误。一个人可以渴望一件东西，相信它会产生满足感，并发现自己犯了一个严重的错误。

或许我们应该说，虽然一件具有良好客观性质的东西意味着它具有感受到良好经验的潜力，但我们仍然可以通过其他方式证明这一事物的客观属性，就像人们可能会发现证据表明，事物在其他方面确实是红色的或矩形的，而不是看到它。例如，我可能认为我的邻居是一位优秀的音乐家，因为他坚持演奏展现华彩和困难的段落，尽管这不会有助于我的享受。或者我们可以通过不幸切到自己来确认刀具的良好切削质量。但是，这种切到自身的可能性并不构成它的优点：如果可以这样设计，以尽量减少或消除这种不幸的可能性，那就更好了。它之所以好，是因为人们有可能用它来剪出美丽或其他合意的东西。

事实上，我们可以总结出这里提出的价值，即在最终意义上，唯一有价值的东西，就其本身而言，是实现积极的经验；所有其他有价值的东西只有通过对这种直接好的实现起到帮助或有助于实现它的价值才具有其价值。当下发现好的和坏的东西是简单的。在它们的预测中，不存在错误的可能性，因为如看到发红或感觉到硬度，它们属于表象领域。正如桑塔亚那所说，它们刻画本质；正如普拉尔所说，它们属于审美表层。关于当下或明显给出的内容，存在和被感知之间没有区别。似乎当下愉快或痛苦是当下的愉快或痛苦。作为事物中的客观属性的善或恶是完全不同的；关于这些，我们可以而且经常犯错误。然而，事物中这种客观的善或恶仅仅是功利主义的；它的判断只是对直接经历满足或不满的事物的潜在性的判断。

这是一种经常被称为主观主义的价值本质观。但是，如果这个缭号意味着暗示某种错误，那么我应该首先考虑，无论是主观的还是非主观的，它是对我们在说某件事物有价值或负价值时的意思的正确解释。而对于其余部分，我会指出在上述价值判断与其他属性的判断之间存在着一种延伸的平行关系。将任何属性归于某个东西意味着——我应该假设——预测可验证的东西。但是没有任何可归于任何其他方式的归属，不是通过直接经验中的某些最终发现，或通过参考所予或将要给予的东西，某些出现或被发现的东西来表达一些直接的披露。任何经验陈述或信念都没有其他形式的佐证。即使是物理科学也不能找到其声明的其他基础，不能找到其所声称的真实的任何其他形式的佐证。任何形式的经验信念的基本陈述只不过是对直接理解的发现的表达陈述。如果这些表达陈述被认为是不重要的，或者缺乏一些特定的和令人满意的重要性，那么我认为这对于物理学的影响以及科学家们所做的陈述的重要性将是灾难性的，正如它对伦理学家或美学家言论的影响一样。

此外，如果这种价值本质的概念似乎表明事物中没有真正的好或坏，但是所赋予的价值仅仅是在旁观者或赞赏者中的，那么我认为，仔细考虑应该表明这一建议并没有得到真正的执行。建议与实际或可能的经验，以及感觉良好或不良的事物构成有价值的东西。但是，由此得出的结果是，所预测的价值或负价值仅在经验中，或仅在主体中，而不在于事物中。得出推论仅仅是错误的逻辑。例如，父亲仅仅通过与孩子的关系构成父亲是事实。但这并不意味着父亲的属性不是父亲，而是孩子。如果事物的客观价值仅与经验或可能的经验相关，那么这个客观价值仍然是物体的属性，而不是与之相关的任何经验或经验主体。

这里的问题不是价值理论所特有的问题，而是一般影响我们对经验知识概念的问题。它是常识二元论特征的表征主义形式的遗留观点；这个概念，即任何可以被标记为"表象"的"感觉—材料"等，都在思想和主观中，在某种意义上排除了我们的说法，即它也在物体中。例如，在幻觉或错误的情况下，常识表征主义说理解的东西仅仅是心灵中的表象或想法，它对应于物体中的任何东西。这不是没有意义的错误。它只是一种口头处理困难的方式——一种舒适的方式，因为它已成为习惯，但没有任何解释价值。因为，正如伯克利所指出的那样，这种表征主义概念所提供的正确知识或错误的标准是任何人都无法使用的标准。如果我们被一个表象所欺骗，那么我们可以通过比较心灵中的表象或想法与一个永远不会在心灵里面的物体来找到它。我们只能将一个想法或表象与其他人进行比较。一个明智而有用的理论应该告诉我们，我们是如何做到的：真正可发现的差异在于了解事实或真实物体与被外表所欺骗之间的区别。

表象、感觉材料、所予经验的内容既不是主观的也不是客观的，或者它们同样都是。我们可以通过在两种情境中的任何一种中观察它来解释这样的所予内容：我们可以将其视为与意识流、心灵的历史、相关思想的背景或时空的邻接关系相关的内容。有时，在其心理背景下，对所予内容进行观察的解释是具有解释价值的解释；有时，有用的解释是参考时空背景的。但是所有的表象同样具有这两种情境，即使在幻觉的情况下，尽管在受试者的感觉器官或神经系统中，我们可能会发现特别重要的时空背景。在这两种情境之间，所予，就其本身而言，是中立的。把它称为主观的或客观的是事后的想法，也即一种解释，而不是把它的性质理解为表象。

在任何情况下，这里没有影响直接表象的价值质料的不同于其他的任何因素，如可见的红色或感觉的硬度。在任何这样的考虑中，没有什么比红色或坚硬的属性更能暗示出好或坏的属性的主观性质。

我们还应该观察到，在这个概念中，虽然事物的客观价值是由其实现直接感受价值的潜力所构成的，但这种客观价值仍然是物品所具有的特征——如果物品具有这些特征——没有参考这种直接找到的善的潜力是否在任何实际经验中实现的问题。例如，锯只有在锯切时才有用。但是，如果它被制造并挂在工具上，在被使用之前被火烧毁，那么就没有任何证据表明它不是一个好锯。

日落的价值——举一个不同的例子——将是它的美丽。而那种没有立即满足旁观者的潜力的东西不可能是美丽的。但是，日落时的图案和色彩的和谐是它的特性，如果它发生在撒哈拉沙漠上，没有眼睛去看它，与它发生在旧金山海湾上，上万只眼睛看它，它的特性是一样的。它的价值与其颜色或图案的形状一样客观，实际上与这些不可分割的，是它们构成的表现形式的内在品质。或者再说一次：如果某只眼睛在某一特定时刻出现，去观察这之前未被观察到的日落，它的享受潜力被实现之前，它不会显得美丽。我们正确地说，这种美仅仅是发现出来的。

可以肯定的是，我们可以说旧金山湾的日落比撒哈拉沙漠上的日落要好，因为更多的人可以享受前者，就像紧急情况下房子里的药物比药店里的药物好一样。正如已经观察到的那样，我们预测事物价值的方式确实非常复杂和多样。相同或相似的口头形式的价值陈述一会儿有同一个含义，一会儿又有点不同；并且有必要观察这种意义上的差异。但正确分析这些陈述的意图在这里不会显示出与我们的常识引导我们说的不相容的东西。家里最好有药，美丽的落日最好在人们能看到的地方。但这种药在药店中也是一种良药，即使它在那里阻止我们使用它。如果落日处在撒哈拉沙漠上空，没有人能看到，它也是一样美丽的。

然而，在所有这一切中，我可能没有触及在你们看来是最重要的一个问题，即评价的客观性或主观性问题。这是不同人之间的统一性问题。在相同的事物存在的情况下，我们立即感觉到或找到的价值——您会提醒我——是受个人差异的影响的。对于您和我来说，在事物中找到积极价值体验的潜力是非常不同的。在这个点上，您会说，我提出的那种概念故意接受这样一种观念，即正确的评价是与个人相关的，因而是主观的。

如果您这样说，那么我必须立即承认您的主要前提——即时发现价值品质的个体差异。这种考虑需要更多的讨论，这里没有时间讨论。但是我也可以提请您注意这样一个事实，即如果您提出这个反对意见，您就会得出结论，即我应该说：如果一个事物正确地被认为，包含着满足或享受的潜能，那么他就能正确地判断它是好的，如果他如此判断它包含了满足 B、C 和 D 的可能性而不是他自己的可能性，那么他就错误地判断一件事是好的。而且——我可能会提醒您——我根本没有说过这个重要的道德问题。没有理由不向持我这样的建议观点的人开放，只要一个人或一般人有直接满足的潜能，他们就能决定一件事情是真正美好的，并且认为在决定这样一个问题时，发言者或者判断价值的人不应该比任何人重要。这个问题只是一个尚未涉及的进一步的问题。

对于手头的问题，更直接的是观察两件事。我的时间——或者应该——已经到了，我只能这样建议它们。

首先，我要指出，无论应该对这个问题做出哪个决定，我都称之为道德问题，任何人都不应该对它的事实有任何误解。在一个方面，人们仅仅是口头上的决定，在基本意义上使用"好"或"有价值"一词来表示(1)"对我有益"，或(2)"对一般人有益"。显而易见的是，事实上，每个人都在两种意义上使用这些术语；而我们在这里所拥有的——迄今为止——仅仅是语言的含糊不清。遗憾的是，我们对这两种不同的含义没有不同的词；并且争论哪个是正确的用法是没有意义的；如果它们被理解为意味着说话者在任何特定场合使用它们的意图，那么两者都是正确的。其余的是道德问题，说话者应该如何对待对一般人有益但对他不利的事情，这是一个非常重要的问题，这不是任何关于价值正确理解的事实的问题。

其次，或许值得注意这样一个事实：在这个问题上，价值品质与其他品质之间的差异很容易被夸大。直接理解的其他品质也受到个体差异的影响。让我选择一个例子——重量。我们说，您是一名训练有素的运动员，我缺乏这样发育的肌肉，并且过着久坐不动的生活。如果我们都试图举起一个炮弹，它将给我们两个人的感觉完全不同。现在质量与重量几乎相关，是一种基本的物理特性。如果物理陈述是客观的，重量应该是客观属性的一个很好的例子。重点是，虽然提升物体并感受它们对我们肌肉的拖累是最常见的体验重量的方法，但我们不相信它是关于重量的物理陈述。相反，我们使用秤。为什么？因为重要的是我们应该就事物的客观重量达成一致，例如，关于您卖给我的一磅糖。出于这个原因，我们选择明确地定义重量即所谓物体重量将以不受个体重差异影响的方式验证。我在这里简单提出的观点是：如果先就事物的价值达成一致，如同就事物的重量达成一致一样重要，那么我们可以很容易地建立一种任意的价值标准，如根据标准局（相当于我国的国家标准化管理委员会）对量表的使用和测试中所暗示的重量标准。有些人希望在华盛顿建立标准局，以获得我们的价值。但是我们中的一些人并不关心这个建议，因为我们认为这里有一些更重要的事情，而不是通过法律来解决我们在经历上的个体差异。但这又是一个道德问题。关键在于重量的客观属性与价值的主观属性之间的差异——如果您选择将其称为主观的——并不是价值体验受到个体差异和体重经验的影响。一个案例没有比另一个案例存在更大的共同性。另一个主要区别仅在于口头上——我们选择使用"重量"一词的方式与我们选择使用"价值"这个词的方式不同，所以我甚至建议，如果"客观性"是指"判断的共同性"和"主观性"的缺乏，那么对经验事实的坦率检验就没有任何内容可以证明事物的物质特性比价值特性更客观。我们只是习惯性地在更客观的意义上使用物理学词汇，价值词汇具有更主观主义的内涵。如果改变它，那么言语使用的事实可以得到纠正。

此外，判断正确性或不正确性的要点是可验证性的问题。共同性作为对知识的考验很重要，主要是因为我们可以通过诉诸其他人的报告来经常保证或纠正我们的判断。但最终的判断测试是预测和验证。就"客观性"意味着可验证性而言，这些关于评估的共同性或缺乏评估的共同性的问题并不是最重要的问题。至少在可验证性的意义上，价值判断要么是正确的，要么是不正确的，并且与我们所做的任何判断一样客观。

价值判断的经验基础

　　我想从简单地提到我的题目以外的问题开始，以便指出为什么在我看来，这些问题不能同一般的价值理论问题同时讨论。我冒昧提出的关于价值观的大多数讨论——我所见过的大多数讨论——结果都是对伦理的基本问题的讨论。我对这些问题非常感兴趣，但我认为一般价值理论问题的某些解决方案必须是先行的。道德的善是自成一体的，具有"正确""命令""义务"的含义。

　　甚至不幸的是，仅仅把正确的行为和正确的意图说成是善的，因为必须根据相当独特的标准来判断道德意图、道德行为和道德应得。一个行为在道德上是正确的，如果它源于应该这样做的行为者的信念。现在，在世界的某个地方，无疑有一个人确信他应该用原子弹毁灭全人类，因为我们在上帝面前犯了罪，我们自己也没有得到健康。我们希望这位先生处在某个机构中；无论他在哪里，他都是一个完全道德的人，当且仅当他尽力使自己的行为符合他所拥有的这种信念时。我认为，不管任何健全的道德规范，如果他如此坚定地按照上帝赋予他的权利去做正确的事，那么我们就必须承认他在道德上是值得称赞的。但我希望，这允许我们谴责他的价值判断。

还有另外一种关于他在道德上有义务尝试的问题——这个问题，即预期行动的完成是否会或将有助于使那些受影响的人的生活是变得令人满意的生活。下一个问题是关于因果关系的经验事实。这两个问题密切相关，因为没有人可以决定他应该做什么，而不考虑他自己和他人对他必须决定的行动选择的价值影响。我认为，除非或直到人们考虑到对自己和他人的价值影响，否则甚至不会出现特殊的道德问题。但是，在这种价值判断中所犯的任何诚实错误都不会影响他决定做或不做的道德品质。然而，如果他对这个经验事实的问题做出了最好的判断，那么他就会选择那种能给自己带来最大满足的行为，尽管其后果会对其他人造成毁灭性的影响，并将利己主义作为这种做或不做的决定的正当原则来捍卫自己，因此我们有一个道德正当性的问题。对价值后果的预见并不能解决这个问题；关于外部问题的任何决定都不会对另一个问题产生最小的影响，即所提议的行为过程的价值后果实际上是什么。

我希望将这两个问题从彼此中引出，原因有两个。第一，我认为，拒绝价值判断是经验事实问题的结论，其常见动机是，对道德特有的善保持关注。在我的批评者中，我赞赏的态度和我尊重的观点往往出自那些人，他们似乎担心，承认价值判断是经验事实的判断，在某种程度上，这会妨碍对道德命令独立性的认识，使其脱离任何经验主义和基本道德原则的自主性。如果价值判断是经验性的，这一观点确实有似乎令他们害怕的结果，那么在我看来，必须放弃这种价值理论，因为不能理性地否定道德原则的自主性。第二，我会从积极的兴趣中指出这一区别，即基本的道德原则永远不能自己决定，对于一个合理的人来说，什么具体行为是正确的。无知和愚蠢的人可能会尽可能地合乎道德，但我们其余的人可能需要保护，免受他们完全正义意图的后果。或者用更传统的术语来表达这个问题，我会指出，正如前面经常提到的那样，要么康德的绝对命令必须与康德自己的解释相反，诉诸对如果每个人都按照自己提议采用的格言行事会发生什么的一些经验性的理解，要么康德的伦理学对任何具体行为都缺乏任何决心，无论是对还是错。它只提供了一种正确意识的标准，并且无法解决这个具有道德意识的人的实际困境，关于在这个时刻以及在这个社会和这个事实世界中采用何种行为方式，它通过对自己和他人的后果来证明其合理性。善意——或道德上的坏意图——仍然存在这样的问题，即道德上好的人希望达到有价值的结果，或道德上不好的人希望达到愿意施加给他的行为影响的无价值的结果。

如果有道德的人的善意通常给他们的同伴带来痛苦和悲伤，而不道德的人的坏意图通常会促成他人的幸福，那么这个世界确实是一个疯狂的居住地；但我认为，如果良好的意图通常不是通过对有价值的东西和有价值的东西的一小部分良好的经验判断来补充，那将是完全疯狂的。

因此，我希望在本文中将这些道德问题放在一边，不是因为它们不那么重要，而主要是因为它们涉及一个完全不同的问题，试图同时讨论两个不同的问题只会导致混乱。在回答"氢弹是好事还是坏事"的问题时，我们需要这种类型的价值判断，而不是提到一种非常特殊的善良的问题，如果问题是，"布兰克先生，他敦促我们生产氢弹，这样做是否道德"，我希望将它们分开，因为一方面，布兰克先生可能是一个圣洁的人物，尽管氢弹是魔鬼的发明，或布兰克先生可能是一个没有道德的政治机会主义者，但氢弹是未来文明的唯一希望。除了布兰克先生的正确或不正确的动机之类的问题之外，关于炸弹的问题是一个经验事实的问题，尽管最聪明的人可能会发现这是一个难以确定的事实。

关于这种意义上的价值判断，即使这两者是相关的，它们是独立于道德的善和恶，我们仍然会有足够的麻烦，因为我们在判断价值时使用了价值术语的多种意义以及相应的各种模式。关于价值和价值判断的许多争论都是相对无意义的，原因与"印度斯坦的三位智者都很有学问，他们都去看大象，虽然他们都是盲人"之间的争论相同。他们摸到了大象的各个部分，每个人都坚持根据所抓住的部分对大象进行全面描述。我们已经试着排除那些用道德的善的特殊性质来归纳善的人。他们就像聪明的人，抓住了一条腿，坚持认为大象像一棵树一样。价值确实是一个奇妙的野兽，有各种修饰过的部分。但毫无疑问，其核心是"内在价值"：其价值因自身而是有价值的。这是核心，因为这很明显，任何被认为是有价值的东西，在任何意义上，就是有价值的，因为它们本身就有价值的关系。

现在我希望你们会同意，就其本身而言，没有任何东西最终是有价值的——除了生命的质量，如果能够以完全清晰和真实的方式设想，它将是，人们希望过尽可能高质量的生活。我希望您不会反对，对于美好生活中的美好，没有一个普遍的答案。我不是在谈论美好生活的秘诀，投入的成分、比例及如何混合它们；我说的是不可避免的质量。如何用各种食材，或用橱柜里能找到的食材，创造出美好的生活，这确实是每个人的实际问题。但如果他不知道自己希望以何种方式实现自己的目标，如果他对这个最终目标的成败没有标准，那将是一个完全没有希望的问题。这种终极意义上的好是，如果一个人拥有它，他就不会再要求别的了。在生活中，我们可以找到美好生活的证据。这就是密尔在观察到除了希望之外没有证据证明最终的理想时想说的——不幸的是，这并不是他所说的，因为他忽略了这样一个事实：任何具体的目标和实际的愿望都不能保证如我们所希望的那样实现。我本来打算通过把我的价值观说成是自然主义的，来表达我在生活中发现的这种最终不可批判的善的品质，考虑到"自然主义"的许多其他含义，这可能是一个错误，而且不能为我所能表达的辩护。特别是，"快乐"并不是最终产品的合适名称。古老的观察结果表明，猪可能只能获得足够的快乐，而人却不能只获得快乐，这有完全相关的和充分的理由。关键在于，美好生活中的善良品质是完全实现的品质，而这种不可避免的自然目标不受外来人对其正确性的批评。如果像康德那样的任何道德主义都表明，我们都有目共睹地渴望的东西是不可取的，那么道德主义就是混乱的或不中肯的。符合道德和行为正确的是一种无条件的要求；我认为，否认这将是一种自相矛盾的现象。而道德经常意味着接受我们应该清楚地渴望自己的某些部分的牺牲。这确实是一个不可避免的道德问题。康德诚实地面对这个问题，将一般经验意义上的好与善区别开来，将恶与一般经验意义上的"不幸"和"痛苦"区分开来，即使他通过称美德为最高（oberst）的善而再次模糊了这种区别。他没有蒙蔽，但清楚地指出这样一个事实："您是一个有道德的人吗？"这个问题是，"如果您认为在某种程度上，您有责任牺牲您所要求的幸福，那是所有人所希望的，您会怎么做？"他同样指出，一个不必面对这个问题的人根本就没有道德感，也没有任何道德问题。我们都记得，他没有办法满足他对此事的不安感。除了上帝的假设之外，我不能同意康德的意见，但我不愿越过这一点而不停下来向他脱帽致意。但是，这些问题并不属于一般的价值理论。

最终的好是有较高的生活质量的良好生活。如果我们必须有一些同义词，亚里士多德的术语"幸福"是最不坏的选择。任何其他意义上的有价值的东西都是通过对这种最终和直接可以找到的善的基本关系的内涵而衍生出来的。

这种衍生产品中最接近的就是构成生活的组成部分的体验的瞬

间美好，它们共同构成生活的一部分，并且通过它们的质量有助于提升或减损整体。这种短暂的好和经历的坏不能"加起来是"一生中的好处或坏处，这是最后的，因为生活中的好是完成的，不是累加的，任何对有贡献的好的计算都离谱。暂时的满足或悲伤会受到对其一生贡献效果的进一步评论。它可能暂时不好但总体上有利于好，或暂时好，但总的来说可能会使生活变得更糟。但是，过往的经验并不是某种外在的和外在地影响整个生命的东西，而是影响其中的成分，以及影响其他的成分。就像图片左下角的细节一样，它既有助于整个构图——也可能是很好的——又是图片的一部分。把它的好或劣称为"工具性的"将是对这个术语的一种使用。我们要说"贡献"吗？成分经验的好坏对于生命的好坏都是内在的和有贡献的，因为它们是生命的一部分。它们有内在的善或恶，因为没有这些成分，就没有完整的完形。而这些成分传递经验的内在优点或缺点，就在于它们本身所具有的内在——就像它们构成的整体的内在优点或缺点一样——仅仅是经验中发现的好的或坏的品质。

然而，传递经验的好处不在其自身范围内，而在于它可能做出的贡献——或者它可能影响到它在其他经验中的影响，因此在一生中，它的价值或负价值是需要判断的。生活中需要一些智慧才能在一个人仍然喜欢的时候停止进食或饮酒，或者将工作和娱乐、商业、家庭和社会服务的机会融入最佳生活中。孩子们发现智慧难以学习；即使对于最温顺的人来说，他也会涉及一些艰难的经历，还有一些人从未学习过。只要在其临时和过往经历的立即实现的令人满意或不满意的情况下找不到美好生活的好，而是在它们的关系中以及它们之间的相互影响中发现好，那么对它们的评价就是一个判断问题，这是必须学习的，只能从经验中学习，而且他也不缺乏经验，因为我们可以通过被告知而不是艰难的方式来学习它的某一部分，就像物理学是经验和归纳知识的一个分支一样，因为我们从书本而不是在实验室中学到大部分知识。

过往的经历在其自身范围内所具有的善与恶是不需要判断的；这是一个材料，即在同样意义上，外观为红色的视觉质量是一个材料。这个价值材料与红色材料之间的区别在于，在传递经验中立即发现的价值是真正的价值，而不是主观的，正如红色材料一样，判断它是不是客观真实的，根据的是它显而易见的，而不是它看起来的样子。即使这种差异也只是我们的观点、目的或语言用法之一。明显发红的体验，是一种真实的体验，是真正具有上述品质的。心理学实验的主体说"我看到红色"，实际上所予的视觉质量是黄色，他说的是不真实的。关键在于，经验丰富的经验价值品质是一种内在价值。正是这种经验的质量，无论是暂时的还是整体的生活，都是为了判断任何其他好事或坏事的好坏。相比之下，红色的物体，不是以它们出现的质量呈现的，而是客观地呈现的，不是为了被看作红色而变成红色的。这样的话简直是胡说八道。"内在的"或"外在的"的区别不适用于红色、硬度等，或不适用于任何质量而适用于价值。

一旦我们离瞬间体验中发现的那个直接价值哪怕一步之遥，并判断它影响其他经验和它成为成分的生活，我们就同时发现它作为贡献的价值是需要判断的。关于这一点，我们可能会弄错，所谓的判断需要必须从生活的一般经验中学习，而且是归纳的和经验的。

到目前为止，我们所说的价值只是经验的可预测性，无论是通过经验还是通过整个生活，或者是通过一段时间，例如，一周、一个假期或者我们的中年的积累。只有经验本身才有价值。所有其他有价值的东西都是为了它，为了好而直接在生活中找到它。如果您否认这一点，我将不知道如何进一步争论，除非我偶然发现您的否认背后有某种思想上的混乱，或者我看到您的否认引起了我们之间在用词上的分歧。

因此，物体或物体的任何性质没有任何价值，除了为了别的东西而有价值，最终为了这个物体或物体的客观特征而对质量做出贡献。根据一些经验，它可能对生活的质量有直接贡献。

然而，在客观存在者中存在这种外在价值的两种或多种模式。有一种价值，它描绘了好的图画和美食，这可称为内在价值；有一种好的刀或铲子可能具有的价值，即使它们看起来或使用起来不愉快，因为它们有用，我们可以称之为工具价值。如果一个物体具有在该物体本身的呈现中可实现的价值，则该物体本质上是好的或有价值的——因为一顿饭，我们在饮食中发现美味；一首美丽的诗，我们在阅读中发现美妙。一个物体具有工具价值，如果它能产生一种内在价值，这种内在价值可以在其他物体存在时找到，但不能在我们目前所评价的这个物体中找到。工具和原材料当然是具有这种工具价值的物体的主要范例。具有任何价值的物体通常既有工具性价值，又有某种内在价值，特别是因为根据联想的心理法则，它特征性地导致或有助于它呈现给我们愉悦，从而成为一种我们乐于拥有和看到的东西。例如，水槽很少是一种审美对象，但男人会惊讶于一个好的家庭主妇在看到一个方便的水槽时所能感受到的直接乐趣。

但是，不管一个物体的价值是内在的，还是工具性的，抑或两者兼而有之，它永远不是为其本身而存在的价值，形容词"内在的"最好还是保留下来。这种资格——"内在的和为了它自己"——只关注美好生活的好，或者美好生活中可以找到的某些成分。物体、物体的属性或任何客观状态只有在可以为美好生活做出贡献的意义上才是好的，因为它可能做出贡献。

如果您愿意和我一起走这么远，那么很明显，一个物体所具有的任何价值都是它的品质或特征，我们必须凭经验发现，就像事物的其他属性一样，物体的价值是存在于其本质上的某种属性，由此该物体产生影响或能够对人类生活质量产生影响。和一般因果关系、一般物体的性质一样，大多物体通过它们产生某种效果，而不是产生其他效果，物体的任何性质或特征，通过它直接或间接的作用，或通过某种因果关系链，可以产生良好的效果。好或坏存在于人类生活中，是需要通过观察和实验来学习的东西，并且被表述为归纳。事实上，人类从经验中学习在很大程度上是为了发现好和坏的潜在性存在于什么事物中，以及最终捡起世界上的某样东西并把它放到别的地方，这些东西所具有的价值潜力可以最好地为我们所用。正确评估物体、客观情境、实际情况及我们能够带来的事态的价值是人类行为成功的最重要条件，并设定了目标，任何其他类型的人类学习只是一种手段。

我不会说评价是一种经验科学，尽管它是一种基本上先于任何科学中存在的任何重要性的知识；没有正确的评价，所有科学对我们都没用。我不会称之为理解，因为对目标的正确评价在很大程度上是一个具有实践智慧的人的常识能力，而不是一个需要专家或某些特殊训练、技术的广泛应用的信息问题。但我要指出两件事：首先，任何科学的价值（除了可以在知识中找到的完全真实的满足感外），当工程师、技术人员或工匠将科学知识用于生产、设计或安排事物，从而更多地有助于人们发现对自己生活满意的事物，并避免带来悲伤和悲伤的事物时，就会产生。正确的评价是所有学习中的第一个也是最重要的，没有这个，任何其他学习方式都不值得。

其次，我将进一步建议，在这个广泛的被称为实践智慧的领域中，确实有一些领域比其他领域忙碌的人能获得更高程度的专门能力和更广泛的信息。世界中应该有与人类需求及服务于他们的工具或活动类型的主要分类一样多的价值科学。这些是或应该是社会科学的领域，我们应该从中学习什么样的事物、安排、制度和社会合作模式将最有助于人类生活的可能满意度。我们应该让经济学家告诉我们，为物质产品的生产组织社会力量的方式，以及管理这些物质产品分配的社会安排，这将最大限度地满足这种需求。这样的商品可以满足它们带来的满足感。我们应该能够研究法学的科学，不仅要对各种法律体系的学习分析及制定、解释和执行法律的方式进行评估，而且要对这些对人类生活的影响进行专家评估，如对其可实现的利益有所贡献，或对可能实现的商品价值有所减损和妨碍。我们应该向社会学家、政治机构专家和人类学家寻求帮助，正如我们可以向医生和从事科学医学研究的人寻求帮助，这样做不仅仅为了描述科学事实，还为了那些实现人类价值的价值判断和规定性建议，为了其正确性，在经济、法律、政治和社会价值评估中，这种专家的信息背景和特殊技术指挥，如果不是绝对必要的，至少是最有帮助的，居于客观环境和事物中，我们更清楚地知道自己应该朝什么方向努力，这些都是可以实现的。

无论是在专门研究人类生活现象的每一门科学之内还是之外，我们都需要对这些现象所受影响的特定价值进行一些同样专业和有见地的评估。但事实上，这些所需的专家评估在今天几乎不被认为是任何人的事情。医学科学是唯一明确的例外。现代文明因其科学上的头重脚轻而开始显得可笑，这是这一事实的一个方面。我们似乎有可能被它毁灭，就像我们有可能利用其为改善人类生活所提供的潜力一样。我认为，这一事实应该给我们留下深刻的印象，因为它是我们的文化，尤其是我们的教育项目的一个非凡而又难以解释的特征。

这种令人遗憾的事态本身就是一种非常复杂的现象，其中许多因素已经形成。一个原因是，我们这么多的社会科学从业者和教师正在模仿旧的和更专门的描述科学的方法，甚至认为没有任何发现是科学的，除非它是纯粹描述性的归纳，并且与评价的任何兴趣无关。另外一个原因似乎是，许多社会科学家已经从我们的新普罗泰戈拉那里感染了相对论的疾病，或者已经为自己恢复了这个伟大的发现。所有价值都是相对的；他们认为这意味着没有发现和表述价值事实的客观方法。这两种描述主义和相对主义倾向可能导致对评价问题的冷嘲热讽。经济学家可能会说："经济价值仅仅是一件事物的售价。"法学家说："法律就是法院所决定的。"政府专家说："我研究不同政治组织模式的事实和运作；道德判断超出了我的界限。"社会学家说："除了与所讨论的社会的主流文化趋势有关外，没有任何社会价值可以被评估。"或者，如果这是我画的漫画，我担心它的主题很容易被认出来。

我希望您能原谅我的感觉，即我所持的价值观是正确的，甚至因为这种正确性，它可以是有益的。我不会接受"最大多数人的最大利益"作为任何道德或其他有效指令的令人满意的表述。但它是一个有用的短语，是对重要事物的快速逼近。而且，在任何一套替代方案中，最接近最大多数人的最大利益的，是像坦克的重量或步枪子弹的速度一样确定、固定、客观、顽固的事实，尽管它是一个更复杂、更难确定的事情；并且您不会通过整合任何统计曲线找到它。就任何问题而言，代表最佳可实现价值的是经验事实，无论它多么难以发现。也许我们能够说服我们的社会科学家关注价值问题所关注的这一客观现实，以及试图解决价值问题所具有的完全的科学尊严，我们可能会帮助产生一种更有利于实现而不是愤世嫉俗地评价现有或计划中的社会机构的意见氛围，并且希望科学将继续作为改善人类生活的仆人而运作，并且希望较小可能制造出一个弗兰肯斯坦科学狂人来摧毁产生它的文明。至少，我认为，我们都确信，这个世界在某种程度上突然变得太小了，太人为地复杂了，以至于在没有某种程度的明确和认真的关注及某种形式的共同努力的情况下，我们无法解决评估和价值工程等紧迫问题。

但是，让我从我的小而放肆的讲道中退回，回到那些我们应该更有能力解决的问题。

澄清评价问题及认识到所提出的问题可能具有客观答案的一个主要障碍是，我们被要求做出的价值评估的类型或模式有令人困惑的多样性。不仅存在经济、审美、审慎、道德、工具、内在等多种价值类型，而且还有不同的方法来评估这些或其中许多，例如，评估被评判的事物或事项在某些实际前提的限制下可能做出的贡献，或者根据代表最终目标的理想来评判任何项目或计划。还有对我的价值，对您的价值，对社会的价值，等等。结果是，以一种方式针对一个问题的一种评估可能产生与以另一种方式或不同问题针对同一事物的另一种评估相矛盾的结果。这些都属于所谓的"价值相对性"。作为第一个仓促指示寻找解决方案的相对性，我们观察到这种相对性——如果是这样——并不仅限于评价。一个物体在空气中的重量、水中的重量、真空中的重量、月球上的重量、弹簧秤上的重量、天秤中的重量，在某些情况下可能会有所不同，物理学家解决这一难题的方法是，发现每一种测定物体重量的方法都可能是正确的，尽管它们是不同的；事实上，除非它们不同，否则它们不会是物体的客观质量的正确表现。物理学家具体化克服这种相对性，即重量＝质量×重力加速度，并且除了关系术语之外没有重力常数，这使得对它的测量对于与系统中的其他质量的不同关系同样不同。

我们有各种各样的价值判断模式，主要是因为价值是事物的一个重要特征。事实上，只有价值本身才是最重要的；我们能够在物体中发现的其他特征也值得注意，只是因为它们的某些复合物与某种特定方式评估的某种价值具有可确定的相关性。

然而，还有一种一般意义上的价值，其他类型的价值和价值判断模式代表着进一步的资格或规范。一般而言，一个物体的价值就是它产生某种内在价值的潜力，而这些内在价值是经验可以直接发现的。简言之，它具有使生活变得更好的价值，或者如果利用它的生活本质上的潜力，它就能使生活变得更好。

正是这种潜在价值的特征，以及刚刚提到的"相对性"，是人们怀疑价值根本不是客观的主要原因。这是一个在剩下的时间内几乎无法充分涵盖的主题；我只能努力进行一个概要的论述。

第一，我们注意一下，由"倾向谓词"所赋予的潜在性，并不因此是客观的，或者仅仅在与潜在变为现实的其他事物的关系中正确地归因。盐是可溶的，意味着如果它被放在水中会溶解。但是大量的盐从未被放入水中（至少在我们的观察中）；这与它在水中溶解的客观性质无关。放入水中的盐在不放入水中时是可溶的。事实上，如果这里存在悖论，那么悖论就在于盐在溶解时被称为可溶的。

物体的价值也是如此。这个物体要么因此有助于实现经验中的直接满足，要么您创造了这样的条件来证明所赋予的价值，发现这个物体并没有产生预期的满足感——在这种情况下，您对它的价值断言被证明是错误的。但是，在隐含理解的条件下，所讨论的事物是否实际上会或不会产生这种价值效应，这是关于它的客观性质的客观事实。您可以用一个鸡蛋来满足您的饥饿感，而用一个瓷制蛋不能满足饥饿感。缓解饥饿的潜力是前者而不是后者的客观性质。鸡蛋具有这种特性，是鸡蛋所具有的价值，使饥饿的人为了最后的需要而把它储藏起来，但是他在被救出并被给予食物后，将鸡蛋扔在岩石上庆祝。这是一个非常好的鸡蛋。这种好是一种未实现的潜力。它客观上具有潜在的营养价值。

第二，如果认为价值是物体的潜力，与其他属性不同，其中有些属性至少不是潜力，但怎么说呢？——它们不活跃，那么我们必须注意到，这只是一种古老而持久的迷信，所有这一切都与过去的主要品质的区别有所体现，这些品质与那些被认为与感知生物的感觉器官相关的次要品质有所区别。

在任何不同的意义上，没有任何可归于物体的属性。事物的所有属性都是潜在的，并且所有属性都与特定情况和可能的观察方式"相对"，必须在明确的待确定属性概念中隐含这些观察。布里奇曼最恰当而有力地指出了这一事实，尽管查尔斯·皮尔士早些时候更简洁地说过："考虑一下，我们设想我们概念的对象具有什么样的可能具有实践关联的效果，那么，我们对这些效果的概念就是我们对整个物体的概念。"①或者用布里奇曼的术语（我认为带有一些关键的补充）来说，任何物质属性的概念都是某些操作的概念，这些操作将以可观察到的结果来执行，这些结果将被接受为所讨论的性质的验证。一个东西的重量是 10 磅，如果把它放在秤上，指针就会被观察到上升到标记。但它的重量同样多——具有相同的客观特性——当它放在地板上，或漂浮在水中时，或它从未被放置在任何秤盘中。属性的常识概念与常识测试"相对"；科学概念与规定的标准条件有关。但从理论上讲，不可测试的性质什么也不是，它们的任何归属都是胡言乱语。所有这些都是在特定条件下产生某些影响的潜力。它们存在于物体中，具有产生预测效果的潜力。我们把可溶性归于盐而盐并不是在溶解，或者把美归于米洛斯的维纳斯而并没有人在看它，或者把实用性归于某人的剃须刀而他并不是在剃须，这些没有区别。

但有人说，至少客观属性是这样的，在测试者和观察者之间存在人际共性；而价值没有通过客观性的测试。如果时间允许，我应该首先表明，人际共性对客观性不是必不可少的，客观性也不意味着这种人际共性。另外，大多数人际共性如此轻易地假设其实是虚假的。但在剩下的时间里，我怕连其中的一点也说不清楚了。我认为，观察诸如科学之类的事物中实际上的巧合或近似只是肤浅的事情，可能更有启发性。主要因为它们是精心设计的社会装置，用于确保报告的一致性，即使所讨论的东西的属性被不同的人不一样地经历。

---

① 查尔斯·桑德斯·皮尔士：《机会、爱和逻辑》，45 页，纽约，1923。

重量再一次是一个很好的例子。历史上最早的体重测试无疑是在您的野心消失之前看看您能将重物举多远。然后个体差异就是尺度。即使在秤发明之前，也许没有人会如此愚蠢地将经验重量的相对性归于被举起的物体。通过深思熟虑，我们通过使用称重机来解决这种相对性。如此使用的妙计对"精确"的测量变得非常普遍。不要按照甲的、乙的、丙的经验来检验物体的属性。使用标准工具进行标准操作，尽可能少地受到任何观察者的影响。在机器上按数字刻度放置指针，然后，如果观察者没有报告相同的数字，则指针更长，并且比例尺上的划分更宽，直到他们报告相同的数字为止。为了消除许多意见分歧，这些是非常有用的社会合作手段。为了人际共性的利益，我们一定要坚持下去。但是每个人必须了解他自己的敏感系数和他自己的疲劳点，并将这个人工的和设计的人际共性转化为指针读数对他的经历所表示的特殊意义。两磅牛排并没有多大意义，除非它被转化为半天的工资（与收入相关），或者足够晚餐吃的肉（与孩子们对牛排的胃口相关）。

但就价值而言，我们拥有人际共性边际效用的设备，例如，作为经济价值的衡量标准，我们对与机器或惯例相关的间接决定不太感兴趣，因为我们更感兴趣的是根据个人经验而重视的各种各样的事物的表现形式。换句话说，我们对通用意义上的价值不太感兴趣，对高度具体的测试和判断方式更感兴趣。

价值判断的两个最重要的一般样式是对个人价值、社会价值或人际共性价值的判断，最终可能是对整个人类的价值的判断。

对于我来说，价值的决定就是评估事物在我生命中实现的善的潜力；只有当我达到客观的和正确的判断时，我才有可能做任何我能做的事，使生活变得更好，比起我没有做出判断，我愿采取那种行动方式，而不是别的选择。对于有关物体而言，如此判断的是，如果他以这种或那种方式涉及该物体或参照该物体行事，那么结果就会产生某些满足或不满。人们如此评判是一个绝对事实，因为他肯定会发现他是否错了，并将他的判断付诸考验。

相对于人的价值，判断的正确性也不局限于个人做出的判断的重要性。如果我们希望对任何其他人有任何好处或任何伤害，我们必须发现必要的经验事实——什么样的东西，放入他的个人汤中，将取悦和滋养他，什么样的东西会使他生病。即使我们是一贯的利己主义者，如果我们希望幸福地生活，我们就必须关注他人价值，因为人类普遍存在这样的缺点，即不能像别人对待我们那样对待别人。

社会价值的判断显然代表两件事：(1)试图找到一些有人际共性的评价的核心，以及(2)对所涉及的任何事物受此影响的整个群体的价值和贬值效应进行某种综合评估。注意我们会揭示，有多少不同的模式可以指导这种尝试的融合和决定社会价值。这个话题特别贴近伦理学，因为，例如，像康德那样的原则伦理学与像密尔一样的后果伦理之间的区别，恰恰集中在一个问题上，即采用什么样的社会评价模式来决定一个道德上有正义感的人应该做什么。在这一点上，康德正确地看待了自己的观点。它为事物的理想状态的个人信念留下了空间，而对大多数人的最大幸福却没有留下任何东西，除了反映我们不可避免的无知的和愚蠢的不确定性外。

图书在版编目（CIP）数据

刘易斯卷/江传月主编. —北京：北京师范大学出版社，
2024.5
（现代西方价值哲学经典）
ISBN 978-7-303-28664-5

Ⅰ.①刘… Ⅱ.①江… Ⅲ.①价值（哲学） Ⅳ.①B018

中国版本图书馆 CIP 数据核字（2023）第 020195 号

营 销 中 心 电 话 010-58805385
北 京 师 范 大 学 出 版 社
主题出版与重大项目策划部

出版发行：北京师范大学出版社 www.bnupg.com
北京市西城区新街口外大街 12-3 号
邮政编码：100088
印 刷：北京盛通印刷股份有限公司
经 销：全国新华书店
开 本：710 mm×980 mm 1/16
印 张：20
字 数：336 千字
版 次：2024 年 5 月第 1 版
印 次：2024 年 5 月第 1 次印刷
定 价：128.00 元

策划编辑：祁传华 责任编辑：张 爽
美术编辑：王齐云 装帧设计：王齐云
责任校对：陈 民 责任印制：马 洁 赵 龙